송응창의 《경략복국요편》 역주

명나라의 임진전쟁

5

교감·표점본

송응창의 《경략복국요편》 역주

명나라의 임진전쟁
5

교감·표점본

구범진·김슬기·김창수·박민수·서은혜·이재경·정동훈·薛戈 교감·표점

일러두기 및 범례

○ 저본

1. 臺灣大學 도서관 소장『經略復國要編』의 明 萬曆 刊本을 영인한 中華文史叢書 19[臺灣 華文書局, 기사년(1989) 영인] → 일부 착간과 결락 있음.

2. 朝鮮史料叢編,『壬辰之役史料匯輯』全國圖書舘文獻縮微復製中心出版, 1990 → 같은 책을 영인한 것으로 착간과 결락 없음.

○ 표점부호 설명

1. 원문 텍스트의 본문 표점에 사용하는 부호의 종류를 최소화하는 것을 원칙으로 하였다. 쉼표(,), 마침표(.), 중간점(·) 외에 물음표(?), 느낌표(!), 세미콜론(;)은 쓰지 않았다. 단, 첨부문서나 공문의 인용 앞에서는 콜론(:)을 썼다.

2. 원문 텍스트 본문에서 인용문에 해당하는 내용에 대해서는, 1차 인용은 큰따옴표(" "), 2차 인용은 작은따옴표(' '), 3차 인용은 홑낫표(「」)를 썼다. 4차 인용 이상은 3차 인용문 안에서 큰따옴표, 작은따옴표, 홑낫표를 반복 사용하였다.

○ 글꼴 설명

저본의 원문에는 이체자, 속자, 약자 등이 대거 사용되었다. 그

러나 모양이 비슷하기는 하나 사실은 음·훈이 달라서 엄밀히 말하자면 틀린 글자가 적지 않다. 또한 현재 중국의 간체자나 일본의 약자와는 글꼴이 같으나 우리나라의 표준 글꼴과 다른 글자도 있다. 이에 이체자, 속자, 약자 등은 우리나라 상용한자와 상용 글꼴로 바꾸는 것을 원칙으로 하였다. 글자·글꼴 변경에 대한 이해를 돕고자 아래에 대표적인 사례를 열거한다.

① 틀린 속자를 바른 글자로 변경한 예: 玆→玆, 㣙→從, 捏→捏, 熖→焰, 弟→第, 荅→答, 䓁→等 등

② 약자·간체자를 정자·번체자로 변경한 예: 盖→蓋, 屢→屢, 懐→懷, 随→隨, 陥→陷, 将→將 등

③ 우리나라에서 상용하는 글자로 변경한 예: 舘→館, 廵→巡, 徍→往, 畧→略, 峯→峰, 攄→據 등

④ 우리나라 전산 글꼴로 변경한 예: 俞→兪, 靑→靑, 敎→敎, 查→查, 為→爲, 真→眞, 値→值 등

⑤ 이수변의 속자를 삼수변의 바른 글자로 변경한 예: 凔→滄, 決→決, 况→況, 湊→湊, 凟→瀆, 减→滅, 冺→泯, 盜→盜, 减→減 등

• 저본에는 출판 당시의 오각이나 이후의 물리적 훼손으로 판독이 불가능한 글자가 몇몇 있는데, 이런 글자들은 "■"로 표기하였다.

○ 지명 및 인명 표기

인명에는 직선 밑줄을, 지명에는 물결 밑줄을 표기하였다. 단 관직명에 들어간 지명에는 밑줄을 긋지 않았다.

예) 勅兵部右侍郎宋應昌 / 釜山、熊川沿海一帶 / 遼陽都司張三畏

차례

經略復國要編 勅

0-1

勅 勅, 1a-2b

[1a]勅兵部右侍郞宋應昌. 近因倭奴陷沒朝鮮, 謀犯中國, 疊據李昖之奏報, 幷我邊吏之上聞. 事屬不恭, 罪在不赦. 雖曾申飭督、撫、鎭、道, 幷添設練兵、閱兵諸臣, 猶恐禦虜防倭, 難於兼濟. 畫地分守, 罔知同心.

今特命爾, 前去薊、遼、保定, 山東等處, 經略防海禦倭軍務. 爾宜查照該部題准事理, 防守要害, 修築墩臺, 督造戰[1b]船,¹ 多儲火砲, 鼓舞士氣, 審察倭情, 一應戰守撫剿, 悉聽隨宜處置. 兵馬、錢糧, 隨宜調度, 司、道、將領, 隨宜委遣. 應與總督官計議者, 從長計議而行, 勿執成心, 期利國事. 鎭、巡以下, 悉聽節制. 文職知府以下, 武職參將以下, 有怠玩畏避, 應拏問者, 徑自拏問, 應參治者, 從重參治. 務求將勇兵强, 戰勝守固. 倭奴敢爲西犯, [2a]大軍先挫其鋒. 如其畏威遜歸, 亦當嚴兵愼守, 務

----

1 저본의 훼손으로 "修■■■, ■造戰船"로 보이나, 글자의 남은 부분과 내용으로부터 "修築墩臺, 督造戰船"임을 추정할 수 있다.

以一倭不入爲功. 從前防禦事情, 有處置未妥者, 悉聽爾計畫方略, 以圖善後. 勅內開載未盡事宜, 悉許便宜區處. 應奏請者, 奏請定奪. 事寧之日, 具奏回部, 各鎭文武將吏及管糧官, 分別擧劾.

　爾爲重臣, 受玆特簡, 宜竭忠殫慮, 耀武宣威, 使蠢玆小醜, 伏斧鑕於天[2b]朝, 蕞爾朝鮮, 荷姘幪於上國. 膚功克樹, 露布蚤聞, 斯稱朕委任之意. 爾其欽承之. 故勅.

　萬曆二十年九月二十六日.

經略復國要編 圖序

0-2

華夷沿海圖序 圖序, 1a-3a

[1a]歲在赤奮, 余受上命, 建節青兗之墟. 不佞過計, 畿封密邇, 江淮外
控, 遼海內環, 脫有駭獸, 徵輸爲難. 爰飭將吏, 訪先臣湯信國之故智, 與
吾所成海圖, 出而商度品處焉. 校武海濱, 軍容與蜃市相映, 亦庶乎旌旗
改色也. 亡何蜚語至京師, 而朝鮮且告急矣. 二三巨公不以流言罪余, 而
訝余之識先一飯也, 力請於朝, 聖天子特勅昌經略四鎭云.

昌拜命, 更退而思曰: "審知地圖, 管子以爲主兵要務. 譬之奕, 張置不
疏遠而斤[1b]斤守邊隅, 吾知不能勝偶矣. 彼倭奴者, 舍吳楚沃壤, 偏兇
威於麗國, 豈眞左計失當哉. 狡算得無以我明甸服幽燕, 北虜繞右脅而撫
其背, 吾將盤左腹而扼其吭也. 不爾, 則世宗朝, 犯江南, 獲子女, 玉帛何
限, 胡今規規侵吾荒服也哉. 上兵伐謀, 攻心爲急, 存亡振旅, 萬世稱義
焉. 爲今之計, 彼將卒方驕惰, 巢穴未固, 我集士馬, 風掃霆轟, 何難爲.
彼奴司命謬議, 適符廟算."

於是, 誓師渡江, 按圖據險, 伏奇轉餉, 焚彼囷倉, 分兵深入, 寧非審

知地利之明驗也乎. 昌不佞入關, 繪圖爲說, 進之[2a]主上, 或萬幾之暇,
可覽而知也. 圖由遼以迄閩廣, 萬有四千里. 信國公之規畫, 眞如棊置,
犬牙盤錯, 遵海之濱, 島列門戶, 大抵貴截之外洋, 不止株守內地已也.
安東而南, 不在節制內, 安東而北, 散見條置諸疏, 玆說姑陳其槩.

倭舶由薩摩州開洋, 歷五島越琉球而南犯, 過南沙入大江, 則瓜、儀、
常、鎭矣. 洋山而北, 則太倉矣, 洋山而南, 則臨觀、錢塘矣. 過韭山海閘
門而犯溫州也, 循舟山之南而犯定海也, 象山也, 昌國也, 台州也. 正南
則廣東也, 稍西則福建也. 由大洋而西北入犯, 則淮、楊[2]、登、萊矣. 正北
入犯, 則天津[2b]、遼陽矣. 惟風所使, 倭聽命於帆, 而倭不能自命也.

昔人以彼寇江南爲便, 寇江北爲弗便, 此正從五島一路籌之耳. 今時
則不然, 審輿圖譜海勢矣. 洋愈大則水波愈惡, 島之寬隘不等, 或不能多
藏舟, 以故大犯江南, 非倭之利也. 由對馬島入釜山, 以寇朝鮮, 則晨發
夕至, 跂足可望焉. 朝鮮介居海中, 自遼海旅順, 山勢直趨東南, 如人吐
舌然. 南北長四千里, 窮島之盡爲千里者幾五, 濟州島與吾狼山海門相
對. 障絕日本不得直渡東、保、薊、遼者, 麗國之力也. 東南廣可二千餘
里, 全羅、慶尙則又彼國之門戶也. 日本欲犯吾四鎭, 必轉全羅地角, 候
風反而行, 卽放舟入大洋, 不能借風倒入也. 壯哉, 天險外護神京, 金湯
之固不至此矣.

若全、慶失守, 是亡朝鮮. 已亡朝鮮, 陸路可犯遼, 然不足慮. 遼地平
夷, 騎兵可騁淸野, 蹂之且立盡矣. 況仰攻山海關, 尤非易易. 水路, 則洛
東、漢水、臨津、晴川、大定、大同、鴨綠諸江, 分舟四出, 撓吾四鎭沿海
島寨, 兵力何以處分. 此余所以亟請累疏, 欲暫戍全、慶, 以俟麗兵之强

....

2　원문은 "楊"이나, 이는 "揚"의 오기.

者, 執此之故也. 披圖而玩, 海以內, 海以外, 觀掌中棗物, 不待深惟力索, 可逆覩要領矣. 又何俟予之喋喋耶.

0-3

華夷沿海圖說 圖說, 6b-9b

[6b]旅順口

遼左河東諸山, 自金州衛旅順口發脈, 而實始自山東登州府蓬萊諸山也. 海岱之脈, 又自太行、王屋, 從西南向東北, 抵登州, 海中跌斷起伏, 鼉磯、沙門、長山、半洋諸島相接, 以至旅順復發. 故此地海運易行, 無甚風波險惡, 藉此各島故爾.

義州

朝鮮國王李昖, 陪臣尹根壽等, 避亂逃此.

平壤

倭先鋒平行長, 據此屯聚倭衆. 提督李如松, 統兵破[7a]城恢復, 斬首千有餘級, 焚薰死者數萬. 行長夜遁王京.

咸鏡道

倭將淸正等, 擄王子, 陪臣屯此. 臣遣策士說之, 設兵疑之, 倭懼退走王京.

開城

倭將平三成等屯此. 平壤破後, 李如松乘勝追剿, 斬首數百級. 倭衆棄城, 走避王京.

京畿道, 國王建都

倭總兵平秀嘉等屯此. 平壤破後, 合諸路倭衆約[7b]三十餘萬據守,
畏威乞哀請封, 荷蒙恩允, 盡歸釜山.

江原道

倭奴進攻王京, 退歸釜山, 往來剽掠, 殘破亦多.

忠清道

倭奴屯據王京, 四外擄掠, 該道亦被殘破.

慶尙道

倭奴往來屯據, 殘破殆盡.

全羅道

去歲六月, 臣預令李如松, 遣副總兵劉綎、李平胡等, 領兵分守要害.
後倭將清正等, 復窺全羅, 我兵與戰, [8a]倭遂敗歸釜山, 不敢再犯.

全、慶要害

全羅若光陽、求禮、雲峰、南原諸險, 有兵防守, 則全羅不能入. 慶尙
若高靈、大丘、善山、慶州, 有兵防守, 則慶尙不能犯. 如此則朝鮮及我四
鎮, 可保無事, 此喫緊要害也.

又

該國山川, 自北而南, 至濟州島止. 全羅、慶尙在國極南, 麗人呼爲二
南. 是以熊川、釜山等處, 係全、慶最大海口, 倭人每歲常犯此地.

[8b]

又

倭舟不能越全羅地嘴, 直達東、保、薊、遼、西海, 全賴此各島錯峙海
中, 焦石甚多, 而海道迂廻, 帆難馳騁. 卽如去歲至今, 止在釜山、金海等
處屯箚, 而不敢逾越, 以達西海者, 職此故也.

西生浦

倭將平行長等, 自王京退後, 潛伏此浦, 伺候封事者, 八月餘矣. 安靜不敢生事, 狡夷至此, 可謂恭順. 況今表文已至, 冊封一事, 望速宸斷.

釜山

[9a]釜山、熊川沿海一帶, 海口最多, 慶尙居民與倭通市結婚, 近百年矣. 見有倭戶, 盤據該國, 志書可考. 故此地常有倭患, 特未若前歲之甚耳. 全、慶要害, 不可不守, 守之則安, 失之則危. 中國因之, 萬分喫緊要害也.

龍山倉

朝鮮歷年通國之糧, 俱積聚於此, 後被倭將盤據, 三十萬棊賴此足食. 臣設策, 遣副總兵查大受等, 潛入倭營, 縱火夜焚, 倭計始窘, 廼一意乞降.

東海一面

該國東海一面, 焦石甚多, 並無寬闊海口, 倭舟從來[9b]不犯.

圖說終

經略復國要編 附

0-4

朝鮮國乞援疏 附, 1a-4a

朝鮮國王李昖一本 附, 1a-4a

[1a]倭寇充斥, 遍據各道, 懇乞大振兵威, 刻期剿滅事.

先該本年四月內, 臣節將小邦被賊窮迫情由, 已經備咨遼東都司, 轉報奏聞, 欽蒙皇恩發兵救援.

臣與大小臣民日夜望天感泣外, 近該本年七月初五日, 慶尙道招諭使金誠一馳啓: "有倭將一員, 率衆二萬餘人, 陷沒咸安等七邑. 又有一起, 由金海等路, 續向京城. 又有一起, 由西川等路, 轉入全羅道順天府. 又有倭船[1b]二百餘隻, 停泊草溪郡界."

又該本月初十日, 慶尙道巡察使金睟馳啓: "本道倭賊團聚滿萬, 守臣郭再佑、鄭仍³弘等各領兵拒敵失利, 倭賊入城. 又有倭賊不記其數, 屯聚善山府南面."

....

3　원문은 "仍"이나, 이는 "仁"의 오기.

又該本月二十三日, 忠淸道巡察使尹先覺馳啓: "倭賊絡繹西向淸州、文義、沃川、報恩、淸山、永同、黃澗等邑, 人民盡被賤殺. 本道武擧周汝塘等發憤募兵, 剿捕失利."

又該本月二十五日, 全羅道觀察使李洸[4]馳啓: "倭賊約七千餘名自沃川地面入本道, 錦山郡守權[5]惊戰死."

又該本月二十[2a]七日, 京畿巡察使權橄馳啓: "守將元豪領兵五千, 馳向江原道, 與賊極力鏖戰, 被傷鐵丸, 命死, 一軍潰散, 遠近洶懼."

又該本官馳啓: "倭賊自京城渡江, 陷金浦縣, 又陷富平府, 大肆搶掠. 又有兩起, 分入廣州、嘉平等州縣, 搜避亂士庶, 積屍相枕, 收取粟米、牛馬不可勝算."

又該平安道巡察使宋言愼馳啓: "咸鏡道倭賊盡陷列邑, 守將李祁[6]祚於鐵嶺拒戰, 被賊砍死, 德原府李永琛父子俱被戰死. 賊又據興府, 收喂場馬, 煮造焰硝, 聲言明年正、二月入犯上國地方." 等情.

臣[2b]竊念守藩無狀, 致覆邦域, 失守祖先基業, 棲泊一隅. 欽蒙皇上仁恩, 不問失職, 反加存恤, 遣餽銀兩, 發兵應援, 前後寵恩, 稠疊汪濊. 自惟流離危迫, 何幸得慈母之依. 翹望闕廷, 惟知感激流涕而已.

臣仍念小邦將卒, 初敗績於海上, 再敗於尙州, 三敗於忠州, 四潰於漢江, 遂致京城不守, 平壤見陷, 國中形勢, 盡爲賊據. 散漫猖獗, 日肆殺掠, 小邦疆土殆無一邑不被禍者. 海隅黎民, 久荷皇靈, 休養生息, 迺今骿罹鋒刃, 肝腦塗地, 慘不[3a]忍言. 日前, 遼東將官祖承訓等仰遵明旨, 提兵救援, 小邦人民咸幸再蘇, 不意天不助順, 辱及驍將. 此蓋小邦不祿, 天

....

4　원문은 "洗"이나, 이는 "洸"의 오기.
5　원문은 "懽"이나, 이는 "權"의 오기.
6　원문은 "祁"이나, 이는 "仁"의 오기로 판단함.

威見損, 尤切痛憫.

　近觀賊等, 詐作票榜, 誑誘愚民, 收喂場馬, 煮造焰硝, 繕葺窩鋪, 積峙糧餉, 無非爲久計者. 至於張皇兇惡, 輕慢上國, 哄脅小邦, 益肆無忌. 若不及今剿滅, 坐踰歲時, 則伊勢漸固, 恐至難拔. 又必倍用兵餉, 事機一失, 貽患非細. 小邦各道官曹, 被賊攔截, 不得領兵來赴, 臣悉起<u>平安</u>一道官兵老弱萬餘, 令本道節度使<u>李薲</u>等箚[3b]守<u>順安縣</u>. 自夏徂秋, 賊鋒環逼, 危亡莫保, 西向引領, 日望天兵早至. 各道士民聞恩旨已降, 歡欣奮躍, 朝暮望救於水火之中. 唯慮師來後時, 小邦已亡, 民命靡遺, 伏願聖明, 哀憐救濟. 臣再照, <u>平壤</u>一城, 係本國要地, 設令尅復, 他道之賊, 自將望風奔潰矣.

　臣又聞, 昔在永樂年間, 安南造反, <u>成祖文皇帝</u>赫怒發兵, 水陸犄[7]角, 終底蕩平. 今者伊賊, 陰謀射天, 先噬藩土, 凶悖桀逆, 實浮<u>黎賊</u>. 小邦道路互通, 便於進兵, 又非安南懸遠之比. [4a]殲滅狂寇, 綏定遠民, 此其會也. 小邦京城距上國疆界約一千二百餘里, 大軍可以方軌前進. 伏乞爰整六師, 尅日長驅. 從東海及<u>鴨綠江</u>下流, 直抵<u>黃海道</u>、<u>江華</u>等邑, 風便則不出三四日程, 允爲便利. <u>唐</u>將<u>蘇定方</u>伐<u>百濟</u>, 亦浮海直搗<u>扶餘</u>, 此其往事可鑒. 堂堂天朝, 命將伐倭, 如一太山之重壓一卵之上, 凶醜遊魂, 不日就滅. 臣獲荷皇靈, 庶雪羞憤, 則瞑目入地, 志願畢矣. 臣不勝懇切, 籲天祈望之至.

....
7　원문은 "犄"이나, 이는 "掎"의 오기.

0-5

部垣臺諫條議疏略 附, 4b-15b

0-5-1

兵部一本 附, 4b-5a

倭情事.

　　據朝鮮國王李昖塘報："據釜山鎭節制使鄭撥[8]申稱：'本月十三日, 有
倭船一百五十餘隻, 從大洋行使, 至小邦蓬萊、絶影等島停泊. 又有倭船
四十餘隻, 至前洋絶形等島停泊.'

　　續據慶尙道水軍節度使朴泓申稱：'十四日, 倭船有數百餘隻, 至利釜
魚山鎭、牛岩等處地方, 分三處, 停泊下碇, 日出攻打. 本道守將督兵拒
敵, 奈賊勢方熾, 屢戰失利, 居民房屋盡被焚掠.'

　　今且圍逼本國沿海三邊, 形勢散漫, 萬分[5a]危急."

　　等情. 到部.

　　看得, 倭奴入犯事情, 先據陳紳[9]報之於前, 續據朱均旺稟之於後. 已
經申飭各沿海總兵幷琉球各國嚴備外, 今據報稱, "倭船數百已犯朝鮮, 勢
甚猖獗." 情形已眞. 且其聲東擊西, 倭奴故態, 分道入犯, 難免必無. 所有
沿海一帶地方, 防犯宜周. 合候命下, 移文各該地方衙門, 責令用心操練
兵馬, 整飭器械船隻, 修葺城池, 加謹提防, 一面另圖奮力征剿. 等因.

....

8　원문은 "揆"이나, 이는 "撥"의 오기.

9　원문은 "紳"이나, 이는 "申"의 오기로 판단함.

0-5-2

兵科給事中吳鴻功奏稱 附, 5a-5b

頃者, 倭奴啓釁, 初傳報於琉球, 繼申呈於朝鮮, 而許儀後條開關白[5b] 情形歷歷可指. 乃今已肆侵犯. 揆之前情, 若合符契, 安得不預爲防犯之 計. 誠恐臨渴掘井, 悔將何及.

0-5-3

山西道御史彭好古奏稱 附, 5b-6a

倭奴緊急, 患在剝膚, 正壯士撫膺之秋, 臣子旰食之日. 據報四百餘船, 卽以最小者槩之, 已不下十萬餘衆. 以勁悍之賊, 起傾國之兵, 度其意料, 必置朝鮮於度外, 而實欲坐收中國以自封也. 然不遽寇中國, 而先寇朝鮮 者, 懼躡其後也. 且以十萬之衆, 勢如太山, 朝鮮國小, 坐見臣服. 然後橫 行中國, 何[6a]所不適哉. 誠使以朝鮮爲後援, 以諸島爲巢穴, 東風順則 可徑達登、萊, 稍轉南則可徑達永平. 再轉而東則可徑達天津, 又再轉而 東南則可徑達兩淮.

　併力入犯, 難與爲敵. 假令分一萬以寇登、萊, 分一萬以寇永平, 分一 萬以寇兩淮, 而以七萬之衆直搗長驅, 其能支乎. 言之痛心, 可爲流涕. 今日禦倭之計, 迎敵于外, 毋使入境, 此爲上策. 拒之于沿海, 毋使深入, 是爲中策. 及至天津、淮、揚之間, 而後禦之, 是無策矣. 事勢已急, 安可 不爲長久之圖哉.

0-5-4

兵科給事中劉道隆奏稱 附, 6b-7a

[6b]往者倭奴入寇, 多在東南財賦之地. 故乘風寇掠, 滿欲則歸. 今先併朝鮮, 而後犯中國, 且以大兵直搗西北之區, 則其志不在小矣. 倘朝鮮不支, 必乘勝圖內, 而我之勢分力寡, 恐難爲敵. 兵法曰, "以虞待不虞者勝." 安可坐視以望其僥倖耶. 宜急從臺臣之請, 召募勇敢之士萬人, 以分布沿海要害之地. 不然, 臨敵而束手矣. 臣非不知兵之易聚而難散, 亦非不知募兵之易而處餉之難. 特以害隣畿輔, 倘備之後時, 悔將何及. 願當事者之亟圖[7a]之也.

0-5-5

禮科右給事中張輔之奏稱 附, 7a-7b

惟今憂虜患者十三, 憂倭患者十三, 憂西北者十九, 憂東南者十三, 得無以狂虜難滅, 倭奴易處耶, 西北近、東南遠耶. 不知倭奴凶狡, 數倍狂虜, 揚帆大海, 萬里瞬息, 則東南固易達耳. 積玩起于承平, 防禦盡屬故事, 何恃而不恐哉. 卽今朝鮮不守, 禍切震隣, 倭船四百, 衆可十萬, 朝鮮財物不飽其欲. 必不安于偏舟海島之間. 遼陽、天津、登、萊等處, 固當爲募兵積餉之計. 東南財賦重地, 海防又何[7b]可一日而弛也. 否則一旦難作, 嘉靖癸丑之禍可鑒哉.

0-5-6

直隸巡按御史張應揚奏稱 附. 7b-8a

自徐州抵通州, 延袤幾二千里, 糧船鱗集, 絡繹不絶, 分布信地, 猶所當議耳. 倘倭入內地, 被害必深, 請攝薊鎮班軍, 多備火藥器械, 守護漕河. 臣聞寧夏之變, 已不勝駭愕, 廼又聞倭信猖獗, 東支西吾, 日不暇給. 此誠萬分危急之秋也. 臣竊計京師腹心也, 寧夏肩背也, 漕河咽喉也. 寧夏不早除, 漕河不早護, 肩背咽喉交病, 而腹心得無恙乎. 此臣[8a]所以深憂過計, 而有此陳請也.

0-5-7

直隸巡按御史劉士恕奏稱 附. 8a

接得邸報, 該遼東巡撫郝杰報稱: "倭奴已入朝鮮境內, 陷沒王京、密陽、尙州等十餘郡, 據奪平壤城, 國王逃走, 勢甚猖獗."

　臣一見之, 不勝驚駭. 倭今據有朝鮮, 進有所攝, 任意長驅, 眞同鬼域. 臣屬河間、天津, 係軍國重需之地, 今運船正行, 倭所注意. 正國家多難之秋, 臣子枕戈之日, 條陳備倭六事.

0-5-8

遼東巡按御史李時孳奏稱 附, 8a-8b

倭寇猖獗, 萬分可虞. 先是, 許儀后[10]傳報: "倭奴先收高麗, 再議內犯."
[8b]今已破朝鮮, 蓋鑿鑿左驗也.

　近據朝鮮國王差司驛[11]趙安仁稟稱: "倭奴悉將本國京江口船隻, 盡數
劫奪, 渡臨津下, 已據有開城, 焚掠, 漸欲西來. 國王寄居平壤, 恐不能抵
敵. 事在危急, 速請救援."

　查臣屬遼界, 沿海路約七百餘里. 而防海兵不滿三千, 倭奴何止數萬.
不但強弱不敵, 即眾寡亦不抵矣. 乞勅當事臣工, 同心戮力, 分猷共念,
不俟渡江, 務期剿滅.

0-5-9

遼東總兵楊紹勳奏稱 附, 8b-9a

本月十七日, 據夜不收金子貴稟報: "哨見大通[12]江口倭奴約有數千, 臨
[9a]江邊踏淺, 欲渡攻取平壤. 朝鮮兵馬與戰數十合, 各持挨牌、弓矢堵
截, 倭奴指放鳥銃, 尚未得渡. 聞朝鮮人說, 只怕此賊在江邊哄誘, 餘賊
從別處淺所過江. 況江口離平壤府還去五六十里. 今陽州一帶俱已有倭
賊. 本日, 朝鮮國王帶領家眷行李, 出平壤府往西來避兵." 等情.

....

10　원문은 "后"이나, 이는 "後"의 오기.
11　원문은 "驛"이나, 이는 "譯"의 오기.
12　원문은 "通"이나, 이는 "同"의 오기.

0-5-10

兵部一本 附, 9a-9b

爲倭情叵測, 懇乞聖明, 亟遣大臣經略征討, 以伐狂謀, 以弭隱患事.

　　近得遼東鎭臣稟報: "倭寇朝鮮, 所過傷殘, 已親見國王復自平壤避出, 及其臣民流離之狀, 所[9b]不忍言."

　　關白獷[13]悍, 業必據爲巢穴, 以圖我犯. 若俟入堂奧而後禦之, 則已晚矣. 今宜大加征討, 預伐狂謀. 伏乞聖明, 軫念社稷生靈安危大計, 特遣素有威望通曉兵事大臣一員, 經略倭事. 統領薊、昌、保定南北兵馬, 直抵朝鮮, 深入境內, 大申撻伐之威. 一以遏其猖狂, 復存下國, 一以阻其內訌, 固我門庭. 其合用錢糧草料, 亟勅戶部議處. 大臣勅內事權責任, 容本部另議, 請給施行.

0-5-11

遼東巡撫鮑希顔一本 附, 9b-12a

爲倭情事.

　　准朝鮮國王[10a]咨:

　　"二十七日, 該京畿道觀察使沈岱馳啓: '倭賊數萬人據都城已經累日, 環畿郡邑盡爲赤地, 遍野橫屍, 民庶偸生無計.'

　　又據慶尙道啓稱: '倭船數千停泊海口, 倭賊不計其數, 殺掠人畜, 竄

....

13　원문은 "獷"이나, 이는 "獷"의 오기.

匿無所, 朝鮮已無噍類.'

又據咸鏡道啓稱: '倭將入咸興府, 牧馬撫民, 收糧整器, 聲言入犯遼東.'

又據廣州首領啓稱: '倭賊掘毀恭僖等王墳墓, 砍伐樹木, 焚燒殿宇, 慘酷異常, 痛不忍言.'

又據江原道啓稱: '本道守將李薲等敗績陷城, 第一王子幷第五王子俱被俘虜, 倭勢益熾.'

當職照[10b]得, 倭賊蹂躪邦域, 生靈殆盡, 辱及先墓, 痛心呼泣, 自處無所. 又二子被虜, 屢遭敗亡, 疆域窮蹙, 骨肉不保, 尤切悲憤. 見今第二王子琿權署國事, 當職率文武群臣, 糾合義旅, 圖剿諸賊. 前後具由陳控, 亦已屢矣.

切思, 危急日甚一日, 誠恐天兵未及渡江, 小邦已底覆亡. 且念賊之肆毒, 比來愈酷, 野無寸木, 廬舍爲灰. 若到天寒之時, 小邦人民靡有孑遺. 通國臣庶, 男女老弱, 擁馬垂泣, 爭問天兵幾時來救, 活我民命, 日夜懸望, 其情亦戚矣.

日前, 欽蒙[11a]聖旨, 著令速去救援, 毋得怠緩不及事. 小邦性命, 惟仰父母之拯濟. 煩爲查照小邦迫切事情, 劃卽轉報, 急速發兵救援, 殄殲凶賊, 以活遺民. 不勝懇迫.”

等因. 移咨到職.

又據黃海道巡察使洪世恭報稱:

“倭移牌文內寫稱: '日本將軍吉成統大衆二十萬, 分爲二運, 來取平壤, 所經州邑俱要修治道路, 供饋糧餉.' 又令嚮道圖寫義州、遼東、山海以至北京大小城堡路程形勢. 又打造鳥銃幷做鉛子, 搜括糧草, 頓聚平壤, 西犯情形必在旦晚. 小邦崩潰, 計無所出, 寡君窮蹙一隅, [11b]更無可退一步之地, 飲痛入骨, 不知所籲. 及今不行援救, 他日皇恩矜恤, 縱煩百萬甲兵, 恐無濟矣. 伏乞憐憫小邦忠順被兵之情, 急進王師, 快施天討, 活小邦垂死之命. 不勝迫切."

等因. 又據本院夜不收金子貴等探報相同.

看得, 倭賊摧陷朝鮮, 掘毀王墓, 擄掠王子, 已爲可憫. 且又圖寫道路、城池, 修治器械等物, 屯住平壤. 賊多糧少, 勢必西犯, 尤爲可虞. 除會同總兵楊紹勳, 嚴行各道幷將領等官, 嚴督哨夜, 速爲偵探, 統率兵馬, 加謹防禦. [12a]如有西犯情形, 相應相機戰守外, 理合具奏施行.

0-5-12

兵部一本 附, 12a-13b

緊急倭情事.

本月二十八日, 准遼東巡撫郝杰揭稱: "寬奠副總兵佟養正報稱: '十七日, 家丁郭有功等稟報,「眼見倭賊已過大同江, 約有萬餘. 其平壤府防守兵馬, 見倭勢大, 俱帶家小棄城, 往西北逃走. 國王先於下路寧邊府避兵, 尙未到來.」'" 等因.

續准揭稱: "朝鮮君臣, 倭至卽遁, 一矢不交, 此中不可盡測. 但恐國王兵敗, 率衆入遼, 拒之不仁, 納之難處, 應作何酌議." 等[12b]因. 到部.

爲照, 朝鮮世祚東方, 號稱大國, 何得一遇倭至, 望風而逃, 殊可駭異. 倘彼國社稷失守, 突爾來奔, 在守臣, 拒之則棲依無所, 外服失仰賴之心, 納之則事體非輕, 臣子無擅專之理. 又況倭奴譎狡異常, 華人多爲嚮導, 萬一乘機闌入其間, 貽害非細. 相應題請, 合無恭候命下.

臣等咨行遼東鎮督、撫等官, 除發精兵二枝往援外. 其沿海一帶, 多布鐵蒺藜, 列火器、火砲, 以防沖突. 而參議荊州俊則嚴查功罪, 呈報督、撫, 將士有不用命及坐失機宜者, 不時參究. 應[13a]用糧餉, 則專責管糧衙門, 會同該道措處, 如或缺乏, 責有攸歸.

其朝鮮國王果兵力不支, 率衆內向, 該鎮遣的當人員, 宣諭朝廷至意. 使之來奔則復國無期, 倭奴遂占固守, 目今援兵漸集, 倭自敗回. 且令駐扎彼國險隘處所, 以候天兵之援. 仍諭令多遣陪臣, 號召傾國勤王之師, 以圖恢復故疆, 不得甘心敗亡.

萬一國王危亟來奔, 情難盡拒, 合無俯念恭順有年, 勅令容納. 亦預酌量, 名數無過百人. 其或倭奴詐爲朝鮮降人, 來投遼左者, 沿江一帶詳加研審, 設[13b]法剿除, 毋得擅納逋逃, 別生他釁. 伏乞聖明裁定, 臣等遵奉施行.

0-5-13

兵部一本 附, 13b-15b

倭情變詐日增, 勢益猖獗, 萬分可虞, 懇乞聖明早賜議處, 以伐狂謀, 以圖治安事.

該巡按遼東監察御史李時孳題前事等因, 奉聖旨: "兵部看了來說." 欽此.

又該朝鮮國王李昖奏爲倭寇充斥, 遍據各道, 奉聖旨: "兵部作速看議來說." 欽此. 欽遵. 通抄送司, 案呈到部.

看得, 遼東巡按李時孳題稱: "倭奴侵陷[14a]朝鮮, 迤西犯遼, 不言可知. 倏忽秋末冬初, 風勁地乾, 宜乘其未定, 似可馳騁. 但遼左兵弱, 倭、虜相仍, 分防愈寡. 要再於薊鎮添調精兵三、五千, 連前議山海關住札火器手三千名, 各選委智勇將官, 統領赴遼. 與先發到谷燧、駱尚志馬、步軍兵共三千名, 本鎮再選軍丁五、七千名, 謠爲十萬, 聲勢過江, 與朝鮮兵將, 併力征剿. 仍乞移會經略大臣, 早爲查議."

又該朝鮮國王李昖奏稱: "倭賊毒焰方熾, 今分屯鉅郡, 沿路設備, 爲計愈深, 宜及今剿滅. 若事機一失, 貽患非細. 小邦[14b]各道官曹, 被賊攔住, 不得領兵來赴, 日望天兵勅援." 各一節.

爲照, 蠢爾倭奴, 竄伏海島, 謠詐異常, 朝貢不通, 乃敢一旦大肆狂圖, 剽掠朝鮮, 使二百年忠順屬藩, 蕩無寧宇. 其復假名求貢, 儲蓄異謀, 養虎終須貽患.

所據遼東按臣, 請添南北將兵, 乘冬初地凍, 倭巢未定之時, 奮擊勿失, 自是一策. 既經按臣與朝鮮國王題奏前來, 相應覆請. 合候命下, 本部備咨經略衙門, 於各省、直地方, 選將調兵, 集糧儲餉, 置造器械、衣甲, 督率前往救援屬國, 征討逆倭外.

再照, [15a]裁禍定亂, 雖臣子致身之忠, 而懋賞酬功, 實大君御世之典. 故以哱、劉么麼小醜, 尚不吝封拜之條, 以激忠烈. 今倭奴擁數十萬之兵, 其勢孰與哱、劉. 據朝鮮之衆, 其志孰與哱、劉. 乘舟遇風, 瞬息千里, 其便利孰與哱、劉. 萬一狂逞震驚陵、京, 其重孰與哱、劉. 則大議封賞, 以示鼓勵, 胡可緩者.

今此征討, 必須先得平壤, 方可漸復王京. 成功固有次第, 懸賞亦有差等, 合無昭示遠近. 若能恢復平壤城, 令朝鮮王守之, 則倭無由至天津, 而已固我之門庭矣. 其文武諸臣, 臨時[15b]從優升賞, 若有擒斬倭酋關白平秀吉、妖僧玄蘇等, 及恢復朝鮮國者, 賞銀一萬兩, 封伯世襲. 其見有侯、伯世襲者, 遞進爲公、侯, 皆世襲之. 如在倭中有係中國之人, 能反邪歸正, 或擒平秀吉等來降, 一體封拜受賞. 其率衆來歸者, 皆授以官爵. 庶上懸不次之殊恩, 下奮直前之勇敢, 大捷可期矣.

奉聖旨:
"俱依議行."
欽此.

經略復國要編卷之一

1-1

初奉經略請勑疏 권1, 1a-3a

[1a]一爲遵旨專責部臣, 經略倭患事.

　　准本部咨:"該本部題, 奉聖旨,"宋應昌便着前往薊、保、遼東等處, 經略備倭事宜. 就寫勑與他."欽此. 欽遵. 備咨到臣.

　　臣本書生, 未閑軍旅, 過蒙皇上特遣經略, 臣遽承之, 曷任悚惕. 臣切計之, 倭奴不道, 奄有朝鮮, 詭計狂謀, 專圖內犯. 遼左、畿輔, 外藩與之比隣, 山海關、天津等處, 畿輔水陸門戶, 俱係要地. [1b]向屬薊、遼督撫諸臣經理, 卽今日命臣整飭, 仰見陛下急心腹之隱憂, 爲早圖之至計. 科臣題謂, "且緩朝鮮救援者", 非舍朝鮮以資敵國也, 深爲畿輔重地計也. 如綢繆已預, 根本無虞, 則振揚天威, 遠除兇惡. 但彰字小之仁, 以存中國之體, 先後次第, 理固當然. 臣雖駑鈍, 受茲簡命, 敢辭捐糜.

　　顧今天下承平日久, 軍務廢弛, 人心習於治安, 玩愒已極. 不大破拘攣之見, 則國事終無可濟之理. 除臣領勑卽往遼薊, 如天津寶坻、山海關、鴨綠江等處關隘、海口, 相度地勢, 設立將兵, 分派信地, 嚴加防禦. 外, 今再瀆[2a]皇上賜臣嚴勅一道, 俾臣得以專任其事, 文武諸臣之中, 毋得輕易阻撓牽制. 至於將校逗留觀望, 有不用命者, 參將而下聽臣卽得斬首於軍中, 以肅號令, 庶事權旣重, 功有責成. 惟是倭奴狡悍, 若非士馬精強、兵器堅利, 未易與敵. 據臣平日講一字陣法, 用兵一萬, 當造車三百六十輛, 火砲七萬二千箇, 弩弓二萬七千張, 儱牌各二千面, 弩箭百萬支, 火藥、鉛子難以數計. 幷臣前任山東, 題造轟雷、地雷、石子等砲, 又神毬、九龍、火槍、火箭等件, 與軍中一應所費, 似不可已.

伏乞勅下兵部議, 該給與錢糧幾何, 容臣製造[2b]完備, 用一字陣法, 練兵一萬. 薊鎭有急, 則援薊鎭, 遼左有急, 則援遼左. 機會可投, 則爲朝鮮恢復進取之計. 然臣於錢穀, 毫不干預, 乞於部中選委廉正司官一員, 隨臣軍中收貯. 如軍中所帶技藝人員, 幷一切事務, 有應動支者, 俱給印信、文移、牌票, 行司官處, 附冊登記. 其打造砲、弩、車輛、牌、箭等件, 臣亦不用標下人員, 俱行各撫院, 該道卽支前項銀兩置辦, 赴司交領. 事完之日, 如有羨餘, 一一繳還. 其用過數目, 臣與司官各造冊籍奏報. 至於軍務至煩, 事機甚密, 凡一應戰守機宜、奏章文移, 非臣一人精神意見所能兼[3a]理, 合用司屬官二員. 查有職方司主事袁黃, 武庫司主事劉黃裳, 文武具備, 謀略優長, 乞命二臣隨臣贊畫. 幷行本部, 將合用火牌勘合, 照例查給施行.

1-2

辭經略疏 권1, 3a-5a

一爲禦倭事急, 謬簡宜更, 懇乞天恩, 速從臺議, 以裨安攘事.

迺來倭報孔殷, 伏蒙皇上從廷臣議推, 命臣經略防倭. 隨該御史郭實論不可者七事, 奉聖旨: "倭奴謀犯, 督撫各守防虜, 地方戰備一無所恃. 且沿海數百里不相聯屬, 一旦有警, 深爲可虞. 特遣經[3b]略, 專任責成. 郭實如何又來阻撓. 這事體重大, 難信一人之言. 他日利害, 要人擔當. 還著九卿科道官會議來說." 欽此.

復該臣於本月初七日上疏, 求解經略, 奉聖旨: "宋應昌忠實任事, 豈可因人言, 自阻經略事宜. 著待會議行. 該部知道." 欽此. 欽遵.

臣惟一介鄙儒, 荷蒙皇上責成如此, 固宜捐麋報效, 不敢再辭. 臣伏思之, 昔周宣之伐玁狁, 以尹吉甫之克壯厥猷也. 今臣謀疏識淺, 無吉甫之猷, 膺吉甫之寄, 而欲其奏膚功, 匡王國, 能耶. 否耶.

臣聞之, 兵法曰, "不知三軍之事, 而同三[4a]軍之政者, 則軍士惑." 今臣未拜朝命, 知臣者目臣爲不知兵, 則三軍之士惑而不受令矣.

臣又聞之, 兵法曰, "疑志者, 不可以應敵." 臣今內慚無實, 外慮人言, 不一心矣. 以不一心之將, 統不受之師, 未有能濟者.

目今倭奴竊發, 仰厪主憂, 渙發溫綸, 專隆閫寄. 不過謂臣能濟海防事爾. 今臣必不能濟, 而必欲責臣行之, 大非皇上推轂攘夷, 保安邊境之盛心也. 臣以無我之心, 從虛內照, 經略責任在臣實不能堪. 臺臣之論, 原非謬也.

且臣自受命以來, 百凡料理, 兵難遙制. 薊、遼、保[4b]定以至山東, 不下數千餘里, 彼此報警, 卒難驅策. 此形勢之不便也.

總督轄撫巡, 撫巡轄司道, 司道將領以及百執事, 血脈流通. 今也, 驟加經略, 宛若贅疣. 此事體之不便也.

四鎮兵馬, 惟薊、遼爲盛. 使經略分之禦倭, 則禦虜之兵弱, 聽其禦虜, 則無以禦倭. 此柄權之不便也.

使經略別乞錢糧, 選募將士, 安能一時雲集. 卽集矣, 新募之兵, 素非練習, 一旦驅之臨陣, 與慣戰強倭相角, 其不格明矣. 此兵力之不便也.

大都事權一則專, 二則分, 一則合, 二則携. 析之爲二, 是督撫據其實而撓其權, 經略假其權而亡其實. 臣以爲設[5a]經略不若重督撫之爲愈. 況今敵將壓境, 勢若壘卵. 臣不爲蚤言, 皇上不爲速斷. 在督撫則曰已遣經略矣, 在臣則曰已辭經略矣. 互相推諉, 倭奴內犯之計日促, 中國逗留之患日深, 萬一疏虞, 咎將誰任. 是臣報國微忠, 反成誤國大害. 臣是以旦夕競惶, 不得不再伸, 哀懇于君父之前也. 伏乞皇上, 上思邊計, 下憫臣愚, 勅下廷臣, 一併會議, 防禦不失. 無任悚仄待命之至.

1-3

論救郭御史疏 권1, 5a-6b

[5b]一爲懇乞天恩, 宥言官, 以廣言路事.

九月十三日, 臣應昌自揣凡庸, 再疏求解經略, 奉聖旨: "宋應昌已奉命經略. 只爲郭實一言, 遂畏避不肯前去. 沿海邊務責成何人. 浮言反重於朝命, 國紀何在. 倭報已緊, 宋應昌可卽擇日行. 九卿科道官依違觀望, 今亦不必會議. 郭實懷私妄奏, 阻撓國事, 着降極邊雜職用. 再有瀆擾的, 一併究治." 欽此.

臣一覩霆威, 曷任震懾. 擬於本月二十六日辭朝領勅, 卽日起程, 徑赴遼陽, 先爲經理. 仍一面移文順天、保定巡撫, 將天津、寶坻一帶防海事宜, 督率該管衙門, 各照[6a]信地, 預先查議整辦, 聽臣歷閱, 不許遲延.

臣惟隨事納忠, 言官之責, 因言自反, 臣愚之分. 臣前陳乞, 乃所以安

臣之分也. 不期反觸天威, 禍延郭實, 是臣一疏, 上累聖主從諫之明, 下
阻天下直言之氣. 臣功未寸立, 而罪更山崇矣. 且方欲仰報皇上安攘至
意, 收集群策, 日夜孳孳, 猶恐人之不我語也. 乃今皇上不深責臣畏避之
罪, 而重譴言官. 臣恐海內聞風, 以言爲戒, 卽有忠謀石畫堪佐經略者,
亦將望九[6b]重而結舌矣. 臣深以爲不便. 伏望皇上俯察臣衷, 稍紓霆怒,
將御史郭實, 准復原職, 俾其益殫忠猷. 庶言路洞開, 天下之挾奇策爲陛
下籌倭虜者踵至矣. 臣愚幸甚, 天下幸甚.

1-4

檄薊州密雲天津永平四道 권1, 6b-7a

一爲遵旨專責部臣, 經略倭患事.

照得, 沿海州縣地方俱有通倭海口. 其調度防禦喫緊, 全在正官. 若非
甄別, 倘有不堪, 緩急何賴. 牌行各道, 卽查所屬州縣掌印、署印官, 某才
識老練, 堪以防禦, 某才力綿薄, 應該改委, 作[7a]速查明. 分別賢否, 據
實呈詳本部幷督撫衙門, 以憑會議處分施行.

1-5

移本部咨 권1, 7a-8a

一爲經略邊海軍務事.

照得, 本部奉命經略沿海各邊防倭事務. 除兵馬錢糧戰守機宜等事,

候關領勑書、關防, 赴各該地方相機行事外, 合咨本部. 煩請箚委職方司主事袁黃, 卽便親詣天津、寶坻、山海關等處地方, 武庫司主事劉黃裳, 卽便親詣遼東海口幷鴨綠江等處地方. 各會同地方該道官及新設備倭海防道, 親歷沿邊一帶緊要海口, 倭[7b]船可以入犯去處, 相度地里若干. 每三里築墩一座, 上設房屋數間, 可容二十人者, 卽撥該州縣弓兵、民壯各十名, 輪班瞭守. 又每一里設轟雷砲二座, 每砲一座, 撥防口民兵一隊守之. 內選伶俐有膽略者六人, 加倍給與行糧, 以二人遠哨、二人司火、二人拽線. 其搬取磚石壘砌, 餘兵幷力爲之. 倘能用心安放火砲如法, 得取首級百顆, 便將五十顆給賞放砲六人均分, 餘五十顆衆兵分用. 仍相度地勢高下, 高則砲宜平, 低則砲宜高, 務對賊船擊打, 不使落空. 點放藥信, 尤宜察其遠近, 審時度勢, 遲疾不令虛發可也. 守[8a]砲民兵六人, 遇晚同在兵房內宿. 餘兵俱各照舊在海口隣近村鎭店中安歇. 其應用火藥各項物料, 幷匠役工食, 及築墩軍夫應支鹽菜, 墩上起蓋兵房木植之類, 俱聽本官會同該道, 於堪動錢糧支用. 如果不敷, 不妨呈請設處, 仍呈督撫衙門知會. 事完, 將用過錢糧數目, 築過墩臺、安設大砲各若干座, 通行造冊繪圖呈報, 以憑巡閱查考施行.

1-6

檄薊鎭海防等五道 권1, 8a-8b

一爲經略邊海要務事.

　照今倭情叵測, 備禦宜周. 先該本部行文召募沙船, 誠恐途遠, 難以率到. 看得, 沿[8b]海居民以魚鹽爲業, 慣習波濤, 魚舟輕捷, 足堪哨探. 牌行各道, 卽查沿海販鹽、捕魚土著居民召募, 有無情願, 漁舟拘集, 堪否禦敵, 果肯應募, 工食應給若干, 船價應給若干, 應委何官管理訓練, 與生理有無相妨. 或用器械, 聽候給發, 作速查議明白, 具由詳奪施行.

1-7

移本部咨 권1, 8b-9a

一爲遵旨專責部臣, 經略倭患事.

准本部咨:"該本部題內稱:'本部經略合用錢糧, 請發馬價銀二十萬兩, 聽本部分[9a]發各兵備道, 收貯聽用. 完日造冊奏繳.' 等因. 節奉聖旨:'銀兩准給發.' 欽此." 備咨到部.

所據前項銀兩, 已經移咨本部, 箚行太僕寺, 給發五千兩, 於中軍官楊元收貯, 隨軍應用訖.

其餘一十九萬五千兩, 合發天津道三萬五千兩, 密雲道四萬兩, 永平、薊州、寧前、東寧道各三萬兩, 分發前去收貯, 聽候本部應用. 合咨本部, 煩爲箚行太僕寺, 照依本部分派各道銀兩數目, 亟爲動發, 候用施行.

1-8

檄天津永平遼東等六道 권1, 9a-10b

一爲經略邊海要務事.

照今倭警叵測, 防備宜周. 本[9b]部製有一字車、火砲、弩、牌等項,俱爲破倭長技, 合應預行製造, 以備緩急. 牌行各道, 卽督各匠製造車六十輛, 押陣大砲一千六百七十箇, 一字小砲一萬箇, 小信砲三百三十三箇, 弩弓一萬二千張, 櫓牌、竹牌各三百三十三面, 弩箭六十萬支, 仍多備火藥、鉛子. 酌量估計工料匠作各項錢糧, 議該若干, 呈請本部, 於馬價銀內支給. 該道仍限文到三日內, 先解精巧木匠、火藥匠、生熟鐵匠各二名, 赴部聽候面諭式樣. 傳令各匠如法製造. 就將委官各役姓名, 鑿於本器之上, 候本部取用稽覈. 造完之日, 將動支過錢糧, 并[10a]各項器械數目, 造冊送部, 以憑查考.

計開:

一. [14]字車所用木料, 楡、柳、椿、槐木俱可. 車輪盤一箇, 用大木板一片, 長闊各二寸五分, 厚三寸, 取圓, 周圍用鐵葉包裹錮釘. 中鑿一孔, 用生鐵鑄就, 通圈一箇, 其圈與木板一般厚, 圈外鑄四齒嵌入. 車軸兩頭, 用鐵梢二根管閘. 車脚熟鐵軸一根, 長一尺, 粗如核桃. 大旗槍四根, 鐵環十箇.

一. 各砲火藥, 多備焰硝. 其灰用芝蔴楷, 或茄楷, 或檾蔴楷, 隨地所有擇一樣用. 其焰硝用提過其各[10b]藥品, 研爲細末, 須各樣另自收貯, 或甕或盆或布袋盛, 記號明白, 以便稽查. 用時, 該司道委官驗明, 然後總合一處聽用.

....

14 문맥상 원문에 "一" 하나가 탈락된 것으로 판단함.

移薊遼總督幷山東順天保定遼東四撫院咨

권1, 10b-11b

一爲詳議經略倭患事宜, 以便遵行事.

准兵部咨云云等因. 准此, 爲照, 本部卽日先臨天津, 經畫料理, 而山東靑、登、萊沿海一帶營鎭兵馬, 合先設備. 合咨前去, 請照來文備奉欽依內事理, 煩行各道, 會同總兵官, 卽查自某處起, 至某處止, 係隷某鎭道管轄, 分布某營南北陸兵若干, 作何挑選、操練、防守. 應建敵臺[11a]幾座, 應設烽墩幾處, 內用臺兵、烽軍若干, 作何守瞭、傳烽. 要害處所安置大小火砲若干, 車輛若干. 近岸空地挑掘坑塹險害, 如鐵蒺藜、釘排之類各若干. 近洋擺列水寨, 應用戰哨船隻若干, 共用水兵若干, 軍火器械若干. 水陸官兵數有不敷, 作何增募, 各道行、月糧料, 作何儲蓄, 以便接濟, 使士飽馬肥而無匱乏. 據險設害而無滲漏, 逐一分撥調度, 計議停妥. 先行畫圖貼說, 希由咨送本部, 以憑酌議奏進查閱. 一切費用不敷, 希會題請給發.

至於臨、德二州倉庾財賦之地, 尤倭所垂涎者. 然界雖屬於山東, 壤實切於畿[11b]輔, 仍聽貴院調度防禦. 如倭犯薊、保等處, 遼東水陸官兵不待調遣, 隨賊所在, 飛馳應援. 各該鎭道自有地方專責, 各爲保守, 俱以一倭不入爲功. 沿海司道有司大小將領有不相宜者, 令行題請更易以定, 俱令久任. 如無警報, 責令嚴加防守, 仍不時差人偵探, 果有入犯情形, 督率相幾, 戰守施行. 先具行過緣由, 咨報查考.

檄天津永平山東遼東各兵巡分守等十二道

一爲遵旨專責部臣, 經略倭患事.

照得, 本部奉命經略, 已經[12a]行令各道, 查理兵食戰守等項. 去後, 但今倭報孔棘, 計慮宜周, 若不先事預防, 必致臨時有誤. 合行申飭箚行各道, 卽將後開條款, 并先次所行查理兵馬、錢糧、器械、險易等項事務, 逐項照款酌議停妥, 呈請分布. 中間或宜於先, 不宜於今, 或利於彼, 不利於此, 毋泥成規, 勿拘舊案, 明白登答, 以憑裁酌之擧行. 該道當以海防爲目今重務, 悉心料理, 以贊經略, 照依每款限期呈報. 如躭延漫不經理, 致悞事機, 則本部奉有專勅, 必不假借. 如遲十日之外, 先提該吏究治, 一月之外, 定行參奏.

[12b]計開:

一. 查該道所屬沿海地方, 地界延袤, 計若干里, 中間大海口幾處, 小海口幾處, 各容泊倭船若干隻. 其大小海口有無設兵防守, 某處係緊要地方, 應增置或船若干, 或兵若干, 應設何官管守. 其沿海處所, 要見某處水深, 倭船可到, 某處係沙灘, 或有焦石, 倭船難至, 應否設備. 該地方原有馬步軍兵若干, 有無堪用、足用, 如不堪不足, 應否召募添補, 募兵錢糧應動何項銀兩. 該道作速議報, 以憑施行.

[13a]前件限文到二十日內呈報.

一. 防海軍士每月原給月糧若干, 馬匹料草若干, 或本色, 或折色. 今令常川防海, 且遇寒月, 理宜優恤. 每月應否議加行糧若干, 折色動何銀兩, 本色不敷, 作何召買.

前件限文到十日內呈報.

一. 中國長技, 惟製火器為先. 倭奴入犯, 以不容登岸為上. 各該地方原設有車載大將軍、虎蹲、滅虜、湧珠、馬腿、鳥嘴、佛郎機、三眼等項銃砲, 俱稱神器. 仍查先年頒降若干, 節年續置若干, 新造若干, 曾[13b]否通完. 該道酌量何者堪修、堪用, 何者不堪, 分布各邊海口, 遍行設備. 如不足用, 速行製造, 慎勿遲延悞事.

前件限文到五日內呈報.

一. 盔甲、弓箭、鎗刀、棍棒等類, 該地方近日必然設備堅利. 及本部已經差官江南置買筤笐、長鎗, 俟解到分發. 外, 但倭奴長技惟鳥嘴能擊二層, 又有利刀縱橫舞掠, 今該作何障蔽以破鳥銃, 用何架隔以敵利刀. 近聞給絮作被, 堅木為棍, 二法可用. 該道酌量試驗.

[14a]前件限文到十日內呈報.

一. 攻守必用偏廂鹿角為能蔽禦. 該道於各海口及分撥防守軍兵, 酌量大小、多寡之數, 動支應用錢糧, 多多製造分撥防禦.

前件限文到五日內呈報.

一. 築墩臺, 查照近議, 不必拘以三里五里, 凡遇高阜, 宜於土者, 以土築, 在山宜於石者, 以石砌. 若海水出沒沙灘鹹鹵處所, 宜於木者, 以木建. 務使各墩高大堅固, 堪以瞭望, 蓋房數間, 堪以棲宿.

前件限文到十日內呈報.

[14b]一. 哨探夷情, 水陸二路俱當設備. 除叭喇唬沙等船, 俟本部募造完日分發. 外, 今議天津、密雲、薊州、永平、遼海各道, 俱照該道所轄信地, 水路雇募漁船, 陸路派撥馬快, 分別遠近, 安置船馬, 聽候各部院委官飛報, 晝夜傳遞. 違者以軍法治罪.

前件限文到十日內呈報.

一. 分設各官軍防守, 平時作何稽查, 以便分別勤惰賞罰.

前件限文到五日內呈報.

一. 應興應止, 一切善後事宜, 逐項斟酌, 停妥登答, [15a]仍另具揭帖. 并將分布過海口地方圖, 貼說明白, 呈送查考.

1-11

移薊遼總督軍門咨 권1, 15a-16a

一爲倭患已眞, 海防宜亟等事.

照得, 保、薊切近神京, 修守貴密. 往昔, 專務防虜, 尙慮不支. 矧今復有倭患, 誠宜設將以一事權, 增兵以資戰守, 爲今日海防喫緊重務也. 顧遼左自鴨綠江以至山海關, 其海口延長, 更紆廻於二鎭, 東逼朝鮮, 北臨虜穴. 其兵力防範又牽制于一時. 若不照薊、保事例, 設將增兵, 則沿海空虛, 何能守禦. 而將領輩必彼此依違, 兩相觀望, 調[15b]度復難責成. 況遼爲薊門左掖, 使修守誠設, 則聲勢自聯. 倭犯遼, 則保、薊可以扼其前, 倭犯薊, 則遼兵可以躡其尾. 此遼東議將增兵, 所不容少緩也.

合咨貴部院, 煩爲會同該鎭撫院, 并行總兵官, 備查遼東海口, 自鴨綠江以至山海關, 延袤共計若干里, 中間海口某處緊要, 係適中地方, 應否添設協守, 或左或右, 某處緊要, 應否添設遊擊. 其餘某處緊要, 應否添設守備, 應否俱照薊、保事例, 兵馬作何增募, 錢糧作何區處, 屯箚處所, 作何修建, 俱從長計議停妥. 庶兵連勢接, 戰守有此動彼應之機, 權一事專, 調度無左牽[16a]右顧之慮矣. 希將查議過事理咨回, 以便會題施行.

1-12

移山東撫院咨 권1, 16a-16b

一爲遵旨專責部臣, 經略倭患事.

　爲照, 倭患已眞, 其氣焰方驕, 其譎謀叵測. 而我沿海一帶素不被兵, 今雖有備, 難保無虞. 且倭船揚帆鼓棹, 循海而西, 惟其所欲之, 使非設將增兵, 何以禦其猖獗. 故本部經略以來, 日夜講求計處, 先與薊、遼軍門議, 添保、薊二鎮兵將, 以扼其前, 復查議遼東添兵將以躡其尾, 三鎮聯絡, 勢若率然. 惟山東各海口, 方在條畫, 合咨貴院, 煩照來文[16b]內事理, 備查登、萊沿海一帶, 直接天津地方, 中間海口某處緊要, 係適中去處. 該鎮舊無總兵, 應否添設備倭總兵一員、或協守一員、或左或右, 某處緊要, 應否添設遊擊, 其餘某處緊要, 應否添設守備, 應否比照薊鎮事例, 兵馬作何召募, 錢糧作何區處, 屯箚作何修建. 在登, 如長山、沙門、古城、徐福等島, 在萊, 如黑山、鼉磯、黃城、靈山等島, 其間可設水陸等寨. 在薊、遼南北兵, 勢不能調. 作何屯守, 果否應用新募沙兵, 及靑州各府長槍民壯墩戍, 與諸凡未盡禦倭事宜, 從長計處停妥, 希咨過部. 以便依限會題施行.

1-13

檄天津遼東等八道 권1, 17a

[17a]一爲經略邊海軍務事.

　票行各道, 卽行所屬州縣幷衛所, 動支官銀, 打造鐵蒺藜. 州縣以守城甲兵, 衛所以見在軍士, 每名給與四十箇, 每十箇穿成一串, 總用長繩繫之. 蓋倭奴率皆跣足, 聽臨時撒地刺戳. 如無堪動銀兩, 具由呈詳, 以憑酌處施行. 此係緊急軍務, 毋容延緩.

1-14

移本部咨 권1, 17a-17b

一爲議取禦倭軍器事.

查得, 先該本部題准, 差官前往浙江, 置買筤筅、長鎗、藤牌等項軍器. 去後, 近准浙[17b]江撫院揭帖內稱, "買完筤筅、長鎗, 各二萬三千根, 差官運送前來, 必由天津." 卽今倭報緊急, 擬合請討. 合咨本部. 煩將買到筤筅、長鎗, 如已到部, 每樣請留五千根, 送京營, 餘請速差的當官員, 徑解遼東軍前應用. 希勿遲悞.

1-15

檄通州左衛經歷陳勳 권1, 17b-18a

一爲軍務事.

先該本部請發馬價銀二十萬兩, 於內量動銀五千兩, 給付中軍官署都督僉事楊元收貯, 聽候軍前應用. 但中軍事務頗煩, 應再委文職相兼登記, 庶便稽查隨行. 據密雲道呈稱: "通州左衛經歷[18a]陳勳, 老成愼密", 緣由到部, 擬合委用. 牌仰經歷陳勳, 照牌事理, 卽于中軍官楊都督下,登記軍前支銷錢糧, 務期明白, 勿負委用, 毋得違錯.

1-16

檄薊州永平寧前海蓋等五道 권1, 18a

一爲經略邊海軍務事.

照得, 禦倭長技, 火器爲先. 今本部不日前詣遼海地方, 相機設備. 所有軍前合用火藥, 相應分買. 票行各道, 卽便動支馬價銀, 選差廉幹官員, 買焇四萬五千觔, 硫黃一萬五千觔. 其班猫朝腦, 或芝蔴楷、茄子楷、蕁蔴楷, 照方措辦殼用, 隨買隨運, 解至遼東聽候應用. 具動過銀數繳查.

經略復國要編一卷終

卷二

2-1

檄天津永平寧前等六道 권2, 1a-1b

[1a]一為遵旨專責部臣, 經略倭患事.

准本部咨: "該本部題內稱: '本部經略合用錢糧, 請發馬價銀二十萬兩, 聽本官分發各兵備道, 收貯聽用, 完日造冊奏繳.' 等因. 節奉聖旨: '銀兩准給發.' 欽此." 備咨到部.

已經移咨本部, 箚行太僕寺, 給發五千兩於中軍官楊元收貯, 隨軍應用. 其餘一十九萬五千兩, 合發天津道三萬五千兩, 密雲道四萬兩, 永平、薊州、寧前、東寧道各三萬兩收貯, [1b]聽候本部應用外. 查得, 前銀已經該寺差官發到. 箚行各道, 以後動支馬價銀兩, 俱要呈詳督撫按院知會, 非奉本部明文, 分毫不許擅動. 毋得違錯未便.

一. 箚付中軍都督楊元, 箚仰本官照箚事理, 凡有動支錢糧, 卽令經歷陳勳登記開銷. 毋得違錯.

一. 箚付通州左衛經歷陳勳, 箚仰本官照箚事理, 凡本部及贊畫中軍等項員役支領廩糧等銀, 非有本部印信明文, 不許支給. 如有混支, 不准開銷, 仍置立循環簿二扇, 送部印鈐塡報. 毋得違錯.

2-2

檄密雲永平薊州三道 권2, 1b-2a

[2a]一爲經略邊海軍務事.

票行各道, 卽便動支馬價銀兩, 擇委的當官員, 督令匠作製造如法火箭十萬枝, 陸續完解發遼東, 候軍前應用. 事完, 具用過銀數繳查. 毋得遲延.

2-3

移薊遼總督軍門咨 권2, 2a-3a

一爲議歸舊軍以防海患事.

據贊畫袁主事呈稱: "舊沿海衛所, 守備甚密. 若寶坻之梁城所, 乃建自五代時, 而國初因之者也. 居住日久, 生聚甚繁. 嘉靖二十九年, 將正軍四百餘名, 盡數撥入振武營. 三十八年, 又將餘丁四百餘名, 抽戍石塘嶺, 而海上空無人矣. [2b]今宜以此軍, 復還守海, 而振武、石塘等處缺人, 別募軍補之. 蓋海上地薄水鹹, 新募遠方之人不能居. 而梁城土著之軍, 其田產在此, 墳廬在此, 漁鹽之業在此, 固其所狃居而樂處者也. 然不獨梁城, 凡天津等衛抽補者, 各宜照此行之爲便." 等因. 到部.

據此, 看得, 倭虜俱稱勁敵, 邊海盡係要防. 故國初因地置所設軍, 甚有深意. 惟是海無倭患, 防守逾弛. 而嘉靖年間, 復以北虜大舉入犯, 遂將本所軍人議調. 今倭寇方肆跳梁, 海防最爲喫緊, 且欲募兵增守之時. 據呈募遠方人以守其地, 恐不安水土. 若以本軍守本地, 旣[3a]無調遣之勞, 又得樂業之利. 有警則人自爲家, 戰氣自倍, 似宜倣此. 使天津等衛抽補者, 照此通行也. 其振武等處, 另募軍兵塡戍, 均屬爲便. 但事干更置, 擬合請會. 合咨貴部院, 煩爲查照, 酌議施行.

2-4

報石大司馬書 권2, 3a-3b

承臺下題取寄養馬匹, 誠軍中所延頸仰望者. 不佞具咨以請, 更乞臺下題發, 趣令該寺速行順天東路三河、寶坻一帶派解. 不佞業留劉員外, 候點驗矣. 第聞前有取馬者, 屯院率多中阻. 今征倭原非泛常, 而倭平後又不常用, 彼亦恐難拘泥也. 惟留神於大疏[3b]中, 一發明之, 幸甚.

2-5

移本部咨 권2, 3b-4a

一爲倭情變詐日增, 勢益猖獗, 萬分可虞等事.

　准本部咨: "該本部題前事內稱: '經略速往薊、遼, 將應援朝鮮, 酌議緩急. 其軍士合用馬匹, 於馬價銀內買給. 如一時難湊, 於順天寄養內選用.'等因. 題奉欽依." 備咨前來.

除欽遵外, 照得, 本部不日直趨遼海, 相機進止. 所有各軍應給馬匹招買, 頗費時日. 合咨本部, 煩行太僕寺, 并行車駕司韓主事. 轉行順天府附近州縣, 速定寄養馬三千匹, 開造毛齒尺寸并馬主姓名[4a]文冊, 先行送部, 以憑照名取用施行.

2-6

檄密雲道 권2, 4a

一爲遵旨專責部臣, 經略倭患事.

查得, 陝西延綏秋班入衛兵馬三千, 見將議撤之際. 今倭報緊急, 欲照召募家丁事例, 每名給安家銀六兩, 每月月糧銀一兩八錢, 仍給行糧料草, 留調遼東, 征剿倭奴. 各軍未知有無情願, 相應查議. 票仰本道, 卽將前項官軍, 從長酌議, 如果情願, 作速議處停妥, 呈詳本部, 以憑會題. 如果不願, 不必强從, 具由回報.

2-7

經略海防事宜疏 권2, 4b-7b

[4b]一爲奉命經略計處防守事宜, 懇乞聖明亟飭當事諸臣, 共臻實效, 以安重地, 以固海防事.

臣自九月二十六日陛辭領勅, 當卽啓行前赴通州, 會集贊畫兵部武庫司員外劉黃裳、職方司主事袁黃, 及文武諸臣, 宣讀勅諭畢, 卽發三河,與督臣郝杰面會籌畫.

臣切惟, 定變者, 不貴於議論, 而在於綜核名實. 達權者, 不泥於拘攣, 而在於隨事考成. 臣本疏庸, 謬膺重任, 皇上不以臣卑鄙, 而以東方事付臣經略之. 奉命以[5a]來, 日夜悚懼, 思求無負於萬一. 顧薊、遼一帶人習虜而不習倭, 知備邊而不知備海. 一朝報急, 在在空虛. 而防守艱難, 更甚於禦虜, 何者. 虜志在金帛, 而倭且奪朝鮮, 據土地也. 虜技止騎射, 而倭且舞利刀, 施鳥銃也. 虜聚衆而謀捉馬, 而起諜者卽走報, 而倭且潛伏海島, 出入無時, 偵探苦於舟楫也. 長城聯亘, 墩堡星羅, 依山設險以爲備, 而沿海茫茫, 一望無際, 防守拙於屯戍也. 夫以禦倭難於禦虜如此. 而各地方尙可泄泄然, 不嚴爲分布. 倘卒然倭至, 將何禦之.

是以臣集備倭要務, 勒限移文薊、遼、保定、山東沿海各司[5b]道官, 查其信地若何, 海口緊要幾處, 應設軍兵若干, 果否堪用, 有無足用, 應設某官分領, 某官統領, 召募錢糧, 動支何處. 查其防海軍士月糧料草, 或本或折, 作何召買. 且凝寒苦戍, 行糧應否議加.

查其火器, 如大將軍、虎蹲、馬腿、滅虜、湧珠、鳥嘴、佛郎機、三眼等銃砲, 俱係常用器物, 不難造集. 見今舊有若干, 新造若干, 分發防守. 如不足用, 動支馬價銀, 速行製造. 轟雷砲、盔甲、弓箭、鎗刀等類, 果否完備.

除篾筅、長鎗俟江南解到, 及鐵蒺藜見行製造, 完日派給. 外, 但倭奴善鳥銃利刀, 惟綿枲被褥, 或篦牌及堅硬木棍, 足以破[6a]之, 見令製造.

查其偏箱鹿角, 兼以綿枲被褥及篦竹等牌, 分發防守軍兵, 酌量大小多寡數目, 多製以爲防禦.

查其沿海墩臺, 相度地里, 高阜宜於土者, 以土築, 山陵宜於石者, 以石砌, 海潮出沒、地鹵沙鹹宜於木者, 以木建. 如不堪版築處所, 另作何法, 以爲瞭望.

查其水陸二路哨探, 作何派撥, 除叭喇唬、沙等船, 俟募造完至[15]日分發外, 議將天、密、薊、永、遼、海、登、萊各道所轄信地, 水路雇漁船, 陸路撥馬快, 俱令傳報軍情.

查其分設官軍, 平居作何稽查, 分別賞罰. 查其應興應止, 一切善後事宜, 斟酌停妥, 繪圖貼說.

各去後, 臣[6b]復以天津一帶, 爲根本要區, 不敢舍近圖遠. 數日以來, 與各司道諄諄講求, 思欲身親料理, 次第舉行.

近准兵部咨:“該本部石尙書題, 爲倭報甚急, 勢當援剿, 懇乞天恩假臣便宜, 躬行天討, 以解危迫, 以圖補報事. 等因. 奉聖旨:‘卿以倭奴狂悖, 移兵漸西, 感激時危, 毅然自請征討, 足見忠貞. 但本兵居中調度, 政體鉅繁, 豈宜輕往. 還着經略宋應昌前去. 餘俱依擬.’ 欽此.”備咨到臣.

臣卽一面調取兵將, 赶日出關, 直抵遼陽, 相機進止. 夫以倭奴旣有入犯之謀, 則我當嚴爲自固之策. 有如[7a]將領不備, 兵甲不完, 器械不利, 防範未周, 修守不設, 兵勢難以奮揚, 內治尙猶單薄. 倘倭中有譎詐者知我情形, 以大衆綴臣師於遼左, 以偏師輕舟分襲各海口, 臣恐各地方官必不能保其萬全, 而臣何以經略爲也. 故今日計處籌畫在臣, 而着實修舉在各司道將領.

伏乞勑下該部, 覆議上請, 行令該鎭總督及薊、遼、保定、山東巡撫諸臣, 責成各沿海司道將領等官. 務以禦倭卽如禦虜, 防海卽如防邊. 將臣節行查議諸事, 速行條畫, 着實舉行. 中間或宜彼不宜此、利昔不利今, 許令呈報, 各盡其才, 以便會集裁議. 如[7b]有漫不經心, 徒事虛文粉飾,

....

15 “至”는 衍字로 판단함.

致誤軍機者, 聽臣指名參究. 庶沿海成不拔之基, 各官有考成之績, 其於幾輔重地, 大有裨益矣.

2-8

報石司馬書 권2, 7b-8b

接部文, 皇上以封拜策勵將士, 軍中莫不鼓舞思奮. 不佞某未抵遼陽, 先聲已落倭奴之膽, 可賀可賀.

不佞仰承欽命, 征倭、防海、設將、調兵四事, 卽會郝少泉酌議. 幸此公傾心吐膽, 毫無阻撓. 此社稷福也, 亦尊臺爲之地也.

其海防分設條件, 一具之小揭中, 略已粗備, 臺下[8a]可視而知也. 設將一事, 據王少卿初議, 欲於天津衛特設總兵官一員, 兼管山東地方, 意亦甚善. 第細思另設總兵防海, 則四鎮總兵俱可推諉, 若前海防道故事矣. 不若於各鎮中再設副將一員. 夫有副將可聽調遣, 有正將可使總攝. 四鎮分任, 力不獨支, 則王少卿議當寢. 而副將之設, 不可不急急也.

調兵一節, 不佞已咨郝少泉, 行鎮巡官定限議處矣. 但道途遼隔, 勢難卒報, 俟有定議, 并前事一一具題.

至若征倭事, 關係非細. 不佞膚見謂, 固已然後救人, 由近漸以及遠. 但機有可乘, 時不可失, 俟不佞亟趨遼陽, 酌而[8b]行之. 第事屬機密, 不可先傳, 恐具題則宣播中外, 非兵家所宜. 祇密啓尊臺, 以聽指麾. 縱兩衙門有言, 某亦不敢顧忌矣.

四事大都如此. 先此啓上, 幸轉致二政府. 不佞才識雖駑, 仰荷責成, 不敢不殫竭以報. 外, 把總錢世禎, 不佞前已特請, 望臺下亟覆之, 仍加遊擊職銜, 使之速赴軍前聽用. 總此上陳, 伏祈臺鑒. 不備.

2-9

報趙張二相公書 권2, 8b-9a

昨接部文, 皇上以封拜策勵諸將士, 軍中莫不踴躍思奮. 不佞某[9a]未抵
遼陽, 先聲已落倭奴膽矣, 可賀可賀. 不佞某仰承欽命, 征倭、防海、設
將、調兵四事, 卽會郝少泉酌議. 其海防、分設, 條件略已粗備, 先此上
陳, 統希炤鑒. 不備.

2-10

議設薊遼保定山東等鎮兵將防守險要疏
권2, 9a-15b

一爲倭犯已眞, 海防宜棘, 懇乞聖明特設專官, 以圖防禦, 以安畿輔重地
事.

照得, 倭患報急, 海防正殷, 必處置得宜, 斯備禦攸賴. 今議, 河大、河
間、瀋陽、天津等五營, 姑免赴邊, 權留防海. 應將昌鎮右車營及山東營
春秋兩班, 俱聽暫改薊鎮西路[9b]通融, 分布修防, 量爲代助. 而河大等
五營所省行糧等項, 卽爲正額之用, 不必募夫做工, 徒滋勞擾.

及山海路軍兵原守衝關, 難兼防海, 該鎮酌議已明, 無容別議. 其海防
總兵固應添設, 但自山海以至天津, 瀕海七百餘里, 自天津以至山東, 延

袤二千有奇, 不惟地方遼闊, 經理難周, 而事關三鎮, 遙制匪便. 且事權既各相等, 意見未免異同. 若有牽纏, 不免諉誤. 今圖便計, 合照該鎮所議, 添設海防協守副總兵一員, 再設遊擊二員與吳惟忠共三員, 再添守備四員, 仍募南北兵一萬五千, 倂近募兵士共一萬八千, 分爲四[10a]營三遊擊四守前詣遼海地方備.

以三遊擊各領三千. 一吳惟忠南兵三千, 駐于樂亭. 一新添遊擊一員, 駐于海洋. 一再添南兵一營, 駐於寶坻北塘. 一新添守備四員, 各領兵一千五百, 一駐于南塘, 一駐于豐潤黑洋河, 俱聽北塘遊擊節制. 一駐于陳家莊, 一駐于山海南口, 俱聽海洋遊擊節制. 各控要衝, 分布防守. 以協守統領三千, 駐于適中常家莊等處, 而遊擊守備, 悉聽節制, 俾其居中調度.

每遇汛期, 或東或西, 孰緩孰急, 聽相機往來. 督備合力防援, 俱屬薊鎮總兵節制. 卽爲密、薊、永三道防倭主兵, 旣便專督分防. 而沿海聲勢聯[10b]絡, 守望相資, 庶免掣襟露肘、顧此失彼之患. 如倭警告急, 則防邊標營兵馬及三路臺操南兵, 皆可酌調策應. 如虜情喫緊, 則防海軍兵俱可協同堵截. 是總兵責任旣專, 事權歸一, 而審料機宜, 調遣從便. 誠於地方有裨, 似尤愈於另設總兵也. 其天津新設遊擊, 亦改設協守副總兵, 卽領新兵三千, 及統轄河大等營. 悉如薊鎮例, 分布防禦, 並屬保鎮總兵節制, 聽天津道監督之. 則兩鎮犄[16]角相成, 似更妥便.

在天津道兵備副使梁雲龍、密雲道兵備副使王見賓, 各呈詳大略謂, 草頭、水道二沽, 實連一處, 倂屬天津、密雲二[11a]道. 密雲路遠, 防守頗難, 天津切近, 兼攝甚易. 況密雲兵寡而天津兵多乎. 議欲以兩道公共之

16 원문은 "犄"이나, 이는 "掎"의 오기.

班軍, 守公共之海口, 而以天津新設副總兵兼攝之, 誠爲一舉兩得.

其薊、保各鎭添設副總兵應用廩糧伴役馬匹等項, 悉照三路協守事規給用. 新設遊擊二員, 亦與吳惟忠事體相同. 各駐箚衙宇所用工料, 聽另行估議, 於部發備倭馬價內動支. 增募兵士一萬五千內, 南兵三千、北兵一萬二千, 俱照近議, 一例安家銀五兩, 其南兵月餉, 照例一兩五錢, 北兵比照天津事例, 月餉一兩, 合請兵部馬價十萬兩, 給發應用.

至於召[11b]募南北軍兵, 俱責成各兵備道選委廉幹官員, 分投召募, 解送兵備道驗收. 各兵安家銀兩, 聽該道監督給散, 務使人霑實惠. 其官兵廩餉, 自萬曆二十一年, 亦應戶七兵三給發. 而沿海地方一應設備、戰守事宜, 俱聽協守親歷與各司道商議舉行, 則建置得宜, 而疆圉永有利賴矣.

再照, 該鎭所議, 沿海州縣挑選子弟兵一節, 固爲地方計, 但畿東地窄民少, 不無妨業騷動. 惟遵照近行責成有司選練壯快, 以原有工食給之. 如原無工食與名數減少者, 許從宜議, 請量爲增編.

如海濱所設墩舖, 卽以各該兵壯派守, 不必[12a]另派鄉兵, 另議工食, 重滋無益勞費. 庶乎事體妥便, 人情相安. 凡近海城堡險隘應修築者, 明春量停邊工, 摘撥軍夫赴役. 併各州縣酌派民夫以協助之, 使在在完固, 尤爲保障良圖.

又看得, 海防道兵備僉事楊鎬議, "欲將河大等五營明春俱派修沿海工程, 完日仍爲邊鎭班軍. 又欲除已設天津、薊鎭南北兵遊擊二員外, 再設遊擊一員、守備四員, 照鎭守先議, 添一協守副總兵統之. 再添募北兵一萬、南兵二千, 而以守備二員, 加南兵二千, 屬遊擊吳惟忠管轄, 駐於樂亭, 以控其北. 以北兵五千并守備二員, 屬另設遊[12b]擊管轄, 駐箚於北塘口, 以扼其南. 與天津遊擊營相望而守. 尙餘北兵五千, 仍兌給寺馬五千匹, 隸副總兵標下統領, 或分布之, 以便南兵往來策應. 其副總兵駐箚之處, 應在梁城所地方, 道里似均." 等因.

臣等議得河大等營, 旣已分布防海, 難以又赴修工. 應照總兵張邦奇所議, 挈昌鎭班軍, 暫修薊鎭西協之工, 而以西協班兵, 酌派迤東之地. 其應設將領守備, 應募南北營兵, 應請馬價數目, 俱仍照臣前議. 但分防固守雖恃於兵, 而陷陣摧鋒必資於馬. 海防道兵備楊鎬議稱, "馳逐追襲, 不可無馬." 誠爲有見. 合無照該[13a]道所議, 量增馬二千匹, 於附近州縣寄養寺馬內, 兌領騎征, 分給薊鎭新添協守營六百匹, 天津協守營六百匹, 二遊擊營各二百匹, 守備四員各一百匹, 則馬步相兼, 戰守有賴.

及照新添將領守備, 除樂亭原有城池外, 其協守遊擊守備應建城堡, 照臣近議, 俟明春倭警稍寧, 酌派主客軍兵, 併力修建. 以上事款, 俱係防倭要務, 相應酌議題請.

先該臣至三河地方, 與督臣郝杰面會, 計處防海禦倭事務. 而督臣與臣所議累日, 事皆脗合. 臣聞之軍志云, "先爲不可勝, 以待敵之可勝. 無恃其不來, 恃有以待之." 蓋先事預計[13b]之說也. 薊、保拱護神京, 爲畿輔左掖, 而山海以迄天津, 爲海口巨衝. 該鎭兵將專務防虜, 嘉、隆間北虜竊犯, 恒不能支. 今又非其時矣. 防倭甚於防虜, 守海急於守邊. 使非設將增兵, 多方分布, 而倭駕輕舟、乘風汛, 出入波濤, 一時千里, 循海而西, 惟其所向, 將何爲備禦之計.

將領牽制於舊聞, 動輒以防虜藉口, 彼此依違, 兩相觀望, 何以責成. 此臣所以捧心而懼, 蒿目而圖, 日夜不遑寧處者. 今薊、保二鎭議設協守以控重兵, 議設遊守以相犄[17]角, 而以該鎭總兵節制之, 事權旣復歸一,

....

17 원문은 "犄"이나, 이는 "掎"의 오기.

調度自不阻撓, 聲勢聯絡, 血脈貫通, [14a]誠深得海防今日要務.

惟是遼左自鴨綠江以至山海關, 其海口延長, 更紆廻於二鎮, 東逼朝鮮, 北臨虜穴. 其兵力防範, 又牽制於一時. 在山東沿海以及天津, 在在皆稱險要, 而登、萊各海島, 處處皆宜設防. 其增將添兵, 更不宜緩於薊、保二鎮也. 臣已一面移文遼東撫鎮, 查議沿海里數若干, 某處緊要係適中地方, 應否添設協守, 或左或右, 某處緊要應否添設遊擊, 其餘某處緊要, 應否添設守備, 應否俱照薊、保事例, 兵馬作何增募, 錢糧作何區處, 屯箚處所作何修建, 從長計處停妥回報.

復一面移文山東撫臣, 查議[14b]登、萊沿海直接天津, 某處緊要係適中去處, 該鎮舊無總兵, 應否添設備倭總兵一員, 或止應添設協守, 或左或右, 應否添設遊擊, 其餘某處緊要, 應否添設守備, 應否比照薊鎮事理, 兵馬作何召募, 錢糧作何區處, 屯箚作何修建. 他如登、萊長山、沙門、古城、徐福、黑山、鼉磯、黃城、靈山等島, 其間可設水陸等寨. 應否照部議, 用新募沙兵及青州各處長鎗民壯填戍, 與諸凡未盡事宜, 從長計處停妥回報.

各去後, 顧臣復有說焉. 據報倭奴摧陷朝鮮, 掘毀王墓, 搶掠王子, 圖寫道路, 必欲入犯. 此何等時也. 勢蓋岌岌矣. 若復拘[15a]攣常套, 來往文移, 持甲可乙否之言, 為先入後出之路, 徒躭歲月, 致誤事機. 比事過而始議及某宜增兵, 某宜設將, 亦何濟之有.

且遼左以及山海, 山海以及天津, 天津以及山東, 地壤相接, 勢若率然. 有如修守誠設, 則戒備自嚴. 倭犯遼則薊兵可以扼其前, 倭犯薊則遼兵可以躡其尾. 倭犯山東則薊、保可以遙其聲援, 而遼兵可以直渡朝鮮, 搗其巢穴. 兵連勢合, 權一事專, 戰守有此動彼應之機, 調度無左牽右顧之慮. 臣故謂遼左、山東增設, 不宜緩 於薊、保, 分布不宜遲於時刻也.

伏乞勅下該部，除薊鎮竟行議覆. 外，[15b]其遼東、山東如擬上請，行令該省鎮撫臣，速爲查議，應添設者，竟行添設，應計處者，竟行計處. 一面布置，一面奏聞，庶事有責成，時無虛曠. 其於防海禦倭至計，莫大於此矣.

2-11

移遼東撫院咨 권2, 15b-16b

一爲申飭將領，嚴加修守，以固海防，以備征剿事.

據遼東總兵官楊紹勳塘報稱："倭賊摧陷朝鮮，掘毀王墓，擄掠王子，已爲可憫. 又圖寫道路城池，修治器械等物，屯聚平壤. 賊衆糧寡，勢必西犯，尤爲可虞."等情. 到部.

據此，看得，倭奴奪我屬國，勢焰已張，今復遠圖[16a]近攻，譎謀叵測. 除本部不日統兵，前詣遼海地方，相機進止外，所有遼東各沿海地方，相應申飭嚴備，以便戰守. 爲此，合咨貴院，煩爲會同該鎮總兵官，即便分撥兵馬，應防虜者竟令防虜，應防倭者竟令防倭. 愼守海口，遠加哨探，多備軍火，精利器械，聽本部至日相度區處. 倘今必欲入犯，總兵官即督率各將領，堅壁清野，相機截殺. 固不許貪趨小利，輕犯其鋒，亦不許依違觀望，致滋延蔓. 緊防險要，務保萬全.

仍一面差人傳諭朝鮮國王，"目今救援天兵，不日將至爾國，當收集散亡，招募忠義，把守隘口，蓄養兵威，聽天[16b]兵至日，彼此夾攻. 勿得自先隳沮."等語. 各官務以倭虜皆爲巨患，邊海盡屬要衝，毋藉口防虜，致誤防倭. 希將分撥過將領，并防守海口，各緣由，咨報查考.

2-12

報石司馬書 권2, 16b-17a

不佞仰荷責成, 敢不殫竭. 第疆場資藉, 全在該道及總兵官爾. <u>密雲道王見賓</u>、防海道<u>楊鎬</u>, 稽之興論, 試之著畫, 俱稱奇品. 昨<u>見賓</u>陪點山西, <u>楊鎬</u>見在裁革, 倘一旦陞調, 緩急奚賴. 幸密達孫立老及選君, 如<u>見賓</u>資深, 求爲加銜, 仍管密雲道事, <u>白希繡</u>旣轉, 以<u>楊鎬</u>調補永平, 庶二道得人利賴非細. 至若總兵官張[17a]<u>邦奇</u>, 旣經掌科參論, 例應去任. 但倭報甚急, 調遣必須大將. <u>邦奇</u>被黜, 代將未至, 一時難以應手. 所藉止一<u>楊紹勳</u>, 恐孤掌未能濟事. 合無姑留, 使其策勵建功. 是亦一時權宜之術, 尤望臺下留意焉. 至禱.

2-13

報石司馬書 권2, 17a-17b

不佞初與<u>郝少老</u>會議, 尙欲徧歷海口, 方詣遼陽. 近日倭報甚急, 兼承嚴命, 如醫家治標爲急, 星馳前往. 但經過州縣驛遞夫馬衆多, 難於卒備, 然亦不敢不倍道也. 奈目下募兵未集, 馬價未發, 兌馬未至, 當如之何. 尤望臺下主張, 當題者亟題, 當發者亟發, 庶中[17b]外接濟緩急有資爾.

2-14

檄遼東張總兵 권2, 17b-18a

一爲遵旨專責部臣, 經略倭患事.

據遼東撫鎭塘報: "倭奴攻陷朝鮮, 擄掠王子, 圖寫道路, 聲言入犯." 等情. 到部.

看得, 倭奴猖獗, 謀欲西犯. 本部帥領大兵, 救援朝鮮, 止見該鎭屢次報急, 並未言及兵馬器械, 作何備禦, 擬合行查.

牌仰本官, 卽查該鎭兵馬, 果否精强, 有無足用, 各樣火器如虎蹲、湧珠、馬腿、鳥嘴、佛郎機、三眼銃及車載大將軍等砲見在若干. 又新製及舊造, 堪用[18a]可稱神器, 不在前砲之數者, 各若干. 大兵倂集, 前項火砲有無足用堪用. 倘不堪不足, 多設爐冶, 分投打造. 其鉛子火藥, 亦必酌量多寡, 及時置造. 如無堪動錢糧, 卽動馬價銀兩. 毋得遲延.

2-15

檄標下中軍都督楊元 권2, 18a-18b

一爲倭情變詐日增, 勢益猖獗, 萬分可虞等事.

准本部咨, 箚仰本官, 照箚備蒙本部題奉欽依內事理, 卽便速往遼東, 會同彼處將官, 召募家丁, 除見有五百名外, 再募二千五百名. 每名給安家銀六兩, 每月月糧銀一兩八錢, 調動之日, 再給行糧鹽菜馬匹料[18b]草. 如有事故, 不必勾取, 患平卽散, 不作正數. 堅持此信, 人將樂從. 其盔甲馬匹, 俱動馬價買給. 如一時難湊, 則盔甲於工部歲造內請給, 馬匹於寄養馬內選用. 俱聽遼東撫院題議施行. 其各軍合用遮避鉛子綿被, 每件高七尺, 闊一丈二尺, 置造, 大約以三萬軍兵爲率, 務足應用. 毋得違錯.

2-16

議題海防兵餉海運臨、德倉糧疏 권2, 18b-20b

一爲遵旨專責部臣, 經略倭患事.

　據永平管糧郎中陳鳴華呈, 前事:

　　節奉戶部箚付, 及臣牌行, 備辦征倭大兵行月[19a]糧料. 奉此, 查得, 永鎭主客兵馬, 春秋兩防分布, 俱照兵計餉. 例定額數, 原爲防虜之用, 並無防倭之數. 近因倭奴侵犯朝鮮, 議調南北精兵. 計必由本鎭入遼, 征滅倭奴, 各兵駐防經過行糧, 各照近議防海兵餉則例計算. 此係額外增出之費. 本職雖稍爲調停, 但永鎭地窄民貧, 本色不多, 糴買委難濟急.

　　及查, 先年遼東顧巡撫曾議, 漕糧運船由天津, 直[19b]達遼東卸糧濟軍, 亦頗可行. 近訪知, 臨海居民製有海船, 從天津、登、萊, 販賣雜糧, 歷行無失. 合無准照顧巡撫議撥漕糧規則, 查將臨、德倉糧, 量撥數萬, 由運河經天津直達山海, 徑至遼東卸載, 以備征倭大兵支用, 庶本色有備.

　　今將新募南兵月餉, 幷選調南北軍丁經過行糧, 及召買本色米豆銀, 俟戶部酌定明白, 具題請發, 解運前來, 以備支用. 如各兵駐箚日久, 原計二個月行糧餉銀支盡, 容呈討接濟. 其州縣預備倉米粟, 暫借防倭支用, 乞請發帑銀補給.

等情. 又據永平兵備道副使白希繡呈, 同前事.

據此, 案照, 先該臣爲徵調大兵, 往援屬國, 及海防軍士, 俱應於經臨駐箚處所, 多設芻糧, 庶無匱乏, 節行各司道官, 悉心計處, 以期足用.

各去後, 今准前因, 該臣會同總督薊、遼保定軍[20a]務兵部右侍郎郝, 巡撫順天地方都察院右僉都御史李, 巡撫遼東地方都察院右僉都御史鮑, 議照得. 永平鎮爲薊左要衝, 山海關實全遼總路, 往歲額設芻糧, 止專防虜, 計餉計兵, 原無餘羨. 惟是倭奴突起海上, 撤我外藩, 故徵調大兵, 爲救援征滅之舉. 今數萬嗷嗷, 一時雲集, 勢必經山海以達遼. 是該鎮防虜外, 旣增防海主兵之糧, 又增征倭客兵之餉, 委爲難濟. 雖司道東移西補, 以需一時, 然終非久計. 且稱, 民無餘積, 召買爲艱.

而近且調浙兵、山西宣大兵、延綏入衛兵, 不次前來. 師行糧從, 誠宜早爲議處[20b]者. 除召買本色米豆銀及暫借防倭支用錢糧, 聽戶部查照管糧郎中陳鳴華呈詳事理, 酌定具題請發, 解運本鎮. 外, 至於議開海運, 撥臨、德倉糧數萬石, 由天津直達山海, 徑運遼東, 以備大兵支用. 非惟省糴買艱難, 更復濟軍興實用. 且先經顧巡撫議照可行, 今據司道查訪, 民間私販, 歷行無失, 似爲有見, 相應具題. 伏乞勅下該部, 再加查議. 如果海運可開, 乞將臨、德倉糧, 酌量撥發山海、遼東, 聽候支給. 蓋今日兵餉之難, 折色或可以通, 那本色甚煩於料理. 誠一轉移, 東征可無匱乏之憂矣.

2-17

移山東撫院咨 권2, 21a-21b

[21a]一爲遵旨專責部臣, 經略倭患事.

近該遼東撫鎮報稱, "倭奴猖獗, 必欲西犯." 等情.

本部已奉旨調取各路兵將, 尅日出關, 直趨遼陽地方, 援救朝鮮, 相機戰守. 但遼東彈丸小地, 兼以累歲兵荒, 芻餉騰貴. 今數萬官兵一時會集, 誠恐糧料支用不敷, 擬合權宜, 酌借以濟軍興.

合咨貴院, 煩為轉行該省布政司, 卽便動支泰山香稅銀, 或登州府庫貯民屯銀共五萬兩, 行令海防道委官, 分投上緊. 照依時價, 召買糧料, 堆積登、萊附[21b]近海口各城堡, 完日開報, 聽候本部動支馬價. 照依借買銀數, 差官幷船隻由海運前赴登、萊地方. 一面交還原借買糧銀兩, 一面由海搬運前買完糧料, 竟赴遼陽, 以便各軍支給. 貴院希念國事為重, 幸勿分彼此. 蓋遼安則登、萊得以息肩, 倭退則山東可保無事. 請卽舉行咨復知會施行.

2-18

檄遼東糧儲王郎中 권2, 21b-22a

一為遵旨專責部臣, 經略倭患事.

照得, 本部奉命經略, 不日統領大兵, 前詣遼陽地方, 經畫料理. 所有軍馬應支[22a]錢糧, 合行預辦. 箚仰本官, 卽查見在錢糧料草, 各有若干, 總以十萬兵馬計算, 務彀半年費用. 各用土坯露囤, 積貯適中去處, 聽候支給. 如有不敷, 開數呈報, 以憑給發馬價銀召買. 先具見在數目, 限文到三日內呈報. 毋得遲違.

2-19

報楊司農書 권2, 22a-22b

接手札, 蒙臺下促發天津芻糧, 兼示無所異同之敎. 不惟仰見爲國忠猷, 而疆場利賴, 要非淺鮮. 不佞非有胸無心者, 喞戡當何如. 兵馬稍集, 擬於念七日出關, 亟趨遼陽, 以決戰守. 後有所請, 尤望臺慈. 留意是[22b] 荷.

2-20

移遼東撫院咨 권2, 22b-23a

一爲遵旨專責部臣, 經略倭患事.

照得, 倭奴占奪朝鮮, 爲謀叵測. 近據報稱, "兼約請和, 陳兵益備", 其中必有譎詐情弊. 誠恐各將領, 貪取零賊小功, 開端惹釁. 及我中國之人, 假以探聽爲名, 亂入朝鮮, 致漏軍情大事, 深爲未便, 相應嚴禁.

合咨貴院, 煩照來文內事理, 會同該鎭總兵官, 轉行沿海一帶將領等官, 列兵嚴加防守, 靜以待之. 除應差哨探外, 其餘人等並不許假託爲[23a]由, 亂入外國. 俟本部至日, 相機區處. 如有貪趨小利, 致誤大機, 因而開端惹釁者, 定以軍法從事.

2-21

檄天津兵備道 권2, 23a-23b

一爲經略邊海軍務事.

照得, 本部原議親詣天津地方, 歷查海口, 行次香河. 隨接遼東撫鎭塘報內稱, "倭奴摧陷朝鮮, 掘毀王墓, 擄掠王子, 圖寫道路, 必欲西犯."等情. 到部.

據此, 看得, 倭奴遠圖近攻, 爲謀叵測. 而天津一帶, 該道素稱文武具備, 當此一面, 其料理必周, 計處必預, 本部可以無慮. 擬合分委查勘.

除本部遍歷寶坻等處諸海口, 直趨山海關適中調度外, 牌[23b]仰本道, 卽便會同贊畫劉員外, 親詣鹽山、靜海、滄州等處, 直至寶坻一帶緊要海口, 備行查勘. 應該設防備禦, 該道從長議處, 務保萬全. 通將查勘過事宜, 呈報查考.

2-22

報郝總督書 권2, 23b-24a

昨者承諭妙畫, 卽擬遣鄭同知, 往見國王. 但事屬燃眉, 防虜之兵, 固不敢一時遽動. 今所調遣者, 皆腹裏兵馬, 幸作速分撥, 以便防禦外, 鮑復軒及楊總兵、荊參議處, 亦乞行文會彼整搠兵馬. 萬一報急, 須遣的當將官, 提兵江口, 一爲朝鮮聲援, 一爲我地固守. 但[24a]未可造次深入爾. 彼此干係甚重, 統冀留神.

2-23

報石司馬書 권2, 24a-24b

屢接手札, 臺下以喫緊數事, 爲某指授, 感戢感戢. 內已啓者, 不敢復贅. 外, 承諭沈惟敬給與馬價一千兩, 俾行反間. 此妙畫也. 謹領悉矣. 第給授遊擊一節, 兵法云, "用而示之以不用." 若經具題, 不免昭著, 何不暗給箚付, 加以遊擊職銜. 如其建功, 何止此職. 此機密之事, 望臺下細酌之. 兌馬三千三百, 猶嫌其寡, 此萬不可缺, 尤萬不可遲. 若有馬, 何患無兵. 幸臺下作速具題給發, 不佞日殷殷望之矣. 解發馬價, 雖已差官, [24b]亦望亟發. 是禱.

2-24

與王少卿書 권2, 24b

承翰敎, 仰見雅情, 深感深感. 行役匆匆, 弗及面晤, 以遂請敎之私, 殊用爲歉. 近日倭報甚急, 門下所募新兵, 幸作速勞尹愼亭, 盡數提督至遼陽, 以俟調遣. 惟門下情原急發. 至禱, 至禱.

2-25

檄遼東薊鎮保定三總兵 권2, 24b-25a

一爲緊急軍情事.

照得, 本部不日提兵, 徑臨遼陽, 相機戰守, 所有沿途擺撥塘馬, 合行預設. 票仰本官, 照依該鎮傳遞緊急軍情事例, 本部或行沿海偏路, 或 [25a]行遼陽抵京大路, 沿途俱照該管地方與薊鎮塘馬相聯, 設備膘壯馬匹、識字軍人. 如遇本部塘報、朝報, 即便晝夜飛遞. 此係萬分緊急軍情, 若敢遲悞時刻, 定以軍法綑打. 先將該鎮傳報封筒格式送驗, 仍具設過地名、里數, 繳票查考.

2-26

移順天撫院咨 권2, 25a-25b

一爲緊急倭情事.

准本部咨, 職方清吏司案呈前事, 到部. 准此, 合咨前去, 煩將薊鎮南兵三千, 責令吳惟忠統領. 并山海關駐箚精兵火器手三千, 遵照部限起行, 速往遼東, 尅日渡江, 前往義州, 相機堵剿. 該鎮[25b]再選北兵五千名, 馬步各半, 擇委謀勇知倭副參一員、遊擊一員統領. 其坐營等項, 隨便委用. 各兵安家銀五兩, 俱預爲處給, 候京運解到之日, 補還. 各兵俱照部限起程, 速赴遼東, 聽候本部調遣. 勿容遲悞. 希將起程日期, 咨報查考.

2-27

移薊遼總督軍門咨 권2, 25b-26a

一爲緊急倭情事.

准本部咨, 職方清吏司案呈前事, 到部. 准此, 合咨貴部院, 煩行各撫院, 將薊鎮南兵五千、山海關火器手三千, 谷燧、駱尚志共一千六百名, 遼鎮七千, 先募家丁三千, 薊鎮再選北兵五千, 保定[26a]選精兵五千, 宣府、大同各選精兵八千, 俱馬步各半, 各擇委謀勇知倭副參一員、遊擊一員統領. 各兵俱給安家銀五兩. 以上各兵俱遵照部文限期, 速赴遼東, 聽候調遣. 毋容遲悞. 希將起程日期, 咨來查考.

2-28

移保定撫院咨 권2, 26a-26b

一爲緊急倭情事.

准本部咨, 職方清吏司案呈前事, 到部. 准此, 合咨前去, 煩選精兵五千名, 馬步各半, 擇委謀勇知倭副參一員、遊擊一員統領. 其坐營等項, 隨便委用. 各兵安家銀俱五兩, 預爲處給, 候京運解到補還. 遵照部限起程, 速赴遼東, 聽候調遣. 勿容遲[26b]悞. 希將起程日期, 咨報查考.

2-29

移宣府大同二撫院咨 권2, 26b

一爲緊急倭情事.

准本部咨, 職方清吏司案呈前事, 到部. 准此, 合咨前去, 煩選精兵八千名, 馬步各半, 擇委謀勇知倭副參一員、遊擊一員統領. 其坐營等項,隨宜委用. 各兵安家銀五兩, 預爲處給, 候京運云云. 查考. 貴院務須共分猷念, 着實挑選精壯官兵應援. 毋徒視爲虛文塞責.

2-30

移遼東撫院咨 권2, 26b-27a

一爲緊急倭情事.

　准本部咨, 職方淸吏司案呈前事, [27a]到部. 准此, 合咨前去, 煩將先發到谷燧、駱尙志兵馬, 再發精兵五七千, 幷先募家丁三千名, 各給安家銀兩, 俱赶日渡江, 前往義州, 同朝鮮國兵將, 相機堵剿, 務要協力拒堵. 仍多備糧料、火器, 以資戰鬪. 勿容延緩. 希由咨報查考.

2-31

檄劉袁二贊畫 권2, 27a-27b

一爲緊急倭情事.

　近該本部調發各處兵將, 前赴遼陽聽用, 相應預行查驗. 牌仰本官, 會同劉員外、袁主事, 卽便前至山海關駐箚, 如遇調到各路兵馬, 備行查驗. 果係原管將官統領, 或係另委將官統領, 軍士[27b]果否俱係精壯, 或馬或步, 的有若干, 器械軍火果否完備. 查明卽令出關, 一面呈報本部, 仍申飭所統將領, 沿途酌量行走休息, 以養馬力. 如各路兵馬一時聚集關下, 卽以先至者先出關, 後到者暫留一二日, 陸續遣發, 以便沿途支糧及行走駐歇, 庶不擾亂. 俱毋違悞.

2-32

檄永平道 권2, 27b-28a

一爲緊急倭情事.

　查得, 先年永平道葉兵備, 置造輕車、佛郎機、大將軍等項火器, 分發建昌等六營路應用, 最稱近利. 卽今倭警報急, 相應酌取所用車兵, 必
[28a]須平時演習慣熟之軍, 方克有濟.

　牌仰本道, 卽將原造輕車四百輛, 隨車佛郎機八百桿, 鎗刀火器俱全車載大將軍一百輛位, 滅虜砲六百位, 酌量本地防禦倭、虜, 量留一半. 其推車步軍幷合用火藥、鉛子, 隨帶足用. 一面動支本部馬價銀兩, 照數置造補還. 各軍應給行、月二糧, 鹽、菜銀兩, 照常支給, 仍委原管將官統領, 限文到日起程, 前往遼東, 聽候調遣. 先具起程日期幷統領官職名呈報. 係干緊急軍務, 該道勿推諉阻撓, 致誤事機未便.

2-33

檄保定倪總兵 권2, 28a-29a

[28b]一爲倭勢十分緊急, 廣募南北大兵, 共圖剿滅, 以安國家事.

　該山西巡撫呂, 選調精兵二千, 委官統領, 前來征倭策應. 查得, 山西調發兵馬, 勢必經由該鎮道路, 擬合預行安插, 以便酌調. 牌仰本官, 如

遇調到山西征倭策應兵馬二千到彼, 即便暫留保定地方安插. 仍聽本官約束, 令其時常操練, 照例支給行糧、料草. 一面呈報本部, 聽候徵調. 其保鎮原調精兵五千, 責領原管將官統領, 速赴永平地方暫住, 操練防海. 行糧就於永鎮, 照例支給. 仍候本部不時徵調, 赴遼征剿倭奴. 復令管兵將領, 務要嚴輯軍士, 不許於[29a]屯箚處所生事. 俱毋違誤.

2-34

檄遼東楊總兵 권2, 29a-29b

一爲緊急倭情事.

准本部咨前事內稱: "將薊鎮南兵五千, 山海關火器手三千, 谷燧、駱尙志統領共一千六百, 遼鎮挑選七千, 先募家丁三千, 薊鎮再選北兵五千, 保定選精兵五千, 宣府、大同各選精兵八千, 馬步各半, 俱依限前赴遼東, 聽候援救朝鮮." 等因. 到部.

除行各督撫刻期調發外, 但前兵俱集遼東, 必須大將統領, 庶有紀律. 牌仰本官, 如遇前項官軍到彼, 盡聽本官統領訓練. 一應行糧、料草, 會同撫院, 如數支[29b]給, 候本部不日經臨, 相機進止. 毋得違愊.

2-35

檄薊鎮張總兵 권2, 29b-31a

一爲緊急倭情事.

案查, 先准本部咨前事, 已經咨行督撫衙門, 并牌行張總兵, 將薊鎮軍士共一萬一千名, 遵照部限起程. 去後, 本部看得, 倭報緊急, 各處兵馬未至, 兼以新募南兵諸事未備. 又經牌行張總兵, 將單開通津等六營步兵一萬四千名、馬兵三千名, 挑選精壯, 就委原管將官統領, 前赴遼東聽用.

今據本官呈稱: "所調兵馬先後數目不同, 如欲二項齊發, 則薊鎮各路空虛." 等情. 到部.

爲照, 本部欲以本將統[30a]本兵, 庶兵將一心, 行伍整束. 且部文應調一萬一千, 本部行調一萬七千, 雖多六千, 蓋因倭勢重大、虜情稍緩. 遵照勅諭便宜行事事理, 權宜酌調, 初非一萬一千外, 更調一萬七千也. 今本官具呈前因, 擬合再行申明查調.

牌仰本官, 卽將應調單開兵馬, 給與安家等項, 責委原管將官, 勒限起程. 准抵部文所調數目, 其多調者亦止六千. 本官毋以禦虜爲辭, 俱速行遣發, 前赴遼東聽用. 其防虜事情, 本官自當酌量緩急、衷多益寡, 爲一時權宜之計. 毋再拘泥遲悞, 致悞軍機. 文到五日, 將調發各兵將起發緣由, 呈報查[30b]考.

計開:

馬兵二千名.

遵化標下左營內馬兵一千, 本管將官李芳春統領.

三屯標下左營內馬兵一千, 本管將官管一方統領.

步兵一萬四千名.

通州、通津營步兵四千, 本營將官二員統領. 密雲振武、石匣二營, 共選步兵二千, 石匣營將官[31a]馬魁武統領.

遵化標下右營步兵二千名, 本營將官統領.

三屯標下濼、漢二營步兵二千名, 漢兒莊將官魏邦輔統領.

建昌車營選步兵二千, 本營都司王問統領.

中、西二協南兵共選二千, 西路南兵遊擊陳蠶統領.

2-36

報趙張二政府書 권2, 31a-31b

不佞某承尊臺責成三河與督府會議後, 以天津爲三輔喫緊門戶, 亟趨往視, 日與二贊畫、各該道及將[31b]領官, 料理防禦. 行文各鎮屬整捌分布, 嚴加查覈, 疏報皇上, 具揭請敎, 未盡事宜, 專祈指授. 近蒙明旨特勅征倭, 某不敢徧歷海口, 畫夜兼程前往遼陽, 以決戰守. 肅此, 代啓不備.

2-37

報郝總督書 권2, 31b-32a

承札示. 兵力艱難, 某不任赧愧. 祗緣部文調兵, 未曾坐何營路及何將官統領, 偶訪前咨, 各兵堪用, 且欲以原將統原兵, 庶上下同心. 故冒昧以請. 卽抵部文應調之數, 非敢部文外, 另調一番也. 雖薊鎮應調一[32a]萬一千外, 浮取六千, 蓋因倭情緊急, 明旨趣發更嚴, 召募家丁尙未集, 而新募南兵又稱器械不堪, 不得已乃爲是舉. 昨復移文張鎮守, 俟其報至, 再議何如也. 重承老公祖知愛, 且義切同舟, 某敢不仰體盛心, 致煩籌畫. 敬此報命. 并謝. 不宣.

檄遼東楊總兵 권2, 32a-33a

一為緊急倭情事.

照得, 本部所調各處兵馬, 不日前至遼陽, 相應預行設備, 安插地方, 庶免臨時互相爭擾. 牌仰本官, 即便酌量地方, 幷屯積糧草多寡, 城堡大約以遼陽城及左右百里內外遠近. 將單開調到[32b]官軍, 各分發地方, 務令得所, 且便支糧. 毋令互相住歇, 致起爭擾, 隨到隨發, 未到預派. 一面呈報本部查考, 仍嚴諭統兵各將領, 務要約束軍士, 不許生事. 如違聽本官, 呈明究處. 俱毋違悞.

計開:

薊鎮南兵三千名.

遼鎮挑選精兵七千名.

山海關精兵火器手三千名.

谷燧、駱尚志統領兵一千六百餘名.

薊鎮北兵五千名, 馬步各半.

保定北兵五千名, 馬步各半.

宣府精兵八千名, 馬步各半.

大同精兵八千名, 馬[33a]步各半.

劉綎統領馬兵五千名.

浙兵一千名.

先募家丁三千名.

2-39

檄劉員外張主事 권2, 33a-33b

一爲遵旨專責部臣, 經略倭患事.

照得, 所據調到各營路兵馬, 天寒遠征, 相應量行犒賞, 以示優恤. 牌仰本官, 卽會張主事, 親詣敎場, 調集前項兵馬, 逐一閱驗. 其各官軍犒賞, 卽用賞功官包封銀兩, 挈封驗實面給. 仍嚴諭各軍經過住宿去處, 俱要恪遵約法, 不許故違生事.

[33b]計開賞格:

領兵官, 每員銀一兩、銀花二枝.

千把總, 每員銀三錢.

管隊, 每名銀二錢.

軍, 每名一錢.

2-40

檄李提督 권2, 33b-34a

一爲倭情事.

准本部咨, 前事內開, "題奉欽依, 李如松以原官充提督軍務防海禦倭總兵官." 等因. 到部.

准此, 爲照, 該鎭方經討逆西夏, 已報成功. 玆復承命東征, 必有勝算. 顧據報稱, "倭奴猖獗異常, 萬分緊急", 在我必當統集精兵, 庶可相機行事. 當今將勇兵强, 利兵堅甲, 惟宣、大爲最. 已准部文調選二[34a]鎭精兵共一萬前來聽用. 但恐該地方官以防虜爲辭, 將老弱不堪充數, 徒致空名.

查得, 該鎮曾鎮守宣、大地方. 其軍兵某强某弱, 其將領某臧某否, 幷近跟隨西征, 有廢閑將官自帶家丁, 驍勇敢戰, 願出力報效者, 該鎮知之必熟, 擬合行委. 牌仰提督, 卽查宣、大二鎮某營路兵馬精强, 應挑若干, 應委原將或別將知兵者統領. 西征回鎮, 有廢閑將領自帶家丁堪以東征者, 俱移文該鎮, 取調軍前聽用. 該鎮務念明旨趣發甚嚴, 朝鮮求救甚急, 速赴遼東, 共圖料理.

2-41

檄遼東楊總兵 권2, 34a-34b

[34b]一爲緊急軍情事.

先該本部查照部文, 行調遼東精兵七千名征倭應用. 今本部不日卽至廣寧, 相應預行整搠. 牌仰本官, 卽將所調精兵七千, 逐一挑選强壯, 分別隊伍, 以原管將官統領. 器械、盔甲、軍火俱要鮮明快利, 馬匹、鞍仗俱要臕壯齊整, 聽候本部前至廣寧看閱. 係干緊急軍情, 毋得遲悞.

2-42

檄薊州兵備道 권2, 34b-35a

一爲倭情變詐日增, 勢益猖獗, 萬分可虞等事.

准本部咨, 該本部題前事, 已經箚行該道, 將應兌寄養馬匹, 候太僕寺分派數目至日, 即行選解. 去後, 近准太[35a]僕寺呈報各州縣寄養馬數前來, 擬合委官驗解. 牌仰本道, 查照先今事理, 即行薊州幷遵化縣掌印官, 各將寄養馬匹, 盡數拘集在官. 會同本部委官, 逐一揀選臕壯馬五百匹, 交付委官撥軍牽解前來, 以憑發營騎征. 毋得以瘦弱充數, 違錯未便.

2-43

移本部咨 권2, 35a-36a

一爲緊急倭情事.

准本部咨前事內稱: "再查, 遊擊宋大斌所部三千新兵, 如果精練, 一面催調, 兌馬應用. 如或未堪戰陣, 不妨仍留天津, 責令訓練成熟, 聽候續遣應援. 希速咨回部, 以便具覆施行."

准此, 查得, 別[35b]鎮兵馬調取未到. 外, 薊鎮北兵五千、吳惟忠南兵三千、山海關火器手三千, 已經移咨薊鎮督撫衙門, 幷該鎮總兵官挑選. 去後, 續據山海關參將孫一元呈稱, "本關並無火器手三千名." 又據遊擊吳惟忠呈稱, "募完南兵二千一百名, 應用騎馬二百匹、駝騾一百頭." 及稱, "各軍原領器械, 俱朽壞不堪, 乞爲設處." 等情. 前來.

本部因見前項軍士, 俱係虛數, 又多器甲不備. 誠恐各路兵馬俱屬如此, 難濟實用. 故訪各路兵將, 坐名調取. 除山海關火器手三千、吳惟忠九百, 盡係虛數, 所調取者僅一萬三千一百名耳. 今帶隨出關[36a]者, 止有七千五百餘名. 該鎮應發兵馬, 未盡遣到, 本部行調兵馬, 輒復題留, 不知何謂. 是以萬不得已, 復調都督尹秉衡原募軍士, 俱係揀選精壯, 訓練日久, 堪用隨征. 係干急用, 難以中阻. 除本部量給馱馬、衣甲、器械外, 合咨本部. 煩乞題請, 將宋大斌所部新兵三千五百名, 俱作步兵, 希發本部標下, 以憑調遣施行.

2-44

檄分巡遼海道 권2, 36a-37a

一爲緊急倭情事.

　　准巡撫大同都察院右僉都御史邢, 咨前事內稱: "大同征倭官軍, 日支行糧不等. 舊[36b]例將官五升, 千把總三升, 管貼隊軍丁一升五合, 馬每四日支料三升、草一束. 沿途挨程關支, 無容別議. 外, 其將官日支廩糧銀一錢, 千總每員日支廩給銀八分, 把總每員日支廩給銀五分, 管貼隊軍丁每名日支鹽菜銀三分, 原議於軍餉銀內借用." 等因.

　　准此, 先准戶部咨, 前事內開: "征倭南北官兵, 每名每日給銀五分. 如有馱馬, 日給銀二分, 聽各軍自行買辦芻餉." 等情.

　　准此, 已經牌行經過衙門應付. 去後, 今准前因, 看得, 薊、保二鎮軍士與大同鎮兵馬, 皆係征倭, 支糧俱應一例. 但山海關迤西, 糧料稍貴, 各軍願支本[37a]色. 寧前迤東, 糧料稍賤, 各軍樂支折色. 戶部箚付官兵給銀五分, 稍欠, 分別相應酌議.

　　牌仰本道, 如遇本部調到官軍到彼, 將官千把總行糧廩給、馬匹料草, 俱照前數應付. 其管貼隊軍士, 不必給與糧米、鹽菜. 每名逐日照戶部明文, 給銀五分、馱馬二分, 聽彼自買. 若關西糧草, 仍照前例行. 各具支過銀數日期, 呈報查考.

報石司馬書 권2, 37a-38a

接手札, 遼東辦[37b]買糧料, 足支三萬兵馬三月之食. 兼之新差主政專辦此項, 無慮行兵之用. 此廼大爲軍中利賴, 感戢非淺. 不佞所調兵馬, 祇按其部曲, 以原將統領而已. 所增不過六千, 非於臺下題請外, 另有一番調遣也. 虜報方急, 欲得四五萬甚難. 如俟其畢集而後行, 恐就時日. 擬于念七日出關, 馳赴遼陽, 以決進取. 更得楊文、劉綎、陳璘等諸路兵馬湊集, 倭奴雖狡, 不足平矣. 先聲布聞, 足褫其魄, 眞爲妙算, 即當奉行. 發遼東等處兵馬, 責楊元往召家丁, 起境內廢將錄用, 一一遵敎. 火藥三次起解, 狼笉天津自取, 甚便甚便. 驛遞臺守, 臺下念其煩苦, 此天地心也, 敢不仰承尊意. 承遣沈惟敬, 昨與密談, 果堪大用. 玆給發[38a]銀兩, 隨從且厚勞之, 即日發行, 不令延緩. 臺下在上, 內有主持, 不佞如不殫竭心膂, 冀圖報稱, 是自失機遘, 非夫也. 諸凡未備, 尤望時賜敎音.

報張相公書 권2, 38a-38b

接手敎, 垂念諸軍寒冷, 務令得所. 此天地之心, 邊疆之福也. 敢不仰體尊懷. 承諭戰、守二事, 諄諄以愼重爲戒, 尤爲廟算, 無不勒諸心臆. 昨檢地圖, 清野之策, 行之遼左甚利. 且大兵鱗集, 勢不可來. 第天津、登、萊, 城臨瀚海, 民居稠密, 一時卒至, 恐難收斂, 爲足慮耳. 望尊臺籌之.

永平楊君, 果屬異才, 足可資藉. 不佞諸[38b]事每與商確. 邊將臨敵,不致輕易, 皆尊臺賜也, 所係非細. 尊臺在上, 內有主持, 不佞如不殫心膂, 冀圖報稱, 是自失機遘, 非夫也. 海上機宜, 握中密籌, 尤望時時教誨. 至禱至望.

2-47

與分守道荊參政書 권2, 38b-39a

承賜來冊, 登答詳明, 區畫周悉, 欣慰欣慰. 門下高才, 邊疆倚重, 不佞竊深幸之. 昨見邸報, 廼門下遽有請告之疏, 或者猶以小嫌介意耶. 古人云, "先國家之急而後私讐." 且何讐之有而有芥蒂. 不佞心事, 矢諸天日, 決無他腸. 惟門下悉心王事, 蚤樹廓清, 不佞當[39a]首列偉績於天朝, 封拜之命且在旦晚矣. 幸勿疑蓄睽孤, 自失機遘, 貽笑千古也. 外, 火器、㮚㮚, 再求增益, 隨以來冊, 頒布各道, 用爲矜式. 謹達.

2-48

報趙張二政府及石司馬書 권2, 39a-39b

不佞某出關有日, 其兵餉緣由, 詳具揭中, 不敢復贅. 玆薊鎮海口, 幸郝制府、李撫院, 與某同心爲之料理. 惟天津、登、萊一帶, 對峙朝鮮, 較諸處尤爲緊要, 而當事謂倭不犯, 將所設兵議撤. 近據遼報, 倭艦盈千, 劫糧儲積, 欲過東萊搶殺. 萬一揚帆而來, 無以應之, 罪將誰諉. 此某不得不預達於尊臺也. 幸留神, 密爲主[39b]持, 使彼此獲以萬全. 至懇至懇.

2-49

報許都諫書 권2, 39b-40a

征倭事, 不佞非敢孟浪, 屢奉明旨, 且與老成邊將, 密議再四矣. 今冬萬萬可爲. 蓋以倭奴畏寒, 一也. 地凍, 人馬得以馳驟, 二也. 士氣鼓舞, 糧餉充盈, 三也. 如或延至春初, 師老財匱, 彼又得志, 必將水陸俱進, 勢誠難禦. 特此具題, 伏望門下贊襄, 仍趣時日, 仍促李總戎, 火速就道. 況近日虜息, 原非大的, 縱使可虞, 則薊鎭有險足恃, 遼鎭有兵可防, 邊將籌之已熟. 不佞見之極眞, 乃敢冒昧如此, 小揭奉[40a]覽, 萬仗主持, 社稷幸甚. 此係軍機短疏, 愼勿發抄.

2-50

檄遼東楊總兵轉諭朝鮮王 권2, 40a-41a

一爲奉天命, 興義師, 東援屬國, 合行知會本王, 共圖剿滅倭賊事.

粤自朝鮮肇封海外, 奉大明正朔二百年, 朝貢以時, 輸荒服款誠七十州, 忠貞彌篤. 文章禮樂, 用夏變夷, 聲敎衣冠, 由近及遠, 蓋東方君子之國, 爲遼左外藩. 蠢玆倭奴, 敢越厥志, 乘其倉卒, 輒肆摧殘. 奪王京, 占平壤, 流毒已深. 擄世子, 發王墓, 播惡益慘. 人民逃竄, 國主出奔, 敬遣陪臣, 乞求援救.

於時[40b]聖天子赫然震怒, 命本部以少司馬, 秉節鉞, 總權衡. 爰整六師, 大彰九伐. 謀臣如雨, 運籌借箸者, 接踵而來, 猛士如雲, 齒劍淬刃者, 交臂而至. 已行閩、廣、浙、直集戰艦, 合暹羅、琉球諸國兵, 掩襲日本, 以搗其巢. 復調秦、蜀、燕、齊敢戰之士, 并宣、大、山西諸鎮雄兵, 深入朝鮮, 以殲其衆. 龍驤虎賁, 長驅鴨綠江頭, 雷厲風飛, 直抵對馬島下. 合先行會本王, 以便合師夾擊.

為此, 箚仰本官, 照箚事理, 卽便轉行都司, 將本部原文備云, 轉達朝鮮國主. 今天兵將至, 恢復可期, 宜收集散亡, 召募勇敢. 屯芻糧, 扼險隘. 察敵動止, 相敵情形, 俟天[41a]兵尅日渡江. 或用奇, 或以正, 或分道, 或夾攻, 務滅醜奴, 廓淸海岳. 仍將宣諭過緣由呈報. 毋得違惧.

2-51

檄原任潞安府同知鄭文彬 권2, 41a-41b

一為遵旨專責部臣, 經略倭患事.

照得, 朝鮮為東海屬國, 遼左外藩, 歷世奉行正朔, 朝貢以時. 惟是蠢爾倭奴, 敢行摧陷, 遂致國王屢遣陪臣, 乞求援救. 今本部奉命統率大兵, 前赴遼陽, 相機行事. 擬合遣官宣諭及體察倭情.

箚仰本官, 以原官山西潞安府同知充參贊軍機事, 前赴朝鮮國中, 面見本王宣諭: "天朝念爾[41b]國素稱恭謹, 特命少司馬統兵援救. 爾國中可收集散亡, 召募豪傑, 多蓄芻糧, 扼守要地."

仍令彼國通使夜不收, 備探倭奴的有若干, 見今作何情形, 潛伏何地, 倭船的有若干, 見今停泊何口, 何路平坦, 可以進兵, 何地險阻, 可以埋伏, 大兵渡江, 何處可以積糧, 何處可以屯箚, 離鴨綠江道路的有若干里, 及彼國八道之中, 人心果否尚思舊主, 有無義士嚮應, 思圖恢復, 各等情, 回報本部, 以憑籌畫. 本官出使外國, 勉竭謀猷, 務彰天朝字小之仁, 且使屬國益堅事大之志.

2-52

檄海蓋寧前開原分巡分守五道 권2, 42

[42a]一爲遵旨專責部臣等事.

　　已經牌行該道, 差人前往寧前道, 領取馬價銀二百兩, 委官買牛, 幷賃取牛車. 去後, 今照, 賃取牛車, 不但遲慢, 抑恐騷動軍民. 牌仰本道官吏, 查照先今事理, 卽將前行該道差人, 赴寧前道, 領銀二百兩, 再領銀五百兩, 選委的當官員, 易買牛隻. 如牛少銀多, 卽便買騾. 如騾不足, 方行買驢. 合用料草, 酌量留銀買用, 多備布袋, 聽候駄運糧料. 前行車輛, 不必賃取. 先具買完數目呈報. 毋得違錯.

2-53

檄遼東都司 권2, 42b-43a

[42b]一爲遵旨專責部臣等事.

　　照得, 朝鮮自罹倭患以來, 中華使者或行宣慰, 或行偵探, 不時入其國中. 乃國王心切天朝, 每行犒賞. 夫當此流離遷播之時, 復有絡繹不經之費. 本部訪知, 心甚不忍. 除將前有受賞差役, 見追原禮歸還外, 牌仰本司官吏, 卽便轉達朝鮮國王, 以後雖係奉有明文, 差遣來使, 勿得仍前賞賚, 務崇節儉, 以濟軍興. 如去役敢有不遵約束妄索者, 卽便知會本部,

以軍法處治. 仍令將來文事理, 刊布告示[43a]懸示, 使彼國人民, 曉然知
我天朝興大義、恤與國至意. 仍將諭過緣由呈報. 毋得遲悞.

2-54

檄大小領兵諸將 권2, 43a-44a

一爲經略邊海軍務事.

票仰本官, 卽查所統馬、步軍士, 隨帶什物、器械等項, 與單開數目.
如有缺少, 責令置備完全, 具由先呈知會. 如有難完, 明白回報. 毋得遲
悞未便.

計開:

一. 馬上什物, 每馬俱要後鞦二根、肚帶二根、軟韁一根、拴馬鐵、木
樁各一根. 缺者速令添辦.

[43b]一. 馬軍一隊, 快斧二把、鑿二柄、鑭刀四把, 每十名鑼鍋一口,
每軍椰瓢一箇, 俱要驗足如數. 庶便安竈採木造柵苫蓋窩舖等項.

一. 每軍弓二張、弦四根, 箭務足三十枝, 各腰刀一口, 或鎗或鏡或棍
各一件. 無者, 刻限置辦. 倘箭不敷, 尤當官爲運送, 以繼再戰.

一. 南兵每隊原有銅鍋外, 每名椰瓢一箇, 每隊斧二把、鎬頭一把. 除
銃兵、牌手原有腰刀外, 其筅、鎗、鏡手, 各要快利腰刀一把, 不拘一式.
狼筅、鏡兵各帶火箭十枝.

[44a]一. 銃兵每名務要火藥四觔, 綿線、火繩五根, 鉛子五百箇.

一. 每兵多備草鞋. 但今寒凍, 快鞋護絡之類, 聽其自便.

一. 軍兵乾糧烘炒, 務足五日之用.

2-55

檄海蓋分巡二道 권2, 44a-44b

一爲遵旨專責部臣, 經略倭患事.

　票仰本道官吏, 卽便動支無碍官銀, 雇募海船五十隻, 稍水人役完全, 揀選能幹官員總管. 再於鴨綠江迤西一帶城堡, 收拾倉厫或[44b]軍民乾燥房屋, 多備車輛, 集名在官, 聽候明文應用. 具由先報. 毋遲.

經略復國要編二卷終

經略復國要編卷之三

3-1

報趙張二政府書 권3 1a-1b

[1a]倭奴情形, 不佞某未至遼陽, 聞見不眞, 如何敢言進取之事. 今已抵廣寧矣. 一路凡遇名將, 不拘見任閑住者, 每細詢之, 俱云, "天時地利盡在於我", 而中猶有隱情難以顯言者. 此在今冬擧事, 似無不克之理. 臺下幸轉致本兵, 急催各處兵馬, 俱在本月望之前後, 齊集遼陽, 纔得濟事. 若諸路阻撓, 逗遛不進, 一到來春, 論天時既屬於彼, 論人事舊倭未去, 益以新倭, 勢衆難當. 受害慘毒, 恐不止一朝鮮已也. 彼時悔之無[1b]及, 故不得不懇懇爲臺下言之.

沈惟敬本月初七、八可抵朝鮮, 果所講得諧, 彼肯撤兵歸國, 廼社稷之福. 不佞何敢妄動. 倘倭謀叵測, 不如所議, 則冬月進剿, 正其時矣, 而諸兵未集, 將若之何. 近見諸君行事, 不肯平心, 惟尙客氣, 專爲己而不爲國. 若非臺下於君父前力言之, 不佞在外, 眞無措手地. 不佞一身不足惜, 如國事之去何. 惟台慈炤亮. 不一.

3-2

報石司馬書 권3, 1b-2b

臺下慮兵集而餉難繼, 此正不佞前揭陳其艱難之狀者. 幸近日嚴督各司道, 多方料理, 似有次第.

　據遼[2a]鎮王郎中報稱: "備倭糧草計十萬兵馬, 可足兩月之支. 又將禦虜本色留貯九萬石, 以待防倭之用. 且目下又徵二十一年屯糧、鹽糧矣."

　荆分守糴完三萬石, 馮分巡糴完一萬五千石, 幷海蓋、寧前二道, 俱見行召買, 務足三萬石者. 他如發銀五萬兩, 令山東糴糧, 貯之登、萊, 聽取天津兌運, 輸之遼陽應用. 又在外矣. 總計征倭兵馬不滿四萬, 通長計算, 可足一年有餘. 況倭船已急, 決機正在時下, 要非坐老客師待變而動者之比也. 此保鎮新募之兵, 不得不急徵耳. 蓋兵家原無定形, 餉不足則計餉, 若足則計兵. 故不佞[2b]復冒昧如此. 惟臺下鑒原. 是懇.

3-3

與鄭同知書 권3, 2b

時際嚴寒, 門下且適異國, 勤勞王事若此, 不佞心甚懸切. 想此時已見國王. 未知遊擊沈惟敬與倭中消息何如. 昨大司馬書來, 欲得一人問探倭信, 且於中潛行反間. 不佞度非門下不可. 茲錄大司馬手書奉覽, 幸體其書中主意, 密密行事. 大兵不日渡江, 一應機宜, 須時爲馳報, 庶不佞可以預爲策應. 諸凡尤宜小心秘密. 倘得濟事, 門下功非細細. 惟留意焉. 是囑.

3-4

報石司馬書 권3, 2b-3b

[3a]客兵志在征剿, 胡肯爲人守土. 劉綎兵五千, 楊文兵一千, 俱係不佞咨請征倭者, 且屬遠來. 何乃一請留守天津, 一請留守通州. 夫不佞徵調者, 遷延不發, 不佞咨請者, 舉輒議留. 是欲不佞空拳搏虎也. 況昌平兵馬, 雖云拱護陵京, 然居庸天險, 岔道重關, 而懷隆、宣府又環繞於外. 兼之靑扯諸酋見修貢款. 去歲縛史、車以獻而哱、劉倡亂, 莊、明入犯得志時, 又多方勾引, 尙不西行, 則近日虜情, 大較可知已. 且冬月非其大舉之會, 卽大舉亦未必薄都城間也. 何該鎮以此藉口, 督府遽形奏牘也. 臺下幸細詳之, 因得其情矣. [3b]又瀆.

3-5

與永平楊兵憲書 권3, 3b

衝寒遠涉, 亦臣子分內事也. 敢言勞乎. 過辱垂念, 深感深感. 防禦事宜, 初八日, 已承見報圖說. 火器, 初十日, 復許完發. 門下留心時事, 迥異諸道, 欣慰欣慰. 兵馬錢糧, 作何處分, 幸門下一議之, 以俟不佞裁定也. 謹謝覆.

3-6

答石司馬書 권3, 3b-4a

承教薩摩國許儀後事, 具仰妙算, 已密囑沈惟敬、鄭同知相機行之矣. 李提督新平寧夏, 用之征倭, 極是[4a]相宜. 彼其世屬將門, 忠貞素篤, 且甫樹奇勳, 自與他將不同. 不佞惟冀成功, 何嫌屈體. 第前奉咨文, 新推總戎, 聽某節制. 矧不佞坐部奉差, 與總督帶銜者亦似不同. 如或太屈, 恐非朝廷體也, 酌一中格, 待以各邊道之禮, 庶幾兩得其平. 未識台意, 以爲何如. 外, 葉靖國, 如命咨取, 軍前聽用. 謹覆.

3-7

與寧遠伯李寅城書 권3, 4a-5a

昨小啓奉賀, 想已入鑒臺矣. 門下喬梓, 忠貞素篤, 奇勳屢建, 眞乃社稷干城也. 不佞誼屬通家, 久懷欽仰. 今得借重長公東征, 乘蕩平餘威, 以殲狂奴. 特摧枯[4b]拉朽, 一運掌間耳. 不佞又何幸焉.

近閱邸報, 長公屢以疾辭, 或者慮不佞相接之禮, 仍襲待總戎常格耶. 夫長公甫平巨寇, 忠勇超絶, 自與他將不倫. 不佞方藉樹勳, 何敢倨傲. 第不佞原係坐部奉差, 與督府帶銜者亦似不同. 惟老將軍爲朝廷惜體統, 不佞酌一中格, 如待各邊道之禮, 不庶幾兩得其平乎. 尤望老將軍勸諭長公, 西除東蕩, 圖形凌烟, 不必拘拘形迹間相較量也.

玆各路兵馬已集二萬, 芻糧足支數月. 幸速長公趣駕之遼, 乘此冬月, 以圖進剿, 俾恢復朝鮮, 無異蕩平寧夏. 後世視史冊而思今日之功, 卽

[5a]孫、吳不足多, 頗、牧亦退舍矣. 老將軍白髮恬熙, 功成名遂, 又復覩此盛事, 尤古今鮮有者, 詎非生平大快事耶. 長公處不及另書, 謹以賤刺奉迓, 翹首前旌. 萬祈駿發. 是禱.

3-8

報石司馬書 권3, 5a

十三日具疏, 欲泊戰艟於旅順諸島, 且招集島民, 互爲聲援, 則天津、登、萊諸要害處, 似可無虞. 疏已早發, 暮間求得. 島圖更爲明著, 專此呈覽, 仍望轉致二政府一觀, 庶禦倭長策在目中也. 謹啓.

3-9

議處海防戰守事宜疏 권3, 5a-8a

[5b]一爲議處應調軍兵, 并計修守海防要務, 以嚴內治, 以圖進剿事.

頃因倭患, 皇上先以防禦事, 責臣經略處分, 復以征援事, 命臣籌畫料理. 故臣惴惴焉, 惟求無誤國事. 但戰守二者利害相關. 言戰則朝鮮求救甚急, 然不能爲無米之炊, 必速集軍兵, 始可相機而動. 言守則天津、登、萊、薊、密、永、遼爲最, 然不宜拘尋常之見, 必控扼險要, 方爲萬全之謀. 則今日議調軍兵、議防海島爲不可緩已.

蓋臣准部文, 單開應調備倭兵馬共七萬三千八百餘. 然其間有水兵, 難以入遼. 客兵利於決戰, 召募尙[6a]未完全, 遠來或稽時日. 今天津、薊門止於海防, 乃遼東則防守征剿兼之矣. 緩急輕重之間, 不可不一爲酌量也.

今查照部文, 議將薊鎮一萬一千、保定五千、宣府五千、大同五千、遼東七千, 見在駐防谷燧、駱尙志兵一千六百, 宋大斌募兵三千五百, 調回征西楊文浙兵一千, 劉綎川兵五千. 其召募家丁, 雖定三千之數, 見今應募者止七百餘名, 俟募完可足前數. 以上各兵盡赴遼東, 或進剿或設防, 俱聽臣調度.

且近據管糧郎中王應霖報稱: "糧餉所集以五萬兵馬計算, 可足兩月之給." 在分守道荊州俊、分巡道馮時泰, [6b]則各報買完三萬石. 幷寧前、海蓋道, 俱另召買, 務足三萬石之數. 臣復發馬價銀五萬兩, 行山東撫臣, 於登、萊等處, 糴買糧荳.

又前疏請發臨、德倉糧數萬石. 俱由海運入遼, 則糧餉似足前兵週歲之用. 而各兵俱用分屯廣寧、遼陽各東西城堡, 幷近海處所. 機可乘則進爲戰兵, 機難乘則居爲守卒, 是一舉而兩得也.

其陳璘兵五百, 楊應龍川兵五千、山西兵二千. 浙江召募南兵六千, 又新設協守、遊擊等官募兵九千, 足一萬五千之數. 及延綏秋班入衛軍三千, 俟撤班時, 幷陳璘等兵, 盡留薊、保二鎮, 或分屯或防海, 俱聽[7a]督撫調度. 以是分布, 似足用也.

至於今議防海者, 皆以天津、大沽等處爲首稱, 似矣. 但臣近至遼地, 細加查訪, 遼東旅順口與山東蓬萊諸山對峙, 相去五百餘里, 中有海島一十七處, 棋布星羅, 彼此接望, 誠天造地設橫亘其間. 而凡登、萊北海、天津東海、薊門南海, 胥賴此險爲門戶也. 況島中俱可藏兵泊船, 而各島居民築室耕田, 盡成家業. 誠一鼓舞召集, 擇其忠勇爲人推信者, 每島一人, 量給冠帶, 或名色把總, 令其統率精壯者爲兵.

復將調來沙兵七千名、沙船二百隻, 應天船兵九百五十名, 沙唬船八十隻、兵一千[7b]五百三十五名, 分布各島. 仍給以將軍等大砲, 令官兵與民兵不時出海遠哨. 如有倭犯情形, 則舉放號砲, 島島相傳. 晝則每島舉煙數十道衝突海天, 夜則舉火數十炬照耀海面. 倭奴見之, 知我爲有備耶, 則不敢深入. 疑我爲虛設耶, 則我兵實在諸島, 戰船邀其後, 內地防守扼其前, 而彼且腹背受敵矣.

是今日之防諸島者, 卽以防天津也. 況登、萊東南復有成山、靜海諸島, 素稱險阻. 旅順之東, 遙接朝鮮之界, 足爲聲援. 若天津等處海口, 將新議戰船催攢. 員外郎張新督造速完, 各令分布, 則表裏嚴密, 此動彼隨, 誠爲[8a]要務所當亟圖者也.

伏乞勅下該部速議, 將前應調官兵如臣所派, 海島布置如臣所言, 覆請行臣, 遵奉施行, 庶海防益固, 東征可舉矣.

3-10

議題水戰陸戰疏 권3, 8a-14a

一爲夷方告急, 防禦當周, 敬陳一二目擊事宜, 以備採擇, 幷其祈意民瘼, 以圖奠安事.

據天津道兵備副使梁雲龍呈稱:

爲照, 倭之入中國也, 野戰最猛, 而水戰非其所長. 國之破倭奴也, 水戰爲利, 而野戰更須詳愼. 此二者不可不熟講也. 夫水戰所急在巨艦. 艦不巨則衝敵爲艱, 然艦過巨則轉移不便. 故所謂[8b]巨艦者, 福船爲主, 而倉船次之, 沙船又次之. 近蒙兵部調來浙、直等船, 率皆沙船、唬船,而福船、倉船則無焉.

今奉工部差委員外張新,前來督造,議定大率要造福船二十隻,倉船八十隻或百隻,以爲鎮重彈壓之用.沙船南來,浙江有二十隻,南直有二十隻,其數頗多,應再量造五六十隻,以爲轉戰擊殺之用.乃其所藉以偵探者,惟在哨艘,而天津原闕.近查濱海鹽船、漁船,得百餘隻.鹽船原走黑洋販鹽,則月輪六隻,遠探黑洋,五日一報.漁船捕魚,則日輪二隻,哨出外洋,一日一報.此不過權宜偵探耳.

今調來唬船,浙江[9a]六十隻,南直四十隻,而工部委官開廠,打造八槳、五槳、叭喇唬等船三四十隻,則保、薊水寨哨探似亦足用也.

戰艦既備,駕之而破倭於海,誰不艷談.而不知海上機宜亦微有異.假如大洋之中,倏忽往來,必乘風潮.風順而潮不順,不利,潮順而風不順,亦不利.風波洶湧,非但彼船尖搖,而我船亦捏杌,非但彼兵瞑眩,而我兵亦昏嘔,皆不利也.且彼乘風而來,則我且居下,順潮而來,則我且當逆,安在其必勝哉.

所謂海戰者,是必天造地設,生有岸門.不然則島嶼中峙,又不然則沙洲壁立,爲彼船必經之口,取水之處,據爲[9b]巢穴之所.而我乃於此分布兵馬,或爲設伏,或爲掩擊,扼其吭而撫其背,批其穴而擣其虛.如浙之焦山,如遼之望海窩,乃爲得志耳.至其灣泊,不於島嶼,則於沙洲、於港寨,皆藏風避潮之澳.儻依礁石則碎矣.

船上器具雖不外於野戰,然而兩船交鋒,風潮迅迫,彼之長技不在倭刀而在鳥銃.而吾所以禦之者,是必船身之外,以竹木爲架,以布幃爲障,使有藏身之處.而乃乘機覔便,或用火藥,或用弓矢,或用三眼鎗、快鎗,或用佛郎機.而又於檣竿斗上,用標鎗、飛鐮刺之.乃若虎蹲、滅虜、大將軍等砲,非遇急則不敢輕用.[10a]何也.以其氣力重大，雖能碎彼船，恐於我船，亦不免有傷. 凡此長技皆海上之所必用者. 今一面置船，又一面置器，務求足用. 所謂水戰之當備者如此.

　　夫陸戰所急在臨岸. 而沿海之岸，雖無處不臨海，然非見岸即能登. 是必內有港口、河口，為漁鹽船所棲泊之處，乃為倭船登入之所. 天津一帶如大沽海口，最為要衝. 又驢駒河、唐巨河、唐透舖、鄭家溝等十數處，皆已布有兵馬，安置大將軍、虎蹲、滅虜等砲. 而倭奴跣足，所以扼其奔突、制其跳躍者，則鐵蒺藜、木樁 等項器具，尤當預備.

　　今已行河間府，分派所屬州縣，遵照[10b]製造鐵蒺藜、菱角、大木排樁、蘆葦、硫黃等項，或解赴天津，或解赴滄、鹽等處收貯. 俟臨期掘坑，如法布置，設伏截殺，要於不使越口登岸而後為功也. 倭一登岸，狼奔豕突，遇城攻城，遇村攻村. 若不得城而據，則必尋取巨鎮大村，據之以為巢穴，四出焚掠. 故凡人烟輻輳去處，可城則城. 如不能城，則多樹木柵，多挑溝塹，曲折周遭，沮格衝突，皆其備之不容已也. 今行該府督行州縣，各將所轄市鎮村落，如法建置，以為臨時收保之資.

　　戰鬪之地，仍行各該將士及有司、民兵，各照地方協力守禦. 倘或不能禦之於海，不能禦[11a]之於岸，則當各斂兵馬，各依鎮落，據險扼隘，堵截衝打，或零剿或夜攻，倭必不敢狂逞也.

　　江南濱海多建重樓敵臺，寧獨以備島奴. 抑亦以備山寇、海寇. 今議燃眉，只以修築樓臺工費，修理城池，務令高固，多備軍火器械. 而村落居民，則預令其多運糧米、薪水，貯置城中，有警則急入收保，堅壁清野. 保境衛民權宜或是如此. 所謂陸戰之當備者如此.

等因. 呈詳到臣.

　　該臣巡歷海口，閱視戰船，復與工部督造員外郎張新等，面相商確，再三籌畫. 其大小船隻數目、水陸戰守機宜，與該道所議，詢謀僉同.

照得, 海之所恃以衝[11b]敵者, 在巨艦, 所恃以偵探者, 在哨艘. 如沙船、唬船、八槳、十槳等船, 輕利便捷, 可以哨探, 亦可以轉戰. 今調來浙、直沙船計四十隻、唬船計一百隻, 而工部委官開廠再造八槳、十槳等船五六十隻, 則亦足用.

惟所謂巨艦者, 首號福船, 次則倉船, 南來皆無, 似應多造. 然福船重大, 非近百人不能撐駕. 一遇風急, 遽難轉移, 只應造十五隻, 倉船造八十隻可也.

兩船交戰, 其避敵, 必貴藏身, 而布幃、竹架、樓櫓森列, 則所以障也. 其破敵, 必資利器, 而勁弓、銳矢、火藥、火箭、三眼鎗、快鎗、鳥銃、長鎗、飛鐮、標鎗、鉤刀、佛郎機等物, 則所以攻[12a]也. 其大將軍、神砲、虎蹲砲、滅虜砲、百子銃等器, 則臨急所用也. 以若長技要在預備.

備禦既周, 遇警接戰, 或依港澳, 或傍沙洲, 或據島嶼, 或乘風潮. 或截其經行, 或斷其取水, 或蕩其巢穴. 務使我居其利而彼居其害, 我當其順而彼當其逆. 我處其勝而彼處其負. 在善將者指麾而運用之耳.

破之於海, 斯爲上策. 不得已而野戰, 則口岸又其要矣. 蓋沿海地面, 雖無處不當防, 然港有礁石、有泥淖、有窪陷, 其所灣泊登入之口, 亦鮮. 如天津一帶極衝, 大沽口次衝起口. 幷驢駒、雙溝、唐巨河、鄭家溝等十餘處, 則沿海可知也.

要[12b]害之口, 吾今布有兵馬, 設有敵臺, 安有大將軍、滅虜等砲, 伏有鐵蒺藜、釘排等物. 而又港口橫鐵鎖, 水底置木椿. 彼方鼓枻而來, 我則扼險以待. 彼方逆浪而來, 我則靜飽以待. 彼方驀地而來, 我則相機以待. 彼方跳躍而來, 我則坑陷以待. 自可潰其衆, 覆其舟, 殲其渠魁.

藉令登岸, 彼卽善搶, 然而濱海人家稀少, 行四五十里, 尙無所掠, 尙難得食. 此時猶圉圉之魚、緩緩之狐, 我則堅壁清野以困之, 嚴陣整旅以遏之, 奮勇直前以挫之, 飛騎勁弩以躡之, 寧有不得志哉.

其巨鎮大村人烟輳集去處, 一時雖難建重樓敵臺. 然[13a]而間有地勢險隘可以藏兵、可以屯聚者, 則多集丁壯、多置木柵、多備砲石、多挑壕塹, 以便協禦. 其附近城郭者, 悉令居民委積於城, 臨急移入城中. 倭卽善攻, 然城郭完固, 效死以守, 而以大兵潰其圍, 亦不得逞. 旣不得城而據, 則必擇村而居, 然倭性貪, 必散出劫掠, 吾則可以零剿. 彼掠得衣物負重而行, 吾則可以截殺. 夜喜淫飲多醉臥, 吾則可以夜擊. 所謂陸戰當如是矣. 然猶有說焉.

水戰始慮無船, 今慮無兵. 非無兵也, 無習水之兵也. 又慮無餉. 非無餉也, 無常繼之餉也.

福船每隻用八十人, 十五隻計用一千二百[13b]人. 倉船每隻用四十人, 八十隻計用三千二百人. 又沙唬、八槳等船, 每隻用二十人或十五六人, 大小船共用兵五千四百有奇. 一時沿海漁鹽之夫, 豈能充募如數. 而浙江沙唬船一千五百有奇, 南直沙唬船九百有奇, 沙兵七千, 福兵三千, 是水兵已一萬七千有奇. 加以陸兵, 歲費不貲. 此餉曷從而繼乎. 然則度海以造船, 度船以募兵, 度兵以給餉, 皆不可不豫爲計也.

陸戰雖亦多術, 其可爲一勞永逸計者, 無如挑濬溝塹. 相度天津濱海去處, 自大沽口至鄭家溝, 止一百八十里, 而防海軍士不下三萬餘人. 若當春汛[14a]之時, 兵士齊到, 稍加鹽菜, 量起工築. 每兵一名占地二步, 橫挑溝塹, 卽以塹土, 築爲牆垣, 塹闊四丈、牆闊二丈, 塹深一丈, 則牆高二丈, 三萬軍士一月可完. 塹之險深與湯池無異, 牆之巖峻與長城不殊. 漸起墩臺、漸增垛口, 可以哨望、可以備禦. 所謂一勞永逸者, 非耶. 但沙土難築、潮水易侵, 未敢爲必然之畫, 俟來春試之而後可爲也. 伏乞勅下該部, 酌議上請施行.

3-11

移山東孫巡撫咨 권3, 14a-15b

一爲遵[14b]旨專責部臣等事.

據天津兵備道梁雲龍呈:“今將本道所屬, 南自鄭家溝、山東海豐縣界起, 北至大沽海口、密雲道、寶坻縣界止, 各海口險要分布兵馬, 計一萬八千餘名, 幷水戰船隻. 外, 惟是東接海豐以至靑州唐頭寨一二百里, 皆無重兵, 倭若乘虛而入, 眞所謂行無人之境也. 可無寒心哉. 似應于唐頭寨設一參遊, 領三四千兵, 乃可以策應協堵.”等情.

又節據遼東鎭守等官塘報:“倭奴積草屯糧, 聚集對馬島下, 要犯東萊等處.”等情. 各到部.

據此, 看得, 倭奴占奪朝鮮, 聲言入犯, 其爲謀狡譎, 更叵測者. 而各海口自遼以[15a]達山東, 處處皆衝, 在在當備. 本部舊撫東省, 曾於濟、靑、登、萊等處, 設兵不下四五萬, 分撥防守頗爲桑土之計.

今據天津道呈稱, “防海無兵”, 則本部前所設軍兵, 未知散歸何處. 兵法謂, “無恃其不來, 恃有以待之”, 正今日防倭之謂也.

合咨貴院, 煩查本部昔撫東省時, 布設海防各兵, 今歸何處. 如已議撤, 則近日倭報頻仍, 各海口不可不嚴爲修守, 議將何兵分撥. 如未撤防, 或天津道聞見未的, 則將各軍籍名在冊, 整束團練, 加謹防守. 蓋本部今集重兵在遼, 若機會可乘, 不日前赴朝鮮征討. 倘倭奴聲東擊西, 突犯登、萊等[15b]處, 亦未可必. 是宜亟爲預處者. 仍希咨回查考.

3-12

檄分巡寧海海蓋三道 권3, 15b-16a

一爲遵旨專責部臣等事.

已經牌行該道, 動支馬價, 易買粟米三萬石, 料草減半, 聽候軍馬支用. 第恐搬運擾民, 又行各道, 動銀易買牛隻、驢、騾駄運. 去後, 續據寧前幷分巡遼海道呈報, 買完米三萬石, 幷草料數目前來. 照得, 調到各處兵馬, 暫駐遼陽, 應用糧草, 合多預辦, 庶免臨時缺乏.

牌仰本道官吏, 卽將買完米豆、草束, 就用本部發買牛隻、驢、騾, 陸續駄運, 限本月二十五[16a]日, 至遼陽交割. 此係緊急軍情, 毋比尋常延緩.

3-13

檄遼東管糧王郎中 권3, 16a

一爲遵旨專責部臣等事.

據遼東管糧王郎中稟稱: "遼陽有該納屯糧, 商人有上納鹽糧, 就近兌支各軍." 等情. 到部.

看得, 遼陽旣有該司屯鹽糧餉, 支給官軍, 頗爲近便. 但未有的數, 擬合行查.

牌仰本官, 卽查遼陽衛所, 各有該司屯糧若干, 商人上納米豆若干, 各係何年, 見在何處屯積, 就近支給官軍, 應該作何兌還, 逐一查明, 具由呈詳, 以憑酌議施行.

3-14

檄海蓋道 권3, 16b-17a

[16b]一爲遵旨專責部臣, 經略倭患事.

　已經票行海蓋道, 動支無礙官銀, 雇募海船五十隻, 稍水人役完全. 委能幹官員總管, 聽候明文取用. 去後, 看得, 本地有船人戶, 糴買米糧, 所得船脚優厚. 今聞官覔, 誠恐減削脚價, 不願應募, 遽稱無船. 先該本部祔循東省十八九年, 前來山東登、萊, 糴買米糧者, 俱金州衛旅順口軍民, 各帶多船, 本部備知.

　今大兵救援朝鮮, 搬運糧餉, 自有題發官銀, 應給船戶脚價, 並不短少, 俱與商民一例. 但[17a]恐無知愚民遽爾隱諱, 以故查究.

　牌仰本道官吏, 卽便出示曉諭軍民, 各將所有海船, 限三日具首到官. 照依平時商民載運脚價, 動支官銀雇覔停當, 稍水人役, 船上器具准備完全, 具由呈報. 前往山東登、萊等處, 搬運糧料, 如承委人員求索掯勒, 許其稟告. 若奸猾軍民執迷隱匿, 定行拿問, 該管官員參究. 毋再遲延.

3-15

檄大小將領 권3, 17a-19a

一. 本部奉命徵調各師, 不日渡江, 深入朝鮮內地, 剿絕倭奴. 其攻戰之法, 必須預講, 敵情虛實, 必須預[17b]知. 今先以主客、馬步、攻戰三事, 謀之. 本官宜多方籌畫, 或與部下有謀智者, 熟思審處, 照款登報. 然兵家之事, 千變萬化, 難以拘執. 如有破倭奇策出於三事外者, 俱商確明白,或密揭或面稟, 以俟裁酌. 愼勿稽遲草率, 有辜本部屬望至意.

一. 議主客之勢. 須先遣通曉員役, 會同朝鮮君臣, 的審倭兵動靜如何, 虛實如何, 如何攻, 如何戰, 然後進兵, 斯爲成算.

一. 議馬步之勢. 倭兵多步, 我兵多馬, 步利險阻, 馬利平行. 倭兵拒險阻, 則我之馬兵, 無所用其武. 前[18a]日攻城之戰, 病正坐此. 蓋地利不可不得也. 得地利, 必須籍鄕導, 法曰, "鄕導不得, 曰眛." 朝鮮人卽可爲之, 無患也. 但遇險, 我先設伏, 無令倭奴得之. 故古之名將, 列伍陣設伏二十處以取勝者, 有以哉. 我兵在馬上, 倭兵在步下, 我兵之刀短, 倭兵之刀長, 其勢稍不相接, 不得器械. 是以卒與敵, 須易以長鎗、大紉, 以便搠刺. 江南之筤筅、鎲刀, 率皆長兵, 正此意也. 陣定而合, 須我之步兵先之, 馬兵繼之, 馬兵分左右翼擊之, 乃法也.

一. 議攻戰之勢. 說者謂, 倭之鳥銃, 我難障蔽, 倭之[18b]利刀, 我難架隔. 然我之快鎗、三眼鎗及諸神器, 豈不能當鳥銃. 倭純熟, 故稱利, 我生熟相半, 故稱鈍, 原非火器之不相敵也. 倭刀雖利能死人, 我刀雖稍不如, 豈不能死倭哉. 倭之所以能敢戰者, 非緣一刀之故. 其實殊死戰也. 前者死, 後者進, 無少退怯. 今日調兵四至, 雲集烏合, 若兵無統紀, 士分彼此, 心果堅耶, 否耶. 西夏之事, 可爲殷鑒, 豈我之刀, 不能敵倭. 倭之利刀, 不能架隔. 殆非也. 其心實不如倭之死戰也. 宜選驍勇敢戰者, 另爲一營, 亦須選勇將有謀者, 統之. 或用之衝突, 或用之設伏, 或[19a]用之出奇, 或用之夜砍敵營, 以濟諸兵之所不及. 昔謝玄、劉牢之率兵五千, 大潰秦師, 誠得死力也. 人又謂, 鳥銃能擊二層. 嘗試之矣. 八十步之外, 能擊濕氈被二層, 五十步之外, 能擊三層四層. 諸所議障蔽事宜, 亦當從長其實. 兵貴速合, 障蔽先之, 弱兵繼之, 强兵又繼之, 撲砍一處, 分兵左右衝擊之, 倭無所施其技矣. 乃孫武子三駟之術, 於法有之, 非誑也.

3-16

檄寧前廣寧二道 권3, 19a-20a

一爲嚴禁越販, 并議增價糴買, 以濟軍興事.

照得, 本[19b]部見今調集大兵, 屯住遼東左右, 誠恐糧餉不繼. 已經發銀寧前、海蓋、守、巡等道, 并管糧分司, 各糴買. 去後, 近聞本地軍民, 貪關西穀價高貴, 致將多餘糧豆, 連絡運載, 越赴彼處糴賣. 但民間積貯有限, 大兵支給不經, 若不嚴爲禁約, 并行厚價議糴, 一旦穀盡, 雖欲召買, 亦難區處.

牌仰本道官吏, 卽便出示, 曉諭本地軍民人等. 如有多餘糧荳願賣者, 不拘多寡, 許人報官. 比照關西時價, 分外議增, 委官動支馬價, 易買收貯. 民間既省馱運, 又多價值, 必行樂從. 不許仍前越往關西販賣, 違者究治. 兵興糧從, 該道毋視爲泛[20a]常, 仍將增價議糴緣由, 呈報查考.

3-17

檄分守遼海道 권3, 20a-20b

一爲經略邊海軍務事.

據朝鮮國陪臣尹根壽稟稱:"小邦見在軍糧, 以五萬兵計算, 每日三湌, 可供二十日, 料草以馬二萬匹, 可支二十日."等情. 到部.

看得, 前報糧料, 未委虛的, 合行查驗.

牌仰本官, 卽便選委的當官員, 前往朝鮮國, 查驗的有粟米若干、稻米若干、料荳若干、草若干, 查明從實回報. 如係實數, 本地搬運宜緩, 若係

虛報, 搬運宜速. 差去官員, 務要立法細算, 不許指堆綽數, 致悞軍機. 定
以軍法究處. 毋得違[20b]錯.

3-18

檄遼東楊總兵 권3, 20b-21a

一爲緊急倭情事.

　　據領兵遊擊錢世楨等呈稱:"各營軍士, 除其餘什物完全外, 每軍止帶
弓箭一副、小弓一張、弦二根、箭不等, 乞賜議處." 等情. 到部.

　　看得, 弓矢乃軍前必用之具, 誠宜多備. 今止各帶一副, 不足戰鬪之
用, 已經批行本官議處. 但恐文移往返, 就延悞事, 合行置備.

　　牌仰本官, 卽照批查軍士數目, 每軍備辦弓一張、弦二根、箭二十枝.
就估價銀共該若干, 一面差人解送, 一面具由呈詳, 以憑批行該道, 於馬
價[21a]銀內支給. 毋得遲延悞事.

3-19

與山海關張主政書 권3, 21a

關中屢接高談, 知門下迺命世才也. 特以坐鎭要衝, 爲北門鎖鑰, 不得借
重軍中, 以資廟算, 爲恨爾. 馬首漸東, 瞻仰彌切, 復承垂念, 感佩尤深.
各鎭兵馬, 有勞督催, 更爲社稷攸賴. 倘仰仗洪猷露布, 得借關而入, 門
下功亦非細矣. 使旋勒此附謝. 不盡.

3-20

報遼東趙撫院書 권3, 21a-21b

接華札, 開函敬誦, 詞旨殷殷, 感入五內. 督發兵馬, 兼囑大將詣遼, 又賜渡江至教. 俱社稷之利, 非獨不佞[21b]一人幸也, 尤爲唧戢.

　不佞又仰高山, 渴欲一晤, 以奉指授. 緣嚴旨督促, 遽爾詣遼, 方在抱歉, 酒辱高懷, 欲枉台駕. 不佞非敢固違尊命, 自沮傾聆. 獨念玉節, 甫按廣寧總戎, 又復遠出, 邊警正嚴, 恐有疏虞, 不佞亦難逭咎.

　倘有喫緊機宜, 不妨郵筒馳教. 矧不佞寅遼必多時日, 躬覿台光, 正有期也. 崇官懇止前旌. 筆未宣情, 統希原炤.

3-21

與平倭李提督書 권3, 21b-22a

門下忠貫日月, 威震華夷, 信哉間世雄才也. 近日西事, 叛賊煽虐, 勾虜嬰城, 全陝已幾岌岌. 酒門下不煩[22a]指顧, 一舉而滅之堅城之下. 門下奇勛, 彪炳今古, 不佞爲社稷有深幸焉.

　兹値倭奴復陷朝鮮, 又得借重前旌, 芟夷小醜. 想天特借此二寇, 以光昭盛美云爾. 不佞譾劣, 仰藉威靈. 倘得少樹尺寸, 蓋始爲社稷幸, 旣不佞幸矣. 昨已亟趨遼陽, 督促兵馬, 整飭戰具, 以候大將軍之至. 崇官遠迓, 惟速發龍標, 蚤安屬國. 身係朝廷安危, 若郭汾陽、裴晉公, 蓋千載誦之矣. 朝夕翹跂, 幸慰懸懸. 爲禱爲望.

3-22

與薊鎮張總戎書 권3, 22a-22b

承遣旗牌員役. 感感. 材官葉廷祿、許魁, 旣係常川伺[22b]候, 謹如命分班, 以便傳報, 別鎮隨亦申飭. 門下雄材, 邊疆藉重. 無稽之謗, 今之京輔巨卿, 誰其能免. 何必以此介懷. 惟殫心王事, 頻致玄機, 俾不佞有所仗賴, 以安屬國, 以慰宸衷, 是禱是望.

3-23

檄朝鮮國差衛[18]獻納金庭睦 권3, 22b-23b

欽差經略兵部右侍郎宋, 爲倭情事, 帖諭朝鮮國差衛獻納金庭睦. 照依諭帖內款開五事, 啓王知會, 行該管衙門, 卽速回報. 毋違.

計開:

一. 以兵五萬, 馬減半爲率, 本國開報義州、平壤沿[23a]途, 實在糧米、草料各若干, 實足幾月支用.

一. 王京、平壤大小道路, 備細畫圖, 貼說送看.

一. 將本國車輛牛馬, 亦以五萬兵馬日用糧料等項爲率, 選委的當官員, 分投管領. 俱在義州, 等候遼陽發運糧草等項, 接續分送平壤各營軍兵支用.

一. 選王京、平壤二處軍民, 不拘士夫、耆老人等, 有才識優長, 練達

....

18 "差衛"는 "差委"의 오기로 판단함.

世務, 及熟識道路險易者, 每處推舉十人或五人, 解赴本部軍前聽用.

一. 將本國各道、各路選練兵馬, 各開營隊, 并見今[23b]統領將帥職名, 揭報本部, 以憑調遣.

以上五事, 俱喫緊軍務, 據實速報. 毋得虛謾遷延, 誤事貽悔.

3-24

檄遼東都司張三畏 권3, 23b-24a

一為遵旨專責部臣等事.

據分守遼海道呈稱:"見在管屯都司張三畏, 堪以委往朝鮮, 盤驗糧草."等因. 到部.

除批允外, 擬合專委.

牌仰本官, 即行領兵將官, 將調到官軍、馬匹應支廩給、行糧、料草, 本、折數目, 但在一倉庫支領者, 每日總開一單. 本官查對明白, 於緊要數目處, 用印或關防鈐記, 交付將官, 執赴朝鮮戶曹管糧官[24a]處, 照數關支.

一單所填, 止支一日, 不許連支數日. 一倉支糧, 止用一單, 不許分為數單. 將領無單, 倉庫不許支給. 倉庫無單, 稽查不准開銷. 如將領擅用白頭小票, 及不行用心填註磨對, 致令下人作弊, 或應該開除, 重復冒支者, 即便查究. 若縱容不舉, 事發連坐. 支過數目, 每日朝鮮管糧官, 照單填冊一葉, 送部稽查. 毋得違錯.

3-25

檄婁[19]大有葉邦榮 권3, 24a-24b

一爲遵旨專責部臣等事.

照得, 本部調到各路兵馬, 卽日前往[24b]義州等處, 救援朝鮮. 近聞各軍沿途騷擾生事, 本管將官縱容不禁, 擬合委官約束.

牌仰本官, 卽便會同領兵將官, 前往義州等處, 征進沿途經過住宿去處, 務要遵守約束. 不許倚强買物, 占人臥房, 騷擾生事. 但有違犯, 本官卽便究處, 仍記名總報, 聽候查究. 若有重情, 卽具稟帖, 付撥馬飛報本部, 以憑差人拏赴軍前. 定以軍法從事, 決不輕恕. 如各官容隱, 事發併究. 若本官果能任怨, 禁約各軍無擾, 定照軍功紋錄. 毋得違錯.

3-26

檄都司張三畏 권3, 24b-25b

[25a]欽差經略兵部右侍郎宋, 爲倭情事, 仰都司張三畏. 卽照後開條款, 會同朝鮮國戶曹管糧官, 悉心計處, 停妥明白, 速報. 毋違.

計開:

一. 大兵東渡, 原爲恢復朝鮮. 顧兵家戰守遲速, 難以預期. 今以兵四萬、馬二萬各計算, 務令本國處辦兩月糧料, 堆積自義州以及平壤一帶緊要成堡, 聽候支給. 如兩月之外, 方支中國接濟糧料. 倘本國支給兩月外,

……

19 원문은 "婁"이나, 이는 "樓"의 오기로 판단함. 이하 원문의 "婁大有"는 "樓大有"로 판단함.

尙有多餘, 而我中國一時接運不及, 亦令照舊屯積, 不許搬移, 俱聽本部大兵借[25b]支. 俟事定後, 願本色, 照數卽還本色, 願折色, 照數卽還折色. 本部方昭布大義, 斷不爽約.

一. 克復平壤後, 倭必遁歸王京. 彼時兵貴神速, 勢必進取. 但王京去平壤已遠, 去鴨綠江更遠, 江山險阻, 中國轉輸更難, 而客師深入, 其糧料亦須支給. 本國宜預爲酌定, 要見平壤去王京的有若干里, 本國糧料亦以前兵馬數目計算, 務足兩月支給. 應於何處搬運, 或於本國未陷全羅、平安二道接濟, 俱應屯貯何地以便進取. 支給兩月外, 聽支中國轉運糧料. 庶士飽馬騰, 征戰有藉.

3-27

進兵朝鮮安民示約 권3, 26a

[26a]欽差經略兵部示.

照得, 本部調發南北水陸、馬步大兵, 恢復朝鮮外國, 剿滅倭奴, 已經嚴令各將領等官, 約束軍士, 秋毫無犯. 仰沿途地方軍民人等, 如遇大兵經過屯箚之時, 俱要照常各安生理, 毋得驚慌逃避, 自棄家業. 軍士如有生事擾害者, 許爾等稟明本管將領. 審實轉呈本部, 以憑軍法處治. 爾等亦當體念從征軍士, 不許故行抑勒. 違者倂究.

3-28

通諭兵民交易約 권3, 26a-26b

欽差經略兵部示.

照得, 本部調發大兵, 東入朝鮮國, 剿[26b]滅倭奴. 如各地方軍民人等, 有願隨營, 於屯箚處所, 自置酒食販賣者, 許令稟報所在官司. 轉呈本部, 以便給與執照, 聽令隨軍販賣. 價值兩平交易, 並不許軍士強奪、勺買. 違者, 許爾等稟究.

3-29

檄領兵官李芳春方時暉[20]錢世禎吳惟忠王問王必廸等 권3, 26b-27a

一爲經略邊海軍務事.

已經票行本官, 省令各軍, 置買什物, 預備乾糧烘炒, 務足五日之用. 去後, 今照不日征進, 合再申嚴.

牌仰本官, 卽便省令軍兵, 各除五日烘炒乾糧外, 馬步軍士再帶炒熟米粉、或炒熟麥[27a]麵各一斗, 平時隨帶預備, 糧餉不接, 濟急應用. 如糴買不便, 卽赴分守道關支, 本官仍要細查. 如有不帶說謊者, 卽行重處. 違者, 本部查出, 領兵官幷千、把總、管、貼隊通行查究. 仍於各軍挑揀選鋒軍士, 開名呈報, 聽候另賞. 毋得違錯.

....

20 원문은 "暉"이나, 이는 "輝"의 오기로 판단함. 이하 원문의 "方時暉"는 "方時輝"로 판단함.

3-30

與山東郭憲長書 권3, 27a-27b

歷城一別, 倏爾冬深. 緬憶高懷, 卽在行間, 未嘗一日置也. 不佞譾劣, 謬
承主命, 且夕惶悚, 恐虛重寄.

　凡防禦兵馬, 全賴該道調停. 今抵遼陽, 本地各道料理, 俱已報完. 獨
貴治道里懸隔邊海三道, 俱未見報, 倘[27b]有疏虞, 咎將誰諉. 不佞夙忝
愛厚, 欲煩門下. 轉致該道貴同寅, 作速報完, 仍須畫圖貼說, 務求邊疆
無事. 非獨不佞藉以逭責, 而貴同寅亦可報塞, 均門下賜也.

3-31

與平倭李提督書 권3, 27b

小啓奉迓, 想入鑒覽矣. 不佞抵遼陽數日, 諸凡將兵、糧食、戰具, 一一整
飭, 嵩候大將軍駕臨, 以圖進取. 石東老書來, 聞前旌十八日已發. 第事
機可乘, 時不宜緩, 伏祈留神電速. 不佞無任翹跂.

3-32

謝石司馬書 권3, 27b-28b

[28a]不佞屢承臺下垂念, 兼辱遠遺厚惠, 感刻無地. 所可報答高厚者, 惟
有區區心力而已. 今寓遼陽, 整飭將兵、芻糧、戰具, 一一俱備, 專俟李提

督一至便發, 蓋遵台教也. 相待之禮, 一如尊命, 仍二次馳書奉迓矣. 朝鮮事體, 雖未見功效一二, 第仰仗皇上威靈, 臺下妙算, 想亦可不煩東顧者.

今之最可喜者, 每歲虜警, 十月必聞, 昨不佞預令楊總戎, 布散先聲云 "朝廷命經略, 提兵數十萬, 往援屬國." 卽玆仲冬將盡, 絶無警息. 李直指屢屢面譽, 非敢誑也. 此皆臺下指授者, 塞虜如此, 島奴可知. 想臺下必所樂聞, 故[28b]爾及之.

報石司馬書 권3, 28b-29a

剿倭方略, 仰仗臺下指授, 將兵戰具, 俱已可觀. 矧有李提督爲大將, 以此進取, 料無不克. 第倭中豈無知兵者. 倘因我兵遠涉, 主客異形, 嬰城固守, 在我不免師老財匱, 可慮何如.

日與二贊畫及諸將領細議, 咸云 "攻城利器, 惟大將軍稱最." 近雖少集一二, 尙未足用. 此地打造甚艱, 且稽時日. 聞陳雲鴻解進京營百位. 專此奉懇, 力爲主張, 暫發軍中, 須借給銀兩, 雇倩在京騾車, 竟運遼陽, 庶得濟用. 幸臺下萬分留念可[29a]也. 倘戎政或有他阻, 尤望曲爲調停. 至禱至禱.

3-34

移本部咨 권3, 29a-29b

一爲遵旨專責部臣等事.

據贊畫劉員外呈稱: "依奉查得, 部發馬價銀一萬八百餘兩, 行薊州道委官, 打造大將軍砲二百二十位."

據監督通判孫興賢并陳雲鴻呈報: "造完一百一十位, 已解京營六十位, 見存五十位, 未完一百一十位, 星夜打造."

又據薊州道呈稱: "委官將造完大將軍五十位, 押運前來外." 緣由, 到部.

試驗得, 營中諸樣火器, 惟大將軍最稱迅利. 雖有前數, 尙不[29b]足用. 若欲打造, 匠作辦料甚難. 況時日有限, 誠恐緩不及事, 擬合借用.

爲此, 合咨本部, 煩借京營大將軍砲一百位, 請借官銀, 雇覓騾車, 差人押運遼陽軍前應用. 若付沿途驛站, 恐牛車悞事. 希將用過銀數開示, 以憑補還.

3-35

報薊遼郝總督書 권3, 29b-30a

辱詢進止機宜, 深感注垂雅意. 曩張相公曾有書見示謂, "征倭一事, 未宜輕擧." 此至敎也, 某已勒諸胸臆矣. 夫提兵異國, 天道沍寒, 況主客旣分, 勞逸自判, 詎非兵家所忌. 豈敢貪功冒昧如此. 第明旨屢頒, 嚴[30a]切特甚, 不乘冬底春初, 一圖進取, 後日何以報命. 故今日之師, 實萬不得已也. 老公祖如有書致政府, 幸以鄙意達焉, 庶知不佞之領愛深, 而爲情最苦也. 其爲喞感, 又當何如.

外, 添設協守副將等官, 乞明翁咨部, 速推爲禱. 設將募兵, 日後報完, 尤望臺下主稿, 一附賤名. 萬萬.

3-36

與袁贊畫書 권3, 30a-30b

承諭. 發兵一事, 必竢大將具徵石畫, 亦見至愛. 第恐不日諸兵頓發, 路舍壅塞, 芻糧難辦. 且軍需在彼運動, 不可乏兵守護. 故酌量先遣一二兵馬渡江耳. 若[30b]大兵起行, 須當盟神歃血, 此必待李提督至也. 肅狀代覆, 兼布鄙悰, 惟心亮爲荷. 政府、樞府二書帖完上.

3-37

答順天李撫院書 권3, 30b-31a

捧誦手札. 中間險阻饋糧, 主客勞逸之慮, 至深且遠, 極仰廟算. 且感台慈之爲不佞計者股股也. 顧明旨屢頒, 嚴切特甚. 倘此時不加剿滅, 延至來春, 再益島奴, 其勢愈熾, 咎將誰諉. 今日之師, 恐不可緩.

昨取朝鮮圖說, 細閱之, 彼中險阻, 一一指點, 將領令其分布兵馬, 須擇地利. 餽餉一節, 最爲喫緊. 昨復行文本國, 據彼回稱, "五萬兵馬, 足支兩月." 此外, 俟我轉輸, 或[31a]可宿飽. 承密詢, 敢此代覆, 諸凡尤望指授. 萬萬.

3-38

答石司馬書 권3, 31a-31b

陳申、伍應廉, 承臺下特遣軍前, 以備密用, 感甚感甚.

　外, 征倭之具, 輕車最利, 今欲於京營, 借取百輛, 以備戰守. 幸臺下轉致戎政, 速發爲望, 仍乞撥軍推駕. 其安家、路費, 亦須借給來軍, 隨當以馬價奉償.

　外, 太僕寺馬價無幾兩, 蒙辱示意者, 慮某之浪費乎, 或又疑某之復請耶. 某他無所長, 惟節省一事, 自信生平可以猶人. 玆忝攝大權, 人或疑某過隘, 則誠有之. 自出都門, 接手教者屢屢, 無非對症鍼砭, 惜財之訓, 恐非[31b]頂門針也. 非敢自譽, 誠恐台慈垂念, 故爾及之. 且愽一笑. 若兵家未可逆料, 往後此數不敷, 復有所請, 則非不佞所能預定也. 餘未敢悉.

3-39

檄遼東都司 권3, 31b-32a

一爲倭情事.

　已經帖行朝鮮國差來獻納金庭睦, 將本國車輛、牛馬, 以五萬兵馬日用糧料等項爲率, 選委的當官員, 分投管領. 俱在義州等候, 遼陽發運糧草, 接續分送平壤各營軍兵支用. 令該管衙門, 卽速回報. 去後, 未見前來. 看得, 進兵在邇, 事已急迫, 擬合行催.

　牌仰本司官吏, 卽行朝鮮國委官, 預備口袋, 或[32a]荊筐蓆簍, 可盛米豆五斗者. 或用車載, 或用馬騾馱運, 或用人擔負, 聽從其便. 俱在愛州伺候, 遼陽運到糧料, 卽便分運平壤附近兵馬駐箚去處支用. 毋得遲延悞事未便.

3-40

檄寧前兵備道 권3, 32a-32b

一爲遵旨專責部臣等事.

訪得, 芝蔴灣等處, 俱有商船, 由海販買雜糧. 今大兵至遼, 誠恐糧料不繼, 相應雇覓搬運, 以濟軍興.

牌仰本道官吏, 卽將芝蔴灣船商, 籍名在官, 照依商民載糧事例, 動支馬價銀兩, 給與脚價, 比[32b]之民間, 還從優厚顧覓. 稍水人役、船上器具, 准備完全, 具由開名, 限文到五日, 先行呈報. 以憑給與明文, 前往山東登、萊搬運米荳. 如有奸民, 隱匿抗拒, 指名呈來, 定以軍法重究. 毋得遲延.

3-41

移遼東撫院咨 권3, 32b-33a

一爲遵旨專責部臣等事.

已經票行海蓋道, 動支官銀, 雇募海船五十隻. 稍水人役完全, 委官總管, 聽候明文, 前往山東登、萊, 搬運糧料.

去後, 看得, 本地船戶, 載運米糧, 所得船脚優厚. 今聞官覓, 誠恐減削脚價, 不願顧募, [33a]遽爾藏避. 先該本部拊循東省十八、九年, 前來山東登、萊糴買米糧者, 皆金州旅順口軍民, 各帶許多船隻, 本部備知. 今大兵救援朝鮮, 搬運糧餉, 自有題發官銀, 應給船戶脚價, 俱與商民一例, 並不短少. 但恐無知愚民, 驚疑隱諱, 悮事未便.

合咨前去, 煩行海蓋道幷金州衛, 將有船人戶拘集到官, 照依平時商民載運脚價, 更從優厚, 動支馬價銀兩, 顧募停當. 稍水人役、船上器具, 准備完全, 具由徑呈本部, 以憑給文, 前往山東, 搬運糧料. 此在歲裡備辦停當, 方能濟事. 希將行過緣由, 咨報查考.

3-42

檄婁大有葉邦榮督吳惟忠錢世禎等兵 권3, 33b-34a

[33b]一爲遵旨專責部臣等事.

照得, 本部發兵, 前赴平壤等處, 剿滅倭奴, 援救屬國, 相應委官督陣, 以明進止, 以定賞罰.

牌仰本官, 卽會葉邦榮、婁大有, 督同領兵將官錢世禎、吳惟忠、王問, 前往義州一帶以及平壤等處. 明哨探, 察倭情, 相地理, 搜埋伏, 就水草, 立營寨, 約軍兵, 整器械. 未戰時, 先與將官, 多方籌畫, 要見今日之戰, 或宜奇、或宜正, 或宜步、或宜馬, 或張疑兵、或分兩腋, 或防佯北、或避陷坑, 或隔利刀、或遮鳥統, 或設伏以截[34a]其中、或抄兵以掠其後. 務使先勝在我, 方與交兵.

旣戰時, 應衝鋒者, 專令衝鋒砍殺, 應割級者, 專令割取倭級. 如有官

兵不遵平時申明號令, 逡巡退縮, 不行奮勇, 錯亂行伍, 故違指揮者, 許
本官卽時以軍法處治. 應穿箭者, 穿箭, 應割耳者, 割耳, 應斬首者, 拏赴
旗牌前, 斬首示衆. 得獲功次, 隨卽紀錄報功, 首級照依定, 就四六分, 均
同領賞. 本官受玆委託, 務與將官同心協力, 毋致異同. 有功之日, 定行
優敍.

3-43

報趙張二相公書 권3, 34a-35b

昨小啓懇借輕車, 想入電覽矣.

　　外, 征倭一事, 最宜愼[34b]重, 屢辱台諭, 爲某之心極深. 某非草木,
豈不銘感. 第初命經略某謂, 巡歷海口, 修戢防禦, 職如此盡矣. 不意, 甫
抵三河, 征剿之命一而再, 再而三.

　　此時進退, 蓋兩難之. 欲爲征倭計, 則一兵未集, 一資未備, 卽有調遣,
多岐掣肘. 且倭謀叵測, 祖承訓覆轍當鑒. 此進取之難也.

　　欲爲自固計, 則嚴旨屢頒, 屬國告急. 轉眼春明, 倭且得志, 再益島夷,
分兵四出. 或犯遼陽, 或犯天津, 或犯登、萊, 卽閩、廣、浙、直, 亦難安枕.
養成大患, 伊誰之責. 此不進之難也.

　　故自承命來, 日夜焦思, 寢食俱廢, 一不敢負聖明委託之重, 一不敢負
翁[35a]臺知遇之恩. 統兵必求原將, 製器必求堅利, 儲糧必求充裕. 以至
練士卒、廉將官、集謀臣、蓄火器、審險隘、嚴偵探, 諸凡征剿機宜, 毫髮
究心, 卽今一一似有次第. 惟俟李提督至日, 誓師渡江, 求塞此責. 然猶
不敢恃我兵糧, 決意進剿.

又必延李君於祕室, 授以密訣. 可攻則攻, 可和則和, 或欲攻也, 陽許其和, 或欲和也, 陽示以攻. 或既和而機可乘, 卽渝盟不顧, 或攻平壤而王京可襲, 卽遠涉何難. 此雖大將可了之事, 似不必囑之諄諄, 顧欲報洪恩, 何敢孟浪. 此雖鄙人本分之事, 似不當言之瑣瑣, 顧欲慰遠懷, 何敢憚煩. 翁臺[35b]覽之, 或亦知某之苦心云爾. 下情曷任竦久激切之至.

3-44

移本部咨 권3, 35b-36b

一爲議增賞格, 以鼓士氣事.

案照, 先該本部題奉欽依, "有能擒斬關白平秀吉、妖僧玄蘇者, 賞銀一萬兩, 封伯世襲." 已經頒行.

去後, 近該本部行至遼陽, 節差原任同知鄭文彬等, 會同朝鮮國王遣差偵探人等, 備察倭情.

隨據各官行, 據朝鮮回稱: "關白平秀吉, 年老無子, 尚在海外, 固守巢穴, 以爲衆倭根本. 其姪平秀次, 襲位領兵, 見駐對馬島中, 自稱大閤, 來以爲衆[36a]倭聲援. 大將平秀嘉, 據王京一帶, 以搗朝鮮腹心, 裨將平秀忠, 據慶尚一道, 以扼朝鮮咽喉. 平行長、平義智、平鎭信, 各號先鋒, 犄[21]角平壤, 以規進取. 妖僧玄蘇, 并其徒宗逸, 咸稱軍師, 執籌平壤, 以佐元兇." 等情. 到部.

爲照, 倭奴猖獗, 占奪朝鮮, 且聲言入犯, 而群賊或爲主, 或爲輔, 或

....
21 원문은 "犄"이나, 이는 "掎"의 오기.

爲將爲謀, 均皆神人所共嫉, 天討所必誅者. 觀倡亂之罪, 旣無重輕, 則議賞之格, 宜無軒輊. 乃今倭酋姓名顯著者九, 而餘者尙多. 載在賞格者二, 而遺者尙七. 今當征進之期, 擬合咨請, 酌定賞格, 以鼓士氣.

爲此, 合咨本部, 煩爲裁示, 或行題請. 將[36b]擒斬秀次、秀嘉等七倭酋, 或如擒斬關白、玄蘇之例, 或別爲定擬, 希咨知會者. 令各該將吏士卒, 一體遵奉鼓舞, 務期奮勇, 殄滅倭醜施行.

3-45

謝欽賞將士疏 권3, 36b-37b

一爲恭謝天恩大頒賞賚事.

本年十一月二十九日, 接得兵部咨: "爲欽奉聖諭事. 該本部題: '職方淸吏司案呈: 「奉本部送: "萬曆二十年十一月十八日, 該司禮監太監張誠等, 於會極門傳奉[37a]聖諭: '朕見入冬以來, 天甚嚴寒. 思及禦倭各邊, 幷招募官吏、軍丁人等, 衣糧薄少, 又臨水面, 愁苦凍餒, 朕甚憂念. 着太僕寺便發馬價銀十萬兩, 爾該部選差廉幹主事一員, 解赴經略宋應昌處給散. 務使均霑實惠, 以體朕恤勞至意.' 欽此. 欽遵.」'"備咨到臣.

臣當卽望闕謝恩外, 臣謹誠惶誠恐, 稽首頓首稱謝. 伏以聖主凝圖, 萬國仰同文之治, 神威遠暢, 九夷輸荒服之誠. 惟朝鮮更恭謹以稱藩, 乃日本獨憑陵而肆惡. 言焉疾首, 患切剝膚. 荷蒙皇上因陪臣之請告, 遂假臣以便宜, 爰整六師, 用彰九[37b]伐. 材官畢集, 忠憤者借著[22]而籌, 南北交

....

22 원문은 "著"이나, 이는 "箸"의 오기.

徵, 慷慨者擊楫而至. 雖寒關夜渡, 渾忘鞍瘃之嗟, 卽朔雪朝飛, 益勵超
投之志.

　　玆蓋伏遇皇上至仁, 天啓大智日臨. 深懷荷戟以徂征, 大發兼金而賞
勞. 宸章親灑, 龍光騰十二之賓, 聖諭特頒, 虎賁奮三千之士. 恩踰挾纊,
惠豈投醪. 臣與諸將士等, 敢不勉竭卑微. 欽承隆渥, 玄雲結陣, 影廻北
海之波, 赤暈揮鋒, 氣亘箕封之國. 候官解運至日, 分別次第擧行. 臣無
任感激屛營之至.

3-46

軍令三十條 권3, 37b-41b

[38a]欽差經略兵部右侍郎宋軍令.

　　照得, 本部奉命督師, 救援屬國, 所有軍令, 如山如河, 如金如石. 各
宜遵守, 共建大功. 封賞在前, 軍法在後, 榮辱生死, 惟爾將士取裁. 毋貽
伊悔.

　　計開:

　　一. 南北將領、頭目、軍兵人等, 有能生擒關白, 幷斬眞正首級來獻者,
賞銀一萬兩, 封伯爵世襲. 能生擒倭將平行長、平秀嘉、平秀次等及妖僧
玄蘇, 及斬獲眞正首級來獻者, 賞銀五千兩, 陞指揮使世襲. 賊黨有能約
衆縛獻者, 免其本罪, 仍照例封[38b]賞.

　　一. 中軍、旗鼓等官, 差傳本部號令, 因而悮事者斬.

　　一. 前鋒將領, 遇有倭中通士、說客至營, 或挈獲奸細, 卽時解赴本部
軍前, 聽指揮發落. 有敢私自放歸, 及容隱不擧者, 副將以上按軍法參治,

參將以下斬.

一. 出師數萬, 防範宜嚴. 各營將領, 有不嚴束兵士, 謹防奸細, 以致漏泄軍機者, 自參將以下斬.

一. 將士經過朝鮮地方, 務使雞犬不驚, 秋毫無犯. 敢有擅動民間一草、一木者斬.

[39a]一. 官軍有狎朝鮮婦女者斬.

一. 至住宿處所, 各將領鈐束兵目, 依隊安止. 不許彼此探望往來, 錯亂營伍. 違者, 綑打穿箭示衆.

一. 行營露宿, 禁以安靜. 有軍士夢魘夜語者, 同宿隊兵, 即行喚醒, 仍高聲諭曉. 有驚擾兵衆, 以致各營騷動者, 分別重輕, 軍法綑打.

一. 頭目人等, 有剝削軍士, 侵尅行糧者, 軍法從事.

一. 將士務要同心戮力, 共成大功, 毋得參差猜忌. 有敢公挾私讐, 臨陣互相報復者, 軍法從事.

一. 王師遠征, 各奮忠勇, 賊氣自奪. 況經與諸將歃[39b]血定盟, 必期盡復朝鮮疆土, 誓不與賊俱生. 軍中有敢張大賊勢, 煽惑士心者斬.

一. 師行異國, 各宜愛恤, 上下有分, 苦樂惟均. 各將領適己自便, 凌虐兵士者, 治以軍法.

一. 哨探士卒, 哨探不實, 瞭望士卒, 瞭望不眞, 因而悞事者斬.

一. 夜巡官軍, 不行小心巡緝, 偸懶悞事者斬.

一. 陣前火器, 有安放不如法, 以致藥線潤濕, 臨期點放, 不響不發者, 隊兵俱斬. 該管將領、把總等官, 各以軍法坐罪.

[40a]一. 臨陣有敢拾取賊遺包裹、財帛者斬.

一. 兩軍相當, 貴賤一命. 臨陣有偏裨不護衛主將者斬. 千、把總不護衛偏裨者斬. 哨官不護衛千、把總者斬. 各隊兵不護衛哨官者全隊俱斬.

一. 臨陣殺賊, 須萬人一心. 進止疾徐, 惟聽將令, 強不得先, 弱不得後. 敢有非奉將令, 先進者斬. 逗遛、退縮者斬.

一. 將士臨陣, 有失却戰馬、軍器者斬. 失旗鼓者, 全隊俱斬.

一. 朝鮮疆域, 即我土地, 朝鮮百姓, 即我子民. 將士[40b]有擅殺朝鮮男婦, 并投降人役者斬.

一. 衝鋒馬步軍兵, 臨陣一意追殺倭賊, 不許斬割倭級. 有下馬違令者斬.

一. 各衝鋒軍士, 有被重傷難行者, 聽隨地臥息. 各兵乘勝直前, 雖父子不許顧戀, 待全捷收軍, 方許認尋調治. 違令者斬.

一. 各兵敢有強奪他兵斫殺倭級, 希圖報功者斬.

一. 斬獲倭級, 不拘多寡, 通共領賞公分. 以十分爲率, 六分給衝鋒軍丁, 四分給車、步等兵. 其願陞願賞, 俱照近例擧行, 不許紛爭. 違者, 軍法從事.

[41a]一. 各營野地安營, 水泉處所, 須要公同汲飲. 有用強把截水道, 不容別軍取飲者, 本將即將本軍綑打百棍, 穿耳.

一. 銅鐵大將軍、佛郎機、滅虜砲、虎蹲砲、百子銃、三眼銃、快鎗、鳥鎗, 俱要將官督同中軍、千、把、百總, 逐一細加試驗. 某砲裝藥若干, 或用紙俵小口袋, 或用竹木爲筒, 每砲三、五、十箇, 盛藥裝放, 以免臨時裝藥, 多寡不勻. 其本部新製明火、毒火等藥箭, 各將領務要遵照前約, 令軍士每名, 挾帶四五焚、火繩一條, 原領火器一同收拾, 以便臨時點放. 如有[41b]傷損、濕潤違悞者, 各以軍法重治.

一. 各軍士務要隨帶烘炒數升, 以備饑餓.

一. 車營須要多備鍬、钁、斧、鋤、鐮、刀, 以俟修路砍伐草木.

一. 車營官兵至各營城堡, 就於城外安營, 看管車中軍火、器械.

一. 各將士追趕倭賊, 須要緊跟倭奴走路, 以防坑陷, 毋使散亂.

經略復國要編三卷終

經略復國要編卷之四

4-1

移戶部咨 권4, 1a-1b

[1a]一爲奉差事竣, 目擊遼東疲弊, 宜亟置造海運船隻, 以裕軍需, 以蘇民困事.

准戶部咨前事內稱: "煩查遼東地方, 即今徵調軍兵若干, 約用糧餉若干, 如或用盡, 又當作何計處. 希速回咨過部, 以憑定餉, 轉咨造船運用." 等因. 到部.

准此, 案照, 先經本部具題, 覆奉欽依, 撥發臨、德倉糧數萬石, 以備大兵支用. 去後, 今准前因, 爲照, 倭奴摧陷朝鮮, 聲言入犯, 故本部屢奉嚴旨, 督發本兵, 相機進剿.

但倭奴據守平壤、王京, 勢若[1b]負嵎, 似亦相機待我. 顧兩軍對壘, 遲速難以預期. 千里交鋒, 轉輸最爲喫緊. 今調到兵馬約有五萬, 今日因兵定餉, 寧過有餘, 無至不足. 似應酌量臨、德二倉, 每倉量發五萬石運遼, 以濟大軍支用. 如或不敷, 本部另行咨請.

至於造船一節, 應否先用遮洋船, 或俟陸續造船, 接濟裝運, 係干工部酌量, 本部似難遙議. 但春初糧得至遼, 大兵方克有濟. 合咨貴部, 煩爲速行計處施行.

4-2

檄遼東分守分巡道 권4, 1b-2a

一爲查議征倭糧餉事.

　　准戶部咨: "山東清吏司案呈."

　　[2a]准此, 除發銀五萬兩, 行山東登萊道, 召買米荳外. 仰本道官吏, 卽查前項見在本色糧草, 足敷幾月支費, 議開登、萊海運. 本部發銀之外, 該道曾否發銀召買, 有無便利, 其臨、德倉糧, 仍用若干, 或海運更便, 此當停止, 幷船隻數目, 各詳議妥當, 具由限五日, 呈詳本部. 以憑咨覆施行.

4-3

檄薊遼等七道及艾主事 권4, 2a-3b

一爲稽考行糧事.

　　照得, 本部調到防海禦倭官軍、馬匹, 每日應該關支行糧、料草, 俱要查照號單, 依式塡註. 該管將領親自磨對淸切, 委官齎赴經過及征防[2b]各屯駐地方. 該道查覈明白, 於緊要數目上, 用印鈐蓋, 委官執赴倉庫支領. 一單所塡, 止支一日, 不許連支數日. 一倉支糧, 止用一單, 不許分爲數單. 將領無單, 倉庫不許支給. 倉庫無單, 查盤不准支銷. 如將領、官員擅用白頭小票, 及不行用心塡註磨對, 致令下人作弊, 或應該開除, 重復冒支者, 該道卽便呈究. 須至單者.

計開:

某營將官　　下千、把總　　等見在　　聽調

　委官　　實支

[3a]舊管　　月　日, 官軍　員名、駄馬　匹,

　新收官　員、　軍　名、馬　匹,

　開除官　員、　軍　名、馬　匹,

　實在　　月　日, 官軍　員名、駄馬　匹.

　　計支　倉本、折色一日

　　一日支(廩給米五升、廩糧銀一錢)(副　, 參　, 遊　, 都)

　　一日支(廩給米三升、廩給銀八分) 千總

　　一日支(廩給米三升、廩給銀五分) 把總

　　一日支(米一升五合、鹽菜銀三分)

　　一日支折色總給銀五分 (管、貼隊, 　軍丁)

[3b] 一日支(料荳三升、草一束) 馬　　匹

　　　各項如有不支, 塡一無字

　年　　月　日 (支放官某人, 對同官某人)

4-4

檄中軍楊元 권4, 3b-4a

一爲遵旨專責部臣等事.

照得, 本部題奉欽依, 隨帶劉員外、袁主事二贊畫, 朝夕諮詢破倭大計, 大有賴籍.[23] 查得, 二官自出京以來, 薪水之供, 雖出地方, 而一應公費, 皆係自辦. 且勤勞王事, 寒月東征, 若不議處, 誠非養廉禮士之道.

牌仰本官, 卽便動支馬價, 自本年九月[4a]二十六日出京之日爲始, 每官每日, 各議給廩銀一兩. 今先動支銀各一百兩, 封送各官應用, 以見本部優禮至意. 事完開銷呈報.

4-5
報石司馬書 권4, 4a-4b

今之論倭事者, 大都曰, "倭僅數千餘, 我兵進剿, 雖曰主客異形, 實則衆寡不敵, 克之特易易耳." 此悉浪譚也. 無論不佞處得之偵探者不然, 昨據朝鮮圖說所開云, "倭在平壤者萬餘, 在王京者二萬餘, 散處者七八千." 夫朝鮮求援甚急, 方慮恐喝中國, 阻撓我師. 以衆作寡, 以弱掩强, 人情大抵然也. 今廼云云, 則實在[4b]之數, 浮于所開明矣. 謹以朝鮮揭報, 并沈惟敬稟帖奉覽, 則此倭奴輩, 不但得兵家示弱、示强之術, 且有縱橫詭譎之詐, 大非尋常比, 奈何漫然易視之也.

尤望臺下, 宣之於朝, 使諸縉紳聞之. 亦謂倭奴之衆、倭奴之詐若此. 庶幾各各矢心, 共期滅賊, 且知今日身任征剿者, 亦非易事. 不識高明以爲何如.

....

23 원문은 "籍"이나, 이는 "藉"의 오기.

4-6

報石司馬書 권4, 4b-5a

不佞繕甲練兵, 儲糧製器, 事集已久. 且倭奴畏寒, 不敢狂逞. 鄙意欲於
十一月中旬發兵, 而大將不至, 屢失事機. 是前日調兵之難, 今日待將之
難, 爲之奈何. [5a]不得已於初三日先發吳惟忠所領兵三千, 初四日又發
錢世禎、王問所領兵二千渡江, 俱命於義州、定州駐牧. 其大兵必俟李將
軍至而後發.

　　陳申等, 尊教欲遣之日本. 但遼船不可渡海, 且朝鮮殘破, 海口俱絕,
往來日本之說, 恐未能也. 不佞初意欲使歸閩, 一帆可達, 今事機無及,
姑收之帳下, 以俟他用.

　　又據通事朴仁儉報稱: "關白領兵屯對馬島, 被深國人乘虛, 盡數殺
死." 又謂, "深國卽薩摩州也."

　　恐未的結, 報帖附覽, 相公處, 乞爲轉致. 餘未敢悉.

4-7

與李提督書 권4, 5a-5b

[5b]輕車甚利, 不佞已移咨本兵題借矣. 又得門下具題, 所見略同, 諒無
不允者, 慰甚慰甚. 遼兵倂集已久, 祗候霜旌至日. 趁此冬月, 卽可誓師
渡江. 但征倭與征虜勢異. 今騎多於步, 故將遼兵稍衷益之, 俟面時再商
確也. 不佞所調將兵, 一聽指麾, 必不少分彼此, 以二威權. 幸體鄙懷, 蚤
張天討是望.

4-8

與永平楊兵憲書 권4, 5b-6a

火箭、火砲解到軍前, 邊疆藉甚, 欣慰欣慰. 又芝蔴等柴燒灰、齎運火砲等物, 雇騾馱載, 既不稽程, 又省盤費, 門下之妙用若此, 寧非國家福耶. 外, 見在打造者, [6a]尤望倂促之.

4-9

報石司馬書 권4, 6a

昨敝使回, 口傳台意, 諄諄以糧餉爲憂. 不佞某亦深慮之. 除行文發銀於山東、天津各鎮、道儲運外, 屢與朝鮮陪臣, 叮嚀此事. 彼回稱, “已備五萬兵馬二月之支. 今兵止三萬, 是足三月支費.” 不佞尤恐未實, 復行張都司, 查實回報, 今果然矣.

夫先資於彼, 師可宿飽, 繼運於我, 事不倉皇, 是亦軍中大利事也. 懼臺下垂念, 敬以回文奉覽.

4-10

檄李提督 권4, 6a-11b

[6b]一爲遵旨專責部臣等事.

照得, 本部奉命經略防海禦倭. 節據朝鮮差來陪臣尹根壽等呈懇援救甚切. 及明旨督發甚股. 故本部屢與各司、道、將領, 將兵食、戰守等項, 多方計畫措處.

除糧餉已經召買, 及雇覓車輛、人夫搬運, 陸續赴義州交割, 幷行朝鮮國, 以兵四萬、馬二萬計算, 預備兩月支用. 其軍火、器械, 如大將軍、滅虜等砲, 幷火箭、疏牌等項, 俱於各道取用分撥外. 至於徵調薊、保、宣、大、山西、遼東等處兵馬, 與召募家丁、投用聽用官役, 及未到川兵, 俱係征倭應用. 今■[7a]出師伊邇, 必預先分布調停, 庶治衆有節, 擬合開發知會.

牌仰平倭提督, 卽將單開已調到、未調到各將領、馬步官軍、材官、家丁等項人役, 幷軍火、器械, 逐一查明, 酌量分調. 要見某將勇可使衝鋒, 某將智可使應變, 某將可使統衆, 某將可使率寡, 某兵強可以居前, 某兵可以殿後, 破倭利於步, 應否以步爲正, 張掖出奇, 應否用馬, 某兵分道夾攻, 某兵合營並進, 某兵專聽埋伏, 某兵專爲應援, 某兵專撥哨探.

各將士俱聽節制, 隨宜調遣委用. 提督勇智功績, 當代首推, 必謀出萬全, 計圖決勝. 仍將分別調遣緣由呈報.

[7b]計開:

部文徵調兵馬數目, 馬步各半.

已到

薊鎮七千五百名(馬步各半)

續到六百名(步兵)

保鎮五千名(馬步各半)

遼鎮七千名(馬兵)

大同鎮五千名(馬兵)

宣府鎮五千名(馬兵)

未到

[8a]　薊鎮二千九百名

山西二千名

劉綎五千名

楊應龍五千名

延綏入衛三千名

標下

副將楊元，并原任遊擊戚金下家丁共六百八十二名

見任副總兵李如栢下家丁二百四十五名

原任副總兵祖承訓下家丁一百二十三名

原任都司婁大有下家丁一十二名

都司錢世禎下家丁四十名

[8b]　遊擊沈惟敬下家丁三十二名

都司方時暉下家丁一十二名

原任遊擊陳邦哲下家丁三十名

原任潞安府同知鄭文彬下并男及家丁五十名

原任壺關知縣趙汝梅、遊擊趙之牧、指揮趙汝瑚、千戶趙汝璉家丁八十名

鐵嶺衛指揮宿應明下家丁十名

旗鼓千總一員，左揚

都司一員，吳夢豹

[9a]　領兵千總四員，戴柱、高可仰、李庫、戴禾

教操把總一員，段胡

南兵教師十名，金文盛、何文星、柳子貴、金忠、龔子義、丁言、婁

虎、何元貴、社其、張子龍

取到軍火、器械(俱發遼東都司收貯)

大將軍八十位(滾車十輛)見留四十位(續發)

滅虜砲二百一十門(滾車十輛)

鐵蒺藜二萬七千箇

小信砲一千一百九十六箇

快[9b]鎗五百桿(鎗至五百根)

三眼銃一百桿(銃至一百根、藥杓一百箇、錐一百箇)

鉛子一千觔

虎蹲砲二十位(腰絆十箇、瓜釘二十條、鐵榔頭八箇、藥升八箇、火門錐

八箇、木送子八條、木榔頭八箇)

小砲二百箇

焰硝一萬六千觔

硫黃一萬三千二百觔

朝腦一百一十觔

班毛三觔四兩

廠楷灰一千三百觔

以上俱在遼東都司收貯

分守遼海道奉文造完見在

篦筅二百三十六根

鋭鈀二百桿

竹長鎗二百五十桿

木長鎗二百五十[10a]桿

一字小砲五百三十二箇

小信砲三百三十三箇

鐵蒺藜四萬箇

火藥三千六百五十六觔

火箭七千二百五十枝

火線一萬一千二百條

大鐵子六十二箇

二鐵子五百四十二箇

三鐵子三千八百六十八箇

小鐵子三萬五千六百五十六箇

輕車八十八輛

聯車鐵繩八十八條

麻簾四百八十八面

鵝牌三百三十六面

滅虜砲五十八位

虎蹲砲九位

百[10b]子銃一百六十八架

見造大將軍鉛子

　重七觔者一千箇

　重三觔者一千箇

　重一觔者一千箇

　火藥三萬觔

　麻牌二千三百面

　鐵鞭一千五百把

　連楷棍一千五百根

遼東各衛弓、箭、弦條, 星取十分之八

 弓一千二百三十七張

 弦一千二百三十七條

 箭一十二萬八千七百枝

宣府領兵官周弘謨等軍士順帶廣寧庫

[11a] 大小鐵子二十萬三千六百五十七箇

 大鉛子四十箇

保鎮領兵官梁心、趙文明軍士順帶遼陽城

 大小鉛子四萬一千八百八十六箇

 鉛子二萬七千二十九箇

 石子一百五十九箇

大同鎮領兵將官任自强等軍士順帶海州衛

 鐵子一萬三千二百八十四箇

 鉛子二萬二千二百九十箇

薊鎮張總兵解到

 弩弓一千張

 射虎藥五觔

[11b] 銅神鎗一千桿

 竹牌五百六十面

本部委官都司劉應祺督匠見造明火、毒火等箭五萬三千枝

4-11

檄李提督 권4, 11b-12a

一爲遵旨專責部臣等事.

　　本部訪得各鎮軍兵, 薊鎮則强弱相半, 眞、保、宣、大率皆庸販之徒. 當此兇衆之倭, 征進之會, 而軍兵若此, 奈何. 則今日之所望而恃者, 惟遼鎮七千耳. 除薊鎮已發, 宣、大未到. 且將眞、保軍兵, 嚴行二贊畫, 逐一細加挑選, 以便議處外. 若遼鎮兵馬素[12a]號精强, 且在本處, 與遠調別鎮客兵不同, 尤宜亟爲遴選.

　　牌仰平倭提督, 卽便督同中軍楊元、副將張世爵, 速將遼鎮應調軍兵, 逐名公同揀選. 除精勇外, 其疲弱不堪者, 盡數開報, 令統兵官帶赴本部過堂, 以憑再加查閱. 如果不堪, 定將原領將官究處. 提督與各官, 務以征討大計爲念, 毋得因桑梓之誼, 曲爲隱蔽. 此係干軍務, 一有違誤, 軍法具存, 必不假借.

4-12

咨遼東趙撫院 권4, 12a-12b

一爲倭情變詐日增, 勢益猖獗等事.

　　先准本部咨前事內稱: "題發馬價銀二十萬兩, 解赴遼東巡撫衙門[12b]收貯, 聽募家丁應用." 等因. 備咨前來.

　　已經移咨貴院, 動銀一十萬兩, 發分守遼海道收候外. 今照, 平倭李提督帶領官軍頗多, 軍前費用擬合給發.

爲此, 合咨貴院, 煩於經歷顧台星解到銀內, 動支銀三萬兩, 差官運發, 李提督收候, 官軍支用. 希將解發緣由, 咨報查考.

4-13

報趙張二相公書 권4, 12b-13a

仰荷相公主畫, 兵馬、糧餉備集. 祗緣大將未至, 先發吳惟忠等將兵五千餘員名, 已抵朝鮮, 奉報臺左矣.

初八日李提督至, 謹擇十三日大兵盡發. 又於諸將[13a]領, 請加職衘, 乘倭奴畏寒之日, 奮力進剿, 蓋不敢虛翁臺責成意也. 小疏具題, 特此馳達, 幸台慈敎之.

4-14

請加將領職衘疏 권4, 13a-14a

一爲分置將領, 以重事權, 以便征剿事.

切惟, 兵家之勝, 在於未戰, 節制之師, 定於預謀. 臣每與贊畫員外劉黃裳、主事袁黃及各司、道、將領等官, 多方籌畫, 咸謂乘此冬月, 倭奴畏寒, 而我士卒旣集, 勇氣方張, 可以進兵. 已於本月初三日, 遣發遊擊吳惟忠等兵五千餘員名, 渡江前進外, 初八日, 提督李如松, 已至遼陽, 臣卽與誓約, 務各彼此同心, 勿生疑二. 又於本月[13b]十三日, 興師東渡, 直趨平壤、王京等處, 奉揚天威, 恢復外國, 求以仰副皇上德意之萬一也.

但千里趨戰, 部曲貴在嚴明, 萬卒新聯, 進止期於有節. 復與如松面議, 將東征軍士, 分為中協幷左、右二翼, 各置知兵副總兵統領, 斯體制崇隆, 勢便聯屬, 可保萬全.

查得, 臣中軍副將都督僉事楊元, 才猷卓犖, 韜略夙閑, 堪居中陣. 遼東巡撫標下副總兵都督僉事李如栢, 屢抗勁敵, 謀略兼資, 堪居左翼. 協守遼東副總兵張世爵, 數經戰陣, 膽略超群, 宜為右翼.

雖經分布, 然楊元、李如栢以都督、副將, [14a]統馭群裨, 體統固為相應, 若張世爵以參將管副將事, 任重權輕, 未免玩藝. 及臣標下聽用原任都司吳夢豹、提督李如松標下中軍都司方時春, 俱智勇過人, 堪以統兵及傳宣中外. 然僅以都司職任指麾三軍, 似亦掣肘, 均應題請.

伏乞勅下兵部覆議, 以楊元為中副總兵, 帶都督職銜領中陣, 李如栢為左副總兵, 帶都督職銜領左翼, 以張世爵為右副總兵, 授以實銜為右翼, 各給專勅, 以示隆重. 其方時春加以參將職銜, 吳夢豹准復原職, 或量加職銜, 庶事權歸一, 左右指揮無不如意矣.

4-15

檄都司張三畏 권4, 14b-15a

[14b]一為遵旨專責部臣等事.

據遼東都司呈稱:"朝鮮國王咨開, 平安、黃海、京畿、忠淸、慶尙、全羅、咸鏡、江原八道, 屯箚防倭官、義、僧等軍兵數目." 到部.

據此, 看得, 朝鮮兵馬, 雖皆四散分布, 但各道軍兵分布平壤、王京者, 相去遠近, 未曾明開, 相應再查.

牌仰本官, 卽便轉咨國王, 將在平壤屯駐軍兵各有若干, 係某人統領, 或在東西, 或在南北, 共有幾路, 各離平壤路若干里, 應否可調本部軍前聽用. 其在王京左右軍兵堪調者, 亦照此[15a]開報. 不拘官、義、僧等軍兵, 如係應調者, 本國卽便選差的當陪臣數員, 監督軍陣. 如近日差來尹根壽、金庭睦、韓應寅輩, 皆老成通達, 不妨卽委監督本國諸路軍兵. 其別道離平壤、王京較遠, 或未罹倭患處所軍兵, 有堪預行調赴就近地方屯箚, 遙爲聲援者, 本國亦宜酌量籌畫分布, 以助軍威. 查明, 取具印信公文呈報, 係干軍機, 毋得遲悞.

卷四

4-16

報進兵日期疏 권4, 15a-18a

一爲恭報進兵日期分布緣由, 仰舒聖明東顧事.

該臣於十二月十一日, 以分置將領, 隆其[15b]事權, 具疏題請外. 顧臣至遼陽幾及一月, 豈不欲速師進剿, 揚天威而救屬國. 但因倉卒之間, 諸事未備. 如旋募家丁、旋兌馬匹、旋計糧餉、旋治火器、旋緝藐牌、旋調車輛. 而徵發各路軍兵, 自薊鎭來者, 自保鎭來者, 自宣府、大同二鎭來者, 近不下千餘里, 遠不下二千餘里, 文移艱於往復, 征士瘏於長途. 而遼鎭應調軍兵, 原係防虜者, 奪彼與此, 又一時未易卒集.

至本月初中旬, 各路軍兵陸續方至遼陽. 除先於初三日, 發吳惟忠等兵五千前進, 一以大張聲勢, 一以安慰國王, 一以護衛糧草. 初八日, 提督李如松來, 臣[16a]卽會同遼東撫臣趙耀[21]、按臣李時孳, 及提督李如松、贊畫員外劉黃裳、主事袁黃、管糧主事艾維新、遼東總兵官楊紹勳、分守遼海道參議荊州俊, 幷標下中軍, 以及各偏裨、將領等官, 彼此諮詢籌畫. 咸謂時及深冬, 春汛在邇, 委宜趁時進勦.

臣以爲謀既僉同, 事宜速擧, 乃與如松, 將大兵分爲中陣、左右二翼. 以副將楊元, 將中軍分統. 原任參將楊紹先, 領寧前等營馬兵三百三十九名. 標下都司王承恩, 領薊鎭馬兵五百名. 遼鎭遊擊葛逢夏, 領選鋒右營馬兵一千三百名. 保定遊擊梁心, 領馬兵二千五百名. 大同副總[16b]兵任自强, 幷遊擊高昇、高策, 共領馬兵五十^{25}名. 標下遊擊戚金, 領車兵一千名. 共統兵一萬六百三十九名.

以副將李如栢, 將左軍分統. 原任副總兵李寧、遊擊張應种, 領遼東正兵、親兵共一千一百八十九名. 宣府遊擊章接, 領馬兵二千五百名. 參將李如梅, 領義州等營軍丁八百四十三名. 薊鎭參將李芳春, 領馬兵一千名. 薊鎭原任參將駱尙志, 領南兵六百名. 薊鎭都司方時輝, 領馬兵一千名. 薊鎭都司王問, 領車兵一千名. 宣府遊擊周弘謨, 領馬兵二千五百名. 共統兵一萬六百三十二名.

以副將張世爵, 將右軍[17a]分統. 本官幷遊擊劉崇正, 領遼陽營幷開原參將營馬軍一千五百三十四名. 原任副總兵祖承訓, 領海州等處馬軍七百名. 原任副總兵孫守廉, 領瀋陽等處馬軍七百二名. 原任加衘副總兵查大受, 領寬佃等處馬軍五百九十名. 薊鎭遊擊吳惟忠, 領南兵三千名. 標下都司錢世禎, 領薊鎭馬兵一千名. 眞定遊擊趙文明, 領馬兵二千一百名. 大同遊擊谷燧, 領馬兵一千名. 共統兵一萬六百二十六名.

一應軍機, 悉聽提督李如松居中指麾, 贊畫劉黃裳、袁黃隨軍, 彼此籌

....

24 원문은 "耀"이나, 이는 "燿"의 오기.
25 원문은 "十"이나, 이는 "千"의 오기.

畫謀議. 其餘將佐等官, 分別調度有差. 俱於十[17b]三、十六、十九等日, 臣親拜師告戒, 宴賞各官, 拔營齊進. 及續到薊鎮應調步兵二千八百餘名, 併發軍前聽用. 至於軍中明哨探、整火器、排車輛、立營陣、定分合、明奇正, 各將俱已講求, 量或無誤. 臣復一面催促海蓋、遼陽等道, 置造鉛鐵大小等砲彈, 併明火、毒火等藥箭, 速致行間.

臣躬率將士, 直入朝鮮, 駐箚定州, 督發大兵進剿. 又先刊發告示, 遍貼朝鮮, 嚴禁兵吏, 秋毫無犯人民, 不許妄殺, 令督陣官及朝鮮陪臣, 往來監察. 又檄朝鮮國王, 召集八道官兵、義兵, 前來協助. 又因倭奴有情願讓平壤與天朝, 不與朝鮮等[18a]語, 恐國王疑畏, 乃明言大義以安之. 又申飭各將領, 同心戮力, 務期成功, 仰舒聖明東顧之慮也.

4-17

移朝鮮國王咨 권4, 18a-18b

一爲進兵援救屬國事.

照得, 朝鮮爲我中國東海外藩, 世篤忠貞, 朝貢惟謹, 一旦被倭摧陷, 失守封疆, 屢遣陪臣, 乞行援救. 聖天子嘉念國王忠悃, 命本部率兵進剿. 見今大兵渡江, 攻取平壤、王京等處.

但倭奴狡譎, 欲施反間. 如遊擊沈惟敬, 前至倭中, 倭卽揚言, "將平壤讓與天朝, 不與朝鮮." 等語. 夫平壤本朝鮮土地, 天朝方爲援[18b]救, 豈乘人之危, 以取土地. 斷無此理. 誠恐國王當流離遷播之時, 聞反間不情之語, 致生疑惑, 合行知會.

爲此, 移咨國王, 務宜安心理國, 積聚芻糧, 調集兵將, 協助天兵, 恢復本國. 如克平壤等處, 卽撥本國兵將防守. 倘兵微難守, 聽憑咨請中國兵馬, 暫行協助. 事平之日, 本部卽便撤回. 蓋天朝方彰興滅繼絶之恩, 本部勉行存仁正義之擧. 王其安心, 勿惑流言.

4-18

檄分巡遼海道 권4, 18b-19a

一爲倭情事.

簿查, 先據分巡遼海道呈稱:"查得, 原任鐵嶺遊擊寧遠衛指揮張應選、原任右營遊擊前屯[19a]衛指揮陳朝陞, 俱堪代理, 合無於內定委一員, 暫代義州參將兵馬事務, 候李如梅禦倭回日, 徑自交代."緣由, 到部.

已批仰候督、撫, 詳示行. 去後, 今據李提督稟稱:"參將李如梅, 原係題奉欽依征倭人員, 今尙未到, 稟乞行催."等情.

據此, 照得, 調到征倭兵馬, 今已過江, 各邊虜情, 近稍寧息, 前項將官擬合調取.

牌仰本道官吏, 卽將義州參將李如梅所管兵馬事務, 委官代管, 行令本官, 文到卽日起程, 作速前來, 聽候調遣. 該道毋得假以虜情爲辭, 致悞軍機. 明旨森嚴, 難以假借.

4-19

檄遼海道 권4, 19b-20a

[19b]一爲遵旨專責部臣等事.

　　據分守道呈稱:"買牛甚難, 喂養不便, 合無調撥號車四十輛, 責令預備繩索聽用, 卽准應差一次."等因. 到部.

　　除批行外, 看得, 該道所報號車, 未有總數. 今議將各道所買糧料, 搬運義州, 未知人情有無順便, 擬合查議.

　　牌仰本道官吏, 卽查所屬衛所, 共有號車若干, 自遼陽運至義州, 應該作何算差. 或議給草料、工食, 務使上不虧官, 下不損民, 方爲兩便. 一面行文朝鮮國王, 令彼中召集車輛、牛隻、驢騾, 候[20a]號車運至義州, 接運官軍屯箚城堡, 聽候接濟. 具由呈詳, 以憑施行. 母得遲違.

4-20

檄分守道 권4, 20a

一爲遵旨專責部臣等事.

　　據薊州道呈, 解大將軍五十位、滅虜砲二百一十門、小信砲二百箇、滾車二十輛. 到部. 擬合發收.

　　票仰本道官吏, 卽將前項砲、車, 查明收候發營. 一面動支馬價銀辦料, 照式製造大將軍滾車四十輛、滅虜砲滾車六十輛, 幷合用火藥、鉛子. 委官督匠製造, 母得遲延.

4-21

咨順天李撫院 권4, 20b

[20b]一爲緊急倭情事.

照得, 本部軍前大將軍、滅虜砲, 合用大小鉛子頗多, 一時查辦不及. 查得, 貴院所屬地方, 俱製有前項鉛子, 相應權宜酌借, 以濟急用, 擬合咨請.

爲此, 合咨貴院, 煩將所屬收貯大將軍砲所用鉛子, 重七觔者五百箇、三觔者五百箇、一觔者五百箇, 借給, 差去委官, 押運過部, 轉發軍前急用. 本部一面行薊州道, 動支馬價造還. 希念同舟共濟, 速發施行.

4-22

與李提督書 권4, 20b-21a

[21a]大將吉辰出師進剿, 膚功在指日也. 不佞惟傾耳聽捷音. 沈惟敬已送幕下聽用, 須督之隨行. 玆彼復有旗牌驍從之請, 事之可從與否, 惟大將軍斟酌行之. 前旌行矣, 軍中如有喫緊機宜, 不妨時勤教益, 不佞無不樂從.

4-23

檄袁劉二贊畫 권4, 21a-22a

一爲遵旨專責部臣等事.

照得, 平倭李提督, 以智、信、仁、勇、嚴之資, 行理、備、果、戒、約之事, 其用兵北伐、西征, 屢樹奇績. 玆復率師東征, 計膚功在卽也. 顧臨事不嫌於好謀, [21b]未戰先期於決勝. 此集思廣益, 開誠布公, 兵家所急者. 今看得, 本部劉、袁二贊畫, 經濟久涵, 甲兵素裕, 堪以隨軍謀議.

牌仰二贊畫, 卽便會同平倭提督, 一應東征軍中進止機宜, 俱聽同心計議. 如兩軍對壘, 倭來迎敵, 我之鎗刀、弓矢, 我之蔴牌、輕車, 我之神器、神鎗、火箭、毒箭等類, 作何施放, 使不能敵.

倭善埋伏, 倭善佯北, 倭善野戰, 倭善傍擊. 倭善伏地, 以避我砲, 倭善做虎獸等形、魍魅等怪, 以驚我馬. 作何奮擊, 使不能禦.

倭知我兵難敵, 或戰北之餘, 彼必嬰城自固, 我必進攻, 作何設計, 使不能守.

他如明哨, 探察倭形, 就[22a]水草立營寨. 因風縱火, 因地設伏, 因人情施反間. 馬利平衍, 若田間水道, 溪澗險阻, 馬不得成列者, 作何擺設. 步利擊刺, 若左衝右突, 馳逐往來, 步不得散漫者, 作何分布. 諸如此類, 難以枚擧. 惟在同心協謀, 收成算於帷幄也.

蓋大將軍而得二司馬, 益足以揮指三軍, 二司馬而遇大將軍, 益足以運定群筴. 揚天威而復外國, 千萬世瞻, 仰在此一擧也. 勉之勉之.

4-24

檄諸將領 권4, 22a-22b

一爲撫士卒以鼓勇敢事.

照得, 爲將之道, 雖貴嚴明, 然必廉以得士心, 仁以結士志. 故兵法謂,

"視卒如[22b]嬰兒愛子者, 士乃樂從我用." 今本部調集各路兵將, 寒月東征, 尤宜倍加優恤, 以鼓勇敢.

示仰各該領兵、將領、中軍、千、把總等官知悉. 除臨陣時, 有故違號令者, 聽與督陣官, 當卽以軍法處治外, 其無事之時, 軍士非有大過犯, 不得輒用嚴刑凌辱. 仍念遠征勞苦, 不得假借別項使用爲由, 肆行科斂. 其軍士亦不許因恃優恤, 遂爾驕玩. 違者, 本部查訪得實, 定行從重究治.

4-25

檄分守道 권4, 22b-23a

一爲遵[23a]旨專責部臣等事.

節據李提督呈開, 應領宴賞隨征將官四十三員緣由. 到部. 已批各官宴賞, 仰分守遼海道, 查例辦給, 前次曾與者, 不准重領.

又據本官呈開, 過江文武官鄭文彬等九員, 宴賞職名. 已批分守遼海道, 照例一併宴賞.

去後, 照得, 原任隨征, 與見任領兵者不同, 該給犒賞, 亦應分別差等.

牌仰本道官吏, 卽將各官犒賞, 見任領兵者, 查照賞格, 全數支給. 其原任隨征過江, 并不領兵者, 俱止給十分之五. 事完, 將用過銀數開報, 以憑動支馬價補還. 毋得違錯.

4-26

報趙張二相公書 권4, 23a-23b

[23b]屢接台敎, 具仰指授. 唧感唧感. 外, <u>沈惟敬</u>諭倭之事, 眞僞未剖. 況
選將調兵, 一意進剿, 某之責也. 若講貢, 非某本心. 昨小啓, 已達此意於
尊臺矣. 但據其陳說, <u>旦夕</u>可得<u>平壤</u>. 某又思不費隻矢, 讓我一城, 養其
精力, 倂克<u>王京</u>, 未必非一策也.

　十四日, 會同贊畫與<u>李提督</u>, 共議此事. 乃以<u>惟敬</u>交付<u>李</u>提督同行,
將近<u>平壤</u>, 整兵以待. 令<u>惟敬</u>往見倭奴, 勒限一二日, 令彼出城, 如或不
然, 卽率大兵剿滅. 若然, 彼責我悖約耶, 則<u>惟敬</u>已行, 詒我緩師耶, 則大
將又至, 庶不兩悞矣. 特此馳報, 未識高明以爲何如. 幸速敎之. 萬禱萬
禱.

4-27

與李提督書 권4, 24a

[24a]大將軍遠適異國, 奉揚天威, 社稷藉甚. 瀕行未及躬送, 殊歉. 今日
之事, 惟有進剿一着而已. 幸大將軍大張撻伐, 蚤樹奇勳. 廼不佞所朝夕
翹跂者也. 不佞旬日間, 亦當趨詣<u>定州</u>, 駐札以俟捷音. 餘情未悉.

4-28

與李提督書 권4, 24a-24b

昨小啓, 奉達左右, 亦欲專意進剿. 玆接手札, 所見略同, 曷任欣慰. 倭奴既屬糧盡, 欲奔王京, 且朝鮮官兵圍阻以待, 此天亡之兆也. 惟大將軍作速圖之. 沈惟敬縱赤心任事, 而遷延時日, 又不必拘拘前說也. 覿[24b]翰示所陳破倭之策, 卽金縢豹韜不讓焉. 其砲子、火藥等器, 軍馬、錢糧、草料, 隨到隨發, 必不遲滯. 耑此馳覆, 諸惟留意爲禱.

外, 朝鮮將兵的數, 另開別紙奉覽. 惟聽大將軍分撥調度. 彼兵雖弱, 亦可爲我兵之一助云.

4-29

與永平糧儲陳主政書 권4, 24b-25a

盧龍一別, 倏已冬暮. 懸仰高懷, 卽從事金戈鐵馬中, 未嘗不馳神左右也. 祗以日發大兵, 臨江在卽, 坐是久疏裁候, 方切抱歉. 過辱隆情, 不我遐擲, 惠以雲緘, 兼之佳錫, 殷殷盛雅, 更倍尋常. 不佞固已銘之心臆[25a]間矣.

芻糧一事, 幸有高賢督理, 儲積有方, 運餼不乏, 其爲邊疆借藉賴非細. 倘仗天威, 蚤得奏凱, 門下非首績耶.

賟賜不敢辭, 謹對使拜領. 時下拮据, 未遑修詞奉答, 草草附謝. 惟門下情諒, 何如.

與副將李如栢李如梅等書 권4, 25a-26b

門下爲王事勤勞, 嚴寒遠適異國, 不佞心殊懸念. 昨尊意欲與沈惟敬, 同往平壤, 具見忠勇. 但將軍係大將軍親弟, 又所鍾愛者, 今欲攜携入虎穴, 明是以將軍作一孤注, 緩我大兵, 而成彼詭遇之謀. 既入轂中, 生死難保. 此僕與令兄之所洞燭, 而萬萬不可行者.

　進[25b]剿倭奴, 令兄與僕, 已有定算. 火攻一策, 尤今所亟用者. 矧諸樣神器具備乎. 昨面見既已懇言, 茲復再述, 不憚煩瑣.

　查得, 平壤形勢, 東西短, 南北長. 倭奴在平壤者, 聞我進兵, 彼必嬰城固守. 我以大兵圍其含毬、蘆門、普通、七星、密臺五路外, 當如新議, 鋪鐵蒺藜數層, 以防突出死戰. 其南面、北面、西面, 及東南、東北二角, 各設大將軍砲十餘位. 每砲一位, 須用慣熟火器手二十餘人守之, 或擡運、或點放砲後, 俱以重兵繼之, 防護不測. 每門仍設虎將一員守之, 一有失悞, 即時梟首. 止留東面長慶、大同二門, 爲彼出路.

　須看半[26a]夜風靜時, 乘其陰氣凝結, 火烟不散, 先放毒火飛箭千、萬枝入城中, 使東西南北處處射到. 繼放神火飛箭及大將軍神砲, 燒者燒, 薰者薰, 打者打. 鐵箭、鉛彈雨集, 神火、毒火薰燒, 其不病而逃者, 萬無是理. 若逃, 則必走大同江, 俟半渡, 以火器擊之. 又伏精兵江外要路, 截殺之, 必無漏網.

　懸重賞, 召敢死之士, 口含解藥二丸. 用新製口袋, 或盛米、或裝土, 兼鋪柴草, 置於城下, 踰垣而進, 看果眞病與否. 病則開門, 令兵齊入. 衆倭斬級, 將領生擒, 各有重賞. 若行長、玄蘇二賊, 尤加用心活捉, 留待別用, 此一策也.

平壤一平, 便當整[26b]束人馬, 大彰聲勢, 由中路緩緩而進, 且莫深入, 與我只要牽制. 使彼中和、鳳山、開城諸賊, 西來堵截, 卽選精兵萬餘, 從間道直抵王京. 再探王京倭奴, 畏兵坐守, 則一一如火攻平壤之法. 先取王京, 以爲根本, 然後將鳳山各處, 用孫臏走魏伏馬陵之計, 或截其腰, 或抄其後, 與正兵會合, 先後夾攻, 又一策也.

若王京西來救援, 則用韓信伐魏襲安邑之計, 與朝鮮將兵, 直據王京, 復遣精騎, 與我正兵, 前後接應, 使彼背腹受敵, 又一策也.

三策倘得着實遵行, 不至違愒, 則萬無不勝之理. 膚見如此, 惟將軍裁之, 幸甚.

4-31

報石司馬書 권4, 27a-27b

[27a]沈惟敬事, 始而我國兵馬未集, 芻糧未裕, 器具未修, 得彼往來平壤間, 緩其入犯, 甚爲我利. 今復來此, 不佞屢察其情, 覺沈惟敬又爲倭奴所愚, 亦欲緩我進剿. 玆大兵已遣, 糧草已裕, 復聽此說, 致稽時日, 老我師徒, 如何可允. 況今日畏寒, 縱或退去, 春夏和暖, 揚帆四出, 惟敬果能以前盟制之耶. 二十日, 又據李提督稟報, "倭奴苦無綿衣." 正爲中國之幸. 不佞馳書李提督, 令其一意進剿, 更無他說矣.

外, 倭奴在平壤者, 不下三萬, 在中和、黃州等處及王京者, 又二、三倍之. [27b]今計不佞所調兵馬, 僅止三、四萬耳, 而浙兵楊文所將者、川兵楊應龍所將者, 又復中止. 彼衆我寡, 方切憂之. 卽疲兵弱卒, 亦欲藉之充數, 以張聲勢, 如之何復令之歸也. 諸凡尤望臺下主持, 爲禱.

4-32

報張相公書 권4, 27b-28a

伏覩晝夜迭擾之教. 西事旣利, 東事可知, 實殲倭秘訣, 兵家上籌也. 某
卽達李提督, 遵行台示矣. 又蒙相公書囑本將, 其爲某慮者更爲周. 至此
情此德, 其何敢忘.

　熊正東旣習造車, 又諳陣法, 軍中得此, 甚有裨益. 京營之請, 縱爲他
阻, 然謹遵來式, 倂日完之, 得以[28a]攻取, 是相公賜也. 某今且暫憩遼
陽, 催集未到兵馬、火器. 然亦不出旬日間, 直抵朝鮮, 親督將士, 用張天
討, 姑以報相公之拳拳耳.

4-33

報石司馬書 권4, 28a-28b

兵家雖貴伐謀, 而寡不敵衆, 先賢明訓. 玆倭奴講讓平壤, 明爲緩我. 某
則一意進剿, 無他說矣. 第事求萬全, 必藉兵力. 朝鮮報稱, "倭衆未可數
計." 臺下題請雖允, 名有七萬餘, 而各鎭調到兵卒, 中間疲羸充數者甚
多. 今之事體, 未覩下落, 某方切憂之.

　凡遠方未到兵馬, 尤望臺下主持, 督催前來, 以壯軍威, 以收全勝,
[28b]庶不虛主上重委臺下責成也. 萬勿再有他阻, 則幸甚矣.

4-34

與遼東糧儲王主政書 권4, 28b

華札遙頒, 過承獎借, 雅情殷懇, 殊不能當. 媿感媿感. 不佞玆役, 三軍司
命, 全在門下, 而儲積有方, 轉餉不絶, 社稷藉甚. 倘仗弘謨, 島夷盡滅,
門下功亦非細. 使旋草草呵筆附謝. 不盡.

4-35

檄山東海防道 권4, 29a-29b

承示二揭, 具仰石畫. 兵家以糧餉爲先, 山東不患無兵, 獨患無餉. 明公
以十萬請, 廼根本之論, 諒聖明[29a]無不俞允者, 敬服敬服. 外, 授征倭
秘策, 尤欽妙算. 不佞敢不遵敎.

　不日氷澌矣. 旅順船隻, 勞委各道所糴料穀, 將欲轉運, 以給兵士. 明
公爲登、萊慮, 不佞亦慮之. 且五萬之數, 似不可減, 庶異國征人, 不致嗷
嗷也. 且登、萊大收, 民間最苦穀賤, 難於輸納. 況大司農將貴治漕糧, 盡
行改折, 而不佞之五萬金發糴, 似在順民之情, 非拂而强之也. 敢此奉瀆,
幸一主持爲荷.

4-36

檄山東海防道 권4, 29a-29b

一爲遵旨專責部臣等事.

案查, 本部先行天津道, 動支馬價銀[29b]五萬兩, 差官齎發山東海防道, 於登、萊地方, 易買米荳, 完日呈報本部. 行令遼東各道, 差官領船, 由海搬運, 接濟軍餉, 及咨部轉題.

去後, 近聞該道止欲買二萬. 看得, 登、萊地方, 收成頗豐, 京運糧米, 俱改折色. 若照民間時估, 兩平糶買, 未爲不可. 該道乃厭煩勞, 欲行中止. 今遼東各道, 倉房已備, 海船覓完, 氷消卽往搬運. 倘有不繼, 俱係該道責任, 本部難以假借, 合再嚴催.

牌仰本道官吏, 查照先今事理, 卽將原發銀五萬兩, 作速買完米荳, 聽候搬運. 毋得遲悞未便.

4-37

與李提督書 권4, 29b-30a

[30a]大兵渡江, 新正又屆矣, 不侫心殊懸切.

外, 許掌科書來, 論沈惟敬事, 極詆其詐, 與門下、鄙人, 意適相符. 此人遨遊二國間, 須善待而愼防之. 門下馭之, 必有妙算. 不侫諄諄, 似爲贅詞, 事屬同舟, 敢爾奉囑. 惟諒之爲荷.

4-38

春禧已屆, 介福無疆. 大將軍大樹勳, 庸定在目下, 不佞固朝夕望之.

　外, 吳夢豹雖委監造火器, 但其人貌似修美, 才覺柔懦. 門下軍前火具, 更爲喫緊, 幸別委一有幹才者. 不佞火具, 姑留夢豹暫董之. 特此奉達, [30b]惟原諒, 何如.

經略復國要編四卷終

經略復國要編卷之五

5-1

與天津梁兵道書 권5, 1a

[1a]承翰諭. 兵集則衆, 分則寡, 誠確論也. 各海口舉勞見示, 分布規則, 尤藉留神, 欣慰何如. 造船事, 議論紛紛, 徒稽時日, 惟門下主之. 舵師水手, 檄取南兵宜速, 蓋春汛在邇, 恐少遲則有惧也.

5-2

與李提督書 권5, 1a-1b

昨誦大疏. 挑選兵馬, 分別奇正, 相機進剿, 具仰石畫, 門下崇勳, 擬在目下. 不佞榮慰何如. 戰馬草料, 甚爲喫緊, 朝鮮何得缺少. 玆承翰示, 即行該道買集草束, [1b]積貯義州接濟. 未承示諭之先, 已行艾主政豫備矣. 門下臨敵, 自有妙算, 不必多贅. 第倭奴若敗, 愼勿窮追. 恐其狡詐異常, 隄防當豫也.

5-3

與寧遠伯李寅城書 권5, 1b-2a

新正迓祉, 恐勞裁答, 不敢修長箋奉賀, 幸諒之. 長公客歲臘月初八日詣
遼, 十六日已督兵渡江矣. 昨接長公手札, 初六七可抵平壤. 攻剿當在目
下, 一得捷音, 即當馳報老將軍左右, 不佞榮藉何如. 長公重名, 懷仰雖
久, 而生平分慳, 顏敎未接, 每用爲歉. 玆忝同舟, 屢叨促膝之晤, 雄資傑
出, 妙論風生, 即詩書所稱[2a]虎臣, 何以加焉. 借重征倭, 其殲滅關白,
無異哱、劉, 廼社稷之福, 特不佞一人幸哉.

　　長公振世奇英, 已足誇耀, 及覩諸位賢郎, 又爾琳琅媲美, 昔燕山五
桂, 世爲美談, 玆鐵嶺五虎, 當與並稱. 非老將軍家敎, 何以有此, 寧獨山
川靈秀所鍾歟. 恢復之事, 全藉賢郎, 不佞遭際之盛, 敢忘水木之感耶.
崇官代候台安, 伏祈鑒涵. 不備.

5-4

報趙張二相公石司馬書 권5, 2a-3a

昨見孫撫院, 以東省兵餉不敷, 具疏題請. 夫東省兵餉, 不佞某在昔時已
憂匱乏, 即香稅等項, 所蓄無幾. [2b]矧今添設兵將, 分布海口之時, 似宜
亟爲兪允, 裨得藉以措手也.

　　至謂不佞某昔曾議將, 尙未及兵, 且議留班軍, 以防海, 夫班軍應留與
否, 臺下自有成算, 何敢置喙. 若設兵一節, 某細查往牘, 曾已具題. 大約以
靑、登、萊三府, 周圍濱海, 延袤雖二千餘里, 總之登州、文登、卽墨三營盡

之矣. 故除三營擺撥官兵一萬六千五百餘外, 又恐不繼. 於各道保甲中, 挑選壯丁, 軍衛中, 挑選餘丁, 礦洞中, 挑選鎗手, 約有五六餘萬, 如果敎演有法, 皆屬精兵. 操練則月給銀六錢, 調用則日給銀三分, 有警則聚爲兵, 無事則散爲民, 似無不[3a]可. 今之軍兵, 豈有出於保甲、軍餘之外者乎.

近日東省各道, 屢屢以班軍是請, 已一年有餘. 班軍果可盡海防否也. 況東省八道, 除武、德、青州海防三道, 其五道係腹裏稍緩, 或量移其兵, 以協助防海, 亦一時救燃之計. 何必盡謂無兵而區區班軍是望也.

且海防等道, 不佞自經略以來, 屢移文而屢不報. 春汛迫矣, 尙紛紛不定. 萬一倭奴不得志於遼, 乘風破浪, 直犯青、齊間, 且將奈何.

某以昔叨撫治, 今復經略, 故冒昧瑣屑如此. 惟臺下垂照.

5-5

宣諭示約 권5, 3a-4a

[3b]一爲傳奉聖諭事.

近接邸報, 萬曆二十年十二月二十六日, 該兵部傳奉聖諭."前者平復寧夏, 擒獲逆惡. 其有功文武官吏、軍丁, 已經撫按及監軍勘實奏下已久, 又如何. 爾該部月餘不見擬定功次奏來. 且今倭賊猖獗, 窺視內犯. 今顧久不定擬, 何以激動忠勇之臣, 豪傑之士. 爾該部可速定擬來奏."欽此. 欽尊.

擬合出示, 曉諭東征將士, 使知奮勉. 爲此, 示仰各將士、軍丁人等, 務殫竭忠勇, 克平倭奴, 恢復屬國. 成功之日, 本部定然從厚論敍, 以[4a]仰體聖明激勸至意. 各宜加勉.

5-6

檄李提督 권5, 4a-4b

一爲欽奉聖諭事.

　准兵部咨云云. 准此, 已經本部具疏稱謝外, 今照, 部差黃主事管解馬價銀六萬兩, 前來遼陽, 擬合遵旨頒給, 以普聖明浩蕩之恩.

　除差通判王君榮, 管解前銀, 赴提督軍前外, 箚仰平倭提督, 會同劉、袁二贊畫, 備查調到及召募各將領, 并不拘馬步軍丁等員役. 并山西二千, 薊鎭續發二千八百, 俱報出關, 作實在之數. 及本部與提督、贊畫標下幕官、策士, 聽用報[4b]效書等員役, 及管糧艾主事、解銀黃主事各跟從人役, 事故者卽行開除, 見在者俱查明造冊, 分別等第, 儘此六萬兩議派. 將官不宜太厚, 軍士不宜太薄. 如不係臨陣者, 又略分差等, 務使均霑實惠, 酌定賞格開報, 以憑允給.

　其薊、保、遼、山東等處各守禦海口防倭官軍, 并未調到四川、廣東、浙江、直隸等處水陸官軍, 俱另於留貯薊州、保定四萬兩內頒給. 不在六萬兩內之數. 係干宣布聖恩, 毋得遲錯.

5-7

檄天津薊州密雲等十一道 권5, 4b-5b

[5a]一爲欽奉聖諭事.

　准兵部咨云云, 等因. 到部. 准此, 除徵調赴遼征倭官軍, 另行頒給, 其防守各海口官軍, 相應查明實在的數, 以便頒給, 廣普聖明浩蕩之恩.

箚仰本道官吏, 卽查所屬大沽等各海口分布官軍、各員役姓名數目, 事故者卽行開除, 見在者造冊開報, 以憑另頒賞格, 分給前銀.

如中間有無官軍, 名雖在籍防海, 其實撤回者, 應否一體給賞. 及本部前到天津犒賞過各守海官軍, 近日有無俱照舊守海. 除見在外, 若有撤回者, 亦應否一體頒給. 其浙、直調來沙唬等船水[5b]兵見到天津者, 共有若干, 俱一倂呈報, 務使無事者不得冒濫, 備倭者咸得均霑. 毋得遲錯.

5-8

檄李提督幷袁劉二贊畫 권5, 5b-8a

一爲緊急倭情事.

照得, 大兵今已渡江, 不日進剿倭奴. 所有一二緊要條款, 合行頒示, 票仰平倭提督, 卽將單開款目, 與各將領悉心講求, 務使每發必中, 功收萬全. 如有未盡, 幷該臨時應變者, 不必拘泥一面, 具揭開報知會.

計開.

一. 平壤城門, 西普通、七星, 南蘆門、含毬, 東大同、長[6a]慶幷密台七處. 今議進圍, 弛東一面開彼生路, 使無固志. 仍於大同、長慶二門, 南北角樓沿江處所, 多設軍兵砲矢, 俟其出門渡江, 放打擊之. 其餘城門, 必分撥智勇將領固守, 預先派定某將守某門, 開報本部, 以憑給發令旗、令牌, 使各遵守. 失誤者, 按以軍法.

一. 各門旣圍, 卽宜鋪設鐵蒺藜數層在地, 以防衝突死戰. 周城遍布滅虜、虎蹲等砲, 列以重兵固守, 使倭不得越城潛突. 若毒火、神火等藥及大將軍砲, 須排布東南、東北二角及正南、正西、正北三面[6b]射放, 可使城中到處遍及. 若在一面, 便不能周. 且以先後論之, 蓋當夜靜, 諸倭睡熟, 先將毒火飛箭, 射入薰之, 及到醒覺, 受毒已深, 復用明火飛箭射入. 燒之, 誘倭出屋救火, 隨用大砲飛送鉛鐵子擊之. 此正兵家所謂出其不意、攻其不備、亂之撓之之法也.

一. 火砲旣設, 倭必固守. 當於無風半夜, 先放毒火飛箭千萬枝入城. 蓋夜半陰氣凝結, 火烟難散. 倭雖雄壯, 怎禁毒氣薰灼, 受者嘔吐眩暈, 病臥難起. 當此之時, 須懸重賞, 召死士, 俟黎明時, 每人含戚[7a]金所合解藥二三丸, 用艾主事所置布袋, 或盛米, 或盛土, 或盛沙石, 再用柴草堆垛於上, 攀援登城, 覘其動靜. 如倭果中毒難動, 砍門直入. 否則再用毒火等類, 薰燒擊搏.

一. 法將含毬、蘆門、普通、七星等四門, 用鐵蒺藜, 在各門外左右兩邊望外, 順鋪十餘丈, 對門中道留作走路. 先用大將軍, 僅對城門, 放數位打開. 預先令敢死之士, 每門一百名, 每名各帶新發小布袋二箇, 裝火藥二觔, 挑在木扞上, 手持入城, 就各房簷放火之用. 令各兵循序立於大砲之後, 城門一[7b]開, 急令趨入放火. 大兵遵照前法, 排列城外, 以遏奔逸, 或相機進城剿殺. 此法較前更爲便捷, 斟酌用之. 若長慶、大同二門, 仍照前法防禦.

一. 官兵進城攻殺, 如遇行長、玄蘇, 不許殺死. 有能生擒來獻者, 每名除新例賞格外, 仍加賞銀一千兩. 其生擒倭奴偏裨等酋者別遞賞.

一. 倭奴出城陳兵, 以待對壘之時, 亦以火器爲先. 只在點放中節, 斯善矣. 若奇正分合攻擊, 乃大將軍能事, 無容多喙.

一. 臨陣時, 前隊軍前豎招降大白旗數面, 旗上大[8a]書"朝鮮人民投此旗下免死." 如來投者, 令其卽棄兵仗, 同朝鮮領兵將官幷督陣陪臣, 認識的確, 送赴義州國王處, 分發安挿.

5-9

謝加一品服疏 권5, 8a-9a

一爲恭謝天恩事.

先准兵部咨. "爲救援屬國, 觀望甚重, 乞假服色, 以便征討事. 該本部題, 奉聖旨. '宋應昌出征外國, 着加一品服色. 劉黃裳等各加四品服色.' 欽此." 備咨到臣.

續蒙頒到麟服一襲, 雲鶴服二襲. 臣當卽與贊畫員外劉黃裳、主事袁黃, 望[8b]闕叩頭謝恩分領訖. 臣謹誠惶誠恐, 稽首頓首稱謝.

伏以皇仁垂眷, 特頒華錫之榮. 臣子蒙庥, 益篤鞠躬之志. 恩飛大內, 寵及師中. 竊念, 臣韋布寒生, 冠裳末緒. 荷裁成於大造, 乏補綴於三朝.

詎因荒服以求援, 致使菲才而董役. 玆蓋恭遇皇上文思經天, 武謨緯地. 仁覃六合, 雉裘屢獻於明庭, 威震八荒, 翠錦常來於異域. 因無衣而興念, 乃品服之隆施.

鳳詔輝煌, 欽戴愈昭藩國, 麟袍燦爛, 威儀喜見漢官. 瞻北闕以遙臨, 望天顏而咫尺. 褰裳思奮, 束帶增慚. 臣等敢不益長微誠, 戰競三襫. 恢復箕封[9a]之地, 蕩平水窟之妖, 務使瀚海澄淸, 萬國仰垂裳於有永, 皇圖鞏固, 百年誦端冕於無疆. 臣無任感激屛營之至.

5-10

報三相公石本兵許兵科書 권5, 9a-9b

不佞某東征, 尙無寸樹, 乃承臺下念及屬國接見之禮, 假以服色. 旣荷天恩, 復叨大惠, 感激何可云喻.

沈惟敬事, 某每與提督及各官籌度. 倭實畏寒, 假讓平壤之語, 欲蹉跎待時, 安可盡信. 況今日利害大事, 惟本兵與不佞、提督三人擔之. 若不盡心竭力, 畫一忠謀, 是自失策, 蹈入穽中矣.

況今倭據平壤, 路近而[9b]勢分, 倭倂王京, 路遠而勢合. 分則勢輕而易爲, 合則勢重而難克. 是以及今趁彼分守平壤之時, 蚤爲決戰, 以剉其鋒, 則王京、開城諸路之賊, 勢必聞風披靡, 漸可圖復. 若必待彼遙歸王京, 進取旣難, 我師坐老, 某與諸將何以逭責也.

倘此行得仗台庇, 奮揚兵威, 生擒行長諸賊, 然後授以密謀, 令圖關白, 方有次第. 且今日兵馬錢糧已集, 大勢必不可緩, 而惟敬之謀, 斷不可從. 大兵於新正六日抵平壤, 不數日間, 當有的信也. 草草不盡.

5-11

謝石司馬書 권5, 9b-10a

[10a]不佞某昨者寸功未樹, 過辱臺下垂念征人, 遠適異國, 疏請品服, 一尊天朝體貌, 一隆師中華錫. 謏劣承之, 已心戢高雅矣. 途次匆遽, 草此附謝. 俟少暇, 再當肅布. 不盡.

咨趙撫院 권5, 10a-11b

一爲遵旨專責部臣等事.

　案照, 先該本部行令海蓋、分守遼海等道, 置造鉛鐵砲子幷鞭棍, 及議拘集海船, 候春和起, 登、萊搬運糧料, 以濟軍興. 去後, 今照, 本部已發大兵, 不日東行, 前往朝鮮國中, 督兵進剿. 所有前項未[10b]完事件, 俱係緊急待用. 誠恐本部一離遼陽, 督造者或至怠緩, 合咨貴院, 煩照後開道分未完事件, 希行督催, 完解赴軍中應用. 其海運船隻, 令海蓋道, 速爲拘集, 以便春和督發, 由旅順口赴登、萊等處, 裝運糧料, 庶見同事之雅.

　計開.

　海蓋道製造三樣鉛子一千五百箇, 委官周九功等, 發銀七百兩, 買牛解發軍前應用. 又於蓋州製造三樣鉛子一千五百箇, 委官備禦何繼祖等, 雇募海船, 由海運山東糧草, 至義州交割.

　[11a]分守遼海道發銀七百兩, 買牛軍前應用. 製造三樣鉛子一千五百箇, 運發糧草至愛州交割, 轉運各項軍火器械. 打造鐵鞭一千五百, 鐵鑲連楷木棍一千五百根.

　本部委官沈思賢等, 發去輕車三百輛.

　都司修造各道解到明火、毒火藥箭, 委官李大諫等, 製造大將軍、滅虜砲火藥, 委官吳夢豹, 轉運一應軍火器械.

　副總兵佟養正, 置造麻牌一千面.

　團奠住原任遊擊戴朝弁, 置造大小三樣鉛子, 儘[11b]原發銀八百兩, 置造足用.

5-13

檄艾主事 권5, 11b-12a

一爲酌時宜, 足軍需, 省轉運, 以便兩地事.

　　據原委收糧都司<u>張三畏</u>稟稱. "朝鮮國風俗不行使銀兩, 不務貿易, 並無街市. 凡用布疋, 以米、荳、草束相易. 所喜者靑藍布疋、絹帛、綿花、兀喇之類. 合無除買完米荳外, 將買米銀兩, 易買靑藍布疋、杭絹、綿花、兀喇, 委官運至朝鮮國王處, 照依兩地價値, 易換米、荳、草束, 就近運赴軍前接濟." 等因. 到部.

　　看得, 本官稟稱, "朝鮮居民, 不知貿易, 所需布花、絹帛, 惟以米、荳、草束易換", 欲以[12a]餉銀買辦布絹等物, 與彼貿易. 一以省搬運之勞, 一以濟軍士之急, 誠爲有見. 但未知本地曾否買完, 是否可行, 擬合查議.

　　牌仰該司, 卽查發去銀若干, 買完米、荳、草束若干, 未買若干, 本官所議布絹貿易是否可行, 作速查議明白, 具由呈詳, 以憑酌議施行. 倘糧料足用, 或有不便, 不妨明白回報. 毋得遲延.

5-14

檄楊總兵 권5, 12a-12b

一爲緊急倭情事.

　　照得, 本部見發大兵渡江征剿. 顧兵家之事, 戰守攻取, 難以豫期. 必得策應軍兵, 或遙爲聲援, 或前爲接濟, 庶進有所憑, 止有所藉.

　　查得, 該[12b]鎭忠義素聞, 智勇迥絶. 又當春和虜馬柔弱邊備少緩之時, 相應將遼鎮精兵預行整束, 聽候調遣.

牌仰本官, 卽將所部該鎮精兵幷親丁, 酌量虜情, 預行各將領加意整束, 收拾軍火弓箭鞍伏等項齊備, 聽候本部不時徵調, 前赴朝鮮, 策應征倭兵馬.

本官務以奠安屬國爲重, 毋分彼此. 平倭之後, 本部定行從厚題敍. 先具遵行過緣由, 及應調某處兵馬等項, 呈報.

5-15

報石司馬書 권5, 12b-13a

翰示趙撫臺運餉四策. 擧仰廟算, 一一如敎, 奉行軍中, 必免空乏, 社稷幸甚矣. 聖諭寧夏敍功事, 卽遵[13a]命傳至東征將士, 信激發一機也. 幷謝外, 浙兵從旅順口來者, 尤望督促之, 爲進攻王京及隨路策應一助, 萬勿中阻. 至禱至禱.

5-16

檄李提督 권5, 13a-13b

一爲緊急倭情事.

據平倭李提督稟稱. "沈惟敬隨帶布花, 賣與平壤倭賊. 但倭賊所缺者布花, 今以此物與之, 是借寇兵而資盜糧也. 將家人沈加旺留之營中." 等情. 到部.

前者, 本部面審惟敬, 見其言語錯亂, 疑有未盡之情. 今果若此圖小事而誤國事, 罪莫甚焉. 除另行查處外, 合先盤詰.

牌仰平倭提督, 卽將沈惟[13b]敬、沈加旺俱留於營中, 仍於緊要去處, 嚴加盤詰, 不許沈惟敬幷家人金子貴與倭傳報一字. 如再有布花等物, 或別有家人往來傳遞消息者, 卽便盤拏, 一幷解部, 以憑重究.

進兵事宜, 與各將官, 相機施行, 務求成效, 勿得遲疑.

5-17

與袁贊畫書 권5, 13b-14b

門下勤勞王事, 衝寒遠涉, 不佞心殊懸切. 昨接手書, 如覿顏面, 欣慰特甚. 承諭事, 擧屬緊要機宜, 仰藉留神爲荷. 第今日事勢有難, 一一盡如吾輩意者.

各兵老弱, 未經練習. 且馬多於步, 不佞嘗竊憂之. 但中國[14a]目下可恃者, 惟倭性畏寒一節爾. 欲調換則動有牽制, 欲操練則又稽時日. 故不得不乘時決意進剿. 如再延緩, 指日春和, 我兵戰陣未必閑習, 而倭奴得志, 咎將誰歸.

沈惟敬事, 人情俱所不與. 今已整刷三軍, 惟有決戰而已, 恐不須再參此議也. 李提督昆玉偕行, 志存報國, 鼓氣而來, 身先士卒, 亦人所難能者. 門下幸委曲遇之. 吳惟忠素稱名將. 門下當私以鄙意諭渠, 努力建功, 後必首敍. 且彼本中不列名者亦多, 蓋有等字也.

至於沿江防守, 楊總兵策應之敎, 正合鄙懷. 不佞之遲遲行者, 良爲此耳. 已屢啓石老先生, [14b]催促未到兵將, 及箚行楊將軍矣.

兵家愼重, 最爲確論, 不佞亦每每言之. 尤望門下爲李將軍丁寧焉. 得
仗玄謨, 蚤樹凱旋, 門下功非細細. 呵筆附覆, 未盡欲言.

5-18

與參軍鄭文彬趙汝梅書 권5, 14b-15a

門下衝寒遠涉, 不佞心殊懸切. 忽接手敎, 欣慰特甚.

　火攻之策, 辱門下與李將軍, 朝夕講求. 倘得蕩平, 門下功亦非細. 李
將軍不信沈惟敬詭遇之說, 一意進剿, 智勇可嘉, 社稷賴之矣. 深喜深喜.

　三江氷解, 拘刷舟楫, 預搭浮橋, 此急務也. 承敎卽行佟副將備處. ■
[15a]朝鮮芻糧多備, 道途平坦, 地氣燠煖, 此天助中國兆也. 辱報及尤爲
私幸. 大兵將抵安州, 進攻在卽, 軍中諸凡, 望爲愼重. 鋪設蒺藜, 安設火
器, 以防衝突, 最爲喫緊. 唯留意焉.

5-19

報楊司農書 권5, 15a

糧餉者, 三軍司命也. 承臺下所委艾主政, 淸介玉涵, 弘才駿發, 眞美材
也. 今兵馬渡江, 儲積有方, 運解不乏. 若非臺下玄鑒, 胡能得人如此. 軍
中仰藉非細. 不佞某感當何如. 倂此附謝. 不盡.

5-20

與李提督書 권5, 15a-15b

[15b]葉靖國、李應試各率兵五百, 發赴軍前. 惟大將軍查收幕下. 第此兵衣甲未備, 若得䩾牌遮蔽, 俟其近倭, 可作前鋒. 不然, 令作奇兵埋伏, 或截其腰, 或抄其後, 俱可得力. 若不爲遮蓋, 徒令衝鋒, 則鉛彈中傷, 勢不能免.

又聞玄蘇等頗習妖術, 軍中穢物亦須多備, 以破其法. 二贊畫君俱屬文臣, 未習戰陣. 如欲數百兵馬防衛, 乞卽撥之. 山西兵將, 不佞親督之來矣.

軍中機宜, 大將軍自有神算. 相晤在卽. 餘不多譚.

5-21

與袁贊畫書 권5, 15b-16a

近得鄭參軍來報. 至所云, 良策、車輦、林畔、雲興等處, [16a]芻草米荳甚豐, 徧山滿田, 俱有荒草, 亦可刈爲飼馬之用. 且不佞復委艾君, 儲蓄糧餉, 陸續運解, 似不足憂. 不佞隨督山西將兵, 卽日渡江矣. 軍中機宜, 有二君區畫, 不必多贅. 惟臨事愼重爲禱.

5-22

橄山東海防道 권5, 16a-17a

一爲請查預買糧料, 以足兵食事.

據經理征倭糧餉艾主事呈稱.

"先蒙本部發馬價銀五萬兩, 至山東登、萊地方糴買. 彼處既稱有收, 前銀買完不下十餘萬石. 向因冬月氷結, 未議轉運. 本職委官查看得, 登州至金州旅順口水路南北五百里, 旅順口至鴨綠江[16b]水路東西五百餘里.

目今春和氷解, 相應及時裝運. 合無呈請行文彼處, 查發前項銀兩買到米荳若干、見在何處堆積、相去海岸若干里、用船若干隻、平時商人脚價若干, 此外或當量加若干, 逐一開報, 以便臨期取用, 速發前來." 等因. 到部.

據此, 案照, 先該本部, 爲遵旨專責部臣經略倭患事, 箚行海防道. "卽將發去馬價銀五萬兩, 委官分投, 照依時估兩平易買米荳, 大約七分米三分荳, 上緊買完, 屯積近海城堡, 開寫某處積放若干, 呈報以憑行令遼東各道, 差官領船搬運. [17a]毋得互分彼此, 致悮軍機." 等因.

去後, 今准前因, 看得, 本部見發大兵渡江征剿. 糧餉係目前重務. 況值春和氷泮, 委宜及時搬運, 以濟軍興.

牌仰本道官吏, 卽將前發馬價五萬兩買完米荳若干, 見今堆放何處, 離海岸若干里, 用船若干隻, 平時脚價若干, 卽今應否量加, 逐一開報. 以憑督發遼船委官, 由海路至彼裝運. 此係立等待用軍需, 萬毋遲違. 限文到十日內呈報.

5-23

與山東海道田憲使書 권5, 17a-18a

久矣不接言敎, 方切注想, 忽爾翰至, 欣慰特甚. 不佞[17b]譾劣, 謬膺玆役, 實不能堪, 過辱推許, 愈增顏汗. 細閱圖說, 分布甚詳, 防禦得策. 中間三說, 尤欽妙算, 惟尊裁行之. 有此備禦, 倭奴雖悍, 不足憂矣.

外糧餉者, 三軍司命. 玆有事朝鮮, 遼東儲積甚寡, 難於接濟, 故發馬價五萬, 勞糴米荳, 此旦夕不可緩者. 門下恐稽時日, 欲暫借倉儲, 隨卽糴補, 此兩利俱存之法, 更爲妙見. 其諸費不可已, 欲取給於官, 難乎爲上, 取給於民, 難乎爲下. 惟於五萬數中, 通融扣之, 庶無礙也. 糴買糧料, 卽價比民間少增之, 亦不爲過. 萬勿毫髮騷擾於民, 則幸矣. 旅順船至, 求卽發下.

不佞兵馬, 雖已渡[18a]江, 未知後來如何. 東風將作, 關白見駐對馬島, 分兵四出, 一犯天津, 一犯登·萊, 勢所必致. 此晷刻之憂, 非客歲事體可緩也. 幸門下整甲勵兵, 儲糧設險以待, 逎社稷之利, 獨不佞一人懷感已哉. 拮据兵事, 筆未宣情, 惟知己諒之耳.

5-24

咨遼東撫院 권5, 18a-18b

一爲遵旨專責部臣等事.

准欽差巡撫遼東都御史趙咨前事. "合咨貴院, 煩查山東糧料見在何處, 其遼船前向何處裝運, 希由過院, [18b]以便行道督發船隻裝運施行."

准此, 案查, 先爲前事, 已經動支馬價銀五萬兩, 發山東海防道, 糴買米七荳三, 先行呈報. 去後, 近據該道按察使田疇呈稱. "一時糴買難完, 以倉粟碾米, 豐年買還. 前米運至登州府福山、黃孫、玉徐寨、海滄巡檢司、海廟、樂安、壽光、塘頭寨堆囤, 委官專管, 候船到搬運."等緣由, 前來.

除批行外, 今准前因, 擬合咨復. 爲此, 合咨貴院, 煩請轉行該道, 查照搬運施行.

5-25

檄李提督幷都司張三畏 권5, 18b-19b

一爲遵[19a]旨專責部臣等事.

據委官都司張三畏稟稱. "朝鮮牛馬止五百匹, 運糧往還, 糧料不足兵馬一日支用." 又據各將官報稱. "朝鮮人馬疲弱, 不堪戰陣."等情. 各到部.

看得, 朝鮮兵馬旣稱疲弱, 運糧牛馬又稱不敷, 於內量加挑選, 壯者進征, 弱者運餉, 俱於軍興有濟, 擬合挑選分派.

一. 牌仰李提督.

牌仰本官, 卽於朝鮮兵馬內挑選弱者一萬名, 發都司張三畏, 分撥沿途村落, 轉運糧餉、緊要軍火、器械. 傳諭軍士, 搬運完日, 一體敍功. 毋得遲延.

[19b]一. 牌仰都司張三畏.

牌仰本官, 卽會朝鮮國王, 督令該管官員, 將李提督挑選發回弱軍一萬名, 督同該國委官, 酌量沿途, 每十里撥兵一[26]百名, 至五百里一萬名.
每一百里付原將領, 責令各兵, 照依分撥地里, 往來搬運糧餉及軍火、器
械. 其平壤至王京一路, 亦照此法. 務使轉運流行, 不致停閣悮事. 搬運
完日, 各官軍亦從優敍. 如有違悮, 以致軍餉欠缺者, 該管官員幷轉運軍
士, 定以軍法重處不恕.

5-26

與參軍鄭文彬趙汝梅書 권5, 19b-20a

昨接手札, 知李將軍砍死倭賊十五名, 生擒三名. 先[20a]聲足落其膽矣.
部下犯法悮事者, 或綁責, 或梟示, 軍令肅然, 士氣甚鼓. 況有門下贊襄
其間, 諸凡講究, 何慮大功不蚤集耶. 平壤城中汲井甚少, 水道一絶, 倭
可坐斃. 不侫惟日俟捷音來爾.

5-27

與李提督書 권5, 20a-20b

昨聞大將軍砍死倭賊十五名, 生擒三名. 先聲足落其膽矣. 聞部下將官犯
法悮事者, 或綁責, 或梟示, 軍令肅然, 足鼓士氣. 慰甚慰甚. 進攻想在目
下, 不侫惟日望捷音耳. 再煩查本部內外員役, 有指稱跟隨及差遣名色,

....

26　원문은 "一"이나, 내용상 이는 "二"의 오기.

在於朝鮮國幷各將領處, 誆索財物者, 幸[20b]即據實開示, 足感相成至
誼.

5-28

咨山東撫院 권5, 20b-22a

一爲遵旨專責部臣, 經略倭患事.

准欽差巡撫山東都御史孫咨前事內稱.

"除將本部原設防海兵馬數目, 案行海防、青州、武德三道, 查明另報
外, 及查各海口防守官兵, 止是登州等三營軍兵及登、萊、武德快壯, 幷
調東昌等各道快壯、省城標兵、臨朐鎗手若干名.

九月間, 本院行海上, 據東昌等道調到快壯幷省城標兵告稱. '自春調
取前來, 防禦數[21a]月, 疲勞日久. 卽今天氣嚴寒, 倭信稍緩, 乞賜暫放
休息.' 等情.

卽幷調到鎗手一幷放回. 今三營及各墩臺官軍餘, 登萊二府快壯、准
兵, 武德快兵, 照舊各住本地防守. 其海豐、霑化一帶鄉兵, 因糧餉不繼,
於八月間放令歸農. 擬合先具大略回復." 等因. 到部.

案查, 先爲前事, 已經咨查. 去後, 今准前因, 查得, 本部昔撫東省, 分
布官兵. 除登州、文登、卽墨三營, 擺撥官軍一萬六千五百餘名外, 又恐
不繼, 於各道保甲中挑選壯丁, 軍衛中挑選餘丁, 礦洞中挑選鎗手, 約五
萬有奇. 操練則月給銀六錢, 調用則日給銀三分. 如果敎演[21b]有法, 皆
屬精強. 有警則聚爲兵, 無事則散爲民. 但恐各屬官更吏代, 遽爾隱匿,
以致地方空虛.

今本部已於二十年十二月十三等日, 牌行李提督, 統率大兵渡江, 直入朝鮮平壤等處進剿. 倘倭奴知我大兵俱集遼左, 不得志于此, 冀僥倖於彼, 乘虛入犯. 而青、登、萊與朝鮮對峙, 東風漸起, 一帆可達, 其沿海防禦, 誠宜早為計處者.

近據武德、青州二道呈詳防海事宜, 中多分布未悉. 至如海防道迄今未報, 未審是何緣故. 蓋近日所慮者倭, 所防者海, 所喫緊者兵. 故本部不厭煩瑣, 復行咨會. 合咨貴院, 煩行沿海各道, 將原[22a]設軍壯、鄉兵, 并議留班軍, 濱海地方原少者, 量行加增, 原無者, 酌量分布, 多寡不均者, 量行裒益. 務先事預防, 有備無患. 希催行海防道速議, 并青州、武德, 再行悉議, 併報施行.

5-29

咨遼東撫院 권5, 22a-22b

一為倭情變詐日增, 勢益猖獗, 萬分可虞等事.

先准本部咨前事內稱. "除將馬價銀二十萬兩, 差委本部辦事進士張三極、經歷顧台星, 前赴太僕寺兌領, 解送遼東巡撫衙門收貯外, 合咨前去, 煩為欽遵查照施行." 等因. 到部.

准此, 案查, 已經移咨貴院, 將張三極[22b]解到銀兩, 運發分守遼海道支用將盡. 其顧台星原解銀兩取發, 擬合咨會. 為此, 合咨貴院, 煩將經歷顧台星解到馬價銀一十萬兩, 希發分守道, 就近支用施行.

5-30

與李提督書 권5, 22b

恭喜大將軍神威, 諸將領協力, 初八日未刻, 已進平壤. 盡滅倭奴, 必在刻下, 此蓋世之功、社稷之福也. 承馳報, 不侫欣慶無已. 先此代賀. 不備.

5-31

與寧遠伯李寅城書 권5, 22b-23a

不侫仰仗[23a]皇上天威, 老將軍洪庇, 長公大將軍及諸位賢郎, 初八日未刻, 攻破平壤, 諸將兵俱已進城, 剿滅倭奴. 此社稷之福. 諒勳臺所亟欲聞者, 耑此馳報. 餘俟再布.

5-32

報三相公幷石司馬書 권5, 23a

不侫某日拮据金戈鐵馬中, 久疏裁候爲罪. 茲仰仗皇上天威, 臺下石畫, 大兵初八日未刻, 幸卽攻破平壤, 李提督諸將領, 俱已進城, 剿滅倭奴. 此社稷之福. 諒臺下亟欲聞之者, 耑具塘報馳上. 餘俟再布.

5-33

報許都諫書 권5, 23a-23b

昨捧誦大疏, 門下所以爲不佞扶植者至矣. 不佞庶[23b]得殫竭邊疆, 不爲中制, 皆門下賜也. 唧戡何如. 玆雖未盡剿滅, 已得<u>平壤</u>, 爲我軍駐足地, 其八道、<u>王京</u>或可徐定矣. 仰借主持社稷之福, 肅此代謝. 不盡.

5-34

與參軍鄭文彬趙汝梅書 권5, 23b-24b

接手札. 仰<u>城公</u>一鼓而下<u>平壤</u>, 此蓋世奇功, 不佞喜可知矣. 但據尊報, <u>行長</u>、<u>玄蘇</u>諸首領輩, 幾致生擒, 復成脫網, 不免少有遺憾焉.

聞攻城時, 雲梯四集, 奮勇先登, 甚合不佞攻圍之法. 第<u>行長</u>輩, 勢窮登樓, 倘不拘生致之說, 火器薰擊亦無不可, 何致夜遁. 縱或潛逃, 數萬軍中, 寧無一人知者. 若吾先遣精兵二枝, 或[24a]伏<u>大同門</u>左右, 或伏<u>大同江</u>東岸, 俟其將至, 擧號邀擊, 復以大兵繼之, 彼將前後受敵, 卽身生雙翼, 諒無脫漏. 較之遠追者, 勞逸何如耶.

玆倭已喪膽, 勢如破竹, 乘此機會, 速宜整搠兵馬, 長驅直進, 一如不佞前訂方略. 加以<u>李將軍</u>神威, 不盡剿滅之, 不信也.

聞圍樓時, 大將軍砲亦有至者, 以此擊之, 必爲齏粉. 廼倉皇之際遺此一着, 雖不足爲崇勳累, 實當爲後事預也. 今將進取<u>王京</u>, 幸門下與<u>仰城公</u>, 細爲講求, 務使萬全, 得獲渠魁, 更爲千古偉績.

倭奴鳥銃甚利, <u>仰城公</u>幷乃弟肯以身先, 一中馬腹, 一中盔頂. 不佞聞之[24b]極爲嘉羨, 又極驚訝. 蓋昆玉爲國忠心, 雖艱險不避, 而不佞事屬同舟, 誼如骨肉, 私衷不得不懸懸也. 鄙意謂往後凡遇陣戰, 當離倭營四百餘步. 我先以大將軍砲挑擊之, 彼必以鳥銃抵我, 俟其放盡, 方以大兵進之, 必獲全勝矣. 未知諸公以爲何如.

　蓋不佞之諄諄者, 止因破群疑而決戰. 不佞與仰城公主之, 今雖萬分喜, 尤當萬分愼, 則睥睨者自氷釋矣. 諒之諒之.

5-35

與李提督書 권5, 24b-25a

承翰示捷音. 不佞得之, 喜不自制. 夫救援屬國, 天朝[25a]之仁, 已爲創見, 而恢復平壤, 唾手之績, 又爲世稀. 由此, 進攻八道、王京, 當不異此. 不佞讕劣, 仰仗神威, 竊際其盛, 榮幸何如. 謹遵教, 令人馳報皇上及當道諸公矣.

　外, 昆玉忠勇, 諸將領效命及軍士有功者, 俱俟大將軍驗明, 開示一一, 如命會題. 其陣亡者, 尤宜厚恤, 以表忠義. 幸大將軍急急勘查, 庶便不佞錄敍也. 崇勳已奏, 封拜非遙, 願展玄謨, 盡收底定. 不佞日爲大將軍望焉.

5-36

與劉袁二贊畫書 권5, 25a-25b

十一日李提督差人口報, 又有各將官續報, 俱云, "初[25b]八日攻破平壤, 砍殺倭奴甚衆." 不佞聞之, 深爲社稷慶焉. 夫諸將兵親冒矢石, 遽成奇功, 事非細細.

具題當在目下, 勞門下速往平壤, 躬自勘驗, 或先登, 或力戰, 或傷斃者, 一一詳視, 的確開示, 不佞以俟錄敍. 此一擧也, 激勸所在, 關係甚重. 特托門下者, 蓋他人不可濫預也. 幸秉公心矢天日, 日後無沙中偶語, 則幸矣.

5-37

檄劉袁二贊畫 권5, 25b-26b

一爲飛報大捷事.

節據平倭提督及各將領報稱. "初八日未時, 攻破平壤, 生擒斬獲倭奴, 不計其數." 等因.

[26a]據此, 看得, 大兵一戰而擧平壤, 斬獲無算, 功收全勝, 此實天威震疊, 贊畫及各將領報稱智勇所致也. 其所獲功次, 相應亟爲查勘, 以便題敍.

牌仰該司, 卽便會同平倭提督, 備查攻破平壤, 是何將領及何軍士首先登城, 生擒倭奴共有若干名, 有無頭目在內, 斬獲倭級的有若干顆, 有無頭目在內, 奪獲倭奴軍器、馬匹等項共有若干, 某將領名下生擒、斬獲若干, 將士陣亡及重輕帶傷者若干, 係何營隊, 作何分別, 從厚優恤, 以鼓士氣, 及朝鮮人民來投者, 見今作何安插. 再照, 一鼓而下平壤, 大同江以東, 中和、黃州、鳳[26b]山、開城以及王京一帶倭奴, 必皆膽落. 應否兵貴神速, 乘破竹之勢, 大彰天討, 務期剿滅, 應否以孤軍深入, 轉戰疲勞, 相度機宜而進, 務保萬全, 逐一勘查明白, 斟酌前進機宜. 并平壤城應撥何路兵將, 或協同朝鮮兵將, 分布把守, 以備不虞, 俱呈報本部, 以憑具題. 毋得遲悞.

5-38

移本部咨 권5, 26b-27a

一爲緊急倭情事.

據李提督稟稱. "平壤已破. 昨討遼東三千之兵, 料楊總兵必不肯發. 更祈於劉綎、陳璘兵馬, 作速催調前來, 以助急用." 等情. 到部.

看得, 平壤[27a]雖破, 王京一帶地廣兵希, 調到官軍不足爲恃. 所討兵馬萬不可少, 擬合咨請. 合咨本部, 煩將節次請討陳璘、劉綎官軍, 速發遼東, 以助接應. 若再遲緩, 設一有悞, 誰任其咎. 非此, 別無可調之兵, 希速發施行.

5-39

安撫官軍示約 권5, 27a-27b

一爲安撫官軍事.

照得, 平壤倭奴, 賴爾軍士各奮忠勇, 一戰有功. 獲功者, 本部聞知既喜, 其親冒矢石, 奮不顧身, 若戰帶傷者, 本部聞知, 又不覺潸然流涕.

除俱候查明, 大行題請, 破格陞賞卹錄外, 示仰帶傷官兵, 務要安心調理, 俟其金瘡平復, 仍隨李提督與同[27b]各東征將領、軍士, 進取王京諸路倭賊, 務各益奮忠勇, 剿滅殆盡, 共成大功. 朝廷恩典, 斷不相負.

5-40

檄指揮黃應揚俞俊彥吳宗道 권5, 27b

一爲緊急倭情事.

票仰本官, 卽將發去信帖各五千張, 查照前次面諭事理, 潛蹤暗詣王京等處, 分給被倭協從軍民男婦, 執帖前來投降免死. 各宜謹愼, 如有應報事件, 具稟密報. 毋違.

5-41

招降免死信帖 권5, 27b-28a

一示諭朝鮮王京等處被倭所陷軍民男婦等知悉.

爾等苦倭荼毒逼脅, 勉强順從. 今天兵見在征剿, [28a]一戰遂取平壤, 殺掠倭奴殆盡. 平壤軍民來降者不下萬餘. 隨送與爾國王處, 撫恤安插. 今攻取王京等處在卽. 爾等被倭所陷者, 速當反邪歸正, 執此免死帖, 前來軍前投降, 免死, 仍與安插. 如能內應, 擒斬倭奴大小頭目來獻者, 照例大加官爵, 賞賜銀兩. 斷不失信, 執帖驗照.

5-42

移本部咨 권5, 28a-29a

一爲天討方張, 平壤已復, 合行宣諭國王, 督發軍民防守, 以廣皇仁, 以昭大義事.

粵自倭奴倡亂, 奪據朝鮮, 三韓八道, [28b]奄爲倭有. 所未下者, 肅寧以迄義州數百里彈丸地耳. 故天朝念其世篤忠貞, 乞哀甚切, 特發大兵援救. 王師方擧, 斬獲倭級累千, 恢復平壤, 此實天威震疊, 益足以堅屬國事大之心也.

顧平壤爲朝鮮重鎮. 國王素都於此, 而大同江直入海洋, 又爲倭奴入犯之路. 今幸攻取, 大兵且行前搗王京諸處. 若留我客兵, 爲彼防守, 非惟勢孤, 且恐爲我天朝乘其亂而據其地, 反生疑畏. 似應宣諭國王, 令其撥發軍民防守, 還其故土, 於[27]以廣皇仁、昭大義, 使知[29a]聖明興滅繼絕之意. 爲此, 合咨本部, 煩爲題請施行.

....

27 "於"는 衍字로 판단함.

5-43

移朝鮮國王咨 권5, 29a-29b

一爲天討方張, 平壤已復, 合行知會國王, 鼎新防守, 以還舊業事.

粵自倭奴倡亂, 奪據本國, 三韓八道, 奄爲倭有. 所未下者, 肅寧以及義州數百里耳. 天朝念國王世篤忠貞, 乞哀甚切, 特發大兵援救. 王師一舉, 斬獲數多, 恢復平壤, 不踰一日, 此實我聖天子神武布昭、天威赫奕之所致也.

顧平壤爲本國重鎮, 都會之區. 相應知會, 整飭修守, 以還舊業. 爲此, 除具題請旨宣諭外, 先行咨請國王, 卽便督率[29b]軍民, 前去平壤, 坐鎮防守.

王其念今日江山失而復得, 先王基業幸而再存, 競競於國步之艱, 拳拳於鼎新之治, 速置臣工, 招集豪傑, 選將練兵, 儲糧置器, 修理城池, 把守險隘, 撫恤瘡痍, 安慰士民.

一面上緊派撥人夫、車馬, 自愛州起至王京僦運中國及王本國糧料, 以便進攻王京大兵支用. 非時刻所可緩者. 仍號召八道軍兵前來協助, 庶幾倭奴可乘勝而盡除, 王京可一舉而復下. 王其勉之, 毋忽毋怠.

5-44

移朝鮮國王咨 권5, 29b-30b

一爲進剿倭奴事.

照得, 平壤雖克, 而王京尙被倭據. [30a]且聞各道倭奴懼我兵威, 走集王京, 是蓋天欲倂亡之也. 但王京係本國都會, 其間豈無故家遺老, 義士忠臣, 思念舊主, 獻圖恢復者乎. 然而未有應者, 實以平壤隔絶之耳.

今平壤旣復, 大兵已進, 當倭奴竄伏之時, 正人心鼎沸之日. 王速出令, 宣布軍民人等, 諭以世受先王恩澤, 一旦被倭摧陷垢辱, 苟有人心, 急宜憤發. 在王京者, 候天兵攻進, 或獻城門作爲內應. 其在各道者, 或統義兵助斬倭級. 其有親戚、故舊在於王京者, 相與密約內應, 倂爲間諜, 協助王師, 懋建勳業. 事成, 以中興開國論功, 大行陞賞.

如此, 庶使豪[30b]傑英雄, 群起嚮應, 而除凶雪恥, 恢復舊疆. 此在今日, 王國君臣所當臥薪嘗膽, 速爲圖維者也. 爲此, 合咨前去, 煩爲查照施行.

5-45

檄遼東楊總兵 권5, 30b

一爲傳報虜情事.

近報虜賊屯聚近邊, 復欲內犯. 除各該城堡軍民, 聽楊總兵分布防守外, 查得, 本部近行海蓋、分守二道, 搬運糧草, 誠恐虜賊窺探邀截, 合行防護. 牌仰該鎭, 如遇各道差官押運芻糧該鎭, 於緊要去處, 撥兵防護. 毋得違惧未便.

5-46

檄分守海蓋道 권5, 30b-31a

[31a] 一爲緊急倭情事.

照得, 平壤城池近雖恢復, 王京沿途城堡, 向因倭奴佔據. 糧草俱無, 大兵准發, 目前急用芻糧, 輓運不繼, 干係匪小, 擬合嚴催.

牌仰本道官吏, 卽將該道原買糧料、草束, 拘令原雇號車, 作速運至張三畏處, 接濟軍中急用. 如承委員役, 有遲延慢事者, 輕則酌量綑打、穿割, 重則拏赴令旗、令牌前, 徑自梟首示衆.

該道必須着實擧行, 務使芻糧接濟, 不致缺用, 斯各有功. 若縱容惕事, 明旨森嚴, 決不假貸.

5-47

檄都司張三畏 권5, 31b-32a

[31b] 一爲遵旨專責部臣等事.

已經牌行張三畏, 卽會朝鮮國王, 督令該管官員, 將李提督挑選發回弱軍一萬名, 酌量沿途, 每十里撥兵二百名, 至五百里一萬名. 每百名[28] 卽付原管將領, 責令各兵, 照依原撥地里, 往來搬運芻糧及軍火、器械.

其平壤至王京一帶, 江海可以行船, 比之陸地轉運, 尤爲省便, 擬合行查. 牌仰本官, 卽將應用糧草, 一面照前速運, 一面會同朝鮮國王, 查勘

......

28 원문은 "名"이나, 내용상 이는 "里"의 오기.

平壤至王京海運, 有無可通. 如果能行, 作速拘雇船隻裝載.

陸路亦照前轉運, 寧使有餘, 勿致欠缺. 如[32a]偏僻城堡人家, 積有糧草者, 許令搬移軍馬經過去處, 更爲近便. 應償價値, 聽朝鮮王議給. 查明具由速報, 以憑施行. 毋得延悞未便.

5-48

檄遼東分守道幷楊總兵 권5, 32a-33a

一爲緊急倭情事.

據艾主事稟稱.

"委官都指揮王朝武呈報. '遼陽號車一輛未到, 恐悞軍餉.'

查得, 本職自去年十一月屢次移文各道, 撥派號車. 獨分守遼海道遲延, 已將悞事衛官量責, 復行文分守道, 火速催發. 至今一車未到, 是該道移文衛官, 實高閣怠玩. 方今糧芻萬分緊急, 一有缺乏, 咎將誰歸. 撥派輓運, 原[32b]係該道職分, 豈可視同秦越." 等情. 到部.

案查, 先爲前事, 已經牌行該道, 將空車催赴江沿運草. 去後, 今據前因, 看得, 大兵今已進取王京, 糧餉乃三軍司命. 本官所稱, "行文該道催促已久, 竟無一車發到." 萬一軍中糧芻不繼, 該道責任匪輕, 擬合亟催.

牌仰本道官吏該鎭, 卽會分守道, 將該道所屬號車, 盡數通拘, 多差數十人, 就從車戶本家順路, 空車作速前來江沿艾主事處, 聽候轉運草束. 不必拘至遼陽, 等齊方令前來, 以致稽遲悞事. 如違, 明旨森嚴, 決難假借.

通限文到七日外, 空車不到江沿[33a]者, 將該衛掌印指揮拼解本部, 以憑重處不恕.

5-49

檄長酋備禦傅廷立幷靉陽守備楊大觀 권5, 33a-33b

一爲遵旨專責部臣等事.

　據委官都司張三畏稟稱. "朝鮮舊有大小船七十餘隻, 去年七月盡調東峰, 今少面板. 乞行靉陽守備、長酋備禦, 調集匠役修補, 由海運送糧草." 等因. 到部.

　案查, 先爲前事, 已經牌行本官, 卽查江沿、平壤至王京一帶, 糧草可否船運. 去後, 今據前因, 看得, 朝鮮旣有船七十餘隻, 量行修補, 卽可運用. 但彼國官民多事之時, 難以責備, 擬合委官督修.

　牌仰[33b]本官, 卽將所管匠役, 盡數通拘到官, 會同都司張三畏, 酌量易買板木, 幷匠役工食、飯米, 動支馬價銀兩給用. 卽令張三畏拘集水手, 裝載糧草, 由海赴王京運送. 如果督修有法, 定行優敍. 遲延悞事, 治以軍法. 具由呈報.

5-50

檄分守道 권5, 33b-34b

一爲遵旨專責部臣等事.

　已經牌行該道, 將定遼五衛空車, 速令前來江沿運草. 去後, 查得, 每草一車, 該給脚價官銀三兩有餘, 車戶私幫銀四五兩不等外, 近聞積棍[34a]大戶通同奸猾車戶, 每名包攬十數車, 官領私幫銀一百六十餘兩, 前往江沿、朝鮮等處易買, 以致草少價貴. 萬一買運不及, 悞事非小. 今於途中捉獲奸猾車戶, 將車寄賣, 趕牛逃回. 向因各衛號車未有貫址、姓名, 委官無憑稽查, 任意逃竄, 擬合查究.

牌仰本道官吏, 即將定遼左等五衛號車一千五百輛, 每屯不拘車輛多少, 選一頭領管束, 赴江沿艾主事處運草. 就將頭領車戶姓名, 造冊送部, 以憑行令江沿委官章接、鎮夷堡委官謝極、鎮東堡委官傅廷立, 催償查點. 若有逃回, 按以軍法. 一面行令領銀大戶, 於本地[34b]作速買運, 仍將包攬人役究招, 呈詳施行. 毋得遲延.

5-51

檄李提督 권5, 34b-35a

一爲行查忠勇, 以昭激勸事.

聞平壤之戰, 各將士、軍丁奮勇爭先, 摧堅破銳. 有一人手砍數倭者, 有與倭酣戰被倭所殺者, 有攀援登城被倭所殺者, 有目見登城被倭連砍數人, 猶奮不顧身魚貫而進直登城上者. 此輩雖生死不同, 而忠勇實爲迥絶, 相應查明, 特爲優勞撫恤, 以昭激勸.

牌仰平倭李提督, 即便轉行中、左、右三副將, 備查平壤鏖戰之時, 衆人屬目之際, 要見何人奮勇獨砍倭奴至三四五名者, 何人登[35a]城被倭所殺者, 何人見白刃在前挺身不懼直上堅城者, 俱各查明呈報. 其勇猛者, 聽本部特爲優勞, 其陣亡者, 聽本部特行優恤, 庶足以鼓生者之氣, 而慰死者之魂. 毋得遲違.

5-52

檄三協副將楊元張世爵李如栢 권5, 35a-35b

一爲優禮忠勇將領, 以昭奇績事.

　自倭奴猖獗海上, 奪據朝鮮, 致厪天討. 方其精銳扼平壤城也, 築飛樓以自衛, 鑿牆穴以施銳, 守牡丹峰以相犄[29]角, 勢若負嵎, 誠難攖敵. 乃將領親督軍丁, 鼓勇血戰, 身冒矢石, 仰面奮攻, 遂使堅城立下, 十萬强倭一時幾盡. 此[35b]固聖主弘庥, 亦本將忠勇所致.

　除本部一面具題, 大行破格優敍外, 相應先爲優禮, 以昭奇績. 牌仰本官, 卽將發來禮銀三十兩, 代充花幣, 先爲收領, 用見本部優隆至意. 本官進取王京在卽, 當益奮忠勇, 以收全功, 當代勒之旂常, 後世昭之史冊也. 其由繳查.

5-53

檄各參將李芳春遊擊吳惟忠等衆將領 권5, 35b-36a

一爲優禮忠勇將領, 以昭奇績事.

　自倭奴猖獗海上, 奪據朝鮮, 致厪天討, 方其精銳扼平壤城也, 築飛樓以自衛, 鑿牆穴以施銳, 守牡丹峰以相犄[30]角, 勢若[36a]負嵎, 誠難攖敵. 乃將領奮力血戰, 身冒矢石, 仰面攻城. 雖被重傷, 尙猶馳驅, 卽古之驍將裹創而鬬者, 何以加此.

....

29　원문은 "犃"이나, 이는 "犄"의 오기.
30　원문은 "犃"이나, 이는 "犄"의 오기.

除本部一面具題, 大行破格優敍外, 相應先爲優禮, 以昭奇績. 牌仰本官, 卽將發來禮銀二十兩, 代充花幣, 先爲收領, 用示本部優隆至意. 本官當加意調護金瘡, 待其平復, 倂力進取王京, 益奮忠勇, 大收全功, 當代勒之旂常, 後世昭之史册也. 具由繳查.

5-54

檄通判王君榮 권5, 36a-36b

一爲優禮忠勇將領, 以昭奇績事.

照得, 平壤奇捷, 皆提督及贊畫、參軍、三副將智謀忠勇所至. 除題敍外, [36b]相應先爲優禮. 牌仰本官, 卽便動支馬價, 平倭提督一百兩, 贊畫劉員外、袁主事各五十兩, 以上三封, 各用紅籤上書"代儀銀若干", 副將楊元、李如栢、張世爵各三十兩, 參軍鄭文彬、趙汝梅各十二兩, 李芳春、錢世禎、戚金、任自强、吳惟忠、李如梅、駱尙志、楊紹先、李寧、李如梧、谷燧、方時輝、方時春各二十兩, 俱另封, 用紅籤上書"花幣銀若干", 聽候本部差官前來取領, 逐一明白交付. 事完登記開銷, 具由繳查.

5-55

檄王通判 권5, 36b-37a

一爲優禮忠勇將領, 以昭奇績事.

票仰本官, 卽便動[37a]支馬價銀四十兩, 包封, 用紅籤上書"代儀銀若干", 付去役送艾主事處應用. 毋違.

5-56

檄劉袁二贊畫 권5, 37a-37b

一爲飛報奇捷事.

照得, 一戰破倭, 遂下平壤, 誠近世希有奇績. 此實社稷之福, 東征各將士、材官運籌決勝、奮勇當先、苦心效力之所致也. 今當論功陞賞之時, 相應分別破格題敍, 以昭激勸.

牌仰二贊畫, 卽將發來單開文武參軍、幕官、策士、旗牌等員役, 俱查照東征勞績重輕, 逐一分別開列敍功. 呈內, 應逐名敍薦者, 卽於本人名下據實揚贊數語. 應合名敍薦者, [37b]卽於各名役總爲揚贊數語. 或內中有遺漏未曾開入者, 不妨卽爲開入. 或內中有不宜敍及應刪去者, 不妨明白呈報刪去. 此係激勸盛典, 毋得遲悞.

5-57

檄平倭李提督 권5, 37b-38a

一爲收掩陣亡官丁遺骸, 以慰忠魂事.

照得, 平壤之戰, 各官丁奮勇先登, 遂成奇捷. 但據報稱, 陣亡七百九十六員名. 本部聞知, 潛然流涕. 念此輩志圖滅賊, 奮不顧身. 其英靈誠貫天日、泣鬼神者, 而屍骸迄今暴露戰場, 殊非慰安忠魂至意, 相應亟爲收掩.

除本部至平壤之日, 另爲設祭吊慰外, 牌仰平倭李提督, [38a]卽查陣亡各官丁數目, 或係南兵, 或係北兵. 委差的當官員, 給以馬價, 前詣平壤戰所. 如各官丁身屍, 或有殘缺, 難以辯認收拾者, 不妨就於彼處擇地掩埋. 其有親識隨從能辯認者, 卽便動支馬價, 置棺收殮, 聽候凱旋時, 應付脚力帶回.

再照, 倭奴悖逆天道, 其被我兵殺死、燒死, 乃其自取, 本無可憫. 但其骨殖交相枕藉, 亦爲惻然, 俱應用土掩蓋, 以昭鯨觀, 以藏殺氣. 事完, 具動過銀兩, 幷掩埋收殮緣由, 呈報查考.

5-58

檄都司張三畏 권5, 38a-39a

一爲剿滅倭奴事.

據參軍鄭文彬、趙汝梅呈稱.

"有玄[38b]蘇前在平壤西門樓上, 身穿紅袍金甲, 催督衆倭攻打我兵, 被左營遊擊李如梅射中胸膛, 當時身死. 初八日夜, 行長用轎一乘、眞倭四名、朝鮮人四名擡至鳳山, 被朝鮮兵奪獲玄蘇, 斬其首級, 幷擡屍眞倭四名送彼國王處. 其轎見在道傍, 往來人所共見, 擡轎人供說甚的." 等情. 到部.

據此, 看得, 玄蘇倡亂海外, 憑藉妖術, 爲倭中謀主, 近奉明旨, 有能購取者, 大行陞賞. 今旣被射身死, 又該朝鮮兵士奪獲其首, 相應亟爲查驗.

牌仰本官, 卽便轉咨國王, 備查前因, 果否眞的. 如係眞三, 速將玄蘇首級[39a]幷奪取緣由及擡送人役, 差官星夜轉解, 呈報本部, 以便具題. 毋得稽遲.

5-59

與平倭李提督書 권5, 39a

承諭芻糧事, 不佞慮其躭延, 已分送本部旗牌於遼陽、海蓋三道, 令其上緊督催, 以濟三軍之用. 朝鮮糧餉, 亦行文催償, 諒不致有悞也. 不佞所以暫憩遼陽者, 因兵馬、火器、糧餉等事, 非不佞親促之, 未免濡遲. 然此心懸懸, 已於十六日抵甜水站, 不日卽渡江矣. 使旋草草附覆. 不盡.

5-60

與都司錢世禎書 권5, 39a-39b

[39b]將軍, 不佞所知也. 東行, 較之諸將, 私心更爲懸切, 幸將軍親冒矢石, 遂下平壤, 眞可謂不負所擧者. 不日具題, 破格優敍矣. 目下進攻王京, 望將軍大奮神威, 下王京如下平壤之易, 社稷藉重何如. 外, 有功將卒及陣亡被傷者, 俱俟勘明類敍. 此覆.

5-61

報石司馬書 권5, 39b-40b

仗尊庇, 已下平壤, 目下進勦王京. 軍中機宜, 尤望主持外, 糧餉者, 三軍司命, 李提督催之, 此根本論也. 若朝鮮糧食原未短少, 止有草芻稍欠, 似不能久. 今將遼陽草束, 貯於沿江一帶者, 不下十萬, 不佞屢督艾[40a]主事, 星夜發運. 仍令人賫旗牌、令箭於海蓋、遼陽二道并住箚愛州管糧都司張三畏處, 將各處芻糧併督前進, 不愁匱乏.

但因克復平壤太易, 而平壤以東如中和、開城至於王京一路, 俱屬倭賊盤據, 設使蚤先運發, 反資寇糧, 如何可爲. 若王京又在必不可緩, 一時催儹, 何能接濟. 是以憂其不繼, 非直匱乏云也.

嘗聞之, 千里饋糧, 師不宿飽. 王京離愛州千有餘里, 車馬能載幾何. 未下平壤之先, 已令朝鮮, 將精壯軍士, 隨營征勦, 其不堪及隣近敝邑齊民, 每十里撥二三百名, 在本處可通行兵來往大路界上, 伺候擡運. [40b]牛、騾、車輛駄載, 又在其外. 又查該國海道可通王京者, 令其一面收拾船隻, 俟其開凍, 運發王京. 似此, 庶不乏糧.

昨具塘報, 不曾言及, 實出眞情. 近已令二贊畫, 俱赴平壤, 與李提督會議, 求其征倭運餉, 務使兩不妨碍, 斯善矣.

不佞已於本月十六日, 離遼陽前赴江沿暫住, 同艾主事, 催運芻糧, 并督軍火、器械. 爭奈東虜住邊不散, 逐日內窺, 如何如何. 恐懸淸念, 專此奉報, 希勿慮幸甚.

5-62

與李提督幷劉袁二贊畫鄭趙二參軍書 권5, 40b-41b

聞中和、開城等處倭奴, 盡奔王京, 其勢似合, 其膽[41a]實喪. 因其膽喪
而攻之, 無不大捷者, 保爲大將軍門下, 旦夕奏弘功也.

　第屬國所以陷沒, 中國所以勤兵者, 以關白爲禍萌也. 不去此人, 海宇
終無寧日. 鄙意謂, 欲去此人, 不可力勝, 惟當智取. 且倭在朝鮮者, 俱非
本心, 彼欲留此, 旣懼大兵之剿, 欲南歸, 又畏關白之誅.

　乘彼難進難退之際, 施我以夷攻夷之謀, 倘王京倭奴勢窮來歸, 察其
孰爲倭中翹楚, 或縱之生歸, 或羈之幕下, 陰用諜間, 誘以封拜. 彼旣可
望生全, 其心又有希冀. 雖屬島夷, 諒無不效命者. 其中運用, 當在臨機.

　若得去此渠魁, 東南可以永絶倭患, 大將軍之[41b]功, 更出尋常萬萬
矣. 區區之見若此, 幸熟籌之, 何如.

5-63

與李提督書 권5, 41b-42b

不佞屢督艾主事, 星夜發運, 仍移旗牌、令箭於遼陽、海蓋二道, 幷住札愛
州管糧都司張三畏處, 將各處芻糧倂督前進, 不愁匱乏矣. 止因克復平壤
太易, 而平壤以東如中和、開城至於王京一路, 俱屬倭賊盤據. 設使蚤先
運發, 反資寇糧, 恐爲不可.

　嘗聞千里饋糧, 師不宿飽. 王京離愛州千有餘里, 車馬能載幾何. 未
下平壤之先, 已令朝鮮, 將精壯軍兵, 隨營征剿, 其不堪及隣近郡邑齊民,

每十里撥二百名, 在本處可[42a]通行兵大路界上, 俟候擡運. 牛、騾、車輛馱載, 又在其外. 又查該國海道可通王京者, 令其一面收拾船隻, 俟其開凍, 運發王京. 似此, 庶不乏糧, 無煩深慮矣.

再接翰敎, 欲借遼兵, 事求萬全, 亟欲如命調遣. 但虜酋大犯遼陽, 日久不散, 何能再調一兵. 昨差人致書石老先生, 守催劉綎、陳璘五千五百兵馬. 不佞所帶施朝卿二千軍, 指日可到, 葉靖國、李應試練兵一千, 想至平壤, 似亦足用矣. 又囑楊總戎選兵三千, 俟虜酋退盡, 提兵江沿以爲策應.

中和、開城倭賊, 盡赴王京, 其聞風喪膽可知. 望將軍大奮神威, 乘此機會, 一鼓[42b]下之, 勳庸超越何如哉. 行次匆匆, 附覆未悉.

5-64

與平倭李提督書 권5, 42b-43b

近日節據訪報, 倭奴斬首者一千六百二十, 生擒者不在此數, 火箭薰燒死者萬餘, 逃回者僅十分之一, 帶傷者半之. 不佞與大將軍休戚相關, 得仗神威, 遂下平壤, 門下之功卽不佞功也. 進剿王京以收萬全, 固旦夕望之.

而尊諭乃云, 或聽人言, 有是理乎. 但倭衆我寡, 道遠糧遲, 攻取平壤之後, 軍火、器械不無缺略. 欲少延, 則春和倭熾, 欲速進, 則前者諸事, 又屬可虞. 不佞每思芻糧、兵馬及軍火、器械, 非不佞身親督[43a]之, 孰肯留心爲我輩速集者. 是以暫憩遼陽, 專爲此耳. 非欲門下任其勞, 不佞享其逸也.

其施朝卿兵馬, 豈爲守遼陽留之. 蓋爲不佞途行, 芻糧遠解, 適値虜馬

充斥之時, 且在遼陽疆域之內, 不可無兵防護, 大兵前進, 又不可後無策
應, 故暫留之. 不然, 前者大兵盡歸麾下, 何獨靳此耶. 茲翰諭催取, 謹如
命卽發, 非彼敢於方命也.

若劉綎、陳璘兵, 不佞已差人守催, 約二月中旬可到. 其葉靖國、李應
試兵, 計已到久. 其再調遼陽兵馬, 不佞久與楊總戎言之, 彼亦面允三千
精銳. 但目下虜酋二次大犯遼陽, 楊總戎提兵出禦, [43b]李按君亦甚倉
皇自爲城守. 雖不佞鐵火匠役管工人員, 俱令上城, 尙欲調其一兵得乎.
必待虜退, 方可調取. 但彼欲自將, 恐又非事體也.

鄙意謂, 前者平壤倭奴, 雖衆猶屬一枝, 攻之宜急. 今各路者總歸王
京, 其勢大合. 且去愛州道途千里, 其爲當愼, 視前猶甚. 必須俟我芻糧、
軍火、器械, 併集充裕, 然後進剿, 方爲萬全.

至若兵有機宜, 不可遙度, 緩急之間, 又在門下自斟之也. 情同一體,
詞不憚煩, 幸高明諒之.

5-65

與楊中軍書 권5, 43b-44a

將軍隨不佞出京, 可謂交深而寄重. 昨者東行, 鄙心[44a]懸切, 視諸將更
甚. 幸將軍親冒矢石, 奮勇先登, 遂下平壤, 功在社稷. 不佞聞之, 欣慰何
如. 茲將進取王京, 尤望大奮神威, 下王京如下平壤之易. 將軍之功, 又
出尋常萬萬矣. 不日卽當破格題敍, 來諭領悉. 餘不多談.

5-66

與遊擊戚金書 권5, 44a-44b

執事, 爲不佞知擧. 昨東行, 鄙心懸念, 視諸將特甚. 幸執事奮勇當先, 一
鼓遂下平壤, 此希世功也. 不佞聞之, 喜不自制. 今將題敍, 以表殊勳. 其
功次大小, 務廉其實, 矢之天日, 不敢溷淆以隳將士之心. 執事惟安[44b]
心進剿, 俾克王京如克平壤之易. 是所謂百尺竿頭, 更進一步. 不佞固日
殷殷望之也.

5-67

報石司馬書 권5, 44b-45a

平壤之捷, 實仗臺下指授主持故爾. 諸將用命, 一擧收功, 社稷幸甚.

　不佞某將次愛州, 李提督敍功本已至, 小疏亦不出數日當馳上也. 惟
欲與二贊畫面訂的確, 故遲遲耳.

　某一面催促李提督進兵, 十八日已向王京矣. 第聞倭在八道王京者,
近二十餘萬. 彼衆我寡, 孤軍深入, 欲其以一當十, 若不大加激勸, 何能
鼓舞將士. 小疏一至, 幸臺下轉懇政府, 破格陞賞, 庶[45a]前功旣錄, 後
效可期. 策勵之機, 正在此也. 仍望臺下急上覆疏, 蚤慰將士之心, 至禱.

　又愛州去王京相隔千里, 前者芻糧豫備, 平壤則有餘, 轉給王京則不
足, 如兵餉、錢糧更求充拓之.

　各路兵馬, 臺下原請數有七萬, 實至者不滿四萬, 昨平壤傷斃不下千
人. 李提督屢次請借遼陽精銳, 求益其數, 情詞甚切, 奈虜騎正在充斥,

如何可調. 劉綎、陳璘兵, 固望速來. 若山東所借浙兵三千亦在調用. 此外如有可調者, 再望臺下速爲裁酌, 不佞邊疆之士, 沐翁大造, 而朝廷事體, 藉賴非淺矣.

小揭奉覽, 餘不多贅.

5-68

與李提督書 권5, 45b

[45b]承賜尊揭. 題敍諸將之功甚當. 第於不佞獎借過崇, 披誦間不覺感與媿幷爾.

又聞, 十八日大兵前進, 征袍未解, 更駕長車, 報主貞心, 希世罕匹矣. 外, 兵馬、芻糧, 不佞旦夕督促, 無勞過慮. 軍火、器械, 軍中足用否, 望時時開示. 大敵在前, 諸惟爲國珍重.

5-69

與遼東按院書 권5, 45b-46a

門下高誼, 某景行久矣. 玆假東行之便, 獲登龍門, 生平大願, 一朝慰矣. 且進剿機宜, 皆蒙指授, 故平壤之克, 出尊賜甚洪. 分袂後, 卽策鞭就道, 無刻不在鄙衷[46a]也.

濱行辱遠送, 行未餘程, 又辱翰貺, 何雅情殷殷耶. 鄙人承之, 其何能當. 厚儀謹對使拜嘉. 戎馬中草草裁謝. 不肅.

5-70

報王相公書 권5, 46a-46b

異國閭邸報, 知台駕已抵都門矣. 夫皇上眷注甚殷, 相公趨命孔汲, 陛見之日, 魚水相歡, 千古明良不過此矣.

　仰仗皇上威靈, 平壤已下. 但倭在王京者甚衆, 不盡殲滅之, 春和復熾, 其害蔓延. 十八日督促李提督, 率師進剿. 第孤軍深入, 勝負難料, 軍中機宜, 尤望台慈時賜指[46b]南, 俾某有所稟受, 得樹尺寸, 幸矣. 外, 具小揭奉覽, 伏祈垂照. 不備.

5-71

與李提督書 권5, 46b-47a

大將軍提兵深入, 不佞且夕懸切兵糧二事, 百計併催, 必求能濟軍前之急. 施朝卿兵, 計日可到, 劉綎、陳璘兵, 差官守催, 諒亦可望. 其遼鎭、寬奠、靉陽等兵, 如命調發三五千, 想非緊急處, 或可如意也.

　芻糧最爲切緊. 不佞特發旗牌於遼海二道, 與艾主政、張三畏, 務令晝夜督促, 諒亦用心. 第道遠人疲, 恐少遲遲. 如芻餉未至, 不若暫守西岸, 俟有次第, 一鼓下之, 何如. [47a]

　鄙意倭賊雖守東岸, 豈無間道可渡者. 潛令便捷人役, 暗渡東岸, 號召朝鮮臣民, 向西併擊, 彼此夾攻, 前後受敵, 破之必矣.

　不佞又思, 遼陽幷愛州糧餉, 道遠軏遲. 聞平壤尚有餘積, 就近轉解, 覺又易易, 以彼先給三軍, 目下遼陽、愛州者繼至, 庶不至匱乏, 事乃有

濟. 不佞一面委艾主政, 急趨平壤發解, 一面行各路, 換輕車、集船隻, 水
陸並進, 必不致稽時日也.

5-72

與艾主政書 권5, 47a-47b

凍雪彌山, 衝寒遠涉, 眞可謂勞於王事矣. 李提督進次開城, 王京倭奴拒
守大江東岸, 我兵需糧甚急, 軍[47b]中催請, 一日數次. 不佞晝夜提心,
惟恐有慞, 所係非細. 深思, 以近就近, 似爲易濟.

聞平壤積粟尙多. 中和、黃州等處, 豈無餘穀. 倭旣遠遁, 俱可倂集.
門下幸速與國王計議, 拘集車輛、牛騾、人夫, 火速發解. 仍乞督促遼陽、
愛州者, 或陸或水, 兼程前進, 庶近者給於前, 遠者繼於後, 師可宿飽, 而
倭可盡殲, 全藉門下妙運間耳. 專望留神, 至禱.

5-73

報石司馬書 권5, 47b-48a

李提督進次開城, 前有大江, 無舟可渡. 倭奴拒守東岸, 蓋恐我師之直進
也. 某致書提督, 令其揀選便捷[48a]之士, 潛渡東岸, 號召朝鮮臣民, 倂
力西擊, 庶彼此夾攻, 前後受敵, 倭可必下. 或上流可渡, 暗撥精騎數千,
乘筏過之, 出其不意, 火器亂擊, 亦可摧其堅鋒. 但芻糧搬運未及, 姑俟
少集, 當行此計. 未識高明以爲何如.

又聞倭衆尚有二十餘萬. 我兵過朝鮮者, 僅三萬六千餘, 傷斃平壤者又近千餘. 提督甚憂衆寡不敵, 求調遼兵甚急. 遼因虜儆, 既不可調. 其劉綎、陳璘兵及山東浙兵, 俱望速催前來外, 此如有可調兵馬, 尤望臺下卽刻另爲一議.

幸勿以前功易收, 後效可必, 忽之也. 萬禱萬禱.

5-74

議取王京開城疏 권5, 48b-52b

[48b]一爲大兵乘勝, 進取王京諸路事.

平壤之戰, 仰仗我皇上威靈, 將士用命, 一鼓遂成奇捷, 已經塘報訖. 得獲功次, 見在查明, 方敢題敍.

惟是倭奴, 自海上起兵以來, 直破朝鮮八道, 所向無敵. 其悖逆天道, 思圖內逞, 蓋志不在彈丸上也. 故平壤之倭, 獨當前鋒, 更爲精銳. 今一旦大遭挫敗, 僵屍蔽野. 數日來, 各道屯結倭奴, 皆望風逃回, 是天實欲倂亡之耳.

臣卽飛檄提督李如松、贊畫員外劉黃裳、主事袁黃、參軍鄭文彬、趙汝楳等, 以及各將領, 諭以"平壤既下, 大同江以東中[49a]和、黃州、鳳山、開城以及王京一帶倭奴, 必皆膽落. 應否兵貴神速, 乘破竹之勢, 大彰天威, 務期剿滅, 或念孤軍深入, 轉戰疲勞, 不妨相度機宜, 暫爲少息而進, 以保萬全, 務多方斟酌, 幷倭情, 俱卽速報." 等因.

各去後, 隨於本月二十等日, 據提督李如松稟稱. "平壤奔遁幷各散去倭賊, 倂集王京, 約有一十餘萬. 乘此屯聚之時, 卽當攻剿, 否則春融冰解, 飄忽海洋, 難於分擊." 又據稟稱."攻取平壤之日, 將士奮勇血戰, 火砲連天, 震驚百里, 玄蘇妖術一無所施. 第今卽欲進王京, 而朝鮮糧餉轉運不敷, 乞行催發."

又據呈稱."[49b]本月十七日, 有領兵前鋒遊擊李如梅兵馬, 行到鳳山. 據朝鮮通事李海龍稟稱.'本月十六日, 有朝鮮叛人同倭奴逃遁, 行至前途, 被朝鮮官兵捕獲. 審供, 妖僧玄蘇, 同宗逸, 在平壤被箭射中, 宗逸斬, 玄蘇脫走, 行至鳳山身死, 倭奴馱去.'等情. 見經臣行贊畫劉黃裳等, 查勘."

又據贊畫劉黃裳、袁黃稟稱."咸鏡道有倭二三萬, 屯平壤之北. 黃海道有倭二萬餘, 屯其南開成府, 及百川、江陰. 復有倭三四萬, 屯其東. 未論王京, 四面之倭總之不下十萬. 臣連日與提督李如松及鄭文彬等密議, 一面請加兵餉, 一面引兵渡江, 至開[50a]成府外箚營."

又據參軍鄭文彬、趙汝梅稟稱."攻取平壤之時, 遵照指授方略, 始而用間, 繼以火攻, 致成奇捷. 大兵當卽速發, 但前途缺少糧草, 而大同、臨津、豬灘等三江, 氷解難渡. 隨差官督同朝鮮, 作速轉輸糧草, 搭蓋浮橋. 平壤倭奴, 原係精銳, 今旣喪敗, 八道之倭, 且將瓦解. 近據牒報, 中和、黃州、劍水、鳳山諸郡倭奴, 聞風逃回. 捉獲生倭二名, 執稱,'咸鏡道倭子一萬, 起兵應援平壤, 行至中途, 亦皆聞風逃回王京. 其行長逃走, 不知去向.'"

又據稟稱."十三日, 左營副將李如栢, 十七日, 右營副將張世爵, 領兵東發. 十八日, 提督[50b]李如松, 統兵從中道而進, 相機攻取. 但倭奴原報二十餘萬, 今聚于王京、開成二處. 開城離平壤四百餘里, 離王京一百餘里. 我兵僅有三萬, 又在陣損傷, 兼之士卒疲弱、馬匹困乏者, 總約三千有餘. 今以寡擊衆, 惟火攻爲第一策. 若開城再破, 則倭奴破膽, 而在王京者, 必走無疑."等情. 各到臣.

該臣看得, 大兵旣已乘勝長驅, 復慮士卒馬匹不無損傷疲頓, 軍火、器械不無用費殘缺. 行令李如松、劉黃裳、袁黃等, 務酌議萬全, 以期進取, 毋因戰勝, 遂或輕忽.

其糧餉一節, 先該臣於二十年十一月二十四日, 行令都司張三畏, [51a]轉咨朝鮮國王. "要見進攻平壤, 以兵四萬、馬二萬各計算, 務令本國處辦兩箇月糧料, 堆積自義州以及平壤一帶, 聽候支給兩月. 方支中國接濟糧料. 如克復平壤後, 倭必遁歸王京, 彼時兵貴神速, 勢必進取. 但王京去平壤已遠, 江山險阻, 中國轉輸更難. 而客師深入, 其糧料亦須支給, 本國亦以前兵馬計算, 務足兩月, 始克有濟."

隨准國王咨報. "義州以及平壤一帶, 見在本色米六萬五千七百餘石, 荳六萬八千四百餘石, 剉草十萬四千二百餘石. 其報平壤以及王京一帶, 糧料數目亦略相同." 備開, 到臣.

臣已將原文, [51b]封送本兵查照訖. 而今稱糧餉頗艱者, 蓋先因倭奴把截平壤、王京一帶, 其中積貯焚掠已空, 卽中國與朝鮮窈糧, 彼時未敢前運, 實恐倭從中路邀奪者, 勢也. 今平壤遽下, 大兵遽進, 而一時糧雖見存, 轉輸不迭, 實以引重致遠, 難於疾趨者, 亦勢也. 臣已屢咨朝鮮國王, 速發各處人夫、牛馬、車驟, 盡力挽運. 今國王移駐定州, 見在督發.

而贊畫劉黃裳又報稱. "大兵不卽進, 恐倭衆四集, 勢復難摧. 十八日, 提督李如松, 已統兵前進矣. 但恐前途乏餉, 復促朝鮮徵黃海旁邑. 有一城之糧草, 進一日之兵馬. 數日間, 士馬之神氣[52a]稍全, 前途糧草略備, 且挨城而進. 大兵已過黃州, 與賊相拒開城間. 聞開城無城, 賊必迎戰. 若戰而勝, 則王京不戰而奔散矣."

贊畫袁黃又報稱, "查得, 平壤相近之邑, 如成山[28]、慈山、殷山、順

川、价川、三登, 以東永柔、甑山、咸從、龍岡、江西、三和、肅川、順安諸
處, 各有積糧. 但撥軍馬, 分頭搬運, 卽可足食. 又黃海道離王京稍近, 有
稻米二萬餘石、荳三萬餘石. 朝鮮國見行差官, 輸運負戴, 道路相屬矣."
各等情. 到臣.[31]

臣又促管糧主事艾維新, 屯駐江沿, 往來催償廣寧、遼陽、海蓋三道并
維新召買糧草, 前往義州發運. 臣又令都司張三[52b]畏, 往來定州、平壤
一帶督發. 又嚴催定遼等衛, 分投雇覓牛車, 星夜搬運, 沿途堡、站換程,
差官捧執令旗償運. 又調朝鮮舊有大小船七十餘隻, 行鳳陽守備楊大觀、
長酋備禦傅廷立, 督發匠作修理聽候, 由海路前赴王京一帶, 運送糧料,
務期足用.

至於倭奴屯聚尙多, 我兵進攻頗寡, 臣已將續到山西兵二千, 前發策
應. 并親督造完鉛、鐵等彈, 明火、毒火等箭, 筤筅、長鎗等軍器, 渡江接
應. 俟劉綎等兵到, 倂爲援應, 以收全功. 續有攻戰情形, 另行開報.

5-75

與海蓋郭兵道書 권5, 52b-53a

[53a]門下當虜騎充斥之時, 冒險親歷各鄕, 催取車輛, 尤爲人情所難. 玆
接手敎, 道遠人疲, 恐難速至, 一欲借資遼陽, 一欲姑俟海運, 俱有深見.
不佞豈不欲一一如命.

但李提督進次開城, 需糧甚急, 一日之間, 催請數次. 不佞晝夜提心,

....

31 원문은 "山"이나, 이는 "川"의 오기.

惟恐有悞. 門下且以旣發者, 上緊督催, 仍查海路拘刷船隻, 水陸並進, 庶乎有濟. 若遼陽搬運, 較貴道所轄更多, 恐不可以彼代此也.

今日之事, 惟此最急. 非門下任其事, 則他無可託托者. 幸速留神.

5-76

與李提督幷參軍鄭文彬書 권5, 53a-53b

[53b]接手札. 兩軍隔江相拒, 爲日旣久, 各有懈心, 彼此可以相襲. 彼可襲我, 固當加意隄防. 我可襲彼, 亦宜相機而動. 大江雖爾橫亘, 未必無路可通. 如有間道, 密遣伶俐敢死之士, 暗渡東岸, 號召朝鮮赴義之士, 向西幷擊, 固一策也.

再令萬餘精銳, 各持火器, 黑夜乘筏渡江, 突出其背, 設放大將軍砲、虎蹲等砲, 各火器一時施放. 將軍則陳兵江上, 示欲乘筏渡江, 以撓亂之. 再看機有可乘, 用前策拔城之計, 使彼先後受敵, 莫知所爲. 在門下妙算, 以爲何如.

5-77

檄艾主事 권5, 53b-54b

[54a]一爲緊急倭情事.

節據平倭提督稟稱. "大兵乘勝攻取王京諸路, 但糧餉不繼, 乞速行催運." 等情.

據此, 看得, 糧餉爲三軍司命, 不容時刻少緩者. 牌仰該司, 將見在陸運, 急催朝鮮國王, 先發平壤、黃海諸路芻糧, 赴開城, 聽候大兵支用. 一面催督車輛, 將江沿等處糧料, 搬運義州以及平壤. 務使途間轉輸, 首尾相啣, 循環不絶, 方克有濟.

又該本部嚴催海蓋道, 整頓船隻, 由海路運糧, 前赴朝鮮. 隨該本道呈報, 船隻已具等情. 但查得, 平壤東有大江, 開城西有大江, 俱通於海. 今議將糧船, 由旅順、金州各口, 開洋邊海, 而東過[54b]馬頭山, 或至平壤、或至義州、或至開城. 其海路應否可行, 朝鮮人知之必熟. 該司亦應亟咨國王, 備查海運道路緣由, 呈報本部, 以便發運. 事干至緊, 萬勿遲延.

5-78

檄楊總兵 권5, 54b-55b

一爲緊急倭情事.

先據平倭李提督稟稱. "平壤雖克, 王京倭奴尙衆. 我兵因攻城轉戰, 士馬不無損傷, 乞速發遼兵三千接應." 等情. 到部. 彼時, 該本部看得, 達虜入犯海蓋、遼陽等處, 遼鎭尙苦無兵, 安能奪彼與此. 故案候前稟未行.

今又據李提督稟稱, "王京迤西[55a]有大江一道, 倭賊一十餘萬拒守東岸. 我兵據守開城, 堪戰軍丁不滿二萬. 彼衆我寡, 必須增兵, 方克進攻. 萬一曠日持久, 對馬日本諸倭, 前來救應, 非惟王京不能卒下, 遼左亦不能安枕. 乞將寬奠、靉陽、清河堡三處, 無虜警地方, 共調步兵五千, 速發前來策應." 等情.

據此, 爲照, 倭奴因平壤之敗, 倂集王京, 截江固守. 是欲以逸待勞, 思老我師耳. 客兵深入, 利在速戰. 但彼衆我寡, 而倭衆又當新敗憤懣之時, 必得生力軍兵, 前去協助. 非爲張我兵威, 且以寒倭心膽. 況今入犯之虜已退, 而寬奠等處又無虜警, 前兵相應暫[55b]調.

牌仰該鎭, 卽將寬奠、靉陽、清河或稍緩城堡去處, 速選步軍或五千或三千, 委差的當官員, 給以行糧, 星夜前赴朝鮮開城地方, 聽候李提督調遣. 該鎭當以國事爲重, 勿分彼此. 功成之日, 自當首行題敍.

5-79

檄李提督 권5, 55b-56a

一爲大兵乘勝, 進取王京諸路事.

節據提督報稱. "大兵前進攻取王京一帶, 糧料轉運不繼, 乞行催償." 等情. 到部. 看得, 糧餉三軍司命, 時不可缺. 但平壤新破, 大兵急進, 而一時轉運不迭, 實拘於勢.

查得, 各丁奪獲倭馬約有三千匹. 除補給陣傷馬匹官軍外, 其餘[56a]馬匹, 相應暫馱糧草應用. 牌仰平倭提督, 卽查各官丁所獲倭馬, 除征進應用外, 餘馬應否暫爲協助搬運, 候糧料稍足, 仍發軍前聽用. 如果堪用, 一面卽將前馬, 交付管糧官, 絡繹馱載, 此亦轉移權變之策. 速議回報.

5-80

咨本部 권5, 56a-56b

一爲緊急倭情事.

先於本月十五日, 據李提督稟, 促劉綎、陳璘兵馬前來, 協助攻取王京, 已經咨部, 請行調發. 去後, 二十五日, 又據李提督稟稱. "王京迤西有云云. 方克進攻, 乞催前兵以爲後繼. 萬一曠日持久, 倭[56b]奴蓄養兵力, 日本對馬諸島, 又前來救應, 計將安出. 事在至迫, 時刻懸望, 稟乞亟爲催發." 等情.

據此, 看得, 倭奴自平壤之敗, 各道屯集者, 皆倂歸王京. 今又截江固守, 是欲坐老我師. 客兵深入, 利在速戰. 但衆寡旣殊, 深爲可慮. 本部方欲暫借遼兵數千策應, 而達虜見在大擧, 勢又難奪彼與此. 功在垂成, 事關至緊.

爲此, 再咨本部, 煩查先後事理, 速將劉綎、陳璘官軍, 令其兼程星夜赴遼, 發提督軍前援應. 再將各省直及遠近各營路, 并先次開單應調七萬兵馬數目內未至者, 速催調數千, 上緊前來, 庶保萬全.

5-81

咨山東撫院 권5, 57a-57b

[57a]一爲遵旨專責部臣等事.

准欽差巡撫遼東都御史趙咨稱.

"查得, 遼船上可到登州. 今山東米、荳, 運至福山、黃縣、王徐寨、海滄巡檢司、海廟、樂安、壽光、唐頭寨, 堆囤各處, 相隔渙散. 且如樂安、壽光, 離登州數百里, 以遼船至登州, 再至樂安等處, 海波險遠, 素未進行, 何能搬運. 合咨貴部, 煩請裁酌, 或再行山東海防道, 將米、荳俱運至登州, 庶得搬運接濟, 亦免波濤之虞. 希咨示施行."

　　准此, 案查, 先經[57b]咨行貴院搬運, 去後, 今准前因. 看得, 樂安等處, 雖稱離海不遠, 而相拒登州各數百餘里. 在樂安、壽光等處搬運, 固稱不便, 在遼船以平素未至之地, 令其往來裝載, 尤屬不便. 卽今時已春和, 氷凍已解, 且大軍深入王京, 兵興糧從, 勢難再緩, 擬合酌行. 合咨貴院, 煩行海防道, 將原買米、荳, 盡發登州府近海地方, 聽遼東撫院, 差人由海搬運. 希由知會施行.

5-82

檄李提督 권5, 57b-58a

一爲大兵乘勝, 進取王京諸路事.

　　查得, 平壤之戰, 倭奴屯積角樓, 被我兵施放明火、毒火等箭, 焚掠殆盡. [58a]是火攻爲今日第一策也. 但聞彼時大將軍神器, 尙未運至軍前. 今進取王京在卽, 倭奴但知我火箭之利, 而不知我大將軍神速一發數里, 勢如霹靂, 觸之者立爲齏粉, 相應亟爲催督軍前應用.

　　牌仰提督, 卽便督催大將軍神器, 收執軍中. 如遇進攻王京, 先行大將軍分布施放, 大兵隨後繼進, 倭必膽寒, 當收全勝. 惟提督相機斟酌行之.

5-83

與楊中軍書 권5, 58a-58b

昨克平壤, 雖藉諸將戮力, 而奮勇先登, 則將軍實爲首稱. 聞麾下家丁六人, 首繼上城, 立被倭中驍賊斫[58b]死. 他人當此鮮不膽寒思退, 廼將軍勇氣百倍, 首頂藜牌, 繼家丁二人, 一躍卽上, 手刃倭將, 戚與錢二將繼之. 然後各門將兵俱登, 遂收奇績.

　夫家丁毅然以身殉國, 皆門下平日恩義孚結, 已足嘉歎. 況門下又居首功乎. 不佞具題, 矢之天日, 毫不敢私, 門下旣著崇勳, 何敢後之. 戚與錢二將固所優歎. 若陣亡家丁英靈可滭, 幸門下記名, 不佞行將破格存邮. 其生存二人, 忠勇足尙, 不佞尤欲親覿其面, 以俟重用. 尤望將軍傳示各將兵, 進剿王京, 更增銳氣, 大收全勝, 社稷幸也. 餘不多譚.

5-84

報石司馬書 권5, 59a

[59a]我兵進剿王京, 仰藉弘猷. 又斬倭首一百四十九顆, 生擒一人, 倭必落膽, 或者可盡殲滅之矣. 謹具塘報奉聞.

5-85

與李提督書 권5, 59a

大將軍神勇所至, 不惟片刻遂下平壤, 而開城諸倭亦且掃盡, 擴地千里, 宣威四夷, 眞千載奇績也. 王京之克, 又在目下矣. 佇俟. 不盡.

5-86

與劉袁二贊畫書 권5, 59a-59b

昨俚語請敎, 廼途中偶成. 大方入目, 眞雷門布鼓矣, [59b] 幸斤削之. 中間或有一二可采者, 欲授梓人, 稍紀今日之事, 何如. 外復二首, 均望刪訂爲荷.

5-87

與永平道楊兵憲書 권5, 59b

久不接敎言. 且不佞將次異國, 去知己更遠, 心殊懸企. 昨者報下平壤, 旣又報殄開城. 運籌調遣, 門下之功居多. 玆捷也, 想尊意亦欲聞者. 敢爾及之外, 籌畫之暇, 偶成俚言數首. 賦詩退虜, 則吾豈敢, 乃若驅馳國計戎馬, 關心或有當也.

上之大方, 俯加郢斲. 倘有可采, 便附梓人. 篇首幸賜一斂, 豈直增重三都. 亦古人附靑雲之意也.

5-88

與密雲道王兵憲書 권5, 60a

[60a]平壤之捷, 仰仗皇上威靈, 門下石畫. 不佞奚與焉, 何敢當賀. 手教云, 不佞相貌非常, 宜建班生弘業. 夫仲升立功西域, 銘垂鼎彝, 千古一時. 想見風采, 不佞胡能望其後塵. 而門下云然, 無乃愛之深而許之過耶. 雅情心戢之矣. 附謝. 不盡.

5-89

與艾主政書 권5, 60a-60b

門下督促芻糧, 遠適異國, 三軍藉以宿飽. 一戰遂下平壤, 再戰復殲開城, 皆出門下所造. 勤勞獨著, [60b]不佞心甚懸懸. 聊奉馬價四十金, 代犒從者, 幸哂存之.

經略復國要編五卷終

經略復國要編卷之六

6-1

與參軍鄭同知趙知縣書 권6, 1a-4a

[1a]承手教. 臨江冰解, 兵馬難渡, 忽爾水退, 踏淺過之, 又獲奇功, 此天助李將軍也. 況玄蘇、鎮信、宗逸已斬, 止有行長一人. 譬之, 漏網之魚, 其膽已喪, 諒不足畏. 而李將軍又預施埋伏, 更以勁兵追擊, 眞稱上策. 天心人事, 兩濟其美, 王京之倭, 殲之定在刻下矣.

但慮貴萬全, 事當愼重. 我之火器固利, 而彼之鳥銃亦足相當. 如初角之時, 當先施我火器, 祥欲進兵, 實且未進, 誘其放盡鳥銃, 然後一鼓, 下之無難也.

又倭勢甚衆, [1b]李將軍提兵深入, 不佞豈不日加懸念. 如遼兵可借, 不佞自當先時調遣, 何待諄諄. 但虜正充斥, 不佞目所親覩, 徒費口煩, 撫按決不肯從. 故仰城公屢復之, 實不得已也. 不然, 寧有己事不急而急他人事者. 斷不若是左矣. 恐仰城公猶望此兵, 或致悞事, 幸門下以鄙意復之. 但日催劉綎從陸路, 陳璘兵從水路速來, 以備夾擊耳.

惟籌畫機宜, 激勵將士, 乘破竹之勢, 以一當百, 功收全勝, 固不在兵之衆寡間也. 如勢未可乘, 暫與相守亦可. 外, 鄙見一二, 開列於後, 祈二公與仰城, 酌行之.

[2a]一. 兵家用間, 當在敵處兩難之際. 今倭奴欲守王京, 則懼我兵火擊, 欲歸日本, 又畏關白族誅, 正進退維谷時也. 乘此機會, 陳以利害, 誘以封爵, 啗以厚賚, 無不樂從者.

王洴、張大善固爲可使. 若便捷小心, 如本部指揮黃應揚, 亦可備一臂之用. 卽今已在軍前, 如欲用之, 一聽仰城公驅使也.

一. 朝鮮居民在王京者四萬餘, 暫從倭衆, 其爲主眞心, 破家積憤, 思一得當以報者, 四萬人固一心也. 且平壤已捷, 其望我師如望雲霓, 四萬人亦一心也. 當此人心思變之時, 密令敢死人潛入城中, [2b]給免死帖, 期以大兵一至城下, 卽據北山爲內應, 彼此夾攻, 卽百萬兵馬, 可盡滅之.

但人屬異國, 心難逆料, 亦當預防. 聞攻平壤時, 朝鮮婦女上城, 助擊我師, 此又出恒情外者. 倘王京居民亦然, 洩漏此機, 以計就計, 未必無也. 故不信之, 則坐失機遘, 信之, 恐有他變. 又在門下與大將軍熟計之, 愼防之耳.

一. 關白見在對馬島駐札, 聞彼兵被創, 必益兵救援, 不可不慮. 如偵有間道, 挑選精銳將兵一二枝, 多帶火器, 直至渡頭. 如船泊彼岸者, 用計燒之, 船[3a]來救援者, 俟其近岸, 火器齊發. 內可截其歸路, 外可却其援兵. 魚在釜中, 奚能全活. 是一策也. 亦當熟計行之. 不佞處火器甚多, 俱陸續盡發軍前備用.

一. 遼兵旣不可借, 劉綎、陳璘兵, 又難卒至. 彼衆我寡, 大將軍憂之誠是. 鄙意謂朝鮮士卒, 雖柔脆難用, 而鼓舞有方, 調度得法, 卽弱可使強, 寡可使衆. 前隊冲鋒, 火砲爲先, 然亦必挑撥精銳, 以爲選鋒, 朝鮮疲卒, 止用搖旗吶喊, 庶敢死者破敵, 怯弱者助威, 旣可保全. 朝鮮兵卒, 不必他有調遣. 此兩利[3b]之道也, 亦可行否.

又聞朝鮮兵士善射者亦多, 用以當鋒, 必能取勝. 此又不可與疲卒, 槩用於後也.

一. 王京居民與倭雜處, 彼此難辯. 況破城之日, 事在倉卒, 恐致混殺. 設若有之, 旣失天朝往援之意, 又孤屬國望救之心, 亦非大將軍與本部體上天好生之德.

聞軍中法令嚴肅, 本部固不必過慮, 但事關生命, 陰功係之. 仰城公富貴已極, 正宜修積, 則今日當重者, 端在此也. 其拒敵者, 固難輕宥, 其勢屈而降者, 望加意辯別. 公與本部預發免死帖數千給之意, 亦為此.

再望於匆忙之際, 更加嚴禁, [4a]不許混傷, 則不惟功高, 亦且德盛, 不惟勇震, 亦且仁全. 惟門下留意焉.

一. 賞不避讎, 罰不避貴, 斯能服衆. 李寧愛將, 欲斬以殉, 退縮一兵, 手刃不惜, 軍令可知矣. 若下城之日, 妄戮之禁, 不加嚴切, 不惟有傷陰德, 亦且忌功者, 易生姜菲. 尤望仰城公嚴加禁約, 有犯必誅. 庶三軍知畏, 不致混傷, 我公後昆, 亦必大有興者.

故不憚諄諄, 或足備軍中一籌. 第途懸百里, 事屬一家, 少有所得, 不敢默默. 惟門下不我見罪, 斟酌善用之, 或亦有裨一二云.

6-2

與艾主政書 권6, 4b-5a

[4b]窃糧事, 重勞遠涉, 鄙心殊爲不安. 近日平壤、開城, 雖已盡復, 第倭奴倂集王京, 不下二十餘萬, 其勢甚盛. 李提督率兵將近王京, 已在大江

東岸. 兵之需糧, 馬之需草, 萬分緊切. 門下目覩其急, 自是留心, 何煩過慮. 第事屬同舟, 日夜懸念, 誠恐路隔千里, 多有江河阻絕. 若不預備橋梁舟楫, 豈能飛渡. 耽延時日, 嗷嗷待哺, 所關非小.

訪得, 遼陽都司張三畏, 頗有幹才, 特令往見門下及朝鮮國王商議, 先以平壤所儲穀草, 火速發解. 仍令三畏, 預往前途, 凡遇渡口, 或設橋梁, [5a]或備船隻. 糧草一至, 如履坦途, 庶師必宿飽, 後效可期. 門下功爲第一矣. 設將官中有便捷者隨公, 再命數人協贊三畏, 更妙諸. 惟督促, 至禱至禱.

6-3

檄王郎中幷遼東道 권6, 5a-6a

一爲倭情事.

據經理糧餉艾主事呈稱.

"江邊等處備辦糧草, 陸續搬運義州, 責令朝鮮人畜, 向前轉運. 當大兵見今攻取王京, 應用糧草, 但時日長久, 將不能繼. 若再發銀召買, 恐山東一帶, 地曠人希, 民稱苦累, 收買爲難及.

案查, 先准本部王郎中手本內開. '遼東道屬定遠[32]左等各衛, 幷鳳凰、湯站、江沿等堡, 應徵二[5b]十年分屯糧甚多, 催完亦可接濟.'

昨本職親歷各堡, 該倉官吏皆云, '並無赴堡上納.'

除移文遼陽道幷王郎中催督外, 惟恐遲延未便. 合無呈乞本部, 牌行

....

32 원문은 "遠"이나, 이는 "遼"의 오기.

該道及王郎中, 將二十年屯糧, 幷二十一年鹽糧, 作速上緊催完, 陸續接濟, 軍餉不致匱乏."

等因. 到部. 看得, 大兵深入攻取王京, 遲速難以逆料, 芻糧必須預備, 庶克有濟. 先據該司道呈報."定遼等各衛、鳳[6a]凰城等各堡, 俱有應徵屯糧、鹽糧, 堪充軍餉, 且省糴買." 今照艾主事復行呈詳前因, 相應亟爲催督上納.

牌仰該司道官吏, 卽便會同遼陽道、王郎中, 將定遼等衛、鳳凰等堡應徵二十年分屯糧, 二十一年分鹽糧, 差委的當官員分投, 催督上納, 收貯各城堡堆積. 一面將陸續上納過各糧數目, 徑卽移文艾主事知會, 以便發車轉運, 接濟大兵. 可無匱乏之慮. 毋得遲悞.

6-4

咨遼東撫院 권6, 6a-6b

一爲遵旨專責部臣等事.

准欽差巡撫遼東都御史趙咨, 爲緊急倭情事, 內稱.

"近聞大兵過江, 已克平壤, 則王京指日亦可復. 朝鮮疆土既恢, 似芻糧易辦. 且本鎮先備米、荳、草束, 尙可足[6b]二三月之用. 前項臨、德、山東所儲, 應否仍行轉運, 合咨貴院, 煩請台裁, 希由咨示, 以便預處施行."

准此, 看得, 遼鎮芻糧, 雖足二三月之用, 止可供給官軍經過行糧. 若令盡數往彼搬運, 十日之勞, 不足一日之用. 卽今大兵深入王京, 朝鮮各道軍民, 向被倭賊焚掠已空, 軍中糧草, 常苦不足. 縱目下克復王京, 所運糧餉, 不但可供征倭官軍, 卽有多餘, 亦可濟禦虜軍士. 所據前項米、荳,應該搬運, 合咨貴院, 煩請查照施行.

6-5

報遼東李撫院書 권6, 6b-7a

承念鄙人, 冰雪遠行, 深感深感. 昨據李提督塘報, 開[7a]城倭奴, 又斬百餘. 其在八道者, 盡奔王京, 似已落膽. 其勢甚合, 聞其數不下二十餘萬, 我兵僅三萬餘. 雖仗台慈威福, 或可徼功, 而孤軍深入, 衆寡迥殊, 未知後事何如耳. 軍中機宜, 尤望指授爲禱.

又承念及糧餉, 面催各官, 眞仁人之心. 目下將兵去王京僅百餘里, 去愛州則千餘里矣. 解運一或玩延, 所關非細. 故不佞分道督促, 猶恐怠緩, 晝夜提心, 幸我門下復爲留意. 夫憲臺一言, 官役拱聽, 三軍可以宿飽, 藉甚何如.

6-6

與中軍都督楊元書 권6, 7a-7b

[7b]門下與戚將軍等, 冒險先登, 功居第一. 覩來札, 極知血戰苦辛. 卽古名將, 何加焉. 不佞題敍, 必當首錄. 其餘次第, 務秉公心, 不狥私請.

惟爲我一慰將士, 愼勿紛紛爭論, 內失朝廷體統, 外生屬國笑端, 所係非小也. 再祈門下與各將領, 愈奮雄威, 一收完績, 卽百世銘之. 豈止目前之紀哉. 且夕竚俟捷音. 不盡.

6-7

檄都司張三畏 권6, 7b-8b

一爲大兵乘勝進取王京諸路事.

照得, 大兵深入開城地方, 進取王京在卽. 但糧料轉輸不迭, 亟應議處. 除中國糧料, 見今陸續運發外, 而平壤之東, 尙有各[8a]地方倭奴未曾侵陷及焚掠未盡者, 不論官民之家, 必有積粟, 相應查出, 借貸以供軍食. 俟平倭畢日, 我地搬運餘剩者, 照數補給, 轉移之間, 庶爲便益. 且春氣融和, 江凍已解, 搬運不無阻滯, 亦應亟爲修搭橋樑, 拘集船隻, 以便利涉.

牌仰本官, 卽便前詣平壤, 以及大兵屯箚沿途隔絶江河處所, 應修搭橋樑者, 卽便轉咨國王, 差遣陪臣, 協同修搭, 應用船隻者, 卽查彼國船隻, 拘傍在岸, 聽候載渡搬運糧料.

仍於平壤一帶地方, 有積粟之家, 不論官民, 勸其借貸, 登記在官, 俟事畢補還. 仍咨國王獎賞. 其積粟不多不肯借[8b]貸者, 亦不必苦强. 務使糧餉充足, 大兵不致匱乏, 方克有濟. 其本官原管義州鎭日運糧草, 幷陸續車到應給脚價等項, 本部已另文行艾主事, 令其委官前來代管. 毋得違悮.

6-8

移本部咨 권6, 8b-9b

一爲緊急倭情事.

節該本部咨催調劉綎等軍兵, 赴遼策應. 去後, 近准朝鮮國王咨.

"爲進兵示威, 以紓賊患事. 議政府狀啓, 節該. '天兵已到開城西路一帶, 隄備俱爲空虛. 如益水、東海、劒山嶺等處, 雖令本國官兵, 分路把截, 而兵力單弱, 防守不固. 加以近日春[9a]雪向消, 谿逕漸開, 賊若徑蹂充斥, 委難抵敵. 腹裡地面, 再被兵燹, ■在不測, 誠非細慮. 擬合咨請兵部, 乞將原調精銳官軍一二千名, 或砲手六七百名, 派往本處, 添助把截, 耀示兵威. 若得征進, 使凶賊祗魄, 收營自遁.' 等因. 具啓.

據此, 參詳, 天兵遄邁, 西路輟備, 北賊乘虛, 將肆猘突. 煩乞貴部, 行下各該將領等官, 就着分調手下精銳一二千名, 或砲手六七百名, 前往益水等處, 耀示威. 若將征剿, 使兇賊畏而自遁, 西路恃而無虞, 允爲便益. 爲此, 合行移咨, 請照驗行下施行."

等因. 到部. 看得, 我兵深入進取王京, 離鴨綠[9b]江, 路徑千里. 遙遙一旅, 大敵在前, 已犯兵家所忌. 倘倭奴由益水、劒山, 抄出我兵之後, 邀截餉道, 乘虛復取平壤, 如國王所言, 更將奈何. 是又不可不深長慮時刻圖者. 但接應之兵, 委無可處, 勝負呼吸在俄頃間.

爲此, 合咨本部, 煩將前調劉綎、陳璘、李承勛等兵, 星夜兼程, 督發過遼援應. 併希轉行遼鎭, 速選精兵三五千, 再於薊鎭, 速選精兵二千, 俱赴本部軍前, 聽候分撥前進. 萬分緊急, 希速舉行.

6-9

檄遼鎭楊總兵 권6, 9b-10a

一爲緊急倭情事.

節據本部行令該鎭, 選調馬步軍[10a]兵或五千或三千, 聽候接應征徵倭兵馬. 去後, 今照大兵深入王京等處, 前有大敵, 後無救援, 深爲可慮.

所調之兵, 相應亟發.

除行寬奠副將佟養正, 先調馬軍五百, 督發過江. 牌仰該鎮, 卽將應調幷虜患少緩處所各城堡內原設馬步軍兵內挑選, 幷前五百, 共三千名, 責委將官統領, 聽候本部, 分撥過江, 接應征倭兵馬. 該鎮當思朝鮮復則遼東安, 無分彼此, 星夜擧行. 限文到二日內, 將調發過各兵緣由呈報. 毋得再行阻滯.

6-10

檄副將佟養正 권6, 10a-10b

[10b]一爲緊急倭情事.

照得, 大兵見在進攻王京等處, 客師深入, 必得策應在後, 方保萬全. 查得, 該路所屬城堡, 俱係險僻, 虜患少緩之處, 原設軍兵, 相應酌調.

牌仰本官, 卽便星夜, 先行挑選精壯馬軍五百名督發, 本部差來備禦傅廷立, 統領前赴益水、劒山等處, 以防咸鏡倭奴襲攻平壤. 各軍行糧料草, 照依東征軍士一體支給. 此係緊急軍機, 限文到一日內, 將發兵緣由呈報. 毋得時刻違惧.

6-11

檄李提督 권6, 10b-11a

一爲大兵深入, 計慮宜周, 以便進止事.

訪得, 王京一[11a]帶地方, 道傍皆係稻地. 卽今天氣融和, 氷解土滑, 戰馬不便馳騁. 況我兵深入, 糧芻未集. 王京等城, 倭奴占據, 且客兵遠追, 衆寡不敵, 相應酌議進止.

除一面催促遼兵, 幷劉綎等兵馬, 前來協濟外, 牌仰平倭提督, 卽同各將領, 選擇便益去處, 暫行屯箚. 多差的當官軍, 哨探倭奴情形. 催幷芻糧兵馬齊集, 果有機會可乘, 方行攻進. 倘泥濘不便, 不妨另作區處. 愼勿草率輕進.

且聞目下多雨, 一應軍火、器械, 傳令各將用心收拾, 勿致損壞. 若或交兵, 必須晴明乾燥纔可. 具由先行報查.

6-12

與李提督書 권6, 11b

[11b]大將軍乘勝長驅, 意欲盡掃倭奴, 社稷藉甚. 但倭奴叵測, 倭勢甚盛. 倘直趨而前, 不加哨探, 不加隄防, 如彼分兵埋伏, 出我不意, 其害非細. 又聞咸鏡倭奴未散. 倘由益水、劍山等處, 出我兵後, 復搶平壤, 截我糧料, 邀我孤軍, 大爲可慮.

除不佞一面調兵, 協助朝鮮, 拒其險隘, 以遏來路, 大將軍須駐馬開城, 或伺彼兵懈弛, 或待我兵糧俱集而後進, 庶前功旣奏, 後效可期.

萬全之策在我矣. 此係重大機宜, 敢以奉告, 幸大將軍留意, 萬禱萬禱.

6-13

報石司馬書 권6, 12a-12b

[12a]袁贊畫延張大膳, 於密室, 備詢倭勢, 彼云, "日本六十六島, 每取兵一萬, 共有六十萬衆, 分爲三班, 一年一換. 今舊班已滿, 新班且來."

　彼聞, 平壤被搶, 姑止舊班, 更益新班, 其勢愈盛. 翁臺幸勿以平壤一勝, 而我中國可無憂也. 況李提督, 每每嗔人說倭盛, 止見彼易與爲敵, 故今直趨而前. 勇固足嘉, 倘衆寡不敵, 後兵不繼, 甚爲可慮.

　某移書, 令其且止開城, 細加哨探, 或伺其懈弛, 而攻之, 或俟我兵糧俱集, 而後進, 庶不致債事. 但督促各路兵馬, 以助軍前, 則臺下事也. 幸留[12b]神萬萬.

6-14

報石司馬書 권6, 12b-13a

近日八道倭奴倂集王京, 數不下二十余萬. 又聞對馬島更益新倭來援, 其勢益熾.

　李提督孤軍深入, 不過三萬餘耳. 衆寡不敵, 事甚可虞. 懇請遼兵, 日至數次. 某雖屢檄楊總戎, 選兵三千以爲策應, 彼意必待虜息大定, 然後肯行. 夫開城望援, 急如救焚, 遷延時日, 無益於事. 萬一後兵不應, 前兵不支, 平壤之功, 俱無益矣. 其關係豈小小哉.

　且聞咸鏡倭奴, 尙在我兵已東. 彼如探我西路無兵, 一由海口, 竟犯益水、劍山[13a]嶺等處, 一由陸路, 復奪平壤, 截我糧草, 邀我孤軍, 誰其禦之. 玆國王咨請, 益兵把守中路, 其見甚長, 其事甚急.

　某故晝夜慮之, 敢以咨請. 伏乞臺下作速一處, 或檄山東所借浙兵, 或檄劉綎、陳璘兵, 火急來濟. 仍望他鎭或有可借兵馬, 俱乞督發前來. 幸勿視爲泛常, 致前功盡棄也.

6-15

報遼東李按院書 권6, 13a-13b

不佞奉別無幾, 何沐台慈垂念, 瓊章遙錫, 屢及征途. 雅情如此, 感戢何如.

　外, 平壤斬獲首級, 解至鳳凰城, 不佞邀回二贊畫共檢, 俱極眞正. 但內有一婦人首[13b]級, 係左營李廷用所斬. 聞二贊畫云, "倭將各帶歌舞倭婦, 戰場中殺死甚多." 想李將軍勿忙際, 一時未辨, 非有他意也. 不佞已標而出之矣, 未知尊裁如何. 途次草草未悉.

6-16

與李提督書 권6, 13b-14a

聞大將軍回駐開城, 相機進剿, 此上策也. 軍前缺糧, 事關重大. 不佞晝夜併催, 但勢不能倅至. 今水陸並行, 亦在目下續來. 且劉綎兵, 不日亦到. 如欲進兵, 必俟二事皆備, 方可決勝.

　且朝鮮俱係水田, 玆凍解地■, 倭奴善於走跳, 而我馬艱於馳騁. 幸門下多加籌[14a]畫, 庶保萬全. 春多雨雪, 諸凡火器, 望門下嚴諭各將, 用意收拾乾燥, 無致臨期有誤. 不佞身寓此地, 鄙衷則無刻不在戰場中也.

6-17

檄李提督 권6, 14a-14b

一爲大兵深入, 進止宜愼, 趁時倂集兵糧, 以圖全勝事.

　　訪得, 倭據王京, 堅城固守. 誠恐一時難以遽破, 我兵輕進, 徒勞官軍. 近報陳璘、劉綎等兵數千, 不日前來, 兵部差官二次迎催. 本部亦調遼鎭兵馬, 又委官多集匠役, 晝夜製造毒龍噴火神筒, 幷神火飛鴉等器, 料在數日可完. 若稍待兵糧齊集, 一倂進攻, 未有[14b]不勝.

　　牌仰平倭提督, 卽行三協副將等官, 悉心講求. 如果倭奴防守嚴密, 急難攻下. 將我兵暫且休息, 一面催取大將軍等砲, 與毒火、烈火等箭, 一面償運糧草. 差人哨探, 稍俟兵齊糧足. 彼見我兵住久, 必然懈怠, 倂力進攻, 萬無不勝. 先將探聽倭奴的當緣由具報.

6-18

與李提督書 권6, 14b-15a

昔郭汾陽, 身係唐室安危者三十年. 今門下忠績無異汾陽, 則門下之身, 社稷身也. 奮勇當先, 躬冒矢石, 英風偉志, 令人傾羨固矣. 然輕犯敵鋒, 幾致不測, 非[15a]所以爲社稷重也.

　　不佞執役此邦, 豈不欲乘勝長驅速收奇績. 第情與門下共任, 今日之事亦非渺小. 所以驚憂者, 不特爲大將軍, 蓋爲朝廷, 亦爲鄙人也. 以後萬祈愼重. 不佞情同骨肉, 故爾諄諄. 惟知己者諒之.

外, 火攻三策, 錄在別紙奉覽. 惟大將軍留意焉.

6-19

與李提督書 권6, 15a

大將軍廼國家梁棟, 邊疆之事倚重非淺. 不佞承愛, 情踰骨肉. 目今千里提兵, 晝夜懸切, 驀聞昨報, 且喜且驚. 獨未能躬詣軍前, 一申問候爲慊, 耑官代致. 此後萬祈爲國珍重, 至禱至禱.

6-20

檄李提督 권6, 15b-16a

[15b]一爲查究庸懦將領, 以振法紀事.

訪得, 上年六月內, 遼陽副總兵祖承訓統領兵馬, 攻取平壤, 軍已登城, 忽被倭奴知覺, 牆頭交戰. 時值天雨, 我兵失利回營. 查尋祖承訓不見, 衆軍以爲陣傷, 不知祖承訓未敗之先, 已逃百里之外.

今歲正月二十七日, 大兵進攻王京, 祖承訓正宜建功, 以贖前罪. 不意, 本官與遊擊胡鸞、高昇, 見倭奴勢衆, 望風先自奔潰, 各軍退走, 以致僨事. 若非楊副將統兵救援, 幾致大危.

據此, 卽當依法究處, 姑再行查, 牌仰平倭提督, 卽查進取王京[16a]

原帶官軍若干, 倭奴約有若干, 在何地方交戰, 祖承訓有無先奔, 各軍曾否退縮, 損軍慎事的由何人. 如祖承訓前項事情是實, 應該照依軍法者, 卽按軍法. 應參奏者, 參呈前來, 以憑轉奏. 如果賊衆勢難抵敵, 查訪明白回報. 毋得遲延.

6-21

報石司馬書 권6, 16a-16b

二十七日李提督王京之戰, 身陷重圍, 損其得力家丁二人及兵士二百餘. 某聞之驚駭特甚, 嫌其孟浪. 及聞李如梅射死倭中金甲大將一員. 兄弟奮力砍殺, 又得楊元提兵策應, 殺入陣中, 砍死倭奴頗衆. 群[16b]倭哭遁入城, 其膽寒甚. 是亦社稷之幸. 陳申來自軍中, 目覩其事. 臺下可面鞠而知也. 草草馳報. 不盡.

6-22

與李提督書 권6, 16b-17a

事貴萬全, 不在欲速. 目今糧草未敷, 泥濘難進, 門下謂必須計取, 此確論也. 如大兵移守平壤, 當留勁兵二枝, 堅守開城, 以防攻劫. 如大兵駐箚開城, 當遣兵一枝, 助國王, 以守平壤, 俱聽門下裁之. 俟我各路芻糧解到, 續解火器齊備, 新置攻城火龍等物完全, 劉綎、陳璘兵馬俱集, 然後相機進勦. 伏設於前, 火攻於後, 而加以大將軍神威, 諒無不克矣.

大疏以輔臣二[17a]字另寫, 改正極當. 蓋不佞與門下事屬一體, 心跡相孚, 自專欺妄之疑, 何從而起. 廼門下指天自矢, 豈鄙人心事猶未爲門下諒耶.

承諭各員役加級陞職者, 俱如敎入疏中矣. 大疏中未經另敎者, 查對首級冊, 少少刪去之. 恐敍錄太多, 部中難於題覆耳. 另將其名揭薦到部, 庶兩全無礙也. 待復王京, 當全題敍. 幸諒之.

6-23

檄艾主事 권6, 17a-17b

一爲緊急倭情事.

據平倭李提督稟稱:“官兵遠征外國, 過江之後, 行糧折銀俱無, 朝鮮糧草不敷. 士皆饑[17b]色, 衆口嗷嗷. 及照各軍, 名雖關支, 朝鮮糧草並無實惠. 屢經血戰, 枵腹對敵, 萬死一生, 情殊可憫. 所據行糧折銀, 仍應照數補給. 伏乞委官齎銀前來, 隨營給散.”等緣由, 到部.

看得, 各軍在營有月糧, 從征有行糧. 今遠出外國, 朝鮮無市, 不解貿易. 以故運米, 俱支本色. 今據李提督稟稱, 各軍遠征, 勞苦可憫, 乞要本折倂支, 相應准從. 牌仰該司, 卽將各軍應支乾銀, 委官齎帶, 前往該營給散. 仍將散過數目日期呈報.

6-24

檄分守分巡海蓋等道 권6, 17b-18a

一爲倭情事.

據報朝鮮地方瘟疫流行, 軍士多病. 合[18a]行買辦藥餌調理. 票仰本道官吏, 卽動本部馬價銀, 買辦單開藥料, 就令醫生製造四千丸. 包封送部, 發營給軍. 具用過銀數繳查.

6-25

通示諭帖 권6, 18a-19a

欽差經略兵部示仰東征大小官軍知悉.

照得, 平壤、開城、碧蹄館之捷, 皆爾等奮勇所致. 本部見今具疏題請, 大行破格陞賞. 其陣亡陣傷者, 亦聽從厚優恤外, 其前次兵部解到欽賞銀六萬兩, 彼時卽發提督軍前, 因爾等攻取平壤大戰之時, 勢難分給. 今聞爾等暫行休息, 本部已委贊畫劉員外、袁主事, 儘此六[18b]萬銀兩, 盡數分給東征將士及各員役人等. 本部標下及贊畫、督餉各員下應賞人數, 俱不在內.

且官軍自至朝鮮, 旣支彼國糧料. 其管餉衙門處行糧, 理宜住截. 今本部亦念爾等東征勞苦, 除朝鮮所支糧料不算外, 仍於管餉艾主事處, 將爾行糧仍行補給. 又爾等割取首級應給銀兩, 見今題請發到給散. 又克復平壤、開城等處成功甚易, 皆係爾等之力. 候查明本部另行犒賞.

又聞爾等身入異國, 不服水土, 多有時疾. 本部更切懸念. 見今在軍

前修合聖散子方, 并消毒飲藥料. 不日發提督處散給. 爾等當調護休養,
[19a]以保萬全. 告示曉諭, 仰衆通知.

6-26

報石司馬書 권6, 19a-19b

倭奴屢敗, 其膽已喪, 似宜乘此進剿. 但其衆頗盛, 況天雨連綿, 陸路泥
濘, 車馬難騁. 糧餉雖陸續可到, 而馬草缺少. 因倭奴將開城等處周圍地
草燒盡, 不能措處, 故馬多倒死. 我兵久臥冰雪中, 冷疫俱興, 食死馬肉,
疗毒又發. 兵甚疲羸, 是以近日分駐開城、平壤便益諸處, 調養休息.

　聞對馬島欲遣新倭來助. 我兵出關僅三萬餘, 昨三戰之後, 砍殺倭奴
固衆, 我兵傷損者亦多. 李提督請借遼兵, 急如救焚, 廼虜徹方股, [19b]
似難徵調. 劉綎、陳璘兵, 日望其來, 未能卒至. 幸臺下督促, 火速前來,
萬勿時刻緩也. 卽此兵尙未足用, 他路可調兵馬再求一處, 庶兵勢大張.
王京之事可望. 不然衆寡異形, 勝敗難料. 某固寤寐憂之. 臺下主其事,
其能不亟爲之慮. 如事可速成, 兵可不益. 某豈不欲爲國節省錢糧, 如此
煩瀆耶. 臺下幸鑒亮之.

6-27

報石司馬書 권6, 19b-20a

東征將士日臥冰雪, 血戰艱危. 平壤之克, 非倭奴易與, 實將士奮力所致

也. 今追奔千里, 身經累戰. 開城、王京又報斬獲. 然身不離鞍, 食不下嚥,
力疲神倦. 恐[20a]强弩之末難穿魯縞. 況大敵在前, 若非破格陞賞, 何以
起疲士而收完績, 以仰答聖明也.

不佞題敍小疏, 臨發時對衆焚香拜天自矢, 蓋不敢毫與私意, 以干國
家公典. 尤望門下速爲題覆. 如循舊格, 待按院勘明, 恐虬時日. 進剿王
京, 當在目下. 鼓舞之機, 全在此疏. 門下幸以鄙意轉致政府, 數日間卽
望旨下, 頒賜軍中. 謹將功高切緊各官, 另開奉覽. 伏祈更爲留神, 一照
小疏覆敍, 庶人心激勸, 後效可期. 萬禧萬禧.

6-28

報石司馬書 권6, 20a-21a

[20b]據參軍鄭文彬、趙汝梅報稱: "朝鮮人李大期自王京逃回, 執稱: '倭
奴平行長、平議智, 自平壤敗後, 曉駐夜行, 至於王京. 衣食器械, 盡行遺
失. 王京大將平秀家, 嗔怪三日, 不容進城, 第四日方令進見. 稱說:「初
意欲以稱進貢爲名, 讓平壤爲餌, 然後圖向中原. 豈意爲沈遊擊所賣, 致
此大敗. 不勝憤恨.」' 又稱: '平壤、江華、咸鏡、黃州、鳳山、開城等處倭
奴, 盡皆聚守王京. 將城內北方官民房屋, 盡行燒毀, 止留南方房屋棲宿.
砍木立柵於城之上, 壘石爲子城於城之南, 以防大兵攻克.'"

又據朝鮮喧傳, 關白聲援將至, 未知果否. 二月初[21a]一日天雨兩晝
夜, 初三日微晴, 初四五日又兩晝夜. 以致江水陡漲, 行潦皆盈, 泥沒馬
腹, 旣無浮橋, 又乏船隻. 大兵駐箚開城, 稍俟天晴地乾, 當議進剿. 目下
事體, 恐臺下垂念, 謹此奉報. 不一.

6-29

報王相公書 권6, 21a-22a

屢接華章, 荷蒙推許, 非綿薄所敢. 仰承, 感媿無地. 目今進剿王京, 一鼓下之, 以舒我皇上與相公東顧之憂. 豈非某任事者意乎. 第一時事體, 有未可盡如鄙人意者. 不得不懇懇於相公前也.

天雨連綿, 軍馬野宿, 盡在淋漓中, 馬毛縮慄, 弓角解[21b]散. 是天時不在我矣. 王京山路, 田僅一二尺, 平地泥淖, 車馬不得馳驟. 是地利不在我矣. 千里追奔, 累戰力疲, 疫氣流行, 馬死千匹. 糧草運艱, 且乏鹽菜. 又平壤首級大功未賞, 各軍志意似不如前. 是人事不在我矣.

且王京倭奴, 八道併集, 其勢甚盛. 城內列六營爲窩窠, 城外列八營爲犄[33]角. 此中必有知兵者主之, 未可輕敵也. 且咸鏡倭奴, 反在平壤之左、開城之後, 若一意王京, 彼從我後, 搶我平壤, 燒我糧草, 邀我歸路, 關係非細.

玆移檄李提督, 固守開城, 一面發兵沿江把守, 以防王京之襲, 一面發兵回駐平壤, 以防咸[22a]鏡之襲. 一面拘刷船隻, 糧草由水運以達開城, 兼發雙山之鹽以濟軍食.

顧兵本無多, 分之更寡. 開城見在不滿二萬, 賊衆我寡, 勢不相當. 若非再發一二萬兵馬, 數十萬馬價, 何以助我軍威, 鼓我士氣. 師老財匱, 將若之何.

伏乞相公主張, 允某所請, 昨敍功小疏, 亟爲題覆. 轉促本兵, 劉綎、陳璘兵, 督令速來, 併力攻之, 庶幾可收全勝. 倘再延緩, 待彼益以新倭,

....

33 원문은 "犄"이나, 이는 "掎"의 오기.

強弱既分, 不但進取爲難, 恐後愈爲費事. 其責不專在不佞與諸將也. 幸相公留意焉. 外, 小揭請教, 下情不任悚仄, 祈望之至.

6-30

議乞增兵益餉進取王京疏 권6, 22b-26a

[22b]一爲孤軍深入, 功在垂成, 懇乞聖明, 發兵益餉, 以震天威, 以勵勇敢事.

據提督李如松揭報:

臣先據遼東都司呈: "准朝鮮國王咨開: '本國自義州至平壤一帶, 存儲糧料大小米共計四萬五千五百六十石, 可彀五萬軍兵四十餘日支用, 黃豆三萬五千五百六十五石, 草八萬八千九十六束, 可彀三萬馬匹三十餘日喂養.' 遼陽所屬各倉, 積有糧米一十二萬二千七百七十八石零. 陸續運赴朝鮮, 可免樵蘇後爨之虞. 今兵馬攻破平壤, 朝鮮糧草雖[23a]經催攢, 零星搬運, 不足供用. 其遼鎭積貯前項米荳, 相距王京一千五百餘里, 山路跋涉, 牛車遲鈍, 又轉運不前. 及查部文, 原議徵調各鎭馬步官兵七萬員名內, 薊鎭一萬一千名, 保鎭五千名, 遼鎭七千名, 大同、宣府二鎭各五千名, 山西二千名, 楊應龍、劉綎各五千名, 延綏入衛軍三千名, 臣幷各官下家丁共二千六百三十七名, 以上共止五萬六百三十七名. 內除楊應龍兵五千停止, 劉綎兵五千未到, 延綏遊擊高徹兵一千七百名又議留防虜, 止有已到兵丁三萬八千五百三十七員名. 分隸三營副將. 且內多疲[23b]弱, 不堪臨陣, 所選精銳不過二萬. 攻克平壤陣亡官軍七百九十六員名, 陣傷一千四百九十二員名. 見在戰兵不多. 今孤軍深入, 仍當分兵後繼, 又當用重兵防運糧草, 斯爲完策. 但進攻尙且不敷, 分布更難周及."等因.

又據報稱:"王京進城, 四面山林叢密, 平地悉皆稻畦. 時多春雨連綿, 泥水深陷, 僅以一線小徑. 不能並馬車步, 官兵不便安營. 且各道併集王京及對馬島續來倭賊共約二十余萬. 賊若固守堅城, 急難攻取, 必與相持. 今賊恃衆狂逞, 出城列陣迎敵, 官兵得以速戰, 出奇設伏, 乘便邀擊, 利於我兵. 但糧匱[24a]兵疲, 勢難鼓奮."

等因. 備揭到臣.

除行本官, 暫住開城、平壤一帶, 護衛芻糧, 把守險隘, 少爲休息, 俟糧草轉運充裕, 軍火、器械解運齊備, 卽相機進取王京, 以期全勝. 顧兵凶戰危, 關係甚大. 拙久巧速, 利害頓殊. 今皇上以倭患孔棘, 勢在剿除, 徵調各路軍兵救援屬國. 幸一戰而取平壤, 再戰而取開城, 三戰而碧蹄館又復斬獲.

天威雖已遠震, 孤軍實已深入. 今欲乘勢進攻, 而彼衆我寡, 彼逸我勞, 山險崎嶇, 春雨地濘, 千里饋糧, 師不宿飽. 是未可以倉卒進也. 今欲全師以退, 而大敵在前, 應援不至. 朝鮮新復, 困憊難支, 賊焰[24b]再張, 前功盡棄, 是未可以輕易退也. 此正成敗利鈍之秋, 騎虎難下之勢. 非發兵援應, 何以張軍聲. 非賞不踰時, 何以激士氣.

及查西征事例, 斬級一顆, 當卽賞銀五十兩. 今平壤、開城等捷, 首級幾及二千. 雖查勘已明, 而尙不能卽賞者. 蓋以去歲所發馬價銀四十萬兩內, 動支五萬兩, 發山東海防道, 糴買糧料, 一十五萬兩發密雲、天津、薊州、永平、寧前、遼海六道, 亦置辦糧草. 及打造軍火、器械、火箭、鉛鐵砲彈、硝黃幷明火、毒火、飛火等藥, 及買牛騾車輛, 幷轉運脚價, 大約已支過半. 止留二十萬兩軍前應用. 內發三萬兩, [25a]與李提督, 臨陣動支.

餘給發召募各項家丁安家糧料, 幷標下大小將領、文武等員役廩糧、工
食、犒賞之費.

事完之日, 臣自逐項明開奏報. 今雖尙有餘剩, 若盡賞平壤等處功級,
則軍前別無措處. 而應援之兵, 倘如所請, 則又當酌量多寡, 預行備辦芻
糧. 是今日兵與餉, 所當亟爲議處者.

臣已令管糧主事艾維新、都司張三畏, 分投催攢糧料. 及行海蓋道參
政郭性之, 拘集海船, 一面由黃城島, 赴登、萊搬運, 一面由旅順口沿海,
運赴朝鮮義州林山島, 轉發朝鮮海船, 運至開城等處, 以待支用. 臣今又
督令李提督, 分兵鎮[25b]守平壤, 以防襲擊, 選精兵屯住隣近站道, 以聽
往來策應. 又發軍兵砲手, 扼截臨津江邊, 以防偸劫, 又沿途派撥軍兵,
護衛糧料.

夫以客兵利在速戰. 而今深入重地, 勢不得不分兵殿後. 兵力旣分, 勢
益單弱. 有如王京之倭日益增, 而我開城之兵未敢進. 倭以二十萬衆, 而
我兵不滿三萬. 倘倭奴用分番休迭之法, 時出遊騎以擾我師, 我師進不
可、退不可. 糧餉益糜, 軍心益惰, 彼時又將何以處也.

伏乞皇上俯察, 功在垂成, 機不再得, 勅下兵部, 再爲酌議, 一面將劉
綎、陳璘軍兵, 星夜催督赴遼. 再於薊、遼虜[26a]緩處所, 量調數千前來
策應. 幷乞垂念血戰軍功, 再發馬價銀二十萬兩, 先將平壤等處斬獲首級
軍士願賞者, 照例每顆給銀五十兩. 陣亡、陣傷者卽行優恤. 其餘聽候買糧
及攻取王京賞功支用. 如此, 庶足以張軍威而奮士氣. 今日東征, 寧使兵力
有餘, 以收全勝, 毋寧以寡擊衆, 圖僥倖於萬一也. 臣不勝祈懇待命之至.

6-31

與委官經歷沈思賢論帖 권6, 26a-27a

據屢報甚悉. 且圖帖開寫亦明. 具見本官留心. 後有消息, 不妨頻報. 來圖, 西門乃我進兵正路, 門外夾山, [26b]俱可埋伏. 不知我兵可得據住否. 伏兵以攻西門, 而新門亦有路道, 須防彼兵沖劫. 北門岳山儘險, 我兵據守此山, 不知能攻城否. 我兵要攻西門, 此處兵馬不可不設一二枝防守. 若得登據此山高處, 施放火器, 可達城中否. 龍山館倉糧可燒否. 倭奴逃回消息果的否.

　李提督責發每營五十名炮手, 江邊防守甚善. 倘上流、下流或可暗渡, 亦須細察之. 一一相度打探, 的確具報.

　黃應揚在黃州、江華道[34]安撫人民, 甚是. 切不可輕身進城, 自投虎口. 蓋二十七日交戰之後, 此策斷不可行. 只宜同本官一處, 哨探攻城. 并一應[27a]防禦之策, 頻頻報來, 亦必須萬分愼重. 此諭.

6-32

與劉袁二贊畫書 권6, 27a-27b

接手札. 謂提督君回守平壤, 則王京倭奴襲我之背, 咸鏡倭奴襲我之腋. 兩面夾攻, 而我居其中, 非策矣. 不佞計之已久. 廼二公所見, 與鄙意略同, 藉甚喜甚.

....

34　원문은 "道"이나, 이는 "島"의 오기.

初五日, 移書提督君, 令其親駐開城, 一面遣兵沿江把守, 以防王京之襲, 一面遣兵平壤把守, 以防咸鏡之襲. 二公所謂上策者, 是也. 不佞行文艾心宇, 拘刷船隻, 芻糧、食鹽, 俱由水路, 以達開城. 俟劉綎、陳璘兵至, 再調遼陽兵數千.

不佞與門下躬至開城, 同心區[27b]畫, 鼓舞士氣, 倭奴似不足平矣. 大司馬處, 昨請兵餉, 書中已具達知. 目下時勢, 未可姑且待焉. 提督君近日移文, 欲邀一位至彼軍中, 想亦因前小失, 而有借箸之思也.

6-33

移朝鮮國王咨 권6, 27b-28b

一爲俯諒微悰, 一力寬宥事.

准朝鮮國王咨內稱: "小邦被賊殘破, 軍民潰散. 而況沿路一帶凋敝尤極. 目今王師電邁, 一刻爲急. 而糧草欠缺, 士馬俱饑, 致使凶醜餘黨, 假息日久. 今蒙該部切責, 當職慚懼交倂. 伏乞體[28a]皇上撫綏之仁, 念小邦殘敝之極, 特加寬容, 終始拯濟." 等因. 到部.

准此, 先據委官都司張三畏呈稱: "准國王咨開: '本國自義州至平壤一帶, 存儲糧料, 大小米共計四萬五千五百餘石, 可夠五萬軍兵四十餘日支用, 黃荳三萬五千五百六十餘石, 草八萬八千九十餘束, 可夠三萬馬匹三十餘日喂養.'" 等因.

故我大兵以王國芻糧已備, 倂力前進. 今幸一戰取平壤, 再戰取開城, 三戰碧蹄館破圍斬級. 平安、黃海、京畿、江原等道, 中和、黃州、鳳山、瑞興等郡縣, 悉還朝鮮. 正宜乘此兵威, 盡滅醜類. 而王國軍糧告匱, 中國糧料又轉[28b]運不前, 致使兵頓開城, 士多枵腹.

夫人生一日不再食則饑. 況披甲挽強之衆, 値此風霜氷雪, 欲使之冒白刃奮勇血戰, 以成戰功, 而使其腹不得飽, 馬不得騰. 倘軍心怨憤, 逶爾脫巾, 寧不悞大事耶. 故管糧艾主事, 身任度支, 覩此千里饋糧接濟不及, 是以爲此激切之語. 其情實有大不得已者.

今中國糧精, 見在搬運. 王國亦宜亟督人夫, 併力轉輸, 務使三軍不致乏食, 庶克有濟. 爲此, 合行移咨, 查照施行.

6-34

檄劉袁二贊畫 권6, 28b-29a

一爲犒師以勵勇敢事.

平壤之捷, 皆各官軍同心協[29a]力, 奮勇直前, 逶能一鼓克奏膚功. 除登城奪門, 俘首斬級等項, 功次已經具題, 破格優敍, 大行陞賞外. 但各官軍久居異國, 勞苦異常.

玆復進取王京, 本部深切憫念, 相應另行犒賞, 以示撫恤. 牌仰該司, 卽將見在東征將領軍丁, 備查實在的有若干、陣亡若干、陣傷若干, 分別各營, 逐一開報. 見在者, 聽發馬價銀犒賞. 陣亡幷陣傷發回者, 聽行各道優恤其家. 庶官軍益知感奮. 毋得遲違. 限文到五日內呈報.

6-35

與楊總戎書 권6, 29a-29b

昨小啓, 奉邀一晤, 想不吝玉趾. 初計劉綎兵三月初[29b]旬可到, 不佞欲俟其至, 與門下同行. 復細計之, 十七日發自京都, 京都去開城三千餘里, 須四月中旬方到. 必待此兵至而後行, 反致悞事. 以大將軍雄威, 兼之遼左精騎, 足收完績. 何必拘滯前說. 況李提督所將兵休養月餘, 其氣復振. 不佞且身臨之, 破格犒勞, 自別是一番景象.

　已擇二十六日, 渡鴨綠江. 門下幸亟調數千鐵騎, 以續奇功, 豈不稱烈丈夫事哉. 機會在卽, 速發前旌, 顒望顒望.

6-36

檄遊擊吳夢豹 권6, 29b-30b

一爲軍務事.

　據遊擊吳夢豹呈送, 紙竹造成噴筒, 到[30a]部試驗. 得王三樂藥方, 與竹筒俱各爆响. 本部紙筒火焰微細, 皆不堪用. 近見遼陽花火內大梨花、賽月明、金蟬花, 俱火焰直疾, 薰燒久遠, 似堪應用. 及查本部所製噴筒, 藥內插和細砂, 專爲飛砂眯賊眼目, 薰燒次之. 今各匠未知此意, 造不如法, 必係硝少黃多. 蓋黃性橫以致爆响, 擬合另造.

　牌仰本官, 卽查本部前發藥方, 如藥料不全, 姑暫停止, 添拘遼陽火藥匠役, 各照本匠自己藥方, 製造大梨花、賽月明、金蟬花. 火藥內去鋼砂, 加添淘淨炒過細砂. 或用損壞筬笺爲竹筒, 或用放花火木筒, 或用紙筒.

每筒長三小尺[30b]許, 務使火焰直疾長遠, 飛砂眯賊眼目為主. 若薰燒不論每樣, 先造數件, 試驗堪用. 共造六千筒, 陸續運送軍前應用. 如別有堪用者, 不妨並造箕筅. 堪用者不許改造. 毋得違錯.

6-37

移本部咨 권6, 30b-31a

一為仰仗天威, 救援屬國, 一戰克復平壤等處, 斬獲倭級累千, 飛報奇捷等事.

據提督標下代中軍事指揮僉事王希魯, 呈解平壤等處官軍斬獲首級, 并生擒倭賊吉兵等六名到部. 已行贊畫劉員外等驗發, 候巡按衙門覆驗間.

查得, 遼東巡按李御史陞任, [31a]新差周御史未至地方. 除斬獲首級, 仍聽巡按衙門, 查驗另報, 所據生擒倭奴, 擬合先行咨解. 為此, 除將吉兵等六名, 責令原來官役管解外, 合咨本部, 煩請查照施行.

6-38

檄分守道并艾主事 권6, 31a-31b

一為改正升斗, 共霑實惠事.

據經略[35]糧餉艾主事呈前事內稱: "本職調取湯站官斗. 照式製造十數隻, 刻字存記, 差人解送李提督處. 四隻軍前支用, 不得短少. 其餘留義州支放. 庶軍馬皆霑實惠, 而錢穀便於稽查."等因.

隨批准舉行訖. 但查得, 以前支放過東征[31b]大兵糧料, 俱用朝鮮升斗. 朝鮮斗小, 雖云加添, 未知與原收倉斗果否相合.

牌仰該司, 卽便會同分守道, 備查該道所委支放糧料委官, 要見朝鮮升斗與原收倉斗, 每斗大小的差若干, 支放過東征官軍糧料, 先用朝鮮升斗, 每一升一斗遞加若干, 有無勾足倉斗之數, 原收轉運糧料若干, 見今支放過若干, 有無餘剩, 各委官有無乘升斗未定之前, 遞減遞增, 那移作弊, 逐一查明呈報. 毋得遲違.

6-39

報石司馬書 권6, 31b-33a

十九日, 接回示甚悉. 仰見臺下留心東事, 且不遺芻[32a]蕘, 一得之見, 深感深感. 平壤捷後, 十一日卽再四移書李提督, 欲遣張大膳諸人, 潛行反間, 圖取關白, 未見舉行. 迺有碧蹄館一戰, 彼且痛恨入骨, 此計似不可行. 暗約朝鮮人, 爲內應, 是又一着. 聞其人反與倭爲腹心.

某行間人已遣, 尚住開城, 再探的實, 方進王京行事. 某今所以遲遲未渡鴨綠江者, 因平壤戰後, 軍中火具殆盡, 陳璘、劉綎應兵未至. 故住遼陽鳳凰城, 一面製造, 一面催督. 今略有次第, 已於二月廿六日, 赴開城親督將兵攻取也.

我兵千里追奔, 累經血戰, 不免力疲氣索. 且天雨連綿, 泥陷難騁, 暫

....

35 원문은 "略"이나, 이는 "理"의 오기.

分兵各[32b]路休養. 劉綎兵十三日發京都. 京都去開城三千餘里, 計程
當四月中旬方到. 如待此兵, 師老財匱, 反致悞事. 某今親往鼓舞軍威,
或可望其再振.

昨題敍小疏, 臺下意待王京報捷併題, 固是. 第將士冒矢石、攻堅城,
枵腹而掃八道, 坐臥氷雪中. 馬倒者以萬計, 人之苦又何如. 所以轉弱而
強, 全在朝廷一鼓舞耳. 況恢復外國, 斬級數多, 與西夏除亂民者, 自在
軒輊. 今將士日夜望臺下主持, 蚤賚皇恩. 如或遲遲, 大敵在前, 士不用
命, 盡棄前功.

望亟爲題覆, 破格優敍, 尤望轉致政府爲荷. 朝鮮糧草已盡, [33a]全
資中國, 恐臨、德等處者, 不可止也. 平秀吉的不在朝鮮而在對馬島, 如
朱均旺能了前事, 妙甚妙甚.

袁贊畫往返異國, 身處氷冰雪, 勞苦亦甚. 今有此事, 實所難堪. 臺下
垂念司屬, 必爲維持. 不佞久與共事, 尤不能不切切也. 想此時業已無及,
如可挽回, 望曲爲一處何如. 餘俟再報. 不盡.

6-40

檄通判王君榮 권6, 33a-33b

一爲犒師以勵勇敢事.

照得, 節報平壤、開城之功, 皆緣軍丁奮勇, 將士同心, 以致有此奇捷.
卽今各軍遠征外國, 露宿風湌. 況聞時疾流行, 本部深切懸念. 除[33b]委
官買製丸、散等藥另發外, 相應給發牛、酒, 以示犒賞.

牌仰本官, 卽便動支馬價銀二千一百兩, 每七百兩一封, 交付差去官

三員, 分解三協副總兵處給發. 在征官軍, 千總每員酒銀二錢, 把總每員銀[36]一錢, 管貼隊軍丁每名給酒銀五分. 具給過日期呈報.

6-41

與李提督書 권6, 33b-34a

大將軍移駐平壤, 撥將士留守開城, 休養士卒, 誠爲上策. 王京倭奴, 野無所掠, 窮窘而歸. 不煩寸矢, 坐收全功, 幸之幸矣. 不然, 我兵千里追奔, 累經血戰, 力疲氣索, 深屬可慮. 門下謂, 量頒犒賞, 以鼓將士, 誠爲喫[34a]緊之事, 先得我心. 不佞數日前, 已移檄二贊畫, 議行給散矣.

　　二十六日, 不佞擬渡鴨綠江, 先至平壤, 與門下面議. 已定刻期進攻, 想王京不足下矣. 外, 戚金旣犯軍令, 絪責誠是. 此門下專之者, 何必翰示耶. 不盡.

6-42

報薊遼顧總督書 권6, 34a-34b

旌旄遠被, 遼海宣威, 諸凡得以仰借受成, 某弟之喜, 更倍尋常萬萬. 祇以身任王事, 遠適異域, 不能躬詣軍前稱慶, 心殊歉然. 荒途草率, 微致不腆之儀, 惟台慈俯涵爲荷.

弟目下將詣開城, 下王京. 殊無勝算, 惟俟老年丈一指授之耳. 敢此懇請, 幸賜指南, 生平之[34b]愛, 於此見之. 諒老年丈必不爲我靳也. 耑此代布, 他不及悉.

6-43

與袁贊畫書 권6, 34b

公爲完璧, 忽遘含沙. 旬日前, 不佞慮及此, 豫致書石老先生, 幷當軸諸公. 昨覩邸報, 果符所料. 然海上之事, 待公紆謨, 以收完績. 當事者已允. 不佞所囑諒多. 口不足爲碩德累也. 幸安心所事, 益展弘猷, 盡掃妖氛, 樹千古奇業.

　不佞目下卽渡鴨綠江. 戎事方殷, 幸無芥蒂, 以虛當宁委重. 至禱至禱.

6-44

與李提督書 권6, 34b-35b

[35a]門下以百戰之身, 乍爾違和. 戎間殊難攝養, 此心懸結特甚. 昨於遼陽覓一醫士, 亦無佛處稱尊耳. 惟門下參着用之. 前造丸藥送軍中應用, 正解毒火之症. 此毒入於心肺間, 惟噙此藥入口, 以津咽下, 斯能入肺部而解之. 止用一丸, 不可多服. 門下爲朝廷倚重, 固社稷之身也. 王京事擧在目前, 幸善醫藥强飯, 復奮神威, 以收完績. 固君父所屬意, 而亦不

佞殷殷望之者也.

　外, 開城、碧蹄館斬級功次, 不佞非不欲具題. 但前疏未覆, 姑且俟之.
如樞筦遲遲, 當以此疏催之. 不然, 與王京併題, 未爲不可. 必不使諸將
士血戰[35b]勤勞, 終於泯也.

6-45

與袁贊畫書 권6, 35b-36a

軍中用間, 誠爲勝算, 然必任使得人, 方能濟事. 今馮仲纓等往說咸鏡,
已有頭緒. 乃王宗聖又欲往王京說之. 夫倭奴當膽寒糧少之時, 機會甚有
可乘. 宗聖如往, 事必可望. 謹如命給與牌票, 便彼行事. 如得成功, 賢於
十萬師. 門下延攬英雄之功非細. 仍給王宗聖銀百兩, 家丁四名, 每名給
銀三十兩, 以鼓其志. 其馮仲纓、金相等, 查果的確, 亦當破格賞之. 事竣
日, 併爲優敍. 中間往說事宜, 尤望門下丁寧, 以圖萬全爲[36a]望.

6-46

檄李提督幷劉袁二贊畫 권6, 36a-37b

一爲大兵乘勝, 進取王京諸路事.

　照得, 天地成歲, 生殺互用而不偏, 帝王興師, 仁義並行而不悖. 語云,
"不由秋殺, 何有春生." 又云, "寧過於仁, 毋過於義." 蓋言化工聖道, 咸
出無心, 中正已矣. 關白本以庸販小夫, 襲奪六十六島, 方虛憍恃氣. 非

惟目無朝鮮, 且不復知有中國. 觀其遣巨酋行長等輩, 率領兵衆, 奪據平壤、王京, 分兵旁掠八道, 爲窺犯中原之本. 其詭計凶謀, 自謂無敵.

去歲冬盡, 若非本部與該司、該提督決意[36b]一戰, 首挫其鋒, 非但無以彰中國正大之威, 反以長倭奴橫逆之志. 兹幸平壤大捷, 天討已張, 倭奴膽落. 狼奔豕突, 蟻聚王京, 欲歸不得, 欲戰未能. 當其進退維谷之時, 伸以甲兵撻伐之勢, 長驅直搗, 誰云不可. 但事忌已甚, 謀貴萬全.

故平壤捷後, 本部卽檄提督, 說間行長諸酋, 招之來降, 待以不死, 陰圖關白, 永絶禍根. 且使功旣易成, 殺亦不重. 是乃體天地生殺之機, 布王師仁義之擧. 況平定安集, 聖哲所先, 間諜行謀, 兵家不廢. 祇以遣使難於得人, 故爾爲謀持久未決.

兹據平倭李提督及劉、袁二贊畫申報前來, 各[37a]稱, "倭奴敗衂, 勢力窮蹙, 行間一事, 爲今日急務." 等因. 到部. 適與本部移檄初心, 若合符節. 且本部與提督、贊畫各標下職官策士, 如沈惟敬、黃應揚、吳宗道、王宗聖、兪悛彥、金相、馮仲纓、吳大受等, 俱各沉毅多謀, 忠勇任事, 相應遣行者.

牌仰平倭提督, 卽便一面會同劉、袁二贊畫, 一面轉行沈惟敬等, 前赴倭巢, 陳說利害, 開諭禍福, 令報關白. 使之反邪歸正, 與朝鮮無相搆怨, 彼此罷兵, 永爲盟好. 仍復許以奏聞, 朝廷遣官冊封, 永爲屬國. 倘使聽從, 則在中國彰神武不殺之功, 在朝鮮得解紛息爭之利, 在日本有受封之[37b]榮. 一擧三得, 誠計之善者. 若或怙終不悛, 必逞兇心, 我必會合朝鮮兵衆, 倂力夾攻. 務滅醜類, 至無孑遺.

其遊擊沈惟敬, 差人護送前去. 仍要省諭各官, 務使同心公道, 勿分爾我, 協力合謀, 共圖國事. 功成之日, 一體破格優敍. 如其不然, 軍法見存, 不少假借. 先將委遣行間日期并緣由呈報.

6-47

與山東防海道田憲使書 권6, 37b-38a

故人天遠, 時切懸思, 猶幸以共事之雅常. 接教言, 開函披誦, 如覿顏色.
借此少慰渴懷.

　糴糧事重勞, 且爲登、萊二府苦, 心殊不安. 祇以鯨鯢煽虐, 三軍待哺,
勢[38a]出無奈故耳. 三萬已糴者, 目下卽發旅順口船隻搬運. 其二萬未糴
者, 非不欲如諭止之. 第王京事未見下落, 不佞親往猖獗可知. 且門下曩
已許諾, 更不他置. 如稽時日, 或致枵腹, 咎將誰歸.

　尤望門下曲爲一處, 作速湊完. 倘得藉此收功, 門下勳勞非細. 附此代
懇. 不盡.

6-48

與李提督書 권6, 38a-38b

據擒獲生倭稱說倭情, 門下來諭, 謂, "當具題求益兵餉." 善甚. 謹如教
矣. 開城兵少, 恐不能支. 再須撥一二千與之協助外, 劉綎兵已於都城起
身, 計程必四月[38b]中旬方到. 陳璘者, 想亦同此. 昨復調遼兵, 趙撫臺
因虜警方殷, 未允所請, 往來折辯, 始發二千. 兹再懇之, 可足三千之數.
外此欲他調不可得矣.

　仍乞門下曉諭諸將, 用心隄防, 可戰則戰, 可守則守, 可用間則用間.
惟大將軍相機而善用之, 倭奴不足平矣. 三十日不佞發愛州, 晤期在卽.
餘不多及.

6-49

報遼東周按院書 권6, 38b-39a

昨玉節按臨遼左, 曾有小啓奉賀, 想入覽矣. 目今王京未下, 某遠適異域,
戎事紛紜. 不能時致慇懃於台左, 罪歎何如. 外, 李提督斬獲平壤、開城、
碧蹄館等處[39a]倭奴首級解到. 㫜役呈驗, 門下勒此代啓. 諸不贅.

6-50

與永平楊兵憲書 권6, 39a

異國江山, 觸目增感, 故人天遠, 重我遐思. 方傾想間, 廼於愛州, 忽接瑤
章, 開函敬誦. 如覿顏色, 欣慰何如. 琳琅之語, 情見乎詞. 銜戢更倍之矣.

　若平壤微捷, 則藉之皇上威靈、門下指畫. 不佞曷與而推許過溢, 則鄙
人何以當. 殆不覺梜之, 見面汗之浹背也. 卽今王京未下, 甚乏良籌. 愛
我如門下, 當何以敎我. 不佞固旦夕望之矣.

6-51

檄分守分巡海蓋三道 권6, 39b

[39b]一爲倭情事.

　據李提督稟稱: "各軍歷涉山險, 屢經血戰, 泥水浸濕, 鞋襪敝壞, 跣足
不堪. 請乞量動官銀, 置買達靴叭喇, 發營給軍." 等情. 到部.

看得, 各軍救援屬國, 遠出二千餘里, 據稱鞋襪敝壞, 無處易買, 乞要解發. 相應准從. 票仰本道官吏, 卽動本部馬價銀, 易買達靴兀喇共一萬二千雙, 陸續運解本部給發各軍. 事完具用過銀數繳查. 毋得遲延.

6-52

檄天津永平山東遼海等十三道 권6, 39b-40a

一爲緊急倭情事.

據李提督呈云云. 與李提督相機進[40a]取外, 卽今二月將終, 春汛屆期, 所據沿海地方, 相應再行申飭.

箚仰本道官吏, 查照節行事理, 卽便嚴行將領、有司等官, 將應該分布兵馬, 應置軍火器械、瞭望墩臺、哨探漁船, 上緊設備. 無警, 時加稽查, 有警, 倂力拒堵. 務使倭奴進無所掠, 大遭剿殺. 毋得違惕. 責有攸歸.

6-53

移本部咨 권6, 40a-42b

一爲緊急倭情事.

據提督李如松呈報:

本年二月二十三日, 據前鋒副總兵查大受稟報:“本月十八日差家丁查慶、宋好漢、金子貴幷朝鮮通事六名, 前去王[40b]京哨探. 行至東門外, 遇見倭奴四名打草. 各丁卽向前射砍. 三賊跑走入城, 活捉倭奴一名愼入羅, 押解到職. 隨行中軍參將方時春, 譯審得愼入羅供稱: '倭兵屢戰, 傷損甚多. 但懼關白法度, 不敢回巢. 王京城內見有三四萬, 聯結八營. 城外龍泉館有平行長結營三處. 又去討關白示下, 關白說, 『平壤、開城去年已取, 如何輕棄. 傳知衆倭死守王京. 要在三月間, 自領兵二十餘萬, 一半前來王京合兵拒敵, 一半沿海分犯中國.』' 等情. 備呈到職.

據此, 看得, 倭奴拒守不動, 以待援兵, 其情眞的. 本職欲提兵前進, 攻倭來聚之先, [41a]但道路泥深, 料糧不敷, 恐非萬全之策. 今奉經略明文, 留兵防守開城. 若其堅固, 實爲屏障. 但其城周圍四十里, 墻垣倒塌, 卽若無城, 數千官兵亦非可守. 若以全兵所居, 結管聯勢, 庶可爲據.

又以糧料不足, 難於久屯. 平壤乃咽喉重地. 必當固守根本, 以圖進取. 倭奴情形若此, 我兵久駐外藩, 日以淡飯聊生, 並無蔬醬入口. 人皆疲損, 馬倒過半. 卽其王京見屯之賊十一營, 不下六七萬. 咸鏡倭奴二三萬併歸王京, 共一十餘萬, 據城死守. 關白擧兵二十萬, 大肆狂逞, 意欲分犯中國. 其謀最狡.

我以久疲孤軍, 衆寡不敵, 深[41b]爲可慮. 須增兵補馬, 多備糧料、火器禦之, 以保萬全. 合無請乞議題徵調重兵, 廣運糧料、火器前來, 以圖追剿. 幷將見獲倭賊愼入羅呈解.

等因. 到部.

據此, 近該本部爲孤軍深入, 功在垂成等事, 已經具題. 乞將劉綎等兵, 催督赴遼, 再於薊、遼虜緩處所, 量調數千前來策應, 幷發馬價二十萬, 賞功支用間. 復據前因.

爲照, 兵家之事, 不以旣勝而輕敵, 不以僥倖而圖成. 要其謀始慮終,瞻前顧後. 自攻取平壤、開城、碧蹄, 而我兵已入重地, 誠欲取王京以全朝鮮, 滅醜類以絶禍本. 乃今倭奴不因敗而遁歸, 反招集而屯結. 內守[42a]城垣, 外立營寨, 以待關白援兵. 今驗審生倭, 情益招著. 敵衆日加, 我兵益寡. 誠當■爲計處者.

除官軍食淡, 本部見發牛二百六十四隻, 食鹽三萬斤, 馬價銀二千一百兩, 解至提督軍前, 量加犒勞, 以安軍心. 并督艾主事, 將糧料由海運, 自義州南林山島、彌串堡, 循海轉東, 直達平壤大同江、開城臨津江, 以濟大軍. 一面催發山東糴買糧料. 本部於二月二十四[37]日, 渡江徑赴平壤等處, 與李提督相機進取外. 惟是應兵, 時不容緩.

爲此, 再咨本部, 煩念倭患方股, 將前發兵益餉之疏, 早爲議覆. 於薊鎮等處, 酌調軍兵數千, 速[42b]來接應. 并移咨戶部, 督發臨、德倉糧赴遼, 及申飭沿海地方, 加意防守, 以保萬全. 今將生擒倭奴愼入羅咨解, 希爲譯審, 以驗今日倭情緊急, 以見本部請援要非得已也.

6-54

與李提督書 권6, 42b-43a

天雨滂沱, 重勞尊駕遠至. 平時渴想, 幸邇淸光, 亟欲倒屣相迎. 忽緣痔疾作楚, 承款欠恭. 又非所以爲大將軍重也. 少定一夜, 明早當爲延敍外.

二參軍陳說王京倭奴盡已逃歸. 此皆大將軍神威所懾也. 卽欲馳報廟

....

37 원문은 "四"이나, 송응창이 압록강을 건넌 것은 2월 26일이었으므로 "六"의 오기로 판단함.

堂, 恐尤未的. 若石老先生處, 如不預報, 但事[43a]已聲聞, 倘爲他人先報, 恐非事體. 今不侫差一人持書往達. 門下亦差人修書同往. 再須差的當人, 知會令弟及各將官, 提兵追襲, 後日可以敘功. 門下明早相會後, 亦須急往督之. 大功已奏, 幸勿辭勞, 至望.

經略復國要編六卷終

經略復國要編卷之七

7-1

報石司馬書 권7, 1a-2a

[1a]小疏題叙, 臺下謂, 文職太多, 陣官遺失, 恐臺省有言, 發回改正. 仰見骨肉之愛, 深感深感. 第某經略之差, 較尋常邊腹督撫衙門不同. 夫督撫乃封疆之官, 百凡軍火、器械、糧儲、兵馬, 俱各官日逐分內事. 是以叙功止叙將令,[38] 其他例不濫及.

今某去歲九月廿六日陛辭, 至正月初八日, 連行路僅僅百日. 倭衆我寡, 若非兵馬、戈矛、火器、糧餉諸事具備, 何以遽下平壤及八道耶. 俱係某不避怨, 尤嚴行撫鎭司道部屬等官, [1b]刻期完辦, 如有違悞, 定行參治. 以故各官遵約, 日夜督促, 共成王事.

今一旦奏捷, 雖諸將士血戰, 而臨陣諸用等物, 皆各官倂集之功也. 且一兵一馬又係借調, 與督撫自己麾下者迥別. 若叙中止及諸將, 不及各官, 則違悞者有罰, 勤勞者無功. 是謂得魚忘筌, 不佞實所不安也. 況當

....

38 원문은 "令"이나, 이는 "領"의 오기.

日王京未下, 諸凡缺用仍賴各官. 如不先此激勸, 何以勵其將來. 且救援屬國, 事出非常, 恐難以往例拘攣.

其各官分任事件, 已咨部矣. 如臨陣將士, 俱已敍入. 其中千、把總等官, 不佞亦慮太多, 內中參駁, 故另具咨揭, 細報臺下請裁. 此係國[2a]家大典, 二贊畫、李提督諸將領, 矢天共發, 毫不敢參以私意.

如臺下垂念, 異域征人, 半載氷雪, 晝夜焦勞, 轉致當事, 極感挽回之力. 如當事者必拘恒例, 某前揭已報本處各院矣, 實難改易. 今仗庇, 王京事將就緒. 得報皇上與臺下足矣. 人之罪我, 聽之耳. 幸速令來人上之, 以慰邊疆將士之心. 諸凡仰祈主持, 餘不敢贅.

7-2

與李提督書 권7, 2a

大將軍幕以內、麾以下, 策士材官, 俱涉異國, 勞苦功高. 不佞謹以一儀奉犒, 幸鑒內之, 是荷.

7-3

報石司馬書 권7, 2b-4b

[2b]廿九日接手札, 某敍功小疏, 蒙許卽覆. 此社稷之幸, 非獨某與諸將士幸也. 蓋緣兵士久處氷雪, 且朝鮮言語不通, 絶不貿易. 我國商販, 雖屢行招往, 而兵戈戰地人咸畏之. 且道路遼遠, 無有應者. 以故我兵渡江

以後, 一菜一羹以及鹽醬之類, 俱未入口. 某雖發牛、發鹽、發銀代酒, 大行犒勞, 然朝夕不繼, 實所難堪. 若不大加陞賞, 何以激勵士氣.

此不佞所以諄諄也. 幸臺下先已請旨, 普行給賞. 仰見仁人之心, 鼓舞之術, 藉甚感甚.

昨獲生倭云, "關白有必來之意." 度以理[3a]勢, 其言非詐. 我兵豈得不多集也. 劉綎發行已久, 沈茂三千, 題令速來, 甚妙. 其延綏入衛兵一千七百, 天津宋副將募兵三千、力士五百, 俱望力爲題請連發.

昨調遼兵實非得已. 李提督因咸鏡倭奴欲襲平壤, 催取策應甚急. 劉綎、陳璘幷楊總兵許調三千兵馬, 未能卒至. 且遼河氷解, 計虜必不能東渡, 故萬不得已, 調海州、開原等處兵僅二千一百. 俟原調三千兵到, 卽以歸還. 非敢出於三千之外.

若趙撫臺待某, 非比尋常, 蒞任三日, 卽詣遼陽, 親選精兵七千付與. 平壤之克, 多藉其力. 又夫馬借調頗煩, 某方感佩. 何敢[3b]獨累. 祇緣他兵緩不濟事, 故不得已爲之. 望臺下移書, 爲某代致之, 不致獲罪之深, 爲幸多矣.

某今先往平壤, 多方偵探. 如關白不來, 不添新倭, 惟止王京之倭, 諒亦易與. 其所以不遽歸者, 徒懼關白之威力耳. 今已遵行, 屢次指授, 多方行間, 冀在必成. 倘不聽命, 惟有進剿而已.

目今雨多地濘, 水過馬腹, 固難前進. 俟天晴十數日, 道路乾燥, 當振起士氣, 分布兵馬, 安設火器, 決一城下之戰矣. 關白如來, 我兵千里孤懸, 衆寡不敵. 則將王京以東居民收拾, 彼野無所掠, 王京以西臨津一江乃要害, 多設勢卒及大將軍等砲[4a]火器以守之. 倘再勢急, 難以支持. 當於開城、平壤、義州沿江等處, 分布屯守. 是亦坐困之策. 未識台臺以爲何如, 容另陳請敎也.

朝鮮民間止用粟帛, 不用銀錢. 幸臺下得請犒賞兵士銀兩, 某欲求抽出一二萬兩, 京中買青紅藍布十餘萬匹, 轉僱車脚解賞, 以便使用. 此實將士之所深樂者. 臨、德倉糧, 恐難卽至. 以天津儲糧先發, 此中隨以臨、德者補之, 更便. 山東田道申呈, 止糴三萬. 某急移檄限足前數. 此乃今日萬分喫緊事也. 統望留神爲禱.

某蒙皇上重委, 臺下噓植, 今日心力殫竭, 止此區區一身, 付[4b]之不有. 何況多口議哉. 聽之而已. 惟臺下覆疏中, 萬勿敍某微勞, 庶可以消彌媒蘖. 此則殷殷所望於同心者, 勿謂虛談而忽之. 幸甚幸甚.

7-4

報王趙張三相公書 권7, 4b-5a

屢接相公手札, 蒙諭時未可乘, 且宜堅守. 某遵奉指授, 思得, 倭奴遠棲異國, 所恃惟在糧餉. 彼龍山堆積一十三倉. 某命李提督, 遣將士帶取明火等箭燒之. 二十日往彼擧箭燒盡無遺. 倭奴雖列營分守, 不敢來救. 又咸鏡倭奴, 畏我襲擊, 併歸王京.

夫度其糧少, 似難久持, 但我兵天雨地濘, 亦難進剿. 姑且分守開[5a]城、平壤等處, 以待機會. 謹具塘報呈覽, 餘不敢贅.

7-5

報石司馬書 권7, 5a-6a

某承臺下重委, 肺腑之愛. 筆不能謝. 今廼幸藉指授, 得奏平壤之捷. 昨小疏題敍, 某非敢邀功. 目今王京、咸鏡等處未下. 所賴文職, 選將練兵, 轉餉製器, 所賴武職, 披堅執銳, 冒險先登. 以故預求陞賞, 勵其將來, 冀收完績, 以報皇上與臺下爾.

其求加職銜, 廼李提督所欲激勸將士, 再四稟請. 且查閱視幷舊時經略常規, 非敢孟浪也. 昨小揭奉覽, 已蒙回札, 卽爲題覆. 某拱手加額, 謂社[5b]稷之幸. 已將揭帖, 遍送所在督撫、按院各衙門矣. 今如復改削中止, 不惟某之體面不全, 各文武又爲解體. 某又何恃以鼓舞之.

自董役以來, 臺下日賜手敎, 無非欲破格加厚將士. 今一題敍, 衆所仰望. 臺下何獨於此, 喫緊一着, 反乃靳之. 若文職數多, 某亦具小疏, 題明各官勤勞. 非若地方督撫衙門可比. 且今日事體, 較寧夏止克一城卽可班師者, 又大不同.

伏乞臺下, 力爲主持, 速令上之. 尤望亟爲題覆, 以期後功. 兩衙門處, 亦求爲某明言, 得免參駁, 是爲幸矣. 萬不可免, 某亦付之, 無可奈何. 今日之事, 身非已有, 奚計[6a]其他. 是以萬里哀求, 只欲完此國事. 惟臺下始終憐而垂軫之, 幸甚.

7-6

又 권7, 6a-7a

又啓. 某小疏發時, 對天自矢, 毫不敢私. 除三軍將士外, 卽某與李提督、二贊畫各標下材官、策士、雜委及承差吏辦之流, 雖曰未經戰陣, 其人或條陳、或計議、或占候、或課算、或辨給而有口才、或機械而能幹辦、或勇敢捐軀而肯入賊巢. 總之有益軍中, 則不拘資格, 識而拔之, 使入行款,列於疏中. 然亦摘其一二功之尤者, 實非濫及. 其他名雖在陣, 核無實功, 曾不敢[6b]假借以溷鉅典.

昨在本部時, 司中曾有一二書吏, 及有藉勢將官, 屢屢懇某綴名, 某寧任怨必不從之. 今臺下已蒙先允, 隨覆中止. 得非此輩流謗乎. 今軍中指麾將士, 鼓舞機宜, 全藉此疏.

倘以文官難於覆本定奪陞賞, 不佞今已具疏上請, 至覆本時, 只用一句推入, 吏部另行題敍, 似於尊臺亦無碍也. 今乃閣置不上, 非惟致將士生疑而有懈心, 且使某何顏立諸官之上, 號令三軍耶. 目今糧艱兵弱, 天雨地濘, 進剿未得. 仍求臺下大破常格, 力爲主持之.

某性迂直, 不合時流. 此行萬里孤踪, 百凡止賴臺下一人耳. 惊緒[7a]縷縷, 惡能一一. 俱當縱有出入, 咸望委曲斡旋. 不然, 惟去而已矣. 某非敢捎勒, 非敢邀功. 祇以事體重大, 不得不懇懇於翁臺也. 惟望終始垂憐, 俯體鄙意, 大爲造就. 萬禱.

7-7

敍恢復平壤開城戰功疏 권7, 7a-21b

一爲仰仗天威, 救援屬國, 三戰三克, 恢復平壤、開城等處, 斬獲倭級累千, 恭報奇捷, 倂敍獲功將士, 懇乞聖明, 亟賜破格優錄, 以勵人心事.

行據贊畫兵部員外劉黃裳、主事袁黃會呈:

職等查勘得, 先於萬曆二十年十二月內, 節奉經略衙門指授, 方略委職二人, 會[7b]同提督李如松, 隨軍東征, 一應軍中進止機宜, 俱聽同心計議.

又蒙密囑, 職等如至平壤, 分兵三哨. 先列火器, 後列車徒, 騎兵繼之. 奇出兩翼, 伏設江東, 佯攻其堅, 間抵其瑕, 佐以明火、毒火等箭, 將軍、滅虜等砲, 焚薰搏擊. 俱遵照朝夕講求.

於本月十六等日, 親隨大兵東進. 二十五日誓師渡江. 二十九日至朝鮮國地名良策館. 據哨探家丁蔡文秀報至提督軍前, 探得倭將要起兵十餘萬, 殺到義州. 又造遮箭牌, 要與大明兵交戰.

本日又據都司錢世禎報稱: "倭賊多造長梯, 城上夜間燃火警守." 及據遊擊沈惟敬、撫用倭巢[8a]通事張大膳報說: "倭將說, 關白文書來催兵馬, 先發遼東住營, 日本地方造大船無數, 二月發兵到處起岸." 等情.

該李提督看得, 倭酋狂逞, 必欲入犯. 前約退王京者, 實彼緩兵之計, 催兵急進.

至二十一年正月初四日, 行至安定館. 倭先鋒平行長, 遣將吉兵、覇三郎, 通事張大膳, 引倭通共二十三人前來. 以接沈惟敬爲由, 其實細探我兵虛實. 提督卽傳命, 宴吉兵、覇三郎、張大膳於內, 宴二十人於外. 意欲生置之, 不意李寧、雷應坤等手下家丁, 不知主將之意, 亂行殺戮. 生擒吉兵、覇三郎, 其餘斬首. 逃走七倭歸報城中, 益[8b]加嚴備. 然出其不意而戮其前鋒, 倭將已心驚於倉卒間矣.

李提督因按李寧、雷應坤之罪, 綁縛轅門, 要行斬首. 李如栢同諸將哭告免死. 重責李寧十五棍, 雷應坤三十棍. 且告李如栢等, "汝輩違吾, 將令亦必梟首. 決不汝貸." 將士聞之, 皆股栗失色.

初六日, 提兵直抵平壤, 近城安營. 同諸將及沈惟敬, 遶城相度. 看得, 平壤東、南二面臨江, 西面靠山陡峻. 北面牡丹峰臺高聳, 最爲要害. 倭雄據四面, 設拒馬地砲陳兵以待, 徘徊觀望, 急難進攻. 乃遣南兵一枝, 幷朝鮮兵, 攻牡丹臺以試其鋒. 不克, 佯且退營. 是夜, 倭兵突出偸[9a]襲三大營, 知我有備而退. 提督因遣張大膳進城, 諭以禍福.

初七日, 霧氣四塞. 午時, 大膳回報, "約退兵三十里, 寫降書投服." 李提督知其詐僞.

初八日, 五鼓造飯, 黎明分布諸將. 楊元領中哨, 攻小西門, 李如栢領左哨, 攻大西門, 張世爵領右哨, 攻西北城角. 止留東門一面, 以示圍師必缺之意. 卽傳號令, 許以先登者, 賞銀一萬兩, 世襲指揮使, 爭割首級者斬. 提督往來城下, 一卒稍退, 輒手刃之. 由是三軍齊奮, 呼聲震天. 無不以一當十. 前軍被殺, 後軍繼至.

時倭奴盡列城上, 旗幟旋邅, 約圍二十餘里. 鳥銃鉛子, 飛下如雨, 中[9b]者無不立斃. 有鉛彈一枚, 而穿透二人者. 女墻垜口, 復射邊箭, 拋擊石塊. 各將士皆奮不顧身, 併力攻取. 從卯至未, 戰氣愈勵.

副將楊元, 親率本營將士, 先以明、毒火箭及諸火砲, 一齊射打, 乘勢攻城. 家丁丁景祿被鳥彈打死. 楊元奮勇不顧, 由小西門先登. 戚金繼之, 隨令家丁把總楊世隆等, 將小西門砍開. 張世爵、錢世禎, 由北城先登. 李如栢、李寧、李如梅、方時輝、谷燧、楊紹先, 皆從大西門殺入. 是時, 有城倒被壓, 衆軍踐踏.

從磚石之下, 跳躍登城, 如駱尙志者. 有鉛子傷胸, 血流股踵, 督軍不休, 如吳惟忠者. 李芳春箭中[10a]咽喉, 射穿右膊. 李如梧鉛子擊穿左臂. 方時春觸中毒火. 五人者俱帶傷不顧, 殺入城內.

李提督馬被鳥銃擊死, 換馬馳戰. 觸冒毒火, 鼻孔血流, 猶左右指揮, 往來督陣, 神色不變. 李如栢頭盔, 亦被銃擊, 幸有襯盔綿厚, 未至重傷.

大城旣破, 我兵四集. 雲湧風馳, 雷轟電掣, 健馬奔衝, 短兵相接.

賊盡摧伏柵下. 火箭飛射中者焚、觸者死. 而倭將頭目率賊六七千, 竄匿所構子城風月樓中. 又倭賊五六千, 屯聚館驛臺後山坡二處.

李提督令卽救朝鮮被擄男婦一千餘名, 發平安道布政使李元翼, 安插寧家訖. 是日火箭火砲[10b]齊發, 樓臺房屋, 烟火大作, 倭被火焚砲擊火箭射死者各無算.

復據查大受家丁查應奎口報: “初九日, 於牡丹臺側甕城屋內, 見被火箭焚燒倭死者二三百人. 平壤城中燒死者無數. 焦臭沖天, 穢聞十里. 平壤東面江臨城下, 倭跳城奔走落江溺死者, 又不計其數.” 比因天晚, 暫令收營. 計臨陣斬獲倭級一千二百八十五顆, 奪獲馬二千九百八十五匹, 倭器四百五十二件.

李提督復料賊計已窮, 夜必逃遁. 遵照經略密諭設伏江東之計, 陰遣副參等官李寧、張應种、查大受、祖承訓、孫守廉、葛逢夏等, 領精兵三千, 趨江東[11a]小路埋伏.

倭果扶傷從小路宵遁. 李提督率同楊元、李如栢、張世爵等, 由大路追逐不及. 小路伏起, 斬首三百六十二顆, 生擒倭賊得兒半、在順、二郎三名. 餘賊棄甲拋戈奔走. 官兵因轉戰馬弱, 不及窮追, 收取所遺器械.

通計前後共斬獲首級一千六百四十七顆. 查出倭將頭目二十五顆. 內奉旨有名酋首三名. 遊擊李如梅斬獲一名宗逸舍丁, 楊鶴祥斬獲一名平秀忠, 團花戰袍一領, 家丁張光先斬獲一名平鎮信. 俱遊擊沈惟敬辯認. 生擒酋首五名, 吉兵、覇三郎、得兒半、在順、二郎, 倭巢通事一名張[11b]大膳. 焚溺死者約有萬餘.

李提督以平壤新復, 申明經略號令, 秋毫不許有犯, 三軍肅然. 職等, 亦牌行朝鮮陪臣李元翼、金守顯等將, 各身屍掩埋訖. 其陣傷將官李芳春、吳惟忠、駱尙志、李如梧、方時春, 原領官兵, 暫行委官管束, 候各官金瘡平復交代. 查計各營陣亡官丁七百九十六員名, 陣傷官軍一千四百九十二員名, 在陣射死馬騾五百七十六匹. 并有功人員、斬獲首級, 職等遵同經略本部查驗, 照例解送遼東巡按查驗訖.

等因.

又據提督李如松揭稱, 攻取平壤及各將士獲功緣由, 開報到臣. 與贊畫二臣所報, [12a]大略相同. 續據提督李如松揭報:

> 臣節據前鋒哨探原任副總兵查大受稟報: "平壤奔遁幷黃海等道散去倭賊二十餘萬, 併集王京. 以精銳數萬, 據守開城, 迎敵我兵. 勢甚猖獗." 等情.

> 臣慮春風漸南. 朝鮮地暖, 正月初旬, 時若季春, 江河解凍. 若不乘此, 屯聚進剿, 恐其飄忽海洋, 爲患甚大. 臣以平壤旣克, 已震天威, 進取王京, 勢如破竹. 隨令副將李如栢, 於該營幷副將楊元、張世爵營, 共選精兵八千名. 遣李如栢統領前鋒先發. 臣率諸將接連前進.

> 隨據李如栢稟報: "十九日直近開城. 放火搜山, 陳兵列營. 城內賊衆, 望[12b]風逃遁. 本官據城, 領兵進襲. 前有大江, 地煖冰開, 尋踪追襲過江. 賊衆以精銳收後, 箚營對敵. 本官因賊衆我寡, 奮率三營兵丁, 夜襲砍殺, 賊勢大潰. 當陣斬獲首級一百六十五顆, 奪獲倭馬二匹, 盔甲刀銃倭器共八十七件. 陣亡軍丁馮仲說等六名, 陣傷兵丁高得功等六十七名. 射死馬三十五匹, 被傷馬四十四匹." 開報到臣.

> 該臣看得, 開城雖復, 其附近王京幷東西各道, 俱有倭酋據守. 臣遣副將楊元、張世爵, 各領原統將領等官, 率兵分襲. 臣居中調度攻擊. 各道之賊聞知開城失守, 奔歸王京. 自平壤以至開城, 五[13a]百餘里界內, 平安、黃海、京畿、江源四道, 中和、黃州、鳳山、瑞興、平

山、牛峰、江陰、白川、長湍、豐德、坡州、交河、金浦、通津、陽川、仁川、原川[39]、春川、金化、鐵原、金城、淮陽二十二府郡縣, 悉歸朝鮮. 其逃避山澤人民, 相率復業者, 不下數十萬. 職遵經略指授, 嚴禁官軍不許秋毫有犯. 除斬獲首級, 并奪獲倭器等項, 另行解驗外……

等因.

又據提督李如松揭報:

本月二十六日, 職先遣原任副總兵孫守廉、祖承訓, 遊擊李寧等, 選領精兵三千, 前鋒哨探王京道路, 以便進兵埋伏攻取. 去後, 二十七日, 職率副將楊元、李如栢、張世爵等, 選帶兵丁[13b]二千, 親去踏看, 至馬山館, 離王京九十里, 留楊元領兵一千繼後. 職與李如栢、張世爵等, 領兵一千, 前行至碧蹄館, 離王京五十里.

聞報我兵與賊對敵, 職卽督兵馳至. 見得各將因賊勢衆, 方在遲疑. 職當卽奮喝將士, 如敢畏縮不前者斬首. 於是官兵齊上與賊砍殺一處.

從巳至午, 賊衆接續愈添. 分布沿山遍野, 由兩山夾空, 將我兵圍住. 內有賊首一人, 身披金甲揮兵, 將職圍匝數重. 比李如栢、李如梅、李如梧、李如楠、李寧等, 貼職身邊, 併力射砍. 李如梅箭中金甲, 賊首面目落馬. 賊衆擁扶, 哭聲動地. 賊見我兵勇猛, 不[14a]敢衝突. 又副將楊元領參軍鄭文彬等各親丁兵馬, 急來接應. 砍入重圍, 賊方稍退.

職乘亂奮, 率楊元、李如栢、張世爵等, 并中軍旗鼓官王希魯等, 冒死衝砍, 殺賊數多. 因賊衆, 不得割取首級. 比遊擊李寧, 爭前殺賊, 當被砍傷左手, 銃子擊穿左脅甲葉, 未曾重傷. 孫守廉砍傷右膊. 職親丁指揮李有昇手刃數賊, 被賊誘去, 鉤扯落馬支解. 職喝官兵爭前砍殺, 賊卽披靡大潰. 我兵乘勝追逐. 當陣斬獲首級一百六十七顆, 內有賊首七名. 係遊擊沈惟敬、通事張大膳辯驗明的. 奪獲倭馬四十五匹, 倭器九十一件. 比賊退奔, [14b]因稻畦深陷, 馬難馳驟, 不及窮追. 收兵回營.

查計陣亡官兵李世華、賈待聘等二百六十四員名, 陣傷官兵四十九員名, 射打死馬二百七十六匹. 職謂此番之戰, 原爲踏看攻取地形, 不意猝遇大敵. 職以五千孤軍, 衝擊數萬勁寇, 得以斬獲微功. 非職等之力, 實仰賴我皇上天威遠震之所致也.

且續據哨報: "是夜, 王京城內哭聲不絕. 因渠魁中箭身死, 又殺傷賊酋甚多."

等因.

除如松俱另行具題外, 臣將如松揭報開城、碧蹄功次, 幷獲功人員, 行贊畫二臣查覈. 俱各呈報到臣. 及[15a]首級俱經臣查驗, 照例解送遼東巡按覆驗訖.

該臣詳查, 諸臣先後所報相同, 俱各是實. 是役也, 以寡擊衆, 以勞攻逸, 走千里而趨利, 頓兵孤懸之地, 皆兵法所深忌而犯之. 乃能一戰而取平壤, 再戰而取開城, 三戰而碧蹄館又復斬獲. 界內平安、黃海等道, 中和、黃州、鳳山等二十餘郡縣, 悉還朝鮮. 殲其渠魁, 戮其醜類. 雖碧蹄之戰, 我軍亦有損傷, 然事在倉卒, 如松親率將領, 奮勇血戰. 以寡擊衆, 射死倭酋, 砍殺倭衆, 彼實退敗. 前後通共斬獲倭級一千九百七十九顆, 生擒酋首五名. 奪獲倭馬三千三十二匹, 倭刀、鳥銃、[15b]盔甲等器六百三十件.

創百年梗化之凶頑, 復累朝恭順之屬國. 夫豈人力能至此哉. 良由我皇上法祖敬天, 親賢圖治, 念東征氷雪而大賚帑銀, 思西討功勳而亟催題敍. 以故百將感激齊心, 三軍歡呼用命. 興滅繼絶, 威靈不震於華夷, 伐暴除殘, 神武布昭於今古. 臣謬膺重寄, 慶幸何勝. 至於廟堂嘉謨, 輔臣成算, 預授征剿之策, 致收廓清之功. 臣遵例不敢稱敍外, 所據節次獲功人員, 相應敍錄.

主將提督李如松, 驍勇絶倫, 精忠奕世. 兵機疾如風雨, 能移趙壁之丹旌, 號令肅若雷霆, 何羨唐家之白[16a]馬. 寧夏方收偉績, 朝鮮更奏奇勳. 相應特敍爲諸將之冠也.

領兵將領, 如中營副總兵署都督僉事楊元, 兩手如龍, 一身是膽. 冒堅鋒而不避, 督死士以先登. 左營副總兵署都督僉事李如栢, 將門將種, 有勇有謀. 奮虯髯以翼陣, 橫龍劍以奪門. 右營副總兵署都指揮僉事張世爵, 材多沉毅, 名負驍雄. 身先士卒而長驅, 足蹋城樓而直上. 此三臣者, 首建奇功, 所當優敍. 在楊元、李如栢, 俱應加都督同知職銜, 張世爵應加都督僉事職銜. 仍俱應比照蕭如薰例, 遇有鎭守員缺推用者也.

偏裨將領, 如李芳春、戚金、錢世禎、吳[16b]惟忠、任自强、李如梅、駱尙志、高策、楊紹先、李寧、李如梧、谷燧、方時輝、方時春, 鼓衆登城, 奮勇殺賊. 冒矢石而爭進, 擁砲火而突攻. 內李如梅射軒酋首, 李芳春、吳惟忠、駱尙志各被重傷, 尤當超敍, 與戚金、錢世禎、任自强、高策、李寧俱應加副總兵職銜. 方時春、李如梧亦被重傷, 與楊紹先、谷燧俱應照加參將職銜. 方時輝應加遊擊職銜, 以示激勸. 遊擊沈惟敬數入倭巢, 建功屬國. 納貢之說, 雖出無憑, 緩兵之計, 的有可據. 相應倂敍, 應加參將職銜者也.

分統將領等官, 王有翼、張應种、蘇國賦、趙文明、梁心、高昇、周弘謨、王問、[17a]王維貞、孫守廉、祖承訓、查大受、吳希漢、郭夢徵、葛逢夏、陳邦哲、葉邦榮、佟養中、胡鸞、趙之牧、王必廸、徐輝、周易、張奇功、章接、李都、婁大有、施朝卿、霍九臯, 以上諸將, 共懷報國, 克破堅城. 率死士而爭先用命, 奉將令而陷陣摧鋒, 均應並敍. 在見任者, 相應陞級, 原任者, 相應復職. 內王維貞係原任副將, 佟養中、趙之牧係原任遊擊, 爲事遣戍. 今各斬首三級, 功浮於罪, 相應開伍復職者也. 寬奠副總兵佟養正, 遼東都司劉應祺、張三畏, 隨征遊擊宋大斌, 都司吳夢豹, 或偵探倭情於敵巢, 或償運糧儲於異國, 或整飭軍器於戎[17b]行. 此五臣勞苦功高, 相應照加職銜.

隨征參軍, 如原任潞安府同知鄭文彬, 原任壺關縣知縣趙汝梅, 取用候選縣丞王汝賢, 才能應變, 謀足當機. 請長纓而志在鯨吞, 收壯士而身親血戰, 均宜優敍. 內鄭文彬、趙汝梅, 應破例俱復原官, 或量陞擢用, 以備邊材之選. 王汝賢應量行陞級, 俟回部日, 除授州判之職者也.

隨征督陣中軍旗鼓等官, 原任遊擊王承恩, 原任守備張九經、王希魯、胡澤、許國忠、柴登科、吳大績, 千把總官顧可教、唐堯臣等, 質本豪雄, 志俱遠馭. 握奇而決策定謀, 略陣而搴旗斬馘. 並應優敍, 或復原職, 或量行[18a]加級. 顧可教等先應授以衛鎮撫之職, 與譚宗仁等, 遇有守把員缺推用者也.

隨征策士吳宗道、呂永明, 術數可徵, 兵機多驗. 文學堪充記室, 權謀可備將材, 亦應併敍, 授以應得武職者也.

其餘隨征督委領哨、練兵守備、旗牌千把總、武舉等官, 傅廷立、楊大觀等以上各官, 或摧堅破敵, 或冒險衝鋒, 或造戰車, 或製火器. 多有斬獲之功, 堪裨軍旅之寄, 俱應通敍. 內王道、趙得祿、趙應爵、張汝翼、秦希曾, 俱本兵咨送, 與李元相、曹養性、張玉詹、鞠養、鄭一道、趙之璧、李如楠、趙汝瑚, 俱量行加級. 方應科、杜九德、柴逢春、魏將大、于[18b]世科、楊文哲、胡應元、余應機、王應斌、沈懋時, 俱量授所鎮撫職銜者也.

至如發縱指示樞筦重臣, 職不首敘, 何以激內外將吏之心, 而奮東征士卒之氣也. 爲照, 太子少保兵部尚書石, 眞心爲國, 確志籌邊. 禦倭虜而日夜焦思, 任將士而慷慨垂泣. 外彰撻伐, 機通玄菟之城, 中主陰符, 兵洗淸川之水. 且臣日接手書, 皆出奇謀祕畫, 臣遵方略而行. 是今日之捷, 實出於星也. 臣何功焉.

用命者固由將士, 司命者實係糧儲. 戶部尚書楊, 倜儻宏猷, 淸貞間氣. 家傳兵略, 度支而將士歡騰, 國有儲胥, 轉運而海陸共進.

兵科[19a]都給事中許弘綱, 抱精靈英妙之才, 運揮霍雄沉之氣. 兵垣明於說劍, 而捷似承蜩, 軍略閑如弄丸, 而聲同鳴鳳. 俱由簡在宸衷. 臣亦遵例不敢妄議.

職方淸吏司郎中楊應聘, 謹勅之度, 雅有沉機, 端敏之材, 良多勝算. 內外寔藉其運籌, 文武獨兼乎經緯, 最宜顯擢者也.

贊畫兵部員外劉黃裳, 經綸實學, 文武弘猷, 置器則妙運於一心, 借箸則勝收於千里. 驅馳異域, 茂建軍功. 亟當破格超陞京職者也.

經理糧餉戶部主事艾維新, 斤斤守法, 款款中程. 履殊方而跋涉惟艱, 司軍餉而拮据獨苦. 百計經營, 三軍藉賴. 所當[19b]優敘者也.

解銀兵部主事黃杰, 奉使勤勞, 持身廉幹. 皇恩覃布而歡動邊隅, 戰士奮揚而功昭屬國. 亦當並敘者也.

標下管理錢糧河間府通判王君榮, 才猷廉敏, 心計精明. 督餉而出納惟公, 談敵而機宜更著. 相應陞級, 授以同知職銜, 以備邊道之用者也.

賞功經歷陳勳、沈思賢、張忠、都鍾, 都司經歷陸應庚, 解銀主簿鄧明易, 算籌有格, 典守無私. 履異域而不憚馳驅, 委制器而率皆措辦. 亦應分別陞賚者也.

四鎮督撫司道等臣, 俱同心戮力, 協贊成功. 如原任薊遼總督, 今轉協理戎攻侍郎郝杰, 威振殊方, 山川咸屬其指[20a]顧. 志勤共濟, 兵馬實藉其調停發遣, 及期折衝獨勝. 所當首敍者也.

巡撫遼東都御史趙燿, 匡時偉略, 命世奇材. 當虜急而特念倭艱, 既分兵而尤勤運餉.

巡撫順天都御史李頤, 素裕文經, 尤閑武略. 念輔車之相, 倚遣馬步以應援.

巡撫山東都御史孫鑛, 氣搖山嶽, 胸湛氷霜. 恢恢數萬甲兵, 表表一時豪傑.

巡撫保定都御史劉東星, 志急於防海, 力勤於募兵. 盡心几席之間, 收功海島之外.

以上四臣, 功當並敍. 內趙燿當倭患剝膚之時, 值虜騎跳梁之日, 從容定計, 來往運籌, 尤當優異者也.

巡按遼東監察御史李時孳, 邊[20b]疆利器, 樽俎奇英. 軍務甚繁, 不動一毫聲色, 虜情坐照, 獨揚千里威名. 雖例無敍錄, 而功實顯著.

遼東總兵官楊紹勳, 智練機符, 雄當重鎮. 代長城而北摧黠虜, 分精兵而南禦强倭. 此一臣者, 獨膺艱巨, 協贊成功, 當爲優敍者也.

遼東糧儲郎中王應霖、永平糧儲郎中陳鳴華、薊州糧儲郎中陳履、密雲糧儲郎中陳一簡, 悉心經理, 協力轉輸. 人無半菽之虞, 馬有三芻之備.

山海關主事張棟, 司鑰而奸宄風淸, 借籌而海氛電掃.

遼海分守右布政韓取善、山東海防兵備按察使田疇、海蓋兵備參政郭性之、開原兵備副使張[21a]稽古、密雲兵備副使王見賓、天津兵備副使梁雲龍、遼海分巡參議馮時泰、薊州兵備僉事楊植、永平兵備僉事楊鎬、寧前兵備僉事楊時譽、原任遼海分守參議今陞陝西副使荊州俊, 以上諸臣, 雖官居異地, 皆義急同舟, 或攄誠殫智, 而措置海防, 或獻策畫圖, 而機符闖外. 戎兵克詰, 整飭俱勞. 內荊州俊雖經陞任, 然積糧治器, 首濟軍興. 韓取善雖爲新任, 然運餉發兵, 獨肩重任. 俱應優敍, 分別陞賞者也.

隨帶書吏吳曰昇、贊畫書吏吳繼周、提督書吏錢學易, 當羽檄交馳, 軍書旁午, 身適異國, 勤勞尤倍. 應俟各役三考[21b]滿日, 量准考中收選者也.

再照, 指揮同知李有昇, 素負材勇, 屢立戰功, 方擬敍陞. 一朝死難, 情實慘傷. 相應破格優恤, 以慰忠魂者也.

伏乞皇上, 軫念東征將士, 功出非常, 見今用命疆場, 尤當激勸. 勅下兵部, 卽行破格, 分別陞敍, 議覆頒賜軍中, 使各將士益知感奮. 其首級獲功人員, 應陞應賞, 一面聽遼東巡按御史, 照例查覈, 另爲擧行. 陣亡、陣傷官丁, 並乞從厚優恤. 生擒倭將等已經解送兵部, 應否獻俘, 聽徑行議處施行. 庶恩威並濟, 海氛盡掃矣.

7-8

題中明文武並敍疏 권7, 21b-24b

[22a]一爲文武同功, 事應並敍, 謹再申明, 以昭公道, 以收全勝事.

近該臣查明平壤獲功緣由, 及各有功員役, 具疏題敍訖. 顧披堅執銳在武士, 運籌決策在文臣. 武則耳目昭著而易見, 文則事業隱微而難知. 要之, 文德、武功兩相協贊.

臣今敍平壤等功, 而並及督撫司道等文臣. 迹涉於市恩, 事同於邀譽. 若不冒昧, 再爲申明, 萬或有議及臣疏爲濫者. 非惟臣心無以自明, 各官功績亦不能表見矣.

臣於去歲奉命經略, 自九月二十六日陛辭出京. 而一應軍火、餱糧、兵馬、器械, 毫無所備. 及至薊門, 而屬國望援甚急, [22b]嚴旨督發甚殷. 臣是以一面移文督撫, 借調各路軍兵, 一面在薊、保二鎮, 卽行薊、密、永、覇、天津等道, 備辦焰硝硫黃各數萬斤, 督造火箭各十餘萬枝. 明火、毒火等藥, 班貓朝腦等料, 鉛彈、鐵子、鐵蒺藜等件, 分委置買者, 多至數十萬, 少亦不下數萬斤. 及大將軍、滅虜等砲, 皆造發軍前應用. 若修飭海防把守險隘, 久出前項器數之外矣.

在遼鎮則寧前、海蓋守巡等道, 復備軍餉、緝鹹牌、造戰車、修海船、置辦鐵木鞭棍、轉輸兵馬芻糧. 而防海又其最急者矣. 若山東、登萊等道, 發銀買糧, 練兵防海, 遙爲聲勢. 其戶部糧儲接濟山[23a]西宣、大、薊、遼、保定以及浙、直、川、廣等兵.

糧餉草料爲三軍司命, 又不待枚擧矣. 而總之主持者, 則督撫諸臣也. 至於料敵而陳進止之機, 定計而明戰守之略, 臣皆虛心採納, 見之施行, 又不能備述矣.

他如臣幕中標下參軍、材官、策士等項, 有係本人自經具題報效, 部覆其可用而來者, 有係臣廉訪其才能, 咨取各衙門而至者, 有按劍仗策, 按謁軍前, 考試其藝術而留者. 此輩或謀藏六出之奇, 或智運七書之秘, 或捐軀直入敵巢, 或魁梧彈壓衆望, 或辯給有口才, 或機械能幹辦, 或計倭情, 或占風角, 紛紛藉藉, 各盡所長. [23b]雖其品格限於資局之中, 然識見超於稠衆之外. 臣皆隨才器, 使協贊東征. 然亦擇其尤者敍之, 以昭激勸, 而實不敢泛及矣.

臣又以破倭必在寒月, 恐各司道等官, 承委玩延誤事, 屢遣旗牌官, 刻期催促. 先期者定行薦揚, 後期者定行參治, 以致各官晝夜苦心, 甫數十日而皆畢. 前件僅百日而平壤報捷, 固將士奮勇之功, 而揆厥所由, 使器械不備, 芻糧不充, 群策不擧, 群力不奮, 恐空拳卒難於搏虎, 巧婦不能炊無米也. 惟彼此劻勷, 乃克有濟.

今當論功陞賞之時. 若拘攣舊套, 規避嫌疑, 敍錄止及將領, 不及各官, 則違[24a]誤有罰, 勤勞無功. 是謂得魚忘筌. 非惟於懋賞大典有缺, 卽今王京之倭, 尙爾結聚, 與之相持, 方賴各官等始終協濟, 期收全功. 若使失信至此, 更何以激其將來之心. 又何以塞臣先入之語, 而收異日之效也.

且恢復異國, 斬級累千, 與尋常報功內地者, 委爲不同. 因是於敍疏中分別開載, 以昭公道. 卽有一二擬敍稍優, 或竟坐陞職加衛官銜者, 非臣敢自擅便. 臣實酌其功能建樹, 應該爲此. 且查有西征經略, 及年來閱視等例相同. 故敢開報天日照臨. 臣斷不敢以國家名器容悅人心, 將無功者混開希冒. 誠恐有見[24b]臣之迹而不察臣心, 致生議論. 故不避斧鉞, 再爲申明.

伏乞皇上, 俯念同功一體. 兵家喫緊, 鼓舞機宜, 正在於是. 而王京諸倭, 見在相機進取, 勅下兵部查臣敍功疏內文武等臣, 大破常格, 亟爲議覆施行, 庶人心益奮, 全績可收. 臣無任惶悚, 祈懇之至.

7-9

與李提督書 권7, 24b-25a

昨承遠顧, 深感深感. 面悉之事, 俱出肺肝. 某生平迂直, 毫不欺人. 其面是心非之事, 深恥爲之. 今幸共事, 尙欲與賢喬梓昆玉訂久要焉. 有今日聞利害, 反二[25a]心耶.

適覩寧夏題疏, 大爲門下不平. 想後自有公論. 若今事止我二人, 幸仗神威得收完績, 不佞當極力薦之, 勒諸旂常以報血汗. 斷不食此言也. 兵革在前, 願言努力.

7-10

報三相公幷石司馬書 권7, 25a-26b

某承相公尊委, 卽捐糜以報, 亦無所惜. 昨仰仗指授, 幸下平壤, 兼之開城諸路等倭, 盡逃王京, 機似可乘. 但諸倭集倂, 其勢反熾. 王京百姓又爲腹心. 且山路險峻, 水畦泥濘, 天雨連綿, 淹過馬腹, 進剿甚難.

今雖分兵, 一駐開城, 一駐平壤, 休養士卒, 奈城中房舍被[25b]焚過半, 兵皆路宿. 且朝鮮不通言語, 不通貿易, 卽有銀錢無所用也. 況遭兵火, 蕭條已甚. 衆兵自渡江至今, 菜肉鹽豉之類無由入口. 甲冑生虱, 衣履破碎. 一遇天雨, 渾身濕透, 相抱號泣. 馬倒者且有一萬六千匹, 兵士可知矣. 某雖發價給賞, 亟行遼陽買布幷牛酒犒勞, 搭蓋舖舍, 然所給有限, 或緩不及事. 人情不安, 大有可虞.

昨贊畫、李提督、三協偏裨, 俱有印信禀帖, 請暫撤兵, 待秋冬天時地利人和在我, 然後直搗王京. 庶或可望, 是一策也. 但今幸獲平壤、開城累捷, 一旦遽撤, 我兵回散各鎭, 恐賊陰肆逆謀, 復行窺伺. [26a]我兵旣遠, 一時難以策應. 而朝鮮新敗殘破之餘, 揆之理勢, 必不能守. 至將前功盡棄, 奈何.

又思我兵久駐外國, 其餉銀必須加倍他兵. 朝鮮殘破之餘, 力難支給. 我國爲人守國, 費出不貲, 亦非得策.

訪得, 本邦銀礦甚多, 似可開做. 且其國銀錢, 絕不使用, 雖產此利, 民不知行, 亦不知爭. 礦徒盜劫之患, 不足爲慮.

某今議行求一善策, 令朝鮮輔臣主其事. 所得之利, 散給新軍作爲糧餉. 則上不煩國課, 中不累小邦, 下可鼓士卒. 況藉此厚其價值, 招致遼陽諸處客商, 往彼生理, 乘便進剿, 亦一策也. 未知相公以爲何如.

至如[26b]龍山倉糧已燒, 倭奴或難久駐. 然倭謀叵測, 未可必也. 夫執言於前, 左次於後, 俱屬兵家要法. 某未敢擅便, 星馳上聞. 伏乞相公與本兵及兵科速議示下, 以便調撤. 至禱至禱.

7-11

檄劉袁二賛畫 권7, 26b-27a

一爲官軍遠征, 勞苦可憫, 量行犒賞, 以勵軍心事.

訪得, 自平壤至開城一帶, 城堡房舍, 向被倭奴焚燒. 我軍無處安插, 野居露宿, 殊爲可憫. 近據各官稟稱: "軍士自征進以來, 日每淡食. 鹽醬腥葷並未入口, 各願思歸." 等情. 已經易買牛鹽, 并折乾酒銀, 發營犒勞.

■[27a]看得, 各營官軍救援外國, 屢獲奇捷, 目下克復王京, 期收全功. 況劉綖兵馬已至, 正在進兵陞賞之際, 何以遽興此念. 除委官差人, 買豬造酒, 及行令買辦布匹, 與軍士貿易外, 合行犒賞.

牌仰該司, 卽將發去銀二萬兩, 千總官相等者, 每員銀三兩, 把總官相等者, 每員銀二兩, 管貼隊軍士在開城住者, 每名銀七錢, 在平壤住者, 每名銀五錢, 餘官酌量差等賞給. 先將開城官軍銀兩, 令差去官員, 同該管將官面給. 事完開報. 具由先呈查考.

7-12

與李提督書 권7, 27a-27b

[27b]頃接手箚, 備述倭奴情形似有西向之意. 寶山路便, 幸大將軍遣將兵, 隄防之. 糧料不敷, 暫分西路就食. 既得轉輸之便, 又免匱乏之憂, 甚善策也. 只要使各兵聯絡不絶, 易於調遣耳.

若三軍露宿淡食苦狀, 不佞深爲惻然. 目下行文遼陽, 亟買布疋, 分給軍士. 兼販牛酒猪鹽等物, 以便買賣. 二參軍回日, 當面達此意也.

進攻一事, 雖得大兵已到, 然無機會, 亦難輕擧. 爲今之計, 惟選精銳分撥, 與朝鮮兵馬各守諸路, 乃爲上策. 其不堪將士, 留之無益, 不若早撤爲便. 惟大將軍裁之. 火器承委將官收拾, 尤藉留神. 此謝.

7-13

報石司馬書 권7, 28a-29a

[28a]初六日接手札. 承諭小疏絞文職太多, 俟王京事竣, 一倂載入. 恐兵科參駁. 愛某至意, 心感何如. 但中間事體, 不能卽如吾意. 敢爲臺下陳之.

昨平壤八道等處, 克倭之易, 以天道寒冷, 地不濘泥, 軍火器械俱備, 大將甫臨, 各兵新集, 勇氣百倍. 故軍不留行, 一鼓下之無難也.

今時則不然矣. 八道倭奴盡歸王京, 近日咸鏡一倂逃入. 其膽雖寒, 其勢實衆. 且春時海潤作雨, 連綿不止, 以致水畦浸漬, 淹過馬腹. 故爾分兵休養.

其糧餉雖足, 但食味曾無入口. 屋少兵多, 露宿草[28b]野. 馬皆倒死,兵皆疲弱. 驅之殲敵, 必不能前. 諸將意亟欲撤兵, 待時後擧. 某思我兵盡撤, 開城、平壤等處, 復爲倭有. 前功盡棄, 伊誰之責.

今且曲爲調停, 給賞馬價, 置買食物, 搭蓋窩舖, 以安軍心. 開城兵馬一枝, 令李寧等將官把守, 平壤兵一枝, 令李提督并各將官把守, 義州兵一枝, 某自率將官把守. 其間有病疲願歸之兵, 先發回營.

望臺下急催劉綎、陳璘、宋三省, 新兵一到, 分撥防守, 此一定之論也. 某隨具疏上請, 尤望臺下鼎言, 政府、兵科力主其事, 庶免後悔. 故王京之事, 必難卒竣. 如文職必待克此後題, 未知何日. [29a]倘今敍錄後, 欲調兵轉餉, 置辦器物, 孰肯應命.

然尊臺雅意又所當體. 今欲以平壤、開城、碧蹄三捷併作一本, 其中文職效勞軍中者載入, 餘則去之. 二事並請尊裁. 萬乞留神速示. 至禱至禱.

7-14

移朝鮮國王咨 권7, 29a-30a

一爲倭情事.

據李提督稟稱: "二月十八日, 差家丁查慶等, 同朝鮮通事, 哨至王京東門外. 遇見倭奴四名打草, 各丁卽向前射砍. 三賊跑走, 活捉倭奴一名愼入羅, 到職. 譯審." 等情. 到部.

照得, 本部奉命統兵, 救援屬國, 自攻取平壤以至開城及碧蹄館, 屢戰屢勝. [29b]欲乘破竹之勢, 取王京, 以全朝鮮、滅醜類, 以絶禍本. 因時值天雨, 道路泥濘, 兵馬不便馳驟, 以故稍俟晴乾.

今倭奴併集王京, 內外固守, 是待關白救援之兵也. 萬一有此, 彼衆我寡, 只得分兵拒守. 時日久遠, 所費不貲. 倘倭奴因勢敗逃遁, 或因許通貢走回, 該國地廣兵微, 防守頗難. 若欲議留中國官兵, 該國糧匱不敷, 犒賞不及. 自救援以來, 中國已費數十萬金. 軍士尙爾淡食. 若欲強留, 久必生變. 如中國之兵, 盡數撤回, 倘倭奴覘知, 復犯該國. 兵力既單, 戰具無備, 不可不爲遠慮也.

合行移咨前去, 煩爲督令該國陪臣, [30a]會同大小官員, 悉心講求, 廣集衆議. 目今倭奴設有救兵前來, 除中國兵馬分防外, 該國兵馬應該作何拒守, 糧料草束何處搬運、有無足用, 若倭奴逃去, 我兵凱旋, 王京、平壤、開城等處, 應撥何處官軍, 作何守禦, 若倭衆復來突犯, 應該作何拒堵, 軍兵是否足恃, 器械有無完備, 能否保全, 若欲請留中國之兵, 應用糧草、器甲、軍裝作何備辦, 有何銀兩堪以動支, 若糧草不敷, 器具不備, 留之必難, 八道官兵應否召集, 逐一從長酌議明悉. 文到五日內咨復前來, 以憑酌處施行.

7-15

與李提督幷二贊畫書 권7, 30b

[30b]昨聞平行長移書沈惟敬, 懇求封貢東歸之意. 似乎近眞. 故不佞特行宣諭, 開其生路. 既不傷上天好生之德, 亦不失王者仁義並行之道. 此諭, 幸門下卽發王京. 倭如聽從, 亦不戰而屈人兵矣, 功亦非細.

適接邸報, 捧誦聖諭, 意在盡剿. 我兵疲弱者, 以新兵代換, 謹錄奉覽. 聖意如此, 吾儕豈得生退心耶. 惟在調停諸軍士, 使之得所耳. 幸同心共成此美, 是望.

宣諭平行長 권7, 30b-32a

[31a]欽差經略薊遼保定山東等處防海禦倭軍務兵部右侍郎宋, 示諭平行長等知悉.

近准太子少保兵部尙書石咨會. 爲照, 天朝自建國以來, 威震外夷. 卽雕題、鑿齒之邦, 莫不臣服. 日本久居南海, 未奉王化, 已屬不道. 今乃大寇朝鮮, 侵占疆土, 劫掠貨財, 淫汚婦女, 燬燒屋舍. 甚至掘諸王墓、據王二子, 逆天背理, 人神共憤.

無論朝鮮爲天朝二百年屬國, 義所當恤, 卽覆載內有此兇殘, 王者恥之. 以故我聖天子震怒, 特遣司馬重臣, 發兵百萬, 援彼小邦, 用彰天討. 兵壓平壤, 政所以除暴救民, 故直斥沈惟敬通[31b]貢乞哀之說, 一意進剿. 不踰時而斬獲焚溺者無算, 驅兵長進開城八道等, 勢如破竹, 天朝神威亦稍見矣.

今爾輩逃集王京, 不敢抗拒, 情屬可矜. 嗟嗟, 秋殺春生, 化工不廢. 日本朝鮮, 胞與何分. 則目前悔過之日本, 卽他日效順之朝鮮. 天高地厚, 無所不容. 忍於若輩, 欲盡滅之耶.

汝等果能滌志湔非, 盡還朝鮮故土, 幷還兩王嗣以及陪臣等, 歸報關白, 上章謝罪, 本部卽當奏題, 封爾關白爲日本國王. 汝輩速宜束裝回國, 譬彼釜魚, 生還爲幸.

若或怙終不悛, 我聖天子神武天授, 將相大臣必不爾宥. 尋發閩、廣、浙、直[32a]之精銳, 薊、保、燕趙之驍雄, 且檄琉球、暹羅諸屬國, 備萬億火龍、神鴉、秘密等器, 集我猛將謀臣, 穀錢山積, 熊虎雲荗, 直擣伊巢, 盡行誅滅. 彼時悔禍, 何嗟及矣. 亟宜蚤決. 爲此, 宣諭.

7-17

檄李提督 권7, 32a-32b

一爲查放已運米豆, 以繼大軍糧餉事.

據李提督呈: "准朝鮮國王咨稱: '本國糧料已盡支放. 雖有零數, 相離窵遠, 委難濟急.' 等情. 到職." 呈報, 到部.

看得, 該國糧餉旣已支盡. 中國一時輓運不及, 各軍枵腹待哺. 勢難久候, 擬合分撥.

牌仰李提督, 卽便會同二贊畫, 除[32b]開城兵馬不動外, 將平壤軍士, 逐一挑選, 精壯者, 留住平壤, 稍次者, 留撥安州、定州等處有糧城堡. 其餘羸弱者, 令回義州. 一面催行艾主事轉運, 俟糧草稍足, 另行調集. 毋得遲延.

7-18

檄海蓋道 권7, 32b-33b

一爲遵旨專責部臣, 經略倭患事.

據管糧艾主事呈: "准海蓋道手本內稱: '臨、德倉糧, 天津召雇民間海船, 并清江廠新船, 運至遼東馬頭山交卸. 煩請差官, 於馬頭山江淺去處, 築墊臺基, 備辦苫蓆, 糧船隨到隨收, 用三板[33a]船搬運.' 等緣由, 到職. 爲照, 馬頭山原無貯糧房屋, 縱築臺備蓆. 卽今天雨常作, 不無浥壞. 乞行海蓋道, 加給船戶脚價, 徑送平壤, 以省倒卸." 等情. 到部.

看得, 臨江官船與天津民船, 由海至遼, 途路頗遠, 而馬頭山以至平壤, 僅有數程. 若以馬頭山交卸, 今稱諸所不便, 未免就延時日. 不若徑運平壤, 速卸早還. 但船戶遠來, 又係生路, 難免畏懼. 且多送地里, 脚價亦應加添, 擬合酌行.

除牌行佟養正, 差撥官軍, 沿海哨探外, 牌仰本道官吏, 卽便雇覓慣海水手, 或雇朝鮮人船, 作爲向導. 將原來運米官民船隻, 照依前途地里石 [33b] 數, 加給各價. 着令舍馬頭山徑至平壤. 行艾主事, 多撥人馬搬運速卸, 使船戶得以早還, 一舉兩便. 毋得違錯.

7-19

檄佟養正 권7, 33b-34a

一爲倭情事.

據艾主事呈:"准海蓋道手本內稱: '金州黃骨島夾江馬頭山一帶, 係倭船必由之路. 糧船由海轉運, 萬一倭奴出舟遏阻搶掠, 委屬不便. 乞要行令沿海官兵哨防.' 等緣由, 到職. 轉呈." 到部.

看得, 該道運來糧船, 誠恐倭奴邀截, 所慮周悉. 擬合撥兵防護.

牌仰本官, 卽於寬奠、長奠一帶撥兵哨探. 如遇海蓋 [34a] 道運糧船到, 卽便護送前來. 若有推諉惧事, 定行查究. 先具行過緣由繳查.

7-20

檄朝鮮忠淸等三道 권7, 34a-34b

一爲倭情事.

　照得, 本部經臨義州, 看得, 本城規制廣闊, 牆垣低薄, 且城中居民稀少, 有警不足守禦. 況西面臨江, 東南二面環海, 倘倭奴循海而西, 一帆卽至, 深爲可慮. 擬合戒備.

　牌仰忠淸道觀察使許頊、黃海道觀察使柳永慶、全羅道觀察使權慄等, 卽將所管軍兵, 於緊要去處分布防守. 如倭奴有西犯情形, 卽便飛報本部. 一面督同隣近軍民堵截, 務使倭奴不[34b]得深入, 方爲得策. 先具遵行緣由呈報.

7-21

與李提督書 권7, 34b

閱彼倭書, 其膽實寒. 乘此機會, 復示宣諭, 彼必又有書來. 此番許之鋤强之義、字小之仁, 可謂並行矣. 如或誘我, 須仗神威, 俟劉綎新兵至日, 殲滅無赦. 乃其自取, 非吾儕之過也. 若王總兵水軍、暹羅國搗巢, 或者有人虛張此說以揚之, 是未可知. 糧事, 不佞晝夜督催, 陸續可至. 謹覆.

7-22

報石司馬書 권7, 34b-35a

倭情恐臺下懸念, 未見下落, 先此奉達. 然倭奴叵測, [35a]反覆無常, 未可遽信. 此講不諧, 卽擬決戰. 劉綎兵幸將至, 若陳璘、戚子和兵, 望臺下速促之來. 此間糧餉, 義州者見有八萬石, 登萊者卽可望到. 況臨、德乎. 目下不患乏糧. 惟舊兵疲弱, 所恃者新兵耳. 況敵人聞我增兵, 卽初志不堅, 亦俛首矣. 惟臺下留意焉.

7-23

檄朝鮮陪臣尹根壽 권7, 35a-35b

一爲倭情事.

先該本部看得, 倭奴占據王京, 大兵進攻在卽, 城中居民原係逼脅, 勉强順從. 今天兵不日征剿, 自當反邪歸正, 前來投首, 免遭屠戮. 已經責差指揮王應揚等, 給與免死印帖招撫後. 近據冊報, 招[35b]撫過姓名前來, 緣無印記, 不足憑信. 擬合行查.

牌仰本官, 卽啓國王速查. 王京舊日約有居民若干, 隨王西行者若干, 順倭者若干, 近日領帖投首撫過若干、安插何處, 幷前平壤居民, 亦照王京一同, 開具的確總數, 印信公文, 限三日內呈報. 知會施行.

辯楊給事論疏 권7, 35b-42b

一爲東征擧動, 關係非輕, 懇乞聖明嚴行查核, 以昭功罪, 幷賜罷斥, 以謝人言事.

臣駐箚朝鮮, 三月初十日接邸報. 伏覩吏科給事中楊廷蘭一本. 爲銓臣敍轉宜一, 東夷報捷悉虛, 懇請[36a]聖明及時申飭, 幷乞錄用直臣, 以光主德, 以保治安事. 內前後二節, 事干吏部, 於臣無涉, 獨中一節, 大都謂. 臣平壤斬獲倭級千餘, 半皆朝鮮之民, 其焚溺萬餘, 則盡朝鮮之民. 碧蹄一戰, 士馬物故者過半, 據臣所報特十分之一. 小勝則虛報爲大, 大敗則隱匿爲小. 提督明知之而扶同, 經略明知之而緣飾等事. 奉聖旨, "該部知道." 欽此.

臣宜席藁待罪, 以聽聖斷矣. 且功有虛實, 聖明洞鑒, 廷臣共知. 天下後世自有公論, 臣何敢辯. 第欺君之罪, 法所不宥. 矧王京未下, 所藉諸將士[36b]正殷, 若血戰勤勞, 多言淆亂, 假令一旦隳心, 後效難必. 所關國家事體重大, 臣不得不披瀝於君父前也.

臣自上年八月間受命經略海上. 復蒙皇上勅責東征, 救援屬國. 臣節承重委, 泣感知遇. 矢捐此身, 以報皇上, 期復朝鮮, 以塞臣責. 及提督李如松十二月至遼陽相見之日, 臣首與訂約謂. "臣二人文武雖不同職, 皇上恩遇則均. 玆欲仰酬萬一, 惟有努力進剿, 恢復亡國. 愛恤將士與朝鮮人民, 以廣布德意而已. 若貪功徼賞, 罪莫大焉, 當以此爲戒, 仍申飭諸將, 令勿蹈此."[37a]幸如松深然臣言, 仰指天日, 共誓如約.

故大兵尙未渡江, 臣先行刊布告示, 徧貼朝鮮國中: "一. 將領統率大兵, 救援朝鮮, 秋毫不許有犯. 違者斬. 一. 將士不許妄殺朝鮮子女, 希圖冒功.違者斬.一.將士務要同心戮力, 共成大功. 參差猜忌者, 以軍法重處. 一.臨陣時, 衝鋒者, 專務砍殺, 割級者, 專務割級. 得獲功次, 聽驗功時, 以四六分頒給陞賞. 爭功奪級者斬."

臣又慮進剿之時, 倉卒恐致混殺, 復咨朝鮮國王, 命本國將官率領兵士, 一以助戰, 一以識認投降百姓. 又遣陪臣監督伊國軍兵, 因監我國將士或有妄殺者. 又預豎[37b]白旗, 令朝鮮人被倭所脅者, 俱赴旗下免死. 臣謂似此法亦備矣, 意亦周矣, 臣之心亦苦矣.

幸仗天威, 諸將士用命, 一鼓登城. 群倭披靡, 或斬級、或火焚、或水溺、或生擒. 方城開時, 朝鮮男婦赴旗下一千餘名口. 當發平安道布政使李元翼安插訖. 既而長驅直進, 中和、黃州、鳳山、開城等處, 望風奔潰. 惟咸鏡一道, 孤懸北界, 今亦逃入王京矣.

正月十七日, 本王命陪臣柳夢彪、通官李汝謹、林和梓, 十九日又遣陪臣許晉、通官朴仍儉、柳依檣等, 二次持咨謝臣. 臣皆令其至前親問, "城破之日, 本國人民有悞殺者否"二臣對[38a]以, "先是, 倭寇本國, 王徙義州, 平壤百姓隨駕西行者甚衆. 卽有剩餘, 今又望白旗奔出. 屋舍雖被焚燒, 居民實未受害." 前後對答, 如出一詞.

設臣斬獲焚溺, 果盡朝鮮之民, 是皇上命臣救援, 而臣顧屠戮之. 明有王法, 幽有鬼神, 少知自愛者不爲, 而臣敢爲之乎. 本王望臣往救, 而臣反戕害之, 是代關白而益之暴也, 彼將以讐關白者讐臣矣, 而肯以咨謝乎.

其日賊見城守不住, 棄城避入民舍. 欲效去年七月用鳥機擊打祖承訓之法, 屋內發鎗, 戕殺我軍. 不意我兵各持明火、毒火等箭, 齊[38b]發焚薰, 彼倭緩不及事, 以故燒死甚衆. 贊畫員外劉黃裳, 事定三日, 隨至平壤所居, 戶板有聲, 起板視之, 尚有餘倭潛匿在下就縛. 黃裳親對臣言,可召而問者. 以朝鮮人嘗我者, 固如此耶. 及漏網逃歸大同江口, 氷澌將解, 故溺死亦衆.

如焚溺萬餘, 盡爲朝鮮百姓, 彼何不赴白旗以求免, 乃閉戶待焚, 越江甘溺耶. 且好生惡死, 人之恒情, 朝鮮人縱愚, 必不至此. 若曰死者盡屬朝鮮人, 於日本無與, 何平壤未下之先, 八道之倭安堵平壤, 既下之後, 八道之倭盡奔王京耶.

又云, 倭奴不過佯敗以誘我. 夫佯敗誘敵, 兵家常法, [39a]容亦有之. 但陽敗者必有陰伏, 然設伏不出數十里, 邀擊止在頃刻間. 未聞五六百里倭衆悉奔而猶云佯敗者. 見今生擒倭奴七名, 臣已令人械獻闕庭. 皇上試命譯者問之, 果日本人耶, 抑朝鮮人耶. 奪獲倭衣、倭馬、倭刀、倭銃等項, 皇上試命按臣驗之, 果日本物耶, 抑朝鮮物耶.

臣前寓鳳凰城, 如松解級至臣. 臣與二贊畫僉訪諸人. 咸謂有網痕者爲朝鮮人, 無網痕者爲日本人, 水中覆者爲男子, 仰者爲婦人. 臣公同查驗內一顆仰而不覆, 似倭婦首. 即爲檢出. 其斬獲倭將, 已經如松呈報, 俱[39b]發遊擊沈惟敬及沈嘉旺、張大膳等出入倭中者辯驗是實. 臣始敢報.

見今王京百姓, 本王惡其降倭, 必欲盡戮. 臣聞之亟咨本王, 令其招徠赦免. 復遣標下官黃應揚、吳宗道、兪俊彥等, 分投給散免死帖萬餘紙. 近該國王咨報, 京城逃出男婦陸續過江, 日幾千人. 咨文見在, 可查而知也.

至於碧蹄之戰, 如松止緣踏視地形, 卒遇倭兵接戰, 我兵固傷, 彼亦大損. 互有勝負, 兵家常事. 若謂所報僅十之一, 在臣不但不敢爲, 亦不可爲. 何者.

今臣所調兵馬, 俱係宣、大、薊、遼、保定、山西等處發遣. 與督撫諸臣正轄本地兵馬者不[40a]同. 事完之日, 一一臣當發還. 且各營俱有將官統領, 死者多, 則存者少, 原冊可稽, 見在兵馬可驗. 果可以此而欺皇上耶.

曩, 倭勢方張, 中外臣工, 以平壤難克爲慮. 皇上重擬爵賞, 亦慮其難, 而欲勵將士之用命也. 幸而天兵一臨, 剿滅幾盡, 或者見其易而疑之, 因其成而忌之. 無惑乎科臣有此風聞也. 臣待罪軍中, 有能者錄, 無能者斥, 有功者敍, 無功者罰. 惟求事濟, 不避怨尤. 故流言或起憎口, 而道路多屬訛傳, 衆口未調, 實臣之罪. 臣固俛首無恨.

獨攻城時, <u>李如松</u>彈中馬倒, [40b]<u>李如栢</u>彈中盔穿, 百死一生. 彼兄弟者, 猶能奮不顧身, 鼓衆却敵. 乃誼傳者徒以妬臣之故, 掩其百世之功, 忍矣. 在<u>如松</u>世受國恩, 當置不較.

若將領如<u>楊元</u>、<u>張世爵</u>、<u>駱尚志</u>、<u>錢世禎</u>、<u>吳惟忠</u>、<u>李芳春</u>等, 奮勇登城, 揮戈直入, 身冒矢石, 甘蹈塗膏. 卽今傷者抱瘡痍, 死者委原野, 夢到閫中, 魂棲海外. 乃皇恩未受, 而功實先湑. 臣恐將士懈心解體. 何以克奏<u>王京</u>未下之績, 而仰慰皇上東顧之憂也. 臣切兢兢懼之.

再照, <u>平壤</u>報捷以來, 議論紛紛. 有謂臣舍<u>中國</u>而專爲<u>朝鮮</u>者. 有謂臣挾[41a]戰勝而務窮追者. 又有謂臣居<u>遼陽鳳凰城</u>而不亟渡江東者. 三者責臣, 均之爲國, 各有攸當, 臣亦心服.

但軍屯千里, 中難遙制, 而事機緊急, 時刻難緩. 揆之今日事體, 有不得不然者. <u>遼東</u>, <u>中國</u>門戶也, <u>朝鮮</u>, <u>中國</u>藩籬也. 關白狡雄, 垂涎內地, 特假道<u>朝鮮</u>爲捷徑爾. 不於此時一大懲創, 彼將益無忌憚矣. 故援<u>朝鮮</u>, 實以安<u>中國</u>也. 非若舍己田而耘人田者比也.

<u>平壤</u>旣下, 倭膽盡落. 不乘破竹之勢席捲而東, 倘倭勢復振, 列兵固守<u>大同江</u>東岸, 焉能使<u>開城</u>諸路一旦盡爲我有, 而爲圖復<u>王京</u>之地哉. 故今之追襲, 乘其勢[41b]也. 非若千里趨利, 蹶上將軍者比也.

<u>平壤</u>之捷, 雖由將士用命, 而軍火、器械、糧餉、料草, 實資之臣計. 去歲置造器械, 盡發軍前, 攻取<u>平壤</u>, 費用已盡. 若不及時再爲造辦, 則後

來何所資藉. 是以一面買辦藥料, 置造明火、毒火、飛火等箭, 大將軍、霹靂、子母等砲, 火龍、噴筒、飛鴉、鉛鐵子、火藥等項, 皆親行催督.

一面催併車船, 搬運糧料, 一面催調策應兵馬, 隨後繼進. 且復大張聲勢, 云經略尚在徵發浙、直、川、廣等兵, 使倭奴聞之, 亦必疑懼.

蓋虎豹在山勢也. 有如臣與提督齊渡江東, 使平壤未易攻, 開城未得進, 前兵已孤, 後兵[42a]不繼. 軍火、器械未能完, 糧食、料草未得運. 頓守窮途, 伎倆畢見, 歸則不可, 進則不能. 非惟倭得見我虛實, 卽朝鮮人亦窺我淺深矣. 此臣之春初駐遼陽鳳城者, 實非逡巡退縮畏難而苟安也.

蓋居中調度, 事理當如是也. 乃群議不察臣心, 刻意摘臣. 臣誠不肖, 有惧國事, 伏乞皇上將臣亟行罷斥, 別選能臣以代. 臣任一面聽遼東巡按御史, 嚴加勘覈. 如果一毫欺罔, 臣與如松甘坐重典, 以謝言者. 倘功係眞正, 事屬流傳, 亦望皇上少加垂察, 庶諸將之功罪得明, 而臣等之心迹亦[42b]白矣. 臣無任隕越待命之至.

7-25

與李提督書 권7, 42b-43a

兩接手札, 一言海蓋復續兵脆弱, 宜揀選發回, 甚當, 已領悉矣. 一報倭奴出迎江滸, 被我兵砍殺, 似不容已者. 但須嚴飭諸將, 止爲應敵之兵則可, 切不宜深入而啓釁也.

昨參軍報稱, "淸正率倭, 搶掠無獲." 想城中糧少, 而淸正新到王京, 舊倭或不肯讓糧與彼, 以至此乎.

且聞, 此倭與行長不睦, 如令沈惟敬說行長, 馮仲纓等說淸正, 令彼二人自相猜忌, 必至攻擊. 而我坐觀蜻[37]蚌相持, 以收漁人之利, 豈非勝算.

但中間[43a]機嗀, 須門下指授方妙. 固守江岸, 修葺山城, 只坐而困之, 其走必矣. 待其走而邀擊追襲, 當使彼無噍類, 又一策也, 均惟大將軍留意焉. 幼倭送還行長, 尤見高識. 餘不盡.

7-26

移朝鮮國王咨 권7, 43a-44a

一爲修己以安百姓事.

准朝鮮國王咨內開: "恭承明命, 任專戎務, 而體聖慈覆幬之仁, 憫小邦魚肉之禍. 旣下牌文, 以安反側, 又令曉諭, 寬宥脅從. 仁聲所曁, 頑愚革心, 爭先歸正. 其涵容之量, 拯濟之策, 並非小邦君臣所可窺測. 而[43b]藐此餘兇, 蓋不足平也. 當職感激生成, 報答無地. 遵依部旨, 將前日所下牌文, 依樣謄寫, 派送京畿管撫官司, 着令張掛曉諭. 仍差陪臣司諫院司諫柳拱辰, 前赴回話." 等因.

准此, 先該本部委遣指揮黃應揚等, 齎執免死帖, 前赴王京左右郡邑, 同該國陪臣遍行分散. 復面諭陪臣黃沂, 轉致保全民命. 去後, 今准前因, 爲照, 民惟邦本, 本固邦寧. 故治國者, 以生聚爲先, 修身者, 以明德爲要. 王居東方之國, 聲容文物, 用夏變夷.

今就王國而論之, 朝鮮非肇封於箕子耶. 箕子逢內難而能正志, 卒存商祀於已亡. 蓋所謂正志者, [44a]正其公道光明之心志也. 是以夫子衍

<hr>

40 원문은 "蜻"이나, 이는 "鷸"의 오기.

《易》, 而以明夷配之. 今王遭逢外難, 邦國幾危, 幸仗天威, 中興恢復. 王不當效箕子之正志乎. 志正則心德光明, 可以親民治國.

王與臣庶, 其速乘此招徠之機, 以萬物得所爲心, 以不嗜殺人爲念, 以敬以愼, 毋怠毋荒. 遍出曉諭, 多方撫恤. 使反側者安, 被脅者出, 流離者歸. 修其田業里居, 遂其仰事俯育. 克詰兵戎, 控守險要. 紀綱再振, 國命維新. 將見故家遺老, 忠臣義士, 閭閻編氓, 皆交臂而至矣. 民歸而邦不治者, 未之有也. 王其留意焉.

7-27

報王相公書 권7, 44b

[44b]屢奉台旨. 倭奴連日有書與沈惟敬乞封, 欲姑許之. 玆者復領尊教, 鄙意遂決. 惟間圖關白一節, 前已令人往彼行此. 但海天懸隔, 事體難期, 未敢遽覆.

某意謂如或允其臣服, 增一屬國, 天朝威令已伸, 外夷觀望不失, 則亦已矣. 特與一封, 不容通貢. 若能安處海隅, 亦當禽獸畜之, 置之不較. 何必係其首於闕庭, 方雪天朝之恨哉. 相公以爲何如.

7-28

報三相公幷石司馬書 권7, 44b-45b

某竊聞帝王之禦夷狄也, 來則拒之, 去則不追. 今關[45a]白止侵朝鮮, 未犯中國也. 平壤、開城、碧蹄數戰, 已足懲彼兇殘, 張吾撻伐.

行長廼卑詞乞封, 宜姑許之. 不然, 剿滅之使無噍類, 則關白之讐恨愈深. 非所以爲朝鮮善後計也. 不然, 久持之以待機會, 則我不免師老財匱. 非所以爲中國慮也. 且屢奉嚴敎, 示以不可深入, 故爾允其所請.

如關白畏懷俛首, 款關乞封, 復先朝故事, 增一屬國, 未爲不可. 若不從命, 行長諸人, 必與相左去官. 在中取事, 圖之甚便. 較之分外另差員役者, 難易不言可知. 倘得徼天之幸, 去此渠魁, 中國可長無事.

此是一大機殼. 但恐不知者, 徒泥形迹, [45b]未識隱微, 反生議論, 以害其成. 故力求相公主持, 雖被指摘無憾也.

7-29

報遼東撫院書 권7, 45b-46a

辱念鄙人遠頒翰敎, 感戢無任. 調兵一事, 果係疆場重務. 明公具題善甚. 又承尊諭, 慨允借調, 仰見雅愛.

外, 旋師之說, 前因兵士屢戰力疲, 且朝鮮不行貿易, 諸軍二月以來, 未嘗菜肉, 實不堪處, 故有此議. 今發銀三千兩, 令軍士興販諸物. 又招致各處商賈, 過江買賣, 故兵氣復振, 前議久寢.

近日倭中平行長, 屢書與沈惟敬, 哀懇求封. 想其膽寒糧乏, 情形屬眞. 鄙意[46a]謂威愓於先, 恩懷於後, 似亦可從. 姑允其請, 期定四月初八日送還二王子起身. 或可竣事, 然亦未敢盡必也. 承台慈進取王京之敎, 敢述近日倭情如是. 幸指授之.

移朝鮮國王咨 권7, 46a-47a

一爲倭酋悔罪, 乞哀歸國事.

近據報稱, "倭酋<u>行長</u>等, 悔罪乞哀願求回國." 等情. 到部. 爲照, 天地成歲, 生殺互用而不偏, 帝王興師, 仁義並行而不悖. 倭奴自<u>平壤</u>敗後, 屢欲求歸, 實係畏我天威. 本部與<u>李</u>提督等, 非不欲乘破竹之勢, 盡掃兇殘, 以雪王恨.

顧我誅[46b]戮大慘, 則彼結怨益深. 倘闞我西歸, 率衆再至, 非惟路途往返, 我兵倦於奔馳, 而緩不及事, 朝鮮更不堪其荼毒矣. 況王國兵氣不揚, 難爲居守.

是以輾轉思維, 暫開生路, 許以東歸. 在天朝假此示以生殺互用之機, 在朝鮮乘此亟爲革故鼎新之計. 且本部差人勒令<u>行長</u>、<u>清正</u>, 送還王之二胤及陪臣, 方許倭衆啓行. 毋事鬪爭, 復修隣好. 是亦解爭息紛之一道也.

誠恐<u>全羅</u>、<u>江源</u>等道, 不察本部生全倭歸之意, 或爲偸劫邀截零倭, 不但無以彰天朝之義擧, 復以啓王國之釁端. 縱使小勝, 亦無爲今日重輕也. 昔<u>齊</u>襄[47a]公復讐於九世之後, <u>越句踐</u>報吳於二十年之間, 正不在悻悻忿忿於一時也.

爲此, 移咨, 請王查照, 速令<u>全羅</u>等道陪臣<u>權慄</u>等, 按兵固守, 毋得邀擊零倭. 希咨回報施行.

7-31

與袁贊畫書 권7, 47a

幸叨共事, 遽爾分岐. 世事番覆如此, 殊可歎息. 公遊崑崙, 不佞亦將尋盟三竺間也. 河橋割袂, 已足動情. 異域驪歌, 尤深淒楚.

　菲儀致贐, 家丁數人護送行軒, 統希哂存爲荷. 外, 家報一緘, 勞尊使付兒輩. 萬懇萬懇.

7-32

檄天津道 권7, 47b-48b

[47b]一爲欽奉聖諭事.

　行據天津道呈送, 查過防海各官軍應賞文冊到部. 據此, 爲照, 聖上頒恩, 原爲冬月冰雪水面寒冷防海各官軍而給. 若不係冬月防海, 及暫防卽撤者, 均難一槩議及. 相應分別等第.

　查得, 河間、瀋陽、河大、天津、春秋等五營, 新兵一營, 力士五百, 眞、保定各標營, 雖經防海, 然冬月已行撤回, 旣不防冬, 本不應賞. 但念其防戍稍久, 應量賞每軍一名給銀二錢, 官自下而上遞加一倍. [48a]其各營留守官兵, 自夏至秋, 歷冬復及於春, 常川在海勞苦, 與各軍不同. 應加賞每名給銀六錢, 官自下而上遞加一倍. 其浙、直官兵遠來勞苦, 且防冬月, 亦應量賞每兵每名給銀三錢, 官自下而上遞加一倍. 若保定左營、忠順營、德州春秋班, 俱非久戍, 又不防冬, 並不准賞.

　牌仰本官吏, 動支部發欽賞銀兩, 查照前項, 分別等第. 委遣的當官員, 將銀包封鈐驗, 每營每隊公同領兵官唱名給散, 務霑實惠. 仍禁約各委官等, 不許毫釐扣尅. 賞畢取具各將官結狀, 併將賞過某營官軍若干、銀兩若干, 細加磨算, [48b]攢造文冊. 限文到半月內呈報, 以憑類奏. 毋得遲悞. 仍呈撫按各院知會.

經略復國要編七卷終

經略復國要編卷之八

8-1
與艾主事書 권8, 1a

[1a]接手翰. 阻國王西行, 甚善. 近日朝中議者, 俱謂不宜深入. 昨平壤數戰, 已足示威. 玆倭奴卑詞乞哀, 縱未必眞否, 而我假此縱歸. 朝鮮故土不失尺寸, 天朝兵馬可以速還, 錢糧可以減省. 今彼國王徒欲報怨, 而不修省, 徒欲中國煩師, 而不知兵連禍結, 反貽伊國之害. 草此附復. 不盡.

8-2
與李提督書 권8, 1a-1b

初八日, 淸正如與行長同行, 彼旣畏威, 我以恩結, 則[1b]亦已矣. 倘彼無知, 獨留此地, 其爲驕橫, 必所難容, 卽當密諭全羅道, 截其歸路. 我兵嚴守津江, 一面馳報, 不佞卽率劉綎新兵, 直至開城, 面與門下商確進剿之策. 收功全勝, 計在唾手間矣. 切勿倉卒致有疏虞.

8-3

又 권8, 1b-2a

昨朝鮮國王送謝疏揭帖, 幷辯明帥臣受枉疏稿. 此出肺腑, 非吾儕所能强餙也.

　二十九日, 遼東韓道, 至義州面述, 周巡按驗級時, 問人何以辯其爲日本與朝鮮人. 有人稟稱, "朝鮮人有網痕, 日本人無網痕, 且無髮." 周巡按令画工圖其形像, 每十級一排, 一一對[2a]過. 內取一級, 令生倭辯認是那國人, 他寫日本二字. 又於百級中取一級, 令生倭認, 亦寫日本二字. 直指君大喜, 因云, "人言之誣, 至於如此." 若彼疏一上, 吾儕報功之虛實, 不辯自明矣.

　朝鮮齎疏人已在途. 不佞恐門下垂念, 先以本國疏稿三本呈覽. 幸秘之.

8-4

又 권8, 2a-3a

昨覩來札, 述淸正與行長矛盾, 宜有之. 蓋淸正挾二王子、三陪臣在彼. 且平壤戰挫, 彼又不與. 恃己之功, 恨行長之專, 其情矛盾, 宜也. 但行長旣行, 淸正決不敢留. 蓋前日幷集勢衆, 今日倭歸勢孤. 前日聲勢相[2b]倚, 且亟脫咸鏡, 今日勢孤力屈, 何敢獨留. 縱使淸正肯留, 而部下群倭亦必不從. 故不佞謂其必行者, 此也.

　所可慮者, 吾使臣旗牌已遣, 而彼中王子、陪臣不肯放還. 倭將不留數人, 門下須諭沈惟敬諸人, 三事一有不從, 卽令諸人回還我境, 速知會全羅用心邀截. 我兵固守津江, 火速報知不侫, 卽發劉綎新兵協助, 不侫亦親至開城, 共議進剿也. 萬勿倉卒應之.

設行長肯還王子、陪臣, 肯留倭將, 而清正乃拗其中, 我則速遣智術之士, 間諜其中, 令之變動徐觀, 相持行事, 是一策也. 如行長意眞, 肯留倭將, 而清正獨拘二[3a]王子與陪臣, 又敢獨留王京, 則單放行長諸倭歸國, 我則照前困守之法, 亦莫輕動, 以待不侫之來. 釜中遊魚, 諒不能倖脱矣. 諸惟留神是望.

8-5

移朝鮮國王咨 권8, 3a-6a

一爲軍機事.

據委官通判王君榮稟稱: "職奉委前至安興, 朝鮮王相遇於途, 俱在馬上講論. 久之, 王乃還安興, 集群臣相見. 職以紙筆兼用口舌, 懇切曉勸, 自未至酉, 累千餘言. 王意稍轉, 乃其群臣百餘人忽相率跪階下, 齊聲號泣云, '誓不與賊俱生.' 以致王堅執必欲西往, 面懇進兵." 等因. 到部.

據此, 爲照, 哲人待時[3b]而動, 兵家相機而行. 本部奉命東援王國, 非謂專於剿滅, 必將謀出萬全, 計圖決勝. 使王國危而復安, 日本畏而懷德, 體天地生殺之機, 行聖王仁義之道.

先是, 沈惟敬自倭中來, 願言通貢, 彼時非不欲許之. 顧使數萬之衆, 寒月冬征, 裂膚墮指, 走千餘里而必欲與倭一戰者, 何哉. 蓋以倭奴悖逆猖獗, 不一創懲, 無以彰天朝之威, 無以雪王國之恥. 是以斷不許貢, 矢志進兵者, 事機當如是也. 旣而一戰下平壤, 再戰下開城, 三戰碧蹄, 更復斬級. 非不欲乘此建瓴, 以圖席捲, 盡滅醜類, 還王舊都. 於以築京觀於岳山, 洗[4a]干戈於漢水, 爲快心事也.

值天雨連綿, 稻畦泥濘, 暫守開城, 以圖後擧, 而倭酋行長、清正等, 近復樹白旗, 哀詞懇貢, 願歸王子、離王京, 卽回日本. 夫當我勝彼敗之時, 非不欲竟絶之, 而玆因搖尾, 遂起憐情者, 何哉.

蓋以王國破殘之後, 人不得耕, 白骨委道旁, 黔黎失家業, 陰風泣鬼, 晝日啼饑. 無論王國, 卽天兵奮不顧身, 爲王戰鬪, 而死者遊魂渺渺, 血污難歸. 興言及此, 不勝涕淚.

故本部與提督, 覼時相許者, 蓋以屈力不若攻心, 畏威不若懷德. 且得因是而察其眞僞之情, 因是而覘其虛實之狀, 因是而探其糧食之有無, [4b]因是而識其衆心之進退, 與關白之援救, 或來與不來. 此正用而示之不用, 能而示之不能, 守不攻而攻必救, 藏九地而動九天.

王試思之. 如果一意許貢罷兵, 不爲王思善後之策, 則川兵何以後來, 海運何以嚴督, 何以賑爾國之饑民, 何以修爾國之城塹, 李提督何以更至開城, 中左右三營何以廣爲分布也.

此正陰符秘訣, 鬼神莫知, 恐王不察, 所以特令王通判, 前來陳說. 乃王君臣忘遠慮, 急近功, 遺大憂, 逞小忿. 一至於此, 不思一子未歸, 王京未復, 兵甲不完, 衆寡不敵. 惟悻悻然, 欲天朝之兵, 爲爾國專事屠殺.

夫[5a]倭固當誅, 時亦當審. 今天雨不常, 泥深陷膝, 車不得方軌, 騎不得成列. 嵐氣薰蒸, 人多疾疫.

王試思之. 今日進兵利耶, 不利耶, 果能盡滅, 使之無一生還否耶, 此一戰果還王京、歸王子否耶.

且窮寇勿追, 困獸猶鬪. 彼衆猶數倍於我. 若請貢不成, 知無生理, 挑其精銳, 用分番休迭之法, 東控漢江之南, 西截碧蹄之北. 旁掠別道, 專守王京, 再求關白救援, 前來協助, 兵連禍結, 曷有已時. 吾意王國封疆, 不至於喪亡不已也.

王試思之. 今歲不得耕, 來歲能足食否耶, 精壯今已斃, 目下能生聚否耶, 昔以朝鮮八道, 敵倭而不足, 今[5b]以偏安一隅, 迎敵而有餘否耶, 兵法謂, "十圍五攻, 不若宜避." 王國君臣能知之否耶.

昔鄭伯肉袒牽羊而存國, 越人臥薪嘗膽而復讎. 彼鄭豈不能背城以戰, 而越必欲棲會稽之山. 誠以衆寡強弱, 有避無害. 袖手旁觀, 躁妄輕率, 驅天朝士卒, 而不知惜, 視本國人民土地荒蕪死亡, 而不知憐, 棄人倫, 逆天理, 陷二子、陪臣於賊中, 而不知返, 舉先王之江山社稷, 聽二三群小播弄垂亡, 而不知悟. 藉援驅賊, 尚不知憐窮恤困, 革故鼎新, 而猶嘵嘵於誓不共戴天之語, 爲眼前報復之圖. 王國之謀臣、策士, 於玆見矣. 今陪臣既[6a]能齊聲號泣, 必能同心協謀. 誓不與賊俱生, 必能扼賊於死.

本部奉命東來, 視師海上, 生殺之柄, 我得專之. 方將爲王, 定百年不拔之基, 乃阻撓如此, 今當與王決一進止. 王若照舊堅執, 不以本部之言是, 聽本部與提督, 號令三軍, 控守臨津西岸, 任王君臣, 飭爾兵、整爾卒, 與倭相搏. 本部當登句麗之峰, 望王國之軍容也. 爲此, 咨請查照區畫, 速行回報.

8-6

移朝鮮國王咨 권8, 6a-7a

一爲隆獎忠勇事.

自倭奴摧陷朝鮮, 王國三都諸郡縣, 悉皆望風奔潰, 曾無一英雄傑士, 倡義師、排大難、[6b]守封疆, 以圖恢復者. 更聞縱酒遊山, 賦詩挾妓, 置理亂於不知, 付存亡於不較. 興言及此, 王國可謂無人.

　獨全羅道觀察使權慄扼守孤懸, 招集衆庶, 屢出奇謀, 時抗大敵. 近復囊沙爲糧, 誘倭來搶, 而劫殺之. 此正王國板蕩忠臣, 中興名將. 本部深爲加尙, 合先隆獎, 懋賞勤勞.

　除另行具題外, 今將發下絹八端, 白銀五十兩獎賞. 本官以爲忠勇者之勸, 王其加之爵祿, 以風動本國僚宰. 仍申飭一應文武大小陪臣, 痛加省惕, 除兇雪恥, 盡如權慄, 毋再泄泄怠緩, 躭聲律而忘武備.

　合咨前去, 煩爲查照, 差的當官役, 齎赴全羅[7a]道權慄處, 表示本部隆獎至意. 取回文查考.

8-7

檄朝鮮陪臣尹根壽 권8, 7a

一爲東征紀錄事.

　朝鮮東方君子國也. 本部視師入境, 見江山形勝, 風俗淳熙, 固知可歌可咏. 況春底鶯花, 松間臺榭. 東征之感, 豈直楊柳依依而已哉. 漫述短章, 幸鐫木石, 以紀時事. 本部待班師之日, 當謁箕賢墓, 登牡丹峰, 別有所紀, 俟另發也.

8-8

檄佟養正 권8, 7a-7b

一為禁約事.

近訪得, 東征將領家丁及軍兵等, 不守行伍, 擅自逃回. 或有關領錢糧, 一至軍前領畢, 仍自[7b]私回, 或有各官縱令回家歇役, 有事方調前來. 事屬違犯, 相應嚴禁.

牌仰本官, 即便委遣的當員役, 於鴨綠江渡口把截, 除公差各員役外, 其餘有家丁、軍兵, 不許仍前令其私自往來. 前來者, 即便阻歸, 逃回者, 即便拏解, 毋得容縱.

至如各商販前來朝鮮貿易者, 查明放行, 不許一槩阻截. 如把江各員役, 有需索商販財帛, 及因而生事者, 本部查訪的實, 定以軍法綑打一百棍, 然後究罪. 本官即將牌內事宜, 出示曉諭. 由報.

8-9

檄艾主政 권8, 7b-8a

[8a]一為緊急倭情事.

據管糧艾主事呈稱:

鳳凰城等處糧草, 催督號車, 運送義州. 復催朝鮮人、畜用, 製造布袋, 并調船隻, 水陸並運. 自義州以至平壤一路, 查勘軍前支用不缺, 呈乞咨部知會.

等因. 到部. 看得, 該司所呈, 止云"支用不缺", 未有運過實數, 不便咨覆, 擬合行查.

　　牌仰該司, 卽查自買糧草各若干, 運過分巡、分守、海蓋各道, 某道糧若干、料若干、草若干, 通共若干, 已支若干, 至四月十五日止, 見在若干, 開具的數呈來, 以憑查覆施行.

8-10

與李提督等書 권8, 8a-8b

[8b]倭奴屢創, 倉積盡焚, 拓地千里, 哀詞乞封, 皆大將軍及二執事神威妙運所致. 若不佞何與覿來札所稱. 慚愧慚愧.

　　目下之事, 必俟行長先送王子、陪臣、倭將, 然後遣使前往, 具見高識. 如不從命, 斷難輕放. 只以重兵固守津江, 知會全羅整兵防禦, 彼摽掠無所得, 救援無所望, 坐困之久, 待其敝而擊之, 無不收全勝者.

　　但倭勢尙盛, 求生無路, 或逞其爪牙, 紛然四逸, 不可不慮, 則在大將軍善備之耳. 若前約盡遵, 放之歸國, 則我恩威兼著, 無不可也. 至禱, 至禱.

8-11

與李提督書 권8, 8b-9a

[9a]十六日接來札. 貴體平復, 社稷幸甚, 鄙懷曷勝欣慰. 此天祐皇家也.

　　據倭奴放回朝鮮百姓, 大賣倭彼中利刃, 其歸國之意, 眞的無疑. 但沈惟敬留倭三日, 送還王子、陪臣及留倭將等事, 未見下落, 或中有變詐乎.
且參軍早有報至云, "有二眞倭來降." 夫當歸國之日, 何爲又有此事. 恐
屬僞降, 幸用意防之. 卽朝鮮放出百姓, 亦須搜無兵器, 亟行本國地方官,
分領安插.

　翰云, "無事而爲有事之備", 眞妙論也. 如有的息, 希速令人馳報爲望.

8-12

報石司馬書 권8, 9a-9b

[9b]賞功事, 前蒙咨諭, 先給二十兩, 俟後補足. 玆東事已竣, 軍士望賞之
心, 日夜懸懸. 且按君已爲查明, 敢以咨啓, 待解銀一至, 卽爲全給, 庶兵
心可慰, 皇恩大布, 日後可責其效命矣.

　外, 倭奴宵遁, 心怖力疲, 似可追襲. 已檄李提督, 帥兵潛躡, 其後又
遣劉贊畫, 督劉綎兵繼之. 俟至中途, 或釜山鎭有便處, 卽令全羅諸道,
合兵共擊. 雖兵法云, "歸師莫掩", 不必計矣.

　愛我如臺下, 諒所欲聞, 敢此密報. 幸秘之.

8-13

移朝鮮國咨 권8, 9b-10b

一爲探報兇慘賊情事.

　准國王咨前事內稱,

康靖王、[10a]恭僖王二墓, 俱係倭賊挖掘跑開. 灰隔慘迫棺材, 舉國遑遑, 恊不忍言. 此賊不可忘, 此讐必可報. 況近來賊情矙之, 亦審游詞巧說乞哀. 雖至變詐百出, 理無終順, 窮兇稔惡, 必不但已.

等情. 到部. 准此, 為照, 倭奴悖逆不道, 流毒於先王佳城間, 此誠莫大之讐. 無論先王飲恨於九泉, 王國慟心於百世. 卽本部與提督以及諸將領, 無不欲剚刃倭腹中, 刳其腸而裂其肉, 耆其骨而碎其心, 以發舒王國之憤也.

會時有未利, 勢難遽然, 又值彼悔罪乞哀, 願奔本國, 還王舊都, 歸王二胤. 是以暫為解忿息爭之謀, 欲王得逯生聚、訓[10b]練之計. 蓋以鷙鳥之擊必斂翼, 猛獸之搏必伏形. 非直為目前急近功、忘遠慮也. 況我兵已分布開城、臨津一帶, 比前萬分加謹, 而劉綎新兵已至平壤, 皆整搠待戰.

倘倭奴遵我約束, 俯首而歸, 我姑待以不死, 然後為王圖善後之策, 以為復讐之會. 倘彼一有變詐, 則大兵見在, 我舉聲罪致討之師, 彼負逆天悖理之惡. 我之稱名旣順, 彼亦何辭. 機宜止數日間可決也. 王少俟之. 合行移咨, 煩為查照.

8-14

檄李提督 권8, 10b-11b

一為倭酋畏罪, 乞哀歸國事.

據委官胡澤等稟報:

倭[11a]奴遵約起身去者, 路上不斷, 約有萬餘. 十九、二十日大營倭衆, 人馬俱起身, 讓還王京. 行長從王京出來說, 有許多患病倭子,望令一將官管理, 待其病痊之日, 護送回還, 尤見恩德.

等情. 據此, 爲照, 倭酋既悔罪奔歸, 又預懇保全病倭生命. 觀其搖尾, 近屬眞情. 在我推心, 宜昭大義. 況戮此不足爲功. 生之實以示德, 益堅向化之誠, 相應准許.

牌仰平倭提督, 如遇行長已離王京, 留有病倭在城, 即便委官查明, 的有若干, 果否眞病, 有無隱伏變詐. 如係情眞, 便令照前調養, 或量給飯食, 俟其病痊, 另議遣歸. 使知我天朝恩[11b]德, 無不持戴, 無不覆幬. 禁約一應將士及朝鮮人等, 不許妄行殺戮. 違者, 以軍法重究. 仍撥人看守, 且防意外之虞. 一面宣諭行長, 令其安心, 云, "經略及提督念爾悔過乞哀, 今准爾所請, 病倭不至誅戮也." 具由繳查.

8-15

與李提督書 권8, 11b-12a

覩來札. 倭奴十九日盡出京城, 甚爲可喜. 此皆大將軍威力之所致也. 但王子、陪臣與彼倭將, 未曾送出. 倘至竹山、忠州, 又或背約, 則國王得以有詞於我. 如淸正執拗, 其部下未行, 大將軍勒令送還, 然後放歸, [12a] 甚爲得策. 第宜愼重. 或申飭全羅, 止截淸正, 亦是一策. 事難遙度, 須斟酌行之. 必令送還, 方爲完績.

其塘報述, 部咨甚善. 不佞亦當如議行矣. 待門下報至同發也.

8-16

與李提督書 권8, 12a-12b

閱來札. 周弘謨敢於任事, 卽致調停. 倭衆行期有日, 此非大將軍神威妙
算, 何以有此. 化彼獷獷, 固我藩籬, 社稷賴之矣. 喜甚, 喜甚.

　病倭未行者, 幸加恩養, 俟其痊日放回, 使彼心神, 俱爲孚結. 他日海
隅晏然, 大將軍之功, 不獨在戡伐間矣. 紅馬封筒, 未有印者, 沈[12b]思
賢處尙有, 暫於彼處取備急用. 一面印完, 卽馳送軍前. 此覆.

8-17

與李提督書 권8, 12b-13a

覩來札. 王京形勢險阻, 倭奴設備嚴密, 若虎負嵎, 未易與敵. 不佞所以
諄諄, 求勿輕進者, 爲此故也. 今旣離巢, 險無所恃, 晝夜勞頓, 勇不可施,
兵又四散, 不似前日團聚於此, 乘之當無不克者.

　釜山鎭, 朝鮮所備龜船, 甚堅且夥. 不佞早已行牌本國, 令其火速差委
能將, 率兵列船, 阻截海口. 大將軍亦須遣兵繼後. 如淸正可惡者, 乘此
機會, 一鼓滅之, 未爲不可. 但沈惟[13a]敬使者幷王子、陪臣在內, 須用
計出之. 若行長不從, 卽盡殲夷, 亦不必顧忌. 機在呼吸, 事宜變通. 大將
軍自有神算, 不必多贅.

8-18

檄李提督 권8, 13a-14a

一爲倭酋悔罪, 乞哀歸國事.

　節據報稱, "倭衆已行過黃州等處, 行長在前, 淸正與王子、陪臣在後. 天兵三五日不趕來, 先將王子送還."

　等因. 據此, 看得, 倭奴既離王京, 卽應將王子等送出. 今已行數日, 猶且支吾不發. 且報淸正繼後, 是淸正明係要挾王子、陪臣. 與行長、平秀嘉等恭順, 大不相同. 倘至釜山鎭, 固執王子乘船浮海, 彼時待之不來, 追之不及, 是墮彼之術也. 相應發兵前進, 以審事機.

　牌仰平倭提督, 查照節行事理, 一面申飭先發李如栢、張世爵等, 隨後尾進, 一面行令慶尙等道, 整擻兵馬, 一面催調劉綎川兵前進. 仍令張世爵等, 曉諭行長、平秀嘉、淸正等, 速將王子、陪臣、質將送出, 毋再延捱. 再若支吾, 明係淸正執拗. 便當分別順逆, 除行長、平秀嘉等, 放其前行, 卽聲言淸正之罪, 合我兵與慶尙等道兵, 前後夾攻, 務使淸正大遭挫衄. 大兵前進, 沿途仍當防備埋伏. 如糧餉不繼, 或相機裹帶乾糧, 須多方籌畫, 計出萬全. [14a]毋爲倭奴所誤.

8-19

檄禮曹判書尹根壽 권8, 14a-15a

一爲倭酋悔罪, 乞哀歸國事.

　節據報稱, "倭衆於十九日盡數起程, 提督統領大兵, 二十日巳時入王京城, 安撫人民外, 其王子、陪臣, 約至竹山、忠州等處送還. 恐我兵馬追襲, 行長與平秀嘉等前行, 清正持王子、陪臣繼後."

等因. 到部. 據此, 爲照, 本部東征, 視師王國, 非不欲盡滅倭奴, 雪王大恨. 會時有未利, 暫爾少休, 值行長等, 畏懼天威, 乞哀歸國. 因體秋殺春生之機, 逆剿順撫之術, 揭報本兵, 題奉[14b]明旨, 赦不窮追, 故遵奉, 放其生還. 且以擊犬不可閉門, 牽羊自當隨後, 於以鼎新王國舊日之江山, 整練王國生聚之士卒, 以爲報復之機. 是聖明保念王國大恩, 本部及提督爲王國深長至意也.

顧今者倭衆雖去, 王京雖復, 而王子、陪臣尙未送還. 是倭奴行長雖恭謹乞哀, 而清正尙執拗倔強. 仍當伸我撻伐之威, 以責其違命之罪. 除本部已行提督, 先遣左右營副將李如栢、張世爵等, 統率大兵尾進, 又行贊畫劉員外, 督發劉綎川兵續進.

一面遣人曉諭清正等, 令其速將王子、陪臣送出, 毋再延捱外, 牌[15a]仰本官, 卽將前因, 啓知本王, 速發兵符, 號令慶尙、全羅等道, 整頓水陸軍兵. 其陸路軍, 令知兵陪臣統領, 其水路船兵, 星夜催督, 并本部近發明火飛箭共七車, 分布各水兵船內應用, 俱從海中遠出釜山鎭, 水次停泊. 其船務使多多益善, 亦令知兵陪臣統領, 俱聽候提督及贊畫調遣進止. 務令歸還王子, 方行罷兵. 但不許各陪臣不聽約束, 擅行挑釁截殺, 使彼知覺預備, 羈留我謝、徐二使, 誤我進兵大機. 文到具由查考.

8-20

檄李提督劉贊畫 권8, 15a-16b

[15b]一爲倭衆畏威悔罪, 乞哀歸國事.

照得, 本部因淸正、行長、平秀嘉等, 畏威悔罪, 乞哀歸國, 乃體春生秋殺之機, 逆剿順撫之術, 放彼生還, 勒令送還王子、陪臣, 及留倭將爲質. 據報, 倭衆已於十九日起程, 云, "至前途送出." 今又數日矣, 尙未見彼將王子、陪臣及倭將留下, 明係緩兵, 延至釜山鎭, 將一倂泛舟而去. 似此狡譎, 天討所當必加者, 相應乘時進剿.

除行國王, 令其速發兵符, 號令慶尙、全羅等道, 整頓水、陸軍兵. 其陸路軍兵, 令知兵陪臣, 統赴提督標下. 其水路船兵, 星夜催督, 幷本部近發明火毒火飛箭共七車, 分布[16a]各船, 多多益善, 俱從海中, 遶出釜山、梁山各鎭, 水次停泊. 仍令水兵將領, 偵探倭衆, 將到海口約有一二日路程, 縱火燒彼船隻. 其餘進止機宜, 悉聽提督及贊畫調遣, 務令倭奴挫衄. 各陪臣俱約束, 毋得輕試其鋒, 擅行挑釁截殺, 使彼知覺, 得以先事預備, 誤我進兵大機.

外, 牌仰該司提督, 卽便督發川兵, 協助大兵, 劉贊畫統率大兵幷川兵前進, 相度機宜, 號召慶尙、全羅等道水、陸軍兵, 星夜追趕, 至釜山、梁山二鎭, 凡可下手處, 卽便大行剿殺.

蓋彼係思歸之衆, 失林之鳥, 大兵壓之, 破亡必矣, 庶幾王子、陪臣得以生歸, [16b]朝鮮君臣得以無憾. 但沿途應防埋伏, 追奔宜防斷後. 步、騎裹帶乾糧, 前後擺撥哨探, 俱聽便宜設處, 務保萬全, 以求濟事.

8-21

檄劉綎全羅慶尚忠淸等道 권8, 16b-17a

一爲倭情事.

照得, 倭奴因平壤、開城等處屢敗, 併聚王京, 畏懼天威剿戮, 假貢乞
哀, 以圖歸國, 非出眞心請降也. 本部明知其詐, 將機就計, 誘離王京, 無
險可恃, 便於進剿. 況今又悖逆, 留王子、陪臣、倭將, 狡詐益見.

是以於二十一等日, 牌行平倭提督, 統兵追趕, 慶尙、全羅二道, 前途
邀截, 合兵追襲. 去後, 但恐各將[17a]不解此意, 見今倭離地方, 怠緩誤
事, 合再嚴催.

牌仰本官, 卽便統領官兵, 督同朝鮮官兵, 隨帶軍火、器械、餱糧, 星
夜追趕, 前至賊屯處所, 大加剿殺. 務期必還王子、陪臣, 方准班師. 毋得
違錯. 先具起程日期呈報.

8-22

與李提督書 권8, 17a

大將軍督兵遠襲, 利在速行. 千里轉輸, 勢難接濟. 諸軍須身帶半月之糧.
另行車運以應, 剿畢旋施也. 此最喫緊, 望爲留神.

賞功事, 曩准部咨, 先給銀二十兩, 以示激勸, 餘俟查明續補. 玆承翰
諭, 隨如敎咨部外, 復具公牘奉覽, 幸爲查照, 傳示三協將士.

8-23

與李提督書 권8, 17b

[17b]倭奴值此先後截殺, 窮困至極, 行長等將勢必央求沈惟敬及二使, 乞哀請降, 以圖苟活. 大將軍惟審其心意果眞, 乘機佯許, 量帶數倭, 卸甲投戈, 拘繫牢固, 待以不死, 餘則盡戮, 不當姑息. 倘有此機, 順而行之, 不但惟敬二使等輩得以生還, 且得諸將在手, 緩圖關白, 未必非良策也. 高明裁之.

8-24

與山東傳方伯書 권8, 17b-18a

幕官齎銀承遺, 至謝至謝. 近日倭奴事體, 因糧盡膽寒, 哀詞乞歸, 四月十九日拔營南行. 賊旣離巢, 無險[18a]可據, 似可追襲. 已檄李提督, 率兵潛躡其後, 會合朝鮮諸道兵, 邀截海上, 兩下夾攻, 未知究竟若何. 想門下亦所欲聞, 附報. 不悉.

8-25

朝鮮國謝恢復王京咨 권8, 18a-18b

一爲倭寇已退, 京城已復, 恭謝盛恩事.

　　本月二十三日, 據接伴陪臣工曹判書韓應寅等馳啓:

臣等跟同提督李, 前到東坡站, 在路聽得, 京城賊倭俱已出去. 仍
將王子、陪臣幷天使遊擊沈惟敬去訖. 有提督分付, "先撥都督李, 領
左營軍馬, 馳向京城. 隨當趁曉上馬, 追趕伊賊. 倘有違悖, 就近剿
殺." 等情. 聽此, 具[18b]啓.

據此, 前因, 當職爲照, 小邦不天, 海寇憑陵, 宗社淪喪, 民人墊陒, 君
臣奔播, 無所控告. 幸賴皇仁偏覆, 天怒斯赫, 命將出師, 遠來拯援. 伏惟
經略兵部神算無窮, 妙用叵測, 兵機疾於風雨, 號令肅如雷霆. 平壤堅城,
一鼓就平, 開城以西, 望風先遁.

玆聞賊徒受約而去, 已出王京. 此緣天聲震疊, 凶醜喪魄, 不敢保聚
負固抗拒王師. 拯小邦水火之中, 措生靈奠居之地, 義係存亡, 恩浹民心,
君臣上下, 感激無已. 隕結難報, 衛人之木瓜, 魯邦之美談, 蓋未足以喻
其意也. 爲此, 合行咨請, 照驗施行.

8-26

檄李提督 권8, 19a-19b

[19a]一爲賞功事.

照得, 平壤、開城、碧蹄等捷, 各官軍斬獲首級, 除願陞外, 其願賞者,
已經奉有題准事例, 分別酋首、散倭等第, 各賞格在卷. 續准部咨, 因各
功次尙未勘明, 又因各官軍望賞心切, 議將每級先給賞銀二十兩, 餘俟查
明之後補給.

今照, 功次已經按院查勘, 而王京倭奴已遁, 賞功銀兩且將解到, 相應
預行曉諭全給, 以慰衆望.

牌仰平倭提督, 卽便轉行三協各將領, 傳諭獲功各官軍知悉. 目今倭
酋悖信不還王子、陪臣, 見發大兵追剿, 爾等須盡心, 奮勇報效, 以[19b]
收全功. 其前次應賞首級銀兩, 俟追倭回日及馬價銀解到, 照例分別全
給. 如追倭再獲首級, 一併如例通給. 決不爽信.

8-27

移朝鮮國王咨 권8, 19b-20a

一爲經略倭務事.

　爲照, 本部奉命東征, 視師王國, 仗聖天子之威武, 藉諸將士之智謀,
三都已歸, 八道盡復. 雖王之二胤, 尙在播遷, 而我之大兵, 見在追擊. 破
其思歸宵遁之衆, 計當朱明陽盛之時.

　本部擬於五月二日, 自新安館東發, 歷平壤以至王京. 誦麥秀之歌,
[20a]則欲謁箕賢之墓. 悲草露之泣, 則欲吊戰場之魂. 賑濟流離, 撫恤士
卒, 歷形勝, 由目擊以實耳聞, 觀民風, 思心契以合神會. 少圖善後之計,
協助鼎新之基, 務使天造東藩, 從茲虎踞, 月明滄海, 永息鯨波. 然後振
旅而旋, 方敢與王相遇, 敬瞻丰度, 庶慰積懷. 但欲聊申半刻之談, 此心
足矣. 並不敢霑一杯之酌, 幸情諒焉. 爲此, 合行移咨, 請爲查照.

8-28

檄劉贊畫李提督 권8, 20a-20b

一爲追剿倭奴事.

票仰該司提督, 卽便查照節行牌札, 挑選步兵精銳萬餘, 預備數日乾糧. 幷催調朝鮮[20b]水陸官兵, 緊跟倭奴, 相機追襲, 督令一意剿殺. 縱使送還王子、陪臣人等, 亦不准釋放, 務要剿除盡絶. 倘再遲疑, 失誤軍機, 後悔無及, 速發勿遲. 先其起程日期回報.

8-29

移朝鮮國王咨 권8, 20b-22a

一爲倭情事.

近該本部移咨, 請王速發兵符, 號召全羅、慶尚、忠淸各道水陸軍兵, 協助天兵, 夾剿倭賊. 去後, 但今日機宜, 燒倭船爲第一着. 然船燒矣, 能保其不爲背水之陣乎. 大兵隨後尾進, 是矣, 然彼行我亦行, 彼固困而我軍亦不能不乏. 倘彼■前有阻伏, 翻[21a]身突來, 能不犯追窮寇之戒乎. 又或倭見我前後夾攻, 彼擇一險要負嵎固守, 視各道郡邑可以就食之處, 卒然襲取, 而爲棲身之所, 是又不可不爲之慮也.

王速出令, 使水兵星夜前赴梁山、東萊、釜山及洛東江下流等處住泊, 凡遇倭船盡行燒燬. 然倭船豈無倭兵防守, 亦令水兵加謹嚴搠, 務保萬全. 燒船後, 卽令水兵分據海口, 多張旗幟, 搖旗吶喊. 彼來挑戰, 我則歛兵入船, 勿與之戰. 彼若回鬪我追兵, 則水兵登岸從後夾擊. 彼若屯住, 俟其埋鍋造飯之時, 夜靜休息之際, 卽用分番休迭法, 於海口施放銃砲. 若欲攻[21b]彼之狀, 而其實擾之, 使■食不下咽, 目不得合. 水兵之機如此.

陸兵隨後追進, 而又不可不時時防敵. 追兵一枝, 則以十分之二爲遊騎, 大衆居中, 左右各爲兩翼. 如倭奴回敵, 則遊騎先抵其鋒, 而大兵繼進. 如倭兩分橫來, 則我左右先抵之, 大兵繼迎. 如彼據險而住, 則我兵亦據險待之. 彼來挑戰, 我不必與之戰. 彼糧自盡, 勢必走, 而我兵亦照前分布, 聯絡而進, 防其用調虎離山計也. 陸兵之機如此.

至如各道各郡邑有旁路, 倭可得以襲取者, 速調偏僻各邑軍兵, 前來緊要處所, 深溝高壘, 專一把截, 切不可與倭戰. 倭[22a]糧盡, 必不能久攻, 勢必亂竄. 然後大兵相機剿殺, 務使其無一生還. 戰守之機又如此.

其間千變萬化, 難以遙度. 中制者, 是在領兵各官, 籌畫舉動, 務保萬全. 移咨請王, 星夜傳知各道水、陸軍兵, 查照相機剿殺施行.

8-30

報趙張二政府幷石司馬書 권8, 22a-24a

五月初六日接手札, 慨嘆時事, 培植孤踪, 拳拳刺人心骨. 不佞惟殫力此役, 上報皇上. 復命之後, 便求乞骸, 任時輩呼牛呼馬而已.

昨者王京事勢, 最爲難處. 十萬之衆, 據守堅城, 攻之不可, [22b]惟有坐困之法能行. 非遲以數月, 不能了事. 且慮其有四散摽掠、死力決戰之患. 而時輩師老財匱, 久無成功之議, 又繼之矣. 欲如趙充國, 坐困先零, 非今時所得爲也.

幸其勢屈求歸, 借言通貢. 正可爲吊虎離山之計. 特具塘報, 請旨定奪, 以穩其心, 非眞許貢也. 至於平壤、開城、碧蹄敍功之疏, 向因王京未下, 不過借此以激勵將士耳. 二事甫行, 俱有深意, 而叢議蜂起, 誠爲可笑.

不佞某於今日, 惟知滅賊報主, 他非所敢顧也. 幸仗洪庇, 已得王京, 而調兵前後截殺. 倘再得成, 又何貢事足言哉.

近賊於十九日盡離王京, 日[23a]行止三四十里, 二十九日纔到尙州, 未及一半. 且又住下, 至五月初三日尙未起身, 過河過江, 隨後盡毀船 隻、橋樑, 恐我兵追襲故也. 若我兵亦不使驟進, 緩緩尾後, 只當護送, 以 安其心. 直待去之日遠, 勢不能返. 又彼糧食將盡, 困憊而後擊之. 若海 上水兵、船隻久已伺候, 諒必不誤.

近據陪臣尹根壽報稱, 韓應寅等狀啓國王, 謂"全羅左、慶右尙[41]水使 處, 於本年三月二十一日, 李舜臣三水使, 率舟師齊泊蛇梁海口等處, 伺 候倭賊下來, 當以水兵移至釜山海口截殺. 蛇梁至釜山鎭不遠, 釜山海港 中甚寬廣, 外面險狹, 倭[23b]賊盡將船隻藏置港中. 我兵亦爲港口險狹, 未敢撞入, 欲伺倭賊遁出, 左右水軍一時掩擊, 截殺倭賊."

乃其君臣本心. 況不佞屢次催促, 未有不行者. 且朝鮮火器如發槓、瓜 子砲, 比中國製更精利. 而水兵船中所專用者, 槓內有一木橛、鐵頭、鐵 翅、鐵笭, 火藥發去可及六七百步, 倭船遇之, 未有不碎者.

今用此撞, 又用火燒, 若得盡截, 上策也. 卽不然, 得截其半, 亦不失 爲中策. 又不然, 使其歸島, 朝鮮土地盡爾恢復, 恐亦不至下策.

何任事者苦心, 忌功者煽黨, 必欲置天下事, 若之何而後可也. 設非臺 下主張於上, 某何以自[24a]樹於下. 臺下之恩, 殆與天地等矣. 誠恐垂念,

....

41 원문은 "右尙"이나 이는 "尙右"의 오기.

敢此預聞. 其略, 塘報且未敢具. 俟釜山口消息至日, 當馳上也. 臨楮惶悚, 不知所云.

8-31

檄李提督 권8, 24a-24b

一爲犒賞官軍事.

照得, 三協官軍遠出異域, 救援朝鮮, 平壤、開城屢立戰功. 今倭奴盡數歸巢, 王京等處已皆恢復, 方在追剿, 合再犒賞.

爲此, 除前行贊畫劉員外給賞外, 牌仰提督, 卽將發去銀二千四百兩, 照依前行折酒數目, 并鄭同知差人解去牛一百二十隻, 分守道差官解去牛八十隻, 佟養正差人解去牛[24b]六十九隻, 共二百六十九隻, 前行佟養正於雙山, 用船運送食鹽一十七萬觔, 照依人數分賞三協, 并劉綎官軍各將. 給領過數目, 徑呈本部查考. 餘剩銀兩, 收候另用. 其官軍功次銀兩, 已發海州, 就近聽各官軍到彼, 照依部文給散, 以免往返解送勞擾. 毋得違錯.

8-32

檄楊元戚金王承恩等將 권8, 24b-25a

一爲倭情變詐日增等事.

案照, 先准本部咨前事, 已經牌行各官, 前往薊、密等道, 驗兌寺馬,給散標下官軍、家丁馬騎, 候事完議處交還.

去後, 今照, 倭奴遁歸, [25a]凱旋有期. 訪得, 各該軍丁, 有尅減草料者, 有不肯用心喂養者, 有割取馬尾盜賣者, 以致尫羸不堪, 合行嚴禁.

牌仰本官, 即便傳諭原領寺馬官軍、策士、家丁, 各將騎馱馬匹, 用心喂養. 如有瘦損及剪割馬尾交還不過者, 定行問罪追陪, 仍連坐本管將官, 決不姑恕. 先將原兌寺馬若干, 陣傷若干, 倒死若干, 皮張肉臟銀見收何處, 見在若干, 作速開報. 如有虛捏, 查出定行參究. 毋得遲延.

8-33

移朝鮮國王咨 권8, 25a-26a

一爲追擊倭衆事.

照得, 本部已經行令李提督、劉[25b]贊畫, 統率南北騎、步大兵, 東渡漢江, 追擊倭奴. 去後, 但糧餉爲三軍司命, 舟楫爲往來利涉. 今皆裹糧而進, 所帶不多, 而沿途皆倭奴搶劫之後, 倉廩一空. 大軍去或有支用隨帶之糧, 回則必至缺乏, 事係緊急. 除本部已行管糧官, 將平壤所積糧料, 移運開城、王京, 將義州所積糧料, 移運平壤等處, 以濟支用.

外, 王亦速遣的當陪臣, 於王京東南一帶兵馬經過處所, 於隣近未遭倭患各郡邑所積糧料, 或勸借富民積粟, 俱搬運沿途堆積, 聽候大兵追倭回日, 協濟支用, 庶免枵腹. 至如漢江等處, 必須調撥船隻, 或搭蓋浮橋, [26a]差委陪臣把守, 以便大兵回日徑行, 庶免病涉. 此皆係目前急切軍機, 難以遲悞. 爲此, 移咨煩請查照施行.

8-34

與李提督書 권8, 26a

門下督大兵前進, 意甚美矣. 第恐兵衆則糧多, 糧多則難繼. 國王雖檄各道搬運, 未審果得接濟否. 此在麾下當斟酌何如也. 又聞王京東路山幽險, 伏兵更宜防慮. 卽至海口, 朝鮮若幸燒倭船隻, 彼無歸路. 且云糧盡, 三十萬衆, 搛命奔潰, 坐困可也, 勿與力角. 幸心諒爲荷. 再瀆.

8-35

與總兵劉綎書 권8, 26b-27a

[26b]倭奴宵遁, 昨煩執事遠追, 步卒奔馳, 艱苦更甚, 不佞豈不念之. 獨以萬里勤王, 意圖報效, 且雄才久負, 亦欲乘時自見, 故不令株守平壤, 落人後也. 但中間人情難調, 不佞亦深爲執事慮.

　昨劉贊畫書至, 聞執事能委曲其間, 甚妙. 大丈夫期樹勳名於千百世, 區區小事不足芥蔕. 部下小卒, 穿耳責治, 足見軍令. 但視其罪止燒草, 念其遠來, 亦宜寬假.

　大兵前進, 亦不宜急. 或有埋伏, 須多方搜探, 或乏糧食, 須多方計處. 國王固已催促漢江以東各路, 搬運糧草, 以濟我兵. 但[27a]殘破之餘, 未知果能集否, 不可不深慮也. 本國龜船甚利, 且發槍、瓜子砲, 比中國所製更奇. 已於三月預設一千餘隻, 并水兵萬餘, 俱集海口, 專俟倭歸出港, 遇其船, 或撞碎, 或燒毀, 使其前不可過海, 後不可返王京.

　我兵則須俟其糧盡力疲, 一鼓滅之, 諒無難者. 我兵固不可太遲, 亦不

宜急進. 只宜遠彼倭一二日路程, 尾後而行, 切不宜趕上, 急與交鋒. 爲
彼行時, 百般防備, 恐落其彀中. 餘不多譚.

8-36

檄分守道李提督劉員外 권8, 27a-28a

一爲乞留精銳, 以防後患事.

准朝鮮國王咨:

據議政[27b]府狀啓, "京城倭賊雖已退出, 熟觀其實, 非輸款效順
之意. 渠見大兵旋回, 欺我小邦孤弱, 添衆過海, 再逞兇毒, 其禍滋甚.
乞留砲手五千名, 仍選委驍勇將官一二員, 屯箚迆南沿海關口若干月,
分布安挿. 一以演習兵技, 一以隄防疏虞."

等因. 到部. 准此, 擬合查議.

牌仰提督本道該司, 卽查朝鮮王咨, 留砲手五千, 應於何營摘撥, 各軍
有無情願, 何官統領, 住何地方. 如果留守, 必得數月, 官軍日支廩給、行
糧各若干, 鹽菜若干. 守禦旣久, 衣鞋、軍裝各若干, 火器、火藥若干, 犒
賞若干. 本色出於何處, 折色動支何項, 的於某月撤[28a]還, 逐一查議停
妥, 具由呈詳, 以憑裁酌施行.

8-37

檄李提督劉員外 권8, 28a-28b

一爲緊急倭情事.

據劉贊畫稟稱:

李提督統領大兵三萬餘騎, 於五月初二日渡江, 劉綎統兵五千, 於初六日渡江, 前往忠州等處, 追剿倭奴. 忠州一帶無糧, 王京米、豆並無, 車牛轉運不及. 本職已遣官分催, 恐不從令. 朝鮮君臣但欲進兵, 而乏糧則恬不動意. 乞速催發, 多差陪臣僃運.

等情. 到部. 除卽行朝鮮該管官員, 將王京米、豆, 運至忠州迤西, 忠淸、全羅米、豆, 運至忠州迤東, 上緊督倂外, 合行知會徑催.

牌仰提督[28b]該司, 卽便催令朝鮮陪臣, 多撥人畜, 作速搬運. 如有抗違軍令, 不行搬運, 以致軍士缺糧惧事者, 輕則徑自綑打, 重則拏赴令旗令牌前, 卽時斬首示衆. 應參員役, 指名參呈, 以憑參奏.

其開城、碧蹄一帶軍馬往還, 督令該管陪臣, 照舊管顧飯食. 各江渡口, 徑行該營官員, 拘集船隻, 繕搭浮橋, 以便徑行. 毋容懈怠, 致誤軍機未便.

8-38

檄衆將領軍兵 권8, 28b-30a

一爲進剿倭衆事.

今將本部與平倭李提督、贊畫劉員外會議後開條款, 仰東征將領、軍丁等員役, 遵照[29a]奮勇前進, 共成大功. 毋得違悞.

計開:

一據報, 清正據險修築石城, 爲固守之計. 如進攻時, 將領、軍兵, 有能率衆首登其城, 及臨陣首先衝鋒砍殺者, 許卽時報名提督幷贊畫前, 記名報部. 除破格題敍外, 本部仍動支軍前馬價銀一萬兩, 分給登城衝殺之人. 只要本管將領及督陣旗牌, 查核明白公道, 不許偏私. 違者, 以軍法論罪. 如奮勇登城人衆, 前銀分派不多, 本部仍另行加賞, 決不食言.

[29b]一本部原行軍兵, 止許砍殺倭衆, 不許割取首級, 最是良法. 但恐干戈擾攘之際, 人心不齊, 將領難以稽查管束, 以致砍殺者, 未必得取首級, 割獲首級者, 未必盡出衝鋒. 法令不公, 何以鼓衆. 今議砍殺倭奴, 在地不許一軍割取首級, 通俟戰罷, 公同驗割均分. 但有先後偸割者, 劈碎不准驗功, 仍將本軍, 以違令論罪.

以上除砍殺外, 將領、軍丁, 有能首登其城, 及首先衝鋒砍殺, 以致倭奴大遭挫衂、盡被剿殺者, 許卽揭收告示爲信, 前來領賞. 但不許無功者[30a]希圖混冒. 違者, 以軍法究處.

8-39

檄李提督 권8, 30a-31a

一爲倭情事.

已於四月二十七日, 牌行平倭提督, 近倭奴假貢請降, 非出眞心, 本部明知其詐, 將機就計, 欲誘離王京, 無險可恃, 慶尙、全羅官軍前途邀截, 我兵從後追襲, 前後夾攻, 大加剿殺.

又於二十八日, 牌行提督, 卽統官兵, 前去賊屯處所, 用計圍困以擒之. 蓋數日間糧盡, 今日妙策, 只在據險固守, 切忌性急. 角鬪則彼必攃[42]死力戰, 得失相半. 守則我可待勞待饑, 決收全勝. 必俟糧盡力疲, 督同朝鮮官軍, 相機併[30b]刀[43]剿殺, 務使倭奴盡遭挫衂, 片甲不歸. 各將官相度機宜, 可守則守, 可戰則戰, 勿得愓事.

去後. 近報, 淸正等見住尙州. 彼尙據險相持, 且又衆寡不敵, 此時萬不可輕與交戰, 墮彼奸計, 合行知會.

牌仰提督該司, 本官查照二十七八等日幷今事理, 卽便暫住嶺西, 賺彼且渡洛江, 大兵移住尙州. 據守東江之險, 使倭奴不得西向搶掠. 亟速密諭朝鮮官軍, 抄出釜山、梁山等處港口, 邀截焚燒, 俾倭奴空船不得來, 賊船不得去. 致彼糧盡自斃, 乃爲完策. 或於箚住之處, 探其倭奴兵馬撓動, 有機可乘. 或於起身過江及其半渡, [31a]我兵果有勝算, 一擊取勝, 尤見神速.

乃選差的當官員, 多方偵探, 以防倭奴間道襲取王京等處, 邀截大兵之後, 尤爲喫緊. 設使朝鮮水兵不得邀截於前, 則我兵亦勿輕易追襲於後. 卽縱之使去亦可, 不必拘拘剿滅一說也. 但責彼留還王子、陪臣、倭將, 可以相安無事. 仍徑催朝鮮陪臣, 作速運糧. 本部亦屢咨國王, 幷行艾主事, 由海運督發, 毋得違錯.

....

42 원문은 "攃"이나, 의미상 "拚"에 가깝다고 판단함.
43 원문은 "刀"이나, 이는 "力"의 오기로 판단함.

8-40

檄李提督幷趙汝梅鄭文彬 권8, 31a-31b

一爲倭情事.

　據李提督稟稱, "初八日, 倭奴住尙州新寨, 與舊城接連, 屯箚鳥嶺險峻, 止容單人獨馬, 我兵[31b]難以布進. 除再找探道路, 相機進襲外."

　緣由. 到部. 看得, 倭衆憑高據險, 連絡屯箚, 奸狡叵測. 倘知我大兵盡數追襲, 王京空虛, 漢江迤北上流, 水淺可涉, 偸襲王京, 不可不深爲計慮. 寧恃有備, 相應申飭.

　牌仰平倭李提督, 卽差的當人役, 於安保迤北哨探. 如有可通王京道路, 速撥官軍, 住彼堵截. 仍再撥官兵一千, 與梁心協守王京、漢江, 行令朝鮮陪臣, 撥差官兵, 與二將官兵協守, 漢江水淺去處, 不時差人哨探. 提督仍萬分愼重, 相機進止, 務保萬全, 毋得違錯.

8-41

檄李提督 권8, 31b-32b

[32a]一爲緊急倭情事.

　案查, 先據劉員外稟稱, "大兵於五月初二日渡江, 米、豆轉運不及, 速催朝鮮陪臣償運." 等情. 到部. 已經牌行提督, 行令朝鮮陪臣, 多撥人畜, 作速搬運. 如有違慢軍令者, 輕則徑自綑打, 重則拏赴令旗令牌前, 卽時斬首示衆.

　去後, 爲照, 各營官軍徵調以來, 糧餉安家, 欽賞犒賞, 未爲不厚. 國家養兵蓄銳, 將士臨陣用命, 正在此時. 誠恐官軍因有平壤、開城之勝, 視功已成, 怠緩愒事, 合再申飭.

牌仰平倭提督, 卽行大小將領, 傳諭軍士, 臨陣務要奮勇擊賊, 期收全功. 數月功勞, 全在今日. 如有怠慢愒事者, [32b]不拘官軍, 卽便拏赴令旗令牌前, 斬首示衆. 毋得姑息. 具由繳查.

8-42

報石司馬書 권8, 32b-33a

倭奴雖已賺出王京, 見住尙州, 不肯前往. 昨促提督統兵襲後, 十一日已聞起身, 漸向前路, 但未渡洛東江耳. 提督稟報, "此酋一路建設營寨壕坑, 無不險固, 無不精到. 又選五萬精兵殿後, 隨路設伏, 以防我兵追襲."

提督且爾嘖嘖, 不肯輕動, 豪勁可知. 我國家不可不深爲防慮也. 大兵尾進, 俟機可乘, 卽便下手. 爲今之計, 只在海口用力耳. 只恨朝鮮兵馬無可用者. [33a]奈何, 奈何.

8-43

報周按院書 권8, 33a

門下爲東事遠勞, 尊駕直臨義州, 龍標入境, 亟欲奉迎. 緣倭奴雖出王京, 猶據尙州, 扼險豎栅, 疊石建城, 其意叵測. 以故不佞未敢輕旋耳. 伏謁無由, 罪歉何已. 耑官代候, 仰祈鑒涵.

8-44

檄李提督劉員外 권8, 33a-34a

一爲倭情事.

節據報稱: "降倭陸續來投者, 共九十餘名." 本部看得, 倭奴乞哀宵遁之時, 復有反邪歸正之衆, 中間眞僞, 深未可知. 萬一諜間, 實爲可慮. 相應因[33b]敵間反間之因來歸計處之. 倘眞降, 彼衆愈叛, 倘詐降, 我已預防, 方爲得策, 以保萬全.

牌仰提督該司, 除已前降者, 解發寬奠等處外, 已後有來降者, 卽便觀其多寡, 察其言貌, 審其來意, 先於營門外, 差官遍搜, 身無寸鐵, 方許放入. 分散隔別羈置, 勿令成群, 照前起解送赴遼陽等處安置.

如彼至十人以上前來, 情有可疑者, 卽令譯倭通事, 諭以"爾等來降, 難以准信. 如能回去, 將眞倭首級, 殺得一顆來投, 方准爾降, 仍與爾賞賜. 如殺得頭目一顆來者, 有大賞. 若殺得淸正等首級來者, 賞爾萬金, 仍與爾官做. 但不許妄殺[34a]朝鮮人來. 驗出卽行抵命. 如無首級, 不准來降." 仍令間諜, 大書前項緣由, 揭於前寨之壁, 或射入倭營, 彼衆必自相猜疑生變. 是今日處降之策, 提督與該司商確擧行. 毋誤.

8-45

檄李提督劉贊畫劉綎三協將 권8, 34a-35b

一爲倭情事.

據李提督塘報:

譯審得, 投降衆倭說稱, "關白先發兵四十六萬, 後發援兵十萬, 實欲吞併朝鮮, 分犯内地. 因懼天兵威重, 神火器具無敵, 不得已退歸."一面先遣李如栢等, 選帶精兵一萬五千掩襲.

又據參軍鄭文彬等稟稱:

關白初意建都朝鮮, 睥睨[34b]遼薊, 以三十萬犯浙、直, 三十萬犯閩、廣, 以窺中原. 今見平壤兵敗, 始有懼心.

等情. 各到部. 案查, 先據提督幷各官稟稱, 倭奴悔罪, 願留王子、陪臣, 乞哀遣使, 歸國通貢. 已行提督等, 如果留王子、陪臣、質將, 方遣二使送還. 去後, 續報沈惟敬不聽約束, 擅入倭營. 周弘謨單騎與倭講話, 胡澤等恐留周弘謨, 遂令二使送倭.

看得, 降倭供報, 關白所謀, 非獨止取朝鮮, 實欲建都王京, 窺犯内地. 行長等因平壤之敗, 乞哀歸國, 非出本心, 迺爲脫身之計. 且欲渡洛東江, 苦無船隻, 而糧米又盡, 機會可乘, 必須大加挫衂, 方見忠猷. 倘使[35a]逸去, 萬一入犯中國, 復搶朝鮮, 皆我等縱虎, 自貽其患也. 誠恐各該將官, 苟全平壤功次, 逗遛觀望, 致悞事機, 擬合再行申飭.

牌仰提督該司本官, 卽行三協幷劉綎大小將領, 各出報國忠心, 追趕倭奴. 相近必先責以不還王子、陪臣, 又殺朝鮮人民, 背盟違約, 彼必無詞. 且趁此倭奴缺船乏糧、窘迫之時, 機會大有可乘. 統率軍士, 各奮謀勇, 窺賊半渡洛東江, 出奇乘而擊之, 是一策也. 再令全羅、慶尙、忠清各道, 火速整捌水兵、龜船, 邀擊海口, 我兵過江追襲, 合兵進剿, 又一策也. 當此之時, 務必行此二策, 方爲完美.

不然, 旣[35b]不留還王子、倭將, 又不遣還二使, 倘後果有謀犯等情, 我等何以自解. 提督該司本官, 務要遵照今牌所開二策, 一意進兵剿滅, 勿得拘泥未定之說, 聽信諸將偏執退縮之語. 中間不肯用心勇往振刷者,卽拏赴本部, 發到旗牌前, 以軍法從事. 本部受有王命, 調將不行, 雖不劾人, 將欲自劾. 各將愼之愼之, 後悔無及.

8-46

報三相公幷石司馬書 권8, 35b-38a

某向未入朝鮮時, 其山川形勝, 尙未眞知, 故未敢浪陳. 玆身歷其境, 兼詳考圖帖, 細詢譯者, 始知本國幅員東西二千里, 南北四千里. 蓋地從正北長白山發脈, 故南北最長. 釜山鎭偏在東南隅, 與對馬島正面, 故日本兵馬易於入侵朝鮮. 若全羅一道直吐正南, 與中國蘇、常相對. 如日本欲犯登萊、天津, 必須乘東北風, 灣轉此嘴, 又候東南風, 然後能達. 大海巨洋, 波濤險惡, 安能如意. 若不至朝鮮, 登萊、天津, 實未易犯. 故天護神京, 亘此一國於東南、西北之間, 使日本兇夷, 不得逞志中華者, 天險限之也. 關白雄奸, 熟察此, 故舍浙直、閩廣, 竟圖朝鮮.

蓋朝鮮與薊保、山東, 相拒止是西南一海, 並無旱路間隔. 其中由南而北, 自東及西, 若尙州之洛東、王京之漢水、開城之臨津、安州之淸川、定州之大定、平壤之大同、義州之鴨綠, 諸江俱係大川, 俱通西北海面. 陸行則有遼左一路以抵山海, 而水行則有七路可達天津、山東等處. 若得順風, 三五日卽達, 無甚難者. 故此奴一得朝鮮, 據爲巢穴, 分投入犯, 特易易爾. 吾禦於陸, 而水路難支, 吾禦於水, 而陸路不免. 三境動搖, 京輔振憪, 其患有不可勝言者.

故關白之圖朝鮮, 實所以圖中國, 而我兵之救朝鮮, 實所以保中國, 非若救鄕隣鬪者比也. 各降倭報稱, "初意欲建都朝鮮, 睥睨遼薊, 以三十萬犯浙直, 以三十萬犯閩廣, 以窺中原", 似非虛語也.

幸仗社稷威靈, 廟堂石畫, 連戰三捷, 今且賺出王京, 事亦覺有頭緒. 但倭奴擁衆, 尙駐尙州、善山等處, 未卽東往. 見今殺死朝鮮軍民數千, 懸首旗竿者千餘. 且列寨無算, 聯絡數十里不絶, 虎牢、木柵、石城、土堡, 極其堅固. 一路險阨, 處處埋伏, 哨丁宋好漢幾爲所獲.

某雖屢檄提督進兵, 而將兵隳惰必不肯前, 軍中洶洶, 俱謂, "我輩百死一生, 以三四萬兵馬, 却數十萬强倭, 不數月而朝鮮土地幾已盡復. 晝夜身處冰雪, 鹽菜毫無入口. 功勞非細, 廼言官反謂報捷悉虛. 級賞又云, 先給二十兩, 比寧夏反爲不如. 經略題敍, 又不肯覆."

今乃天氣炎蒸, 疾病交作, 又欲遠追, 且倭勢甚衆, 營壘堅完, 鳥銃利害, 道路崎嶇, 若有疏虞, 將何以處. 職與提督雖百般催儧, 多方策勵, 然恐兵心有變, 不敢過責. 兵士多有疾故者, 後日人不察此, 倘歸之碧蹄之戰, 又可深慮. 任事者, 畏首畏尾如此, 何以集事如幸.

而倭眞恐懼, 漸次逸歸, 當爲朝鮮悉心善後, 務求萬全. 縱令再來, 必不使如去年竟達平壤, 若履無人之境也. 其要害分布, 亦當畫圖貼說, 與四鎭圖說並進.

視保朝鮮, 若保中國, 必不敢草率完事. 設關白果惡行長輩擅出王京, 益兵添餉, 諸倭不敢遽歸, 我兵難於卽返, 必須尊臺主張, 卽發陳璘、沈茂兵馬前來協助. 再假勅文, 慰勞將士, 級賞須給全數, 庶皇恩播而軍心勵, 兵勢張而倭膽落, 完績或可收也.

事關重大, 不敢不罄其愚. 此乃萬分眞的, 非敢誑者. 乞賜密訪, 其情自見. 惟台慈鑒原, 社稷幸甚.

檄劉贊畫 권8, 38a-40a

一爲設險守國, 以杜倭患事.

照得, 朝鮮幅員六千里, 本形勝之區, 重山內障, 大海外環, 八道相依, 三都連峙. 若潮隨江上, 必舟楫始可濟人. 更泉出地, 中遇畦[38b]畝, 悉皆陷膝. 誠哉四塞, 可保萬安. 顧本國耽文墨而不詰兵戎, 棄天險而不知修守, 遂使倭奴, 鴟焉狂逞.

按查, 往歲四月中, 倭犯釜山, 曾未浹旬, 飛渡洛江, 徑踰鳥嶺, 連陷東萊、密陽、開城、金海等城, 直擣慶尙、忠淸、京畿、咸鏡等道, 任彼縱橫, 全無攔阻, 國不絕者如綫.

今幸天討敷張, 故土盡復. 據報, 倭奴雖步步退奔, 猶程程阨險. 因嘆朝鮮昔日布置, 能如此倭, 何能使倭一無忌憚至此. 往事難追, 姑無論已.

但倭奴遠居日本, 彼欲內犯, 勢必先據朝鮮, 而後南犯登、萊, 北犯遼、薊. 惟其所之近, 察降倭所報, 益見關白狡謀. 故[39a]倭奴雖宵遁, 難保不再來, 大兵雖凱旋, 難保必無事. 朝鮮瘡痍殘破, 倭再來犯, 必至淪亡.

今議留兵協守, 亦不過酌量權衡, 暫爲修備. 蓋多留則思歸將士孰肯樂從, 少留則衆寡強弱勢難與敵. 是今日借箸而籌朝鮮者, 無過於因地設險, 因險設防, 爲第一策. 亟應查明, 以便咨會國王, 上緊修擧.

牌仰該司, 會同李提督, 行令鄭、趙二參軍, 及知謀材官、策士等, 多方採訪, 先以今日追倭經歷之處, 得之目擊者, 如鳥嶺崎嶇, 倣彼劍閣, 相度或造重關, 或挑濠塹, 如洛江深闊, 爲我要津, 有警或守渡口, 或截舟船. 或東萊海口可[39b]絕則絕之, 或密陽江口可阻則阻之. 某城寥廓低薄, 應否歛小增高. 本國糧食皆係野積, 應否俱令上納緊要郡邑分貯.

無仍前委置路左, 以容盜糧. 江邊樹本在南岸者, 應否盡行刊去, 使倭來無木爲栿, 以阻其濟.

他如王京抱漢江, 開城抱臨津, 平壤抱大同, 應否俱堪設險. 又如慶尙居東南, 全羅居正南, 忠淸居西南, 倭犯必由此處, 應否酌其衝緩, 設險預防. 其餘未歷地方, 或詢諸耳聞, 或查彼該國, 凡可設險之處, 一體擧行, 不拘土城、石墻、木柵, 不拘滾石、擂木、深坑. 務宜條議妥帖, 然後酌量衝緩. 或某處應撥朝鮮官[40a]兵若干守把, 或我留兵量撥若干協助, 或用火砲若干. 幷沿途沿海, 或五里或十里, 應否修設烽堠, 如中國之制, 有警相傳, 得以堅壁淸野, 使倭四無所掠, 本國得以預行防備.

蓋倭來, 利在速戰. 惟深溝高壘, 彼計自窮. 是今日爲朝鮮善後之策, 或不出此. 中間有未盡事宜, 悉聽區處停當, 畫圖貼說呈報, 以憑移咨國王修擧. 幷委官監督, 務期成功. 若止藉留兵, 恐不足與敵, 且爲守也. 文到, 毋得遲悞.

8-48

檄楊元張世爵李如栢 권8, 40a-41a

一爲稽考行糧事.

訪得, 調到各路軍士, 上年十一月[40b]自遼陽起行, 東征沿途, 因天寒雪地, 病死者甚衆. 該管把總等官、管貼隊人役, 希圖冒糧冒賞, 不報開除. 將官止務征倭, 置之不理, 以致各軍侵冒得志, 放肆買布, 易換銅器, 公然用官馬馱載往還. 搬運國家糧餉, 勞民傷財, 轉運艱難, 豈宜如此. 擬合行查.

牌仰本官, 卽行本協領兵大小將官, 各將本營軍士, 從實查出, 舊管若干, 某月日病故若干, 某人某人實在若干. 每月開具花名文簿, 用私印鈐蓋, 赴管糧委官處, 照依見在軍數關領. 如仍前捏寫鬼名, 凱旋之日, 本部遵照欽依, 於鴨綠江上船下船去處, 親自查收. 若[41a]有短少, 卽以遼陽起身之日, 逃回追扣, 將官、中軍、把總、管貼隊, 通行連坐. 明旨森嚴, 難以假貸. 各具遵行緣由呈報.

8-49

檄李提督 권8, 41a-41b

一爲倭情事.

據胡澤稟稱,

風聞, 朝鮮一總兵, 帶領萬人, 投降倭奴, 見在釜山與倭箚營, 聲言, "向平壤歸還男婦, 盡沉之江中. 我輩總回亦死, 是以降倭."

等情. 到部. 看得, 朝鮮官民, 向被倭奴脅從, 原非得已. 國王惡其歸順, 治之以法, 人心驚懼. 今據所稟, 亦似實情. 旣在危難之中, 招之甚易. 擬合招撫.

牌仰平倭提督, 卽[41b]將發去免死帖五千三百張, 差人傳諭朝鮮總兵官, 令其悔過, 率衆歸投, 各安本業. 本部咨行國王, 寬宥前過, 決不追究. 倘或執迷不悟, 前途糧盡, 後面兵追, 悔之晚矣. 具由先報.

8-50

檄李提督 권8, 41b-42b

一爲申明進兵緣由, 慰諭將士, 以圖完績事.

照得, 本部經略東征, 仰藉聖天子神威, 諸將士效力, 三都盡復, 八道已歸. 非不念天氣溽暑, 海澤炎蒸, 糧餉艱難, 孤軍遠進, 卽圖收兵以襄厥事.

顧謀國貴於萬全, 杜患務在絶本. 卽徵近[42a]事, 倭衆宵遁王京, 俛首逸去, 沿途不敢旁出搶殺者, 非追兵尾進之力乎. 吉昌率衆二萬, 自海上來, 欲與淸正, 會劫全羅, 竟不果行者, 非懼我兵之追擊乎. 棄鳥嶺、渡洛東, 直至釜山連結, 以伺我之動靜, 不可謂不畏我兵追擊也. 降倭接踵而來, 朝鮮土地已復, 實今日進追之力也.

故諸將之功, 本部俱已洞悉. 惟是行長等雖回對馬, 淸正輩尙住釜山, 且欲待關白之命, 始行遁歸. 有如關白不令其歸, 我兵先以議撤, 彼衆從此, 復犯朝鮮, 兵將再進耶、止耶. 本部展轉思惟, 殊不容已.

故五月驅兵深入海國, 雖心憐將士櫛沐[42b]之勞, 實欲全此垂成之績. 誠恐將士不知用兵之由, 不識體恤之意, 相應昭布.

爲此, 除另行分布及催運糧料外, 牌仰提督本官, 卽便轉行三協大小將領及軍丁人等曉諭, 本部今日進兵, 良非得已, 俱要各奮謀勇, 共收全功. 一聽提督分布調度, 不得先行隳阻. 事完後, 定將今日將士追擊之難, 經歷之苦, 備行奏聞, 隉者破格擬陞, 賞者破格擬賞. 斷不相負, 勉成一簣之功, 共樹百年完績. 文到各相體諒.

8-51

與李提督書 권8, 42b-43a

幸藉大將軍神威, 倭奴已至釜山, 恢復朝鮮之功, 卓[43a]越千古矣. 但今日事體, 縱令倭盡歸島, 亦當留兵, 代伊防守. 矧尙留此境, 其大丘、鳥嶺一帶防備, 尤爲喫緊.

　昨覩來文, 欲留吳惟忠、劉綎等兵, 甚爲妥當, 一一如敎. 再惟今日不必議戰, 只以固守爲上. 若劉綎、吳惟忠兵馬, 當令分守大丘、善山, 更撥精銳守鳥嶺. 餘任門下分布, 不佞卽日具題命下. 或倭歸, 卽當與大將軍, 聽軍士長歌入關也. 餘不贅.

8-52

報三相公書 권8, 43a-44a

昨接邸報, 見許掌科一疏, 謂瑣陳目前事宜, 以裨軍政事. 某不覺驚訝之甚. 夫天下太平, 用人當循資格, [43b]天下多故, 卽椎埋屠狗之夫, 織蓆灌園之輩, 往往英雄隱伏其中, 皆當蒐羅而置之幕府. 如才可將萬人, 卒伍而拔之登壇, 如可却強敵, 千金而聽其出入. 至於一技一能, 有裨軍中者, 何惜一命之予. 以故落職將吏, 草莽匹夫, 方處困欝無聊之地, 則希冀之心切, 報效之志殷. 大事之集, 多賴此輩.

　今某濫董玆役, 見任將官無幾. 攄謀效死者, 皆罷閑將吏、布衣、策士. 故不數月而狂倭盡奔, 屬國已復, 諸人之功, 可謂奇矣. 彼方日夜期望一官, 榮其閭里.

若曰, "今天下無事, 名爵當重, 不宜輕予", 不知關白狡雄, 一日不死, 天下未[44a]謂晏然. 況倭猶屯駐釜山, 尤宜深慮, 使將士聞之, 解體墮心, 設倭鼓兵而西, 又誰肯用命. 此猶可也. 至若秦之商君, 卽衛之亡命, 漢之大將, 卽楚之執戟. 豪傑無以自見, 舍此而之彼者, 未必無也. 方今倭中閩浙人頗多, 如此說一聞, 復有接踵而去者. 眞所謂藉寇兵、資盜糧也. 言之可爲寒心.

幸相公在上覆疏, 當力爲主持, 仍望轉致本兵, 宜有以破其說. 此當今要着, 某故不避嫌疑, 冒昧以請. 伏祈鑒涵, 天下幸甚.

8-53

檄李提督 권8, 44a-45a

一爲酌議分布大兵, 以一機宜事.

照得, 本部自四月[44b]二十以後, 節行提督, 調發大兵尾進, 俟倭衆宜至海上, 糧盡力疲, 朝鮮水兵邀截於前, 我兵相機追擊於後. 原不欲中途卽行進剿. 去後, 今據報稱, 行長等已泛海遠去. 惟淸正等, 尙擁衆釜山, 連絡營寨.

夫釜山實係朝鮮邊海地方, 今淸正依險阨守, 其謀未可逆料. 譬之芰草, 萌芽尙存. 我兵勢不能遽撤. 有如我兵盡回, 彼長驅復入, 將何禦之. 是不可不深爲計慮. 但又據稱, 前途糧乏, 相應酌議分布, 以俟進止.

牌仰平倭提督, 查照先今牌行事理, 今日機宜, 據險布兵, 坐困倭奴, 爲上策. 如李如柏、吳惟忠、劉綎等兵, 俱在大[45a]丘, 南北接連分布. 其餘大兵, 俱在李如栢等後, 以至鳥嶺聯絡拒守.

除本部日催朝鮮, 速運糧料, 速調水兵, 前來接濟邀截外, 提督亦分投差人守催. 蓋不過期月之間, 伺二使回還, 倭奴情形必然昭露. 如果送還王子、陪臣及沈惟敬等前來, 一面飛報本部. 另行定奪. 否則我固以信, 彼反用詐, 我固聽從, 彼反爲逆, 法所難宥. 然亦必俟食盡力疲. 朝鮮水兵齊集, 仍飛報本部, 以憑相機再議進剿. 務收全功. 機宜已定, 提督查照擧行. 毋誤.

8-54

移朝鮮國王咨 권8, 45a-48b

[45b]一爲乞留精銳, 以防後患事.

據平倭李提督呈稱:

倭奴陷沒朝鮮, 勢如瓦解. 我皇上遣兵援救, 天威震叠, 倭衆數十萬, 盡數遁歸. 尚有一半住於釜山海邊, 蓋房種田, 其情叵測. 若大兵盡數撤回, 倭衆復行窺犯, 以朝鮮之微弱, 安能抗此方張之敵. 所據朝鮮國王咨請留兵一節, 相應准從.

但海邦遐域, 兵火傷殘, 千里荒榛, 人烟斷絶. 查得, 遊擊吳惟忠所部, 見在官兵二千八百五十八員名, 熟知火器, 且久戍薊鎮, 頗有固志. 副總兵官劉綎原領川兵五千名, 素諳倭情, 且新到朝鮮, 其志方銳. 兩營[46a]共兵七千八百五十八員名, 堪以留守.

合無准將劉綎領兵駐箚平壤, 以扼大同江之險, 自王京而南, 有警皆得應援. 吳惟忠領兵駐箚義州, 以扼鴨綠江之險, 自良策而東, 有警皆得應援. 再量撥遼東、山西營馬兵各五百名, 副總兵官楊元召募家

丁三百名, 共一千三百名, 防守平壤迤西、安定、肅寧、安興、定州等
處, 前後共九千一百五十八員名. 至萬曆二十二年春汛無警, 議請撤
回, 仍留同知鄭文彬、知縣趙汝梅, 居中畫謀行事.

等因.

又據提督塘報, 爲倭情事, 內稱:

看得, 倭賊初據鳥嶺、尙州, 我兵追至, 賊卽移營前去. [46b]又懼
善山、大丘官兵將至, 賊復移去, 盡聚釜山. 官兵逼近釜山, 前有通海
浦口, 水面延長, 兵無船濟.

王京離釜山千有餘里, 倭賊久住於後, 蓋房開市. 再三詢訪, 原係
朝鮮舊曾讓割其地, 倭賊相沿爲己巢穴. 今賊衆拒守, 自對馬島添兵
運糧, 甚爲近易. 彼衆我寡, 勢難搗巢, 糧料不接, 地近日本, 天氣酷
熱, 山嵐瘴癘, 人多疫病, 亦難久持. 且對馬島倭奴倏忽往來, 我兵難
以居守. 其常川扼守, 請量留官兵、火器, 協守朝鮮, 亟撤兵馬, 各還
本鎭, 庶保萬全.

又據提督稟稱:

尙州一帶俱無糧料. 善山迤南, 朝鮮之人, 歸順倭奴. 今賊[47a]住
釜山, 卽其巢穴. 我官軍, 戰則兵寡, 守則無糧. 且又無棲址窩棚, 暴
於曠野, 苦楚不堪, 實難久待.

等因. 俱到部. 據此, 案照, 先該本部, 因王吝留砲手五千, 隨卽牌行
提督, 查議及誘倭奴宵遁. 隨令大兵尾進, 并行催調全羅等道水陸軍兵協
助, 俱至海上, 相機舉事.

去後, 今據前因, 爲照, 倭奴摧陷朝鮮, 勢甚猖獗, 幸我聖主威靈, 將
士智勇, 八道、三都盡皆恢復, 會見鼎新之治, 宜思恒久之圖. 方王意止
欲留砲手五千, 今提督議兵及萬, 較王所云已加一倍矣. 且布置分明, 首

尾相結, 誠爲貴國今日善後之策.

顧倭奴雖畏威宵遁, [47b]猶聚結釜山, 扼險連營, 耕田蓋屋, 究其心尚欲棲遲海上也. 夫釜山爲朝鮮濱海要地, 起自何年, 遽行割棄. 更聞立有界碑, 土民與之耕種, 北阻夾江, 南接對馬島, 倭艦盈千, 往來海面. 以逸待勞, 以主待客, 以靜待動, 以飽待饑, 誠未可以易易視者. 不可以易易視, 而朝鮮獨能以泄泄然自處耶. 譬之治癰, 決矣而餘毒猶在, 譬之剗草, 芟矣而萌蘗猶存. 匪直隱憂, 實爲顯患.

今大兵尾進, 方欲乘其奔走海上, 欲出奇一創, 而初不知釜山天險, 且爲舊穴也. 將欲乘其營壘未定, 前後夾攻, 而實不意全羅等道水兵、龜船, 絶無影[48a]響也. 將欲逼夾江, 而陣與之相持, 奈之何王國糧食已絶, 轉運不前, 暑氣炎蒸, 師老且暴露也.

夫以萬數之師, 深入外國, 歷寒及暑, 曾不留停, 遏方張之倭賊, 復已失之江山, 天朝字小之仁, 亦已極矣. 諸將士殫忠竭謀, 亦已盡矣. 今復加意留兵, 爲王防守王京之北、義州之南, 或庶幾可保無事. 然慶尚荒殘, 全羅孤絶, 密陽、大丘、洛東、鳥嶺係倭入犯之途, 仁同、善山、尚州、聞慶又倭必爭之地. 王國君臣自罹倭患以來, 必痛懲往事, 相與維新. 雖復警之志, 未遽施行, 而固國之謀, 料已熟計.

今提督所議留兵, 應否如前分布, [48b]否則不妨明白開說. 釜山果否棄割與倭, 棄則的係何年月日, 王京直至大丘沿途, 糧食果否有無, 有則見積何處, 的有糧若干石, 水兵、龜船果否有無, 有則見泊何處, 的有水兵若干名, 船若干隻, 俱酌議查明, 備行咨部, 以便審度事機, 爲王計處. 如或別有良圖, 可以使倭遠離釜山, 保安疆宇者, 亦惟開說. 如果可行, 必當勉承不負.

爲此, 移咨煩請查照, 速爲斟酌, 詳議停妥, 咨回施行.

8-55

檄三協大將楊元等 권8, 48b-49a

一爲全給賞功銀兩, 以安衆心事.

准本部咨:

准經略[49a]衙門咨稱, "節次斬獲倭奴首級, 各軍聞有先賞二十兩之議, 大有怨言. 合咨本部, 煩念恢復外國, 血戰軍功, 照例全給, 以安衆心."

等因. 到部. 查得, 獲功官軍, 每級賞銀二十兩, 蓋因比時未經覈勘, 權宜行賞. 今旣勘實, 自應全給. 今俱比照虜賊, 每級賞銀五十兩. 備咨前來. 除行提督轉行外, 擬合通行.

牌仰本官, 卽便轉諭本協官軍, 節次斬獲首級, 每級給賞銀五十兩. 買主事解銀已發海州, 各官軍到彼, 俱聽提督給散. 毋得違錯.

8-56

移朝鮮國王咨 권8, 49a-50a

[49b]一爲天討方張, 平壤已復, 合行宣諭國王, 督發軍民防守, 以廣皇仁, 以昭大義事.

准來咨, 欲與本部一會等緣由. 到部. 准此, 爲照, 藩基重啓, 王位聿新, 爰當正國之初, 且布及人之雅. 捫心知愧, 對使莫宣, 卽欲挾兩翼以冲霄, 數擧望三星而在戶. 思瞻丰度, 用慰素衷.

顧鯨鯢雖宵遁於漢江, 乃逢蛇蠆尙雲屯於海岸. 因是斥堠未罷, 羽檄猶馳, 乘此戰心, 遂羈戎足. 又以入國出疆, 從兹岐路, 神交心契, 終屬空玄. 孰若望華藻、把清芬、披大敎、覿容光之爲快也.

　謹以月之六日瞻望光儀. 至若禮文筵宴之繁, 已叮嚀告辭於[50a]使者, 前令轉啓矣. 幸相體諒, 庶遂鄙懷. 爲此, 移咨奉復, 請查照施行.

經略復國要編八卷終

9-1

覆王相公書 권9, 1a-1b

[1a]五月三十日接相公手札, 慨嘆時事, 推許征人言言, 唧戢五內. 第無以仰副台意, 媿罪熱中爾. 承下詢, 倭所以緩行, 及我兵所以追襲之故, 敢敬陳之.

倭雖欲歸之急, 實畏我兵追剿. 故以精兵斷後, 在在設伏, 步步列營, 使我兵偵知, 不敢前進, 固一意也. 又欲養其精力, 以俟相角, 奚能急行.

旣許其歸, 追襲似爲無名. 但中間事體, 亦有不得不進襲者. 款貢一事, 原非某之本心. 祇以倭集王京, 其數甚衆, 且城中寨柵堅牢, [1b]城外布營聯絡. 欲進剿, 則我兵疲弱, 道路險峻, 欲坐困, 則時日躭延, 莫知究竟, 姑爾許之. 及出王京, 恐其沿途搶掠, 或別據他險, 或謀反襲, 故令我兵潛尾其後, 戒勿輕擧, 使倭知之不敢久停, 亦不敢妄志.

今倭已至釜山矣. 前隊浮海遠去, 惟淸正尙屯海上, 其意莫測. 但我國將士囊心, 朝鮮海口船隻欠備, 想亦難於大創. 若留兵固守全羅、慶尙、大丘、鳥嶺要害, 事不可少. 差去二使者, 消息諒不久可至, 進止機宜, 再當斟酌. 今日之事, 不佞可謂殫心竭力, 期不負主知耳. 謹此仰覆, 曷任主臣.

9-2

謝犒賞將士疏 권9, 2a-3a

[2a]一爲恭謝天恩事.

先准兵部咨:

萬曆二十一年三月十八日, 於會極門, 接出皇帝勅諭東征將士:

頃者, 倭奴猖獗, 攻陷朝鮮. 朕遠惟東人徯后之思, 邇切內地震隣之慮, 肆張天討, 授鉞往征. 賴爾等將士, 齊心用力, 不避艱險, 先收平壤, 再捷開城. 朕深嘉爾等之功, 所望尅日蕩平, 大加陞賞.

茲聞天時漸熱, 水潦不收, 賊衆尙多, 城守方固. 重念爾等懸軍深入, 急難全勝, 饑寒暴露, 疾病死傷, 勢所不免. 朕用是痛心流涕, 臥不安寢. 已令所司亟發銀[2b]十五萬兩, 齎赴軍前, 從宜犒賞優恤.

仍一面行山東等處, 召商糴粟, 方舟而下, 一面行浙江等處, 徵兵選將, 分道而前. 務使爾等財力有餘, 得以安心戰守, 早夷大憝, 永靖邊江. 爾等尙亦體朕遠懷, 勉圖報稱, 垂功名於竹帛, 流福廕於子孫. 欽哉. 故諭.

欽此.

備咨, 到臣. 該臣當卽轉行提督李如松及中左右三營將領等官楊元等, 一體欽遵. 間, 隨於五月二十八日, 該本部差委車駕淸吏司主事賈惟鑰, 齎捧勅諭、銀兩到臣. 臣卽率標下各官, 望闕宣讀, 叩頭謝恩外, 臣謹誠惶誠恐, 稽首、頓首稱謝者.

伏惟倭亂東隅, 海國[3a]灑籲天之泣, 恩覃字小, 廟堂張除暴之威. 五月驅兵, 師尙稽於時日, 三門受律, 寇猶未遠門庭, 伊誰之愆, 實臣之咎.

荷蒙聖仁廣大, 不罪遲違, 重念將士徂征, 宏敷帑惠, 更欲策勵揮戈之勇, 仍復遠頒如綍之音. 聽天語之溫勤, 聲呼萬壽, 沐皇恩之湛渥, 喜動六軍, 咸誦堯言, 共欽周賚.

臣敢不益堅愚悃, 大鼓衆心, 務使觀築京封倭遁銀蛟之島, 軍歌凱曲捷傳金馬之門. 臣無任感激屏營之至.

爲此, 具本, 專差指揮周得澤齎捧, 謹具奏聞.

9-3

檄謝極 권9, 3a-3b

[3b]一爲倭情事.

照得, 倭奴遁離王京, 大兵隨後追襲. 本部節行該管官員, 搬運糧料, 務期接濟. 據陪臣報稱, "沿途轉運, 似已足用, 而軍士每稱不足." 擬合行查.

牌仰本官, 卽同朝鮮陪臣, 差人前往尙州、善山、大丘、鳥嶺各處, 查勘某處的有糧若干石, 料若干石, 據實親驗明白, 方許回報. 毋得受賄, 扶同虛捏未便.

9-4

檄章接 권9, 3b-4a

一爲乞留精銳, 以防後患事.

　　准朝鮮國王咨稱, "欲留精銳砲手八千餘, 駐箚鳥嶺、尙州, 據險防禦." 及稱, "該國水陸官軍, 併集海濱, 協同防守."

　　等因. 到部. 看得, 旣[4a]留我兵駐守鳥嶺等處, 必須該國官軍相爲犄[44]角, 方克濟事. 擬合委官查驗.

　　牌仰本官, 卽帶陪臣差人, 查看各道水陸官兵, 各有若干, 陸兵是否精壯, 有何器械, 水兵若干, 龜船若干, 有何戰具. 鳥嶺迤南至尙州等處, 逐一從實査驗明白, 具由回報, 以憑裁奪. 鳥嶺迤北, 不必査看. 毋得聽憑捏報, 誤事未便.

9-5

檄劉綎 권9, 4a-5a

一爲倭情事.

　　准朝鮮國王咨:

　　　　據都巡察使金命元馳啓說稱, "五月十二日三道水使齊到巨濟境堅乃梁, 兵船約二百餘隻, 水兵幾二萬. 探見賊勢, 則熊川、昌[4b]原之賊, 聚船分據於要害之處. 乞發川、浙砲手二、三千, 奮技而前, 使我

....

44　원문은 "犄"이나, 이는 "掎"의 오기.

國陸兵合勢齊驅. 水陸夾攻熊川之賊, 既已剿滅, 則可直下釜山, 燒破賊船. 或攔截歸路, 期於片甲不返. 今日剿賊之策, 恐無出於此."

緣由, 到部. 看得, 金命元啓稱, "倭賊分據要害, 欲要合兵水陸夾攻", 其策甚善. 但熊川賊勢之衆寡, 地方之險易, 必須哨探眞實, 方可相機而進. 擬合就行.

牌仰本官, 卽統所部官兵, 會同都巡察使金命元, 前往熊川地方, 差人遠出哨探倭奴多寡, 有無據守險隘. 如有機會可乘, 與彼相機進剿. 若彼衆我寡, 有險難攻, 不妨[5a]固守.

先查彼地糧餉有無足用, 如果不多, 不可深入. 本官建功, 在此一擧, 愼勿輕率, 務保萬全. 發去火箭三千枝收用. 先具遵行緣由繳查.

9-6

檄贊畫劉員外 권9, 5a-6a

一爲設險守國, 以杜倭患事.

近該本部行令該司, 會同提督及各官, 備查朝鮮險要處所, 計議設防修守. 去後, 顧倭奴若犯朝鮮, 勢必覬覦王京, 而路必經由鳥嶺. 今議扼守鳥嶺, 良是.

然聞鳥嶺東西, 有抄道二處, 可以暗度. 有如倭再來, 彼知鳥嶺有備, 佯陳於前, 以奇兵襲而走之, 直抵王京諸處, 則鳥嶺之險, 亦徒[5b]設矣. 況山川迂繞, 道路多岐, 恐抄路未止此二處, 則處處宜爲經理. 蓋必無間可入, 方爲足恃. 亟應委官, 查勘明白, 以便計處.

牌仰該司, 會同提督, 卽便轉委守備胡澤、經歷沈思賢, 前去鳥嶺東西之間, 備行踏勘, 要見除鳥嶺正路之外, 有何抄路可通王京者, 凡幾處, 某處由某處與大路相合, 某處抄路平坦, 可通大隊往來, 某處雖有抄路, 止容單人獨騎行走, 某處某路離王京里數若干, 某處某路於何地築關, 或立寨, 撥本國軍兵若干把截, 一一查明, 計議停妥, 畫圖貼說.

或該司別有聞見, 本部不及知者, 俱明白呈報, [6a]以憑再加斟酌. 爲該國圖久安之策. 文到限二十日以裡回復. 毋得遲延.

9-7

檄平倭李提督 권9, 6a-7a

一爲欽奉聖諭事.

准兵部咨稱,

先該經略衙門題請馬價銀二十萬兩, 解發軍前, 賞郵獲功并官軍廩糧等項支用. 已經覆奉欽依, 起解間, 據太僕寺呈稱, "馬價不敷, 別無措處." 該兵部議將二十萬兩暫免解發, 先於草料銀內動支一十五萬兩, 兵部將五萬兩, 解發遼東撫按收貯候支, 十萬兩, 差主事賈維鑰, 解赴經略標下, [6b]從宜賞功優郵.

等因.

本部, 因大兵將還, 留發海州, 今大軍回期尙遠, 已於海州取解前來. 看得, 前請銀兩, 雖未全發, 而各營官軍, 自冬歷夏, 勞苦備極. 其解到銀十萬兩, 復有標下官軍廩糧, 紙紅, 鹽菜, 買料置器, 運糧脚價, 買補戰馬, 賞功等項, 俱取於內. 但各軍懸望已久, 相應仍照原數給賞. 如有不敷, 另作區處.

牌仰李提督, 除劉綎官兵另發外, 卽將發去後開銀兩, 查照前次賞格, 給賞三協及續調遼東各官軍. 除陣亡外, 有故軍丁明開項下扣除, 同餘剩銀兩, 一併繳還. 仍將賞過官軍花名、銀數, 造冊送部, 以憑奏繳施[7a]行. 毋得違錯. 計發去銀兩, 共四萬一千兩.

9-8

移朝鮮國王咨 권9, 7a-7b

一爲修擧海防, 以杜倭患事.

照得, 釜山鎮係慶尙海門, 通倭要地. 聞往昔貴國曾於此處, 設有水兵七營, 以防倭患, 可爲有備矣. 乃去歲倭奴徑犯該鎮, 曾不留停, 直搗三都八道, 未見水兵少爲攔截. 何耶. 豈有名而今廢耶. 兵寡不相當耶. 布置不如法耶. 抑昇平旣久, 晏安於無事之天, 該鎮本未設防, 亦無此兵與營否耶.

夫當念亂圖存之時, 宜思固國强兵之術. 矧今倭猶據守其地, 倭去則此地亟當議處修設, 以杜[7b]將來.

王其速查該鎮昔年果否設布七營, 坐落何處, 或相接應, 或相隔遠, 水兵、海船各有若干, 或某營多某營少, 或雖有此營, 徒設無益, 應否從長另行更置, 或本無此營, 必宜增設, 應否因地區畫, 設險以防.

蓋亡羊補牢, 計不爲晚, 而久病畜艾, 事不宜遲. 其速查明酌議, 畫圖貼說回報, 以便再集衆思, 爲之經理. 希勿就延遲滯. 爲此, 移咨前去, 煩請查照施行.

9-9

移朝鮮國王咨 권9, 7b-9a

一爲設險守國, 以杜倭患事.

爲照, 除戎器以戒不虞, 設重門以待暴客. 先主體國經野之制, 自昔記之. 朝[8a]鮮外環大海, 内障重山. 本形勝之地, 四塞之區, 他無暇擧. 卽如鳥嶺、火峴、竹嶺三處, 石磴巉巖, 峰巒崒崔, 恍然劍閣, 擬彼太行. 此正天造地設, 以立王國者. 使中扼鳥嶺, 則王京安, 西扼火峴, 則全羅安, 東扼竹嶺, 則江源安. 奈之何天險徒存, 人謀未盡, 使去歲之倭, 得以肆無忌憚耶. 往事姑勿論已.

今倭雖宵遁海上, 倘若再來, 將何計處. 卽留守之兵, 亦慮寡難敵衆. 今日爲王國圖久安善後之策, 無如設險固守, 爲第一要務.

王其速委的當陪臣, 分投幹辦, 鳩工聚材, 將鳥嶺、火峴、竹嶺三處, 各險峻狹隘、盤繞屈曲之間, 當道[8b]置立重關. 傍有小徑, 盡皆堵截, 使往來者必待啓關而行. 不拘土木磚石, 趂日興作, 勒限完成.

關外皆挑濠塹、品坑, 凡有木植, 盡行刊去. 關内置蓋營房或窩舖, 務足萬人棲止. 關門仍要高厚堅固, 如中國月城之形, 重門旋轉而入, 女墻垛口, 務與人齊, 安排水溝銃眼, 布置滾木壘石, 務使一人當關, 萬夫莫能仰視.

蓋三險爲王國門戸, 三險修, 則三都八道賴以擧安. 所當亟圖, 而不容時刻緩者. 本部一面分撥南兵, 爲王留守此三處矣. 王當速圖之, 萬勿遲誤. 希將遣官興工日期, 先行回報. 爲此, 移咨前去, 請查照速爲施[9a]行.

9-10

檄分守分巡寧前海蓋四道 권9, 9a-9b

一爲遵旨專責部臣, 經略倭患事.

照得, 本部督率兵將, 救援朝鮮. 今屬國雖復, 倭奴尙在釜山. 事將云竣, 軍前一應器械, 如大將軍、鉛鐵子、鐵鞭、連楷棍、輕車、廠牌, 置買硝黃、車牛, 運糧草、軍器, 犒軍牛酒, 達靴、兀喇等項, 皆行各道置買解運. 去後, 船隻脚價, 事完應該造冊奏繳, 擬合取造.

牌仰本道官吏, 卽將前項幷開未盡者, 逐相查明. 係本部隨帶馬價者, 總造一冊, 係備倭馬[9b]價者, 另造一冊. 如有動支無碍官銀, 開附冊末若無明註一行. 作速造冊, 完對查算, 總撒相投, 候臨送部攢造. 毋得遲延.

9-11

報張相公書 권9, 9b

東事仰承垂念, 過爲丁寧, 唧戡, 唧戡. 第倭駐釜山, 不得不嚴爲防禦. 如王子、陪臣、使者幷沈惟敬俱回, 卽縱之使去亦可. 倘棲遲不去, 終無歸着, 不一大創之, 恐未能竣事也. 然事屬重大, 何敢輕擧. 沈茂兵望轉致本兵, 速發爲禱.

9-12

檄尹根壽 권9, 9b-10b

[10a]一爲倭情事.

案查, 已經牌行副總兵劉綎, 差人哨探倭奴情形. 如有機會可乘, 縱送還王子、陪臣, 亦要會同朝鮮領兵官, 併力剿殺. 去後, 近報, 各將挑選兵馬, 前去接應, 擬合委官密查.

牌仰本官, 卽便揀選的當官役數人, 前往釜山左近去處密查. 倭奴屯聚是何地方, 劉綎、吳惟忠、駱尙志各兵駐箚何處, 李提督幷各將某人、某人各兵, 在於何處接應, 倭奴將欲浮海, 臨時實戰獲功者, 某營官軍扼守某地方者, 某營官軍沿途逗遛不進者, 某營官軍住何地方, 與倭相離若干遠, 逐一密查, 勿令人知, 備細開呈固封, 送部查[10b]考. 其國王處, 今且不必具啓, 待回日一併報知. 愼勿輕洩, 未便.

9-13

檄李提督 권9, 10b-11b

一爲倭衆畏威悔罪, 乞哀歸國事.

本月二十三日, 據委官胡澤、沈思賢稟稱, “探得, 謝用梓、徐一貫, 前至日本, 親見關白, 諭以天威, 關白敬畏. 復令行長, 送二使回對馬島, 不日卽來朝鮮. 衆倭皆有悔罪, 乞哀之意.”等情.

據此, 先該行長等, 哀懇乞歸, 本部因昭示春生之機, 開彼自新之路, 姑從衆議, 許令二人, 前往曉諭恩威. 然必待送還王子、陪臣, 方令二人前進. 不意[11a]沈惟敬、周弘謨, 違背節制, 挺身先入, 二使繼行. 卽提督先稟, 深恨二官不聽約束, 與本部之心, 相合已經.

去後, 今據前因, 爲照, 察倭情之順逆向背, 不崇朝而可決者. 今關白旣送二人回至對馬, 則釜山之倭宜乎浮海, 王子、陪臣宜乎送還, 沈惟敬與二使宜乎卽歸, 乃今事上[45]未決者何也. 豈倭奴誠僞未可測耶. 別有所要挾耶. 抑沈惟敬欲矜詡其功, 居中用事, 復有所作爲耶.

彰天朝神武, 威服外夷之心, 全在此擧. 誠恐惟敬仍復差人, 前赴提督軍前, 假以賞賜爲名, 討求銀兩, 暗或媚倭. 此斷斷不可與者, 相應嚴禁.

牌[11b]仰平倭提督, 如遇沈惟敬遣人前來, 以賞賜爲名, 討求銀兩, 提督斷不可少假. 另一面卽差的當人役, 前諭惟敬云, "倭旣感畏, 可速撤還釜山之倭, 送歸王子、陪臣. 本官亦同二使, 卽回面陳. 倭衆乞降本意, 不得持疑牽滯, 別有希冀, 以損國威."

9-14

報石司馬書 권9, 11b-12a

降倭中能道關白情形, 故爾解進京師, 以聽皇上曁臺下及臺省諸公譯審之, 庶知其情, 可免彼此各生異見, 以致議論紛紛也. 但降之眞僞難定, 恐中途有變, 分作數起, 陸續解發.

昨據大丘將官報稱, "目[12a]下四倭來降, 一倭瞷將官作揖, 奪兵士手刀, 卽欲行刺. 幸劉副將追斬之." 一倭如此, 他倭可知. 百人之中, 奸細

....

45 원문은 "上"이나 "尙"의 오기로 판단함.

難保必無. 譯審後, 惟臺下酌處, 愚見恐不宜留也. 謹達.

9-15

與李提督書 권9, 12a-12b

接來札幷沈惟敬稟帖, 知惟敬同倭將已來, 欲求封貢. 此事已與廟堂屢言
之矣. 惟敬與倭將, 俱不必面見. 不佞恐內地空虛, 爲彼窺瞯故也. 倭將
須擇一好公館與居, 供給亦須豐盛.

　犒勞諸物, 惟大將軍裁酌, 但銀兩不可輕與. 恐日後有媚倭之謗, 防閑
之事, 亦[12b]望加愼. 惟敬事成, 其功非細, 吾儕當具題, 厚加陞賞, 幸諭
之盡心.

　軍中一應事宜, 俱聽大將軍主持, 自無不妥, 止行照詳一文書, 不佞無
不允者. 不然, 往返之間, 或稽時日, 反屬不便, 而此奉啓.

9-16

與李提督書 권9, 12b

接來札. 倭犯全羅, 門下欲行令劉綖等, 仍駐尙州, 以杜倭奴抄截, 誠屬
妙畫. 及料降倭一節, 如出神算. 宜倭奴之屢敗乞降也. 火藥陸續發與劉
綖, 倘有緊急, 庶可濟用更妙. 沈惟敬、小西飛來, 惟急令釜山之倭速歸.
吾儕幸可蚤卸此肩. 至望, 至望.

9-17

與李提督書 권9, 13a

[13a]接來札幷劉綎稟報俱稱, "沈惟敬此來帶倭中人幾三百名." 來倭旣衆, 幸嚴爲防範外, 劉綎處承大將軍遣兵協助, 悉心委仕, 何事不濟. 此國家福也. 諸凡事宜, 無分彼此, 一聽節制, 來敎見示. 幸勿憚煩, 庶目前消息頻得與聞也.

9-18

報石司馬書 권9, 13a-13b

降倭總計一百五十餘名. 昨遣葉靖國陸續解京者, 幸發薊、保就近地方安置. 其後到者, 某暫發遼東、廣寧等處分處, 俟事竣回京, 某當具咨奉啓.

伏祈臺下[13b]題請皇上御殿, 以隆事體, 以彰臺下殊勳. 先此代布, 不盡.

9-19

與劉總兵書 권9, 13b

東事勤勞特著, 藉甚喜甚. 昨移咨本兵, 爲將軍特請加衛備倭之事, 一聽主持. 大丈夫立功異域, 以繼仲升餘烈, 正在此時, 願將軍努力.

9-20

報石司馬書 권9, 13b-14b

近奉明旨撤兵, 某一一遵旨, 陸續將兵撤回. 沈惟敬已同倭將小西飛, 來此乞封講貢. 晉州又報, 倭攻甚急. 事有[14a]互異, 倭謀叵測.

　某移檄李提督, 一面遣兵救援晉州, 一面令小西飛、沈惟敬, 遣人往諭行長, 率倭歸島, 然後與議封貢. 如倭遵約束, 卽便渡海, 某與李提督, 隨可還朝復命. 封貢事具題可否, 惟聽聖裁. 其劉綎望卽加銜, 以統所領將兵, 庶事有歸着.

　北兵暫留三千, 俟沈茂兵至, 卽便撤回. 卽釜山之倭, 尙屬遷延, 質將小西飛, 拘留於此. 將所留南兵, 分守晉州、全羅、大丘、鳥嶺, 縱使倭駐釜山, 必不能長驅直入. 而糧餉不繼, 亦難久持, 渡海之期, 諒可待也. 再不然, 南兵旣集, 機有可乘, 卽大創之, 未爲不可.

　其詳備述[14b]小咨中, 伏祈臺下, 轉爲題請, 不佞幸甚.

9-21

移本部咨 권9, 14b-18a

一爲暫留大兵防守, 以固外藩, 以安內地事.

　准本部咨覆本職題前事:

　　節奉聖旨, "原有旨, 倭奴退遁, 赦不窮追. 恐釜山餘寇尙多, 後患宜備. 這所議各兵應留應撤, 并禁約犒賞事宜, 都依擬, 作速行." 欽此.

備咨, 到職. 准此, 先該本職, 因倭住釜山, 大兵應留應撤緣由, 題請. 去後, 今准前因, 除奉欽依事理, 卽行提督李如松, 將劉綎、吳惟忠、駱尙志所部南兵, 分撥大丘等處防守. 沈茂之兵, 今尙未至, 將[15a]山西、保定, 或薊、遼兵, 暫撥三千代防, 俟沈茂至日, 或倭奴下海, 卽行更替. 幷遼兵三千, 應於何處駐劄, 及撤放薊鎭、宣大等處軍兵派撥, 挨次放行, 使途間不致壅擠, 與未盡事宜, 俱聽提督酌議呈報, 以憑本職再加裁處. 幷行朝鮮國王, 計處留兵粮餉外, 爲照, 島夷被創, 屬國再存, 字小之仁已著, 撻伐之義已彰. 且奉旨赦不窮追, 則大兵撤還, 無容議矣.

惟是釜山餘倭, 今尙未去, 則狡譎猶復難知. 劉綎等兵, 旣經留守, 則事權必須畫一. 今大兵旣撤, 則本職與提督、贊畫, 俱應[15b]西歸, 而劉綎、吳惟忠、駱尙志、沈茂等, 雖分布大丘一帶, 然俱不相統攝. 有如釜山之倭, 再肆猖獗, 則一時戰守進止之機, 必至甲可乙否, 此是彼非, 妬忌起於中, 觀望乘於外, 非惟牽制, 更復阻撓. 又慮介胄之士, 終屬椎魯, 師貞之義, 必藉丈人. 且朝鮮爲遼左外藩, 利害恒相關係. 孤兵爲異國遠戍, 糧餉自宜優厚. 合無將副總兵劉綎, 量加職銜, 其吳惟忠等, 俱聽本官調度. 幷提率朝鮮官軍, 扼險防守策應, 仍俱聽薊鎭軍門統轄, 遼東撫院節制. 令綎等哨探倭情, 不時塘報督撫, 時授以石畫, 使之遵守. 有功及事完聽查驗, [16a]分別敍錄. 如騷擾外國, 違悞軍機者, 聽酌量重輕, 查參處治.

其糧餉一節, 先該本職因國王請留砲手五千, 行據李提督詳議,

吳惟忠兵原議每名月支正糧一兩五錢, 行糧、鹽菜銀一兩五錢. 在於永平府支給川兵月糧, 行令原籍官司就近支給, 以資家口. 其行糧、鹽菜, 亦照南兵事例, 每名月支一兩五錢, 每月仍當外加衣鞋銀三錢、犒賞銀三錢, 以示優恤. 其餘或應留軍丁, 各照征倭事例關給. 至於將

官、千把總等官廩給, 亦照原議, 量加優厚.

等因, 在案. 今照, 劉綎川兵萬里遠來, 其月糧難以取支於原籍, 而沈茂浙兵, [16b]俱係召募義烏等處之人, 與吳惟忠兵無二. 雖駱尙志之兵, 稍有不同, 然止六百餘名, 數亦不多. 以上各官兵, 俱係遠戍, 似宜一視同仁, 俱照南兵事例, 每名月支糧銀一兩五錢, 行糧、鹽菜銀一兩五錢, 衣鞋銀三錢, 犒賞銀三錢, 共三兩六錢. 將官、千把總等官廩給, 各於原支數目外, 量加一倍, 以寓優恤之意. 如有馬匹、料草, 俱照見行事例.

但朝鮮殘破之餘, 前項似難責以全辦, 或彼居七, 我居三, 或彼支半, 我支半. 在彼者, 聽國王採其山澤之利處, 給其本色, 該國另行備辦支放, 在我者, 俱於遼東管餉衙門, 或分守遼海[17a]道, 動支備倭馬價支給.

須俟倭奴浮海, 或本國自能居守, 或俟來年春汛過期, 前兵方行議撤. 如倭添兵西犯, 勢大不能阻遏, 許卽飛報督撫衙門, 量撥遼兵前去援應, 糧餉聽從議處.

蓋釜山餘倭, 必先計其再逆, 以盡防守之策, 而效順則不必言已. 必先慮其不歸, 以施坐困之法, 而浮海又不必言已. 如此, 庶撤兵旣省餉省勞, 留兵實可戰可守, 安內地以固外藩, 是一舉而兩得矣.

再照, 朝鮮幅員六千里, 外環大海, 內障重山. 乃形勝之地, 四塞之區, 在昔隋唐全勝之世, 本國兵力, 尙爾抗衡. 豈昔强今弱, 一至此也. 良以二[17b]百餘年, 恭謹內附, 人慕聲容, 頓忘武備, 以故倭奴習知其敝, 輒敢侵凌. 他無暇舉, 卽如大丘、鳥嶺、火峴、竹嶺等處, 係倭入犯之路. 今按其地, 皆石蹬巉巖, 峰巒峭立, 恍如劍閣, 擬彼太行. 此正天造地設以立本國者, 而皆不知因險拒防, 餘可推已.

今本職一面差官, 踏勘查理, 一面移咨國王, 凡係險隘, 卽令相度地形, 斬塹挑濠, 築關置寨, 分撥軍兵把守. 其海濱, 如釜山等處, 仍設立烽

卷九

堠, 遇警飛傳. 及緊要海口, 另設該國官兵防守. 有警堅壁淸野, 先事預圖. 蓋倭衆裹糧而來, 利在速戰. 在朝鮮, 今日戰或不足, 而守則有餘, 苟 [18a]深溝高壘以待之, 則倭計自窮, 勢必退遁.

近聞, 國王復位以來, 頗知儆惕圖存. 其全羅道陪臣權慄, 又智勇兼備, 獨能保全, 則國命尙未已也. 仍乞天語丁嚀國王, 令其召募勇敢, 屯積芻糧, 修設險隘, 爲勾踐二十年復讎之計, 毋專藉天朝援救, 庶彼益知謹飭, 而留守之兵亦有依藉矣. 爲此, 合咨本部, 煩爲查照, 希卽具題請旨咨示, 以便遵奉施行.

9-22
與劉贊畫書 권9, 18a-18b

倭奴狂逞, 劉綎雄將, 矢心報國. 門下手敎, 欲令綎作[18b]速進戰, 以保全州, 誠爲妙畫. 但以鄙意揆之, 彼衆我寡, 若與接刃, 倘有疏虞, 所關非細. 昨屢從門下, 督押劉綎前進, 而又屢催提督, 進兵防守全、慶二道及要害者, 正慮有今日事耳. 今已至此, 無可柰何.

早已發牌提督, 令行各將, 止是分守全、慶諸路要害, 使賊不得西行、北向, 迺今日喫緊着也. 倘彼率衆來攻, 奪我險要, 欲犯全、慶諸道, 不得已而與之堵截, 則可爾, 若進戰, 則未可也. 此復.

卷九

9-23

檄艾主事 권9, 18b-19a

一爲倭情事.

案查, 先據傅廷立稟稱, "平壤之糧, 盡運[19a]王京, 大兵回日, 誠恐缺用." 已於五月初六日票行該司, 水陸速運, 又經行催.

去後, 近報, 倭奴攻破晉州, 西犯全羅, 其勢甚急. 向者, 大兵所用糧米, 皆係全羅供送. 今倭犯彼地, 轉運必難, 中國糧料, 合行償運.

牌仰該司, 卽會行張三畏, 將義州糧餉, 作速水陸並運. 毋得遲緩, 以致軍中缺乏未便. 先具運過米數、日期繳查.

9-24

議經略提督不必屯駐一處疏 권9, 19a-24a

一爲謹陳軍中事機, 以明進止事.

先准兵部咨, 欲臣移住尙州、王京等因. 復准本部咨, 將大兵應留應撤[19b]緣由, 俱備咨到臣. 准此, 除留兵、撤兵等項, 遵旨另行外, 惟是欲臣移住尙州、王京一節, 則揆度今日軍中事機, 似有不可. 臣若不先一明言, 則他日叢議, 不謂臣爲觀望, 則謂臣爲畏縮矣. 臣敢冒昧其陳.

臣與提督李如松, 駐箚隔遠, 非相病而實相成. 近日倭奴情形, 有一言可決之機, 無甚難知難行之事, 有不必屯駐一處. 而反誤事機者, 伏惟皇上垂聽焉.

蓋倭自平壤戰敗, 合咸鏡、黃海等道屯結之衆, 併集王京十有餘萬. 彼時臣非不欲與提督，乘方張之氣，急務進攻．然東征士卒不滿四萬餘，勢既[20a]懸殊，時復不利．臣是以令如松，率大兵扼守開城一帶，以防倭奴西犯．臣駐箚義州，催償芻糧，并未完軍火、器械，時時廣布軍聲云，“經略自遼陽來，調集大兵十餘萬，不日且至．”由是倭不能揣我虛實，識我情形．始有乞哀退歸之狀．

既而王京已復，倭遁釜山．臣又非不欲身先士卒，爲追襲計也．顧王京以南，忠州、鳥嶺、尙州、善山、聞慶、大丘一帶，皆倭去歲入犯之路，分衆屯箚之區，今復從此奔歸，久遭兵燹，焚掠盡空．前者大兵皆裹糧尾進，而朝鮮旁邑，負戴搬運，止能足大兵數日之用，將領屢稱乏食．

臣是以暫住安州，令[20b]如松，分布劉綎、吳惟忠等，統兵扼守大丘、善山．復令提督撥兵數枝，協守全羅、慶尙及鳥嶺等處．其餘大兵，聽令撤回王京、開城等處，分駐就食．

蓋中國之糧，自朝鮮義州，由海運至開城、王京間，已經千有餘里．大海茫茫，風濤險阻，至此已爲極遠．其勢不能再前，而王京以南，如尙州、大丘等處，中國糧餉實難轉輸，須取足於全羅、慶尙兩道．而慶尙又皆殘破，今取給者，惟全羅一道耳．近日劉綎等，亦屢稱糧食不繼，日督朝鮮搬運．如之何臣復率衆徒進，以耗彼食也．矧提督專管兵馬，而臣所經略，不止兵馬，兼督糧餉．朝[21a]鮮之難，不難於進兵，而難於運餉．今日軍中之事，調兵固難，而運餉尤難．

臣將王京以南，至於釜山千有餘里，留守士馬、糧料，責之朝鮮國王，督催全羅、慶尙，轉輸尙州一帶．王京以北，至於義州約有千里，分守士馬、糧料，責之戶部主事艾維新，督催遼陽、海蓋諸道，各委官轉輸平壤一帶．臣則從中催督，而贊畫劉員外，率領委官，往來其間，清查催償．夫自朝鮮國中以及遼海二道，不下二千餘里，糧餉轉運，數月以來，不至乏絶者, 胥臣等居中調度之力也.

且該國聲容文物, 雖慕中華, 然制度云爲, 尙猶未備. 卽如各州郡
[21b]稱雄鎭者, 不過依山斬塹以爲城. 城卑而曠, 民舍若曉星錯落, 多則
百餘家, 少則數十家. 通無街市, 宛若郊原. 較之不及中華一村落也.

倭酋淸正等, 前住尙州月餘, 焚蕩更罄. 今臣以經略, 若率贊畫併中
軍、旗鼓、材官以及家丁等不下千餘人. 往住彼城, 而如松係提督及標下
將領軍兵人等, 亦不下數千人, 若相依屯劄, 非惟孤墟不能住留, 糧食不
能取辦, 而且去釜山不遠, 倭奴細作反得覘我情形, 窺我虛實矣. 況尙州
離王京四百餘里, 離平壤一千餘里, 離義州鴨綠江一千六百餘里, 離遼陽
又二千餘里. 王京亦略[22a]相似. 若臣等盡在尙州、王京居住, 無論王京
以西至於義州, 千里空虛, 聲聞不相接續. 而尙州東西, 且有抄路可達王
京. 若王京之漢江, 開城之臨津江, 平壤之大同江, 又皆西通大海, 皆可
抄絶臣等之後. 倘釜山倭奴探知, 經略、提督與大兵皆匏繫一隅, 佯兵大
丘等處以逼於前, 而或以輕騎, 或以輕舟, 遠出臣後, 斷我餉道, 絶我歸
途, 是又不可不深爲意外之慮也. 卽觀國王, 近日以王京雖復, 殘破難居,
猶遷就於偏僻郡邑間, 事可見已.

臣是以前令劉綎等, 住大丘防守, 如松居王京統率. 臣近復以安州乏
糧, 與贊畫住[22b]定州經理, 令主事艾維新, 專住義州轉輸, 首尾相連,
彼此顧盼. 且兵尙先聲後實. 臣與如松聯絡屯駐, 振揚兵威, 虛張聲勢,
以壓倭心. 正兵法所謂率然之勢. 而臣愚以爲相成而實不相病者, 正謂此
也.

今且屢奉明旨, 以全師退賊爲功. 夫欲全師, 則必不戰, 欲退賊, 則又
不能不戰. 今旣欲全師, 又欲退賊, 自古及今, 無此良法.

惟有坐困一策, 差可行耳. 前者倭出王京, 臣卽令贊畫劉黃裳, 督押劉

綎進兵, 而屢促如松選撥馬、步精銳一二萬, 前發尾進, 扼守要害. 一以絕其復來, [23a]一以禁其旁掠, 不二旬而倭奴盡驅釜山. 夫釜山係海濱盡處, 荒僻一隅. 假使大兵未撤, 依臣分布, 嚴守慶尙, 如大丘、善山一帶, 以防其北犯, 協守全羅, 若南原、晉州一帶, 以防其西向, 則倭若穽中之虎, 釜中之魚, 何能擧動. 坐困方略, 無踰此矣.

臣之初意, 擬在必行, 乃力不從心, 事難如願. 將領借乏食而議撤, 軍士指久暴而思歸, 以致倭奴一聞卽行反襲. 幸今如松盡聽臣言, 發兵援應, 固守全、慶要害, 而倭畏我兵. 近報仍退釜山, 則全羅似可無慮.

自今以往, 將此坐困之法, 着實擧行, 列陣分營, 移兵漸逼, 若有衆逐虎法[23b]然, 則蠢玆倭奴, 未有不敗而走者. 是目前軍事, 後先相成.

不然, 破平壤、下開城、取王京, 臣與如松相去每在千里之外, 未始以同城而後能取勝也. 古有運籌決勝, 遠自千里者. 臣非其人, 而要之事理自當如是.

臣愚以爲, 倭情無甚難知難行, 不必拘泥駐劄, 反誤事機者, 此也. 如謂倭情恐不相聞, 臣屢令各將領, 多遣哨探、擺撥馬, 見今不時報臣. 而如松與臣文移塘報, 又逐日往來, 初無稽遲阻塞. 是今日尙州、王京固不宜住, 亦不必住也.

且臣自奉命經略, 一出國門, 已置此身度外, 寧復有所顧惜. 矧已入異國數程[24a]之間, 非不能勉強前進, 乃復曉曉如是, 實因今日勢有不可, 而又懼有議臣之後者, 故不得不一申明.

伏乞皇上俯察臣言, 勅下該部, 議覆目前軍務. 不致中制, 容臣相機進止, 庶事無拘攣而動無掣肘矣. 臣不勝惶悚戰慄之至.

報石司馬書 권9, 24a-25a

兵家之事, 用間用詐, 本無定衡. 昨者倭奴擁據王京, 未可旦暮下也, 姑允行長之請, 賺出王京, 不煩一矢, 而朝鮮根本, 復歸故主. 倭退王京之後, 不佞某卽遣[24b]贊畫劉員外, 督押劉綖進兵, 而屢催提督, 選撥精銳, 前進協守大丘諸路者, 正慮有今日之事耳. 不期將士不肯用命, 而巧言捏播惑衆, 撤兵未及匝月, 倭一聞之, 卽行反襲. 玆果不出不佞所料矣. 目今攻圍晉州、全羅甚急, 事已至此, 無可奈何.

不得已一面亟催將士, 前進防守, 一面切責沈惟敬, 爲倭緩兵之罪. 彼與倭將小西飛彈守, 惶恐伏罪, 卽時作書, 差人往諭各倭歸還釜山. 雖未必能從與否, 而計在今日, 似無出此. 倘一下海, 則惟敬之往來倭中, 未必無補也. 萬一倭奴狂逞, 未便歸巢, 則或守或戰, 斷不墮彼計中. [25a] 若講貢一事, 只當視爲協色, 方爲定算, 原不係人言與否也.

今日事, 某殫心竭慮, 惟求圖報皇上與臺下千載之知, 正不宜拘攣形迹, 牽制機宜. 而言者紛紛, 竟詆爲欺君誤國. 竊風聞之, 以傷任事之心, 眞爲扼腕. 幸臺下維持, 主上聖明, 俯賜溫綸, 某雖肝腦塗地, 未足報也. 諸凡尤望臺下主張爲禱外, 咨文或可具題, 萬祈借重.

移本部咨 권9, 25a-27a

一爲倭情事.

先據李提督等報稱,"沈惟敬帶領倭將小西飛彈守等,於六月二十日自釜山起身,有損二[25b]十餘擡,不日前來乞貢.倭將駄載行李甚多,情形難測.且惟敬又云,'清正狂作,其行長收兵,未得的據.'等情.該本部看得,惟敬與倭將移損數多,俱係何物,若進貢,猶出有名,若私饋,即當檢出."

隨差旗牌毛承祖,及牌行李提督,"如惟敬同倭將到彼,即差官將損內物件,公同查驗的數,登記明白,開數呈報.如係進貢之物,具由呈詳,以憑題請,允日奏進.其乞貢事宜,允與不允,事在朝廷,但不可令惟敬與倭將帶來人回巢,致泄事機,俱聽羈留."等因.

去後,隨據李提督稟稱,"依奉即差將領任自強、錢世禎,盤驗過云云",各數[26a]目稟報到職.

據此,爲照,款貢之說,原出無憑.兵家之事,尤不厭詐.自始乞而我藉之以取平壤,自再乞而我藉之以復王京.則款貢雖倭因之覷我,在我亦因之計彼也.惟是倭酋行長等未出王京之時,本職原行惟敬,令其曉諭行長等,送還王子、陪臣并留倭將爲質,方令二使前行.乃惟敬實違節制,首先進入,以致二使亦與之俱行.且云至竹山、忠州還王子、陪臣,及過二處直至釜山,尙未送還.

本職復牌行切責惟敬,令其速歸,乃報於六月二十日,携倭將前來,并損二十餘擡.隨據劉綎等又報稱,"倭奴於六月十八等[26b]日,攻犯晉州."本職竊疑其用陽順陰逆之謀,多方誤我之術.即惟敬亦未必不爲倭奴所賣.

除另行調兵策應外,復計倭將既來乞貢,而金刀之物,何至携帶許多.安知非捐金行間,安知非用財行求,安知非通賄賂我,安知非假此緩兵.故本職行令提督,首發其奸,且以威劫倭將,責以爾不還王子、陪臣,不速浮海歸國, 來此何意.

倭將惟俯伏叩頭, 願差從者回諭釜山倭衆歸國, 今已旬日矣. 倘倭奴果去, 則其乞貢之心, 似有可據. 貢事主在朝廷, 本部未敢擅便. 其所携之物應起解奏進. 如果別有狡謀, 則倭將欺罔, 法[27a]應加誅. 金刀俱應盡數入官, 卽惟敬亦坐以應得罪名. 一面調兵相機防守剿殺, 斷不爲其所誤也. 今先將前項物件, 擬合咨報, 合咨本部, 煩爲查照施行.

9-27

橄楊元 권9, 27a-27b

一爲倭情事.

據李提督稟稱, "除行楊元率兵一萬, 駐守王京漢江, 本職於十六日, 督兵前去全羅地方, 相機進剿." 緣由, 到部.

看得, 倭將假貢屯住王京, 餘倭犯搶晉州. 全羅旣有抄路, 三處可通王京, 而內外連結, 尤宜嚴防.

牌仰本官, 卽便差人遠出抄路大道, 哨探倭奴情形, 嚴加防禦, 一面再撥將官二員, 量撥軍士, [27b]協同錢世禎, 防範乞貢幷前留養病倭. 如有釜山倭奴假稱講貢, 扮作朝鮮潛入王京左近, 不時選差的當員役緝挐, 仍照李提督分付施行. 毋得違誤.

9-28

檄傳廷立 권9, 27b-28a

一爲禁約擾害官軍事.

　　准朝鮮國王咨稱, "近日平壤、開城留下天兵中間, 有不守法度的. 或因供餉不全, 好生嗔怪, 至將該管員役, 撨打詬辱, 以致受苦不過, 咸思逃躱. 又據開城府留守盧稷狀啓, 亦爲前事. 咨乞另差委官戒約." 等情.

　　看得, 平壤、開城二府, 原係倭奴焚掠之地, 所用糧米皆係隣近郡邑協濟. 若支放[28a]及時, 官軍守分, 何擾之有. 蓋因給放愆期, 官軍索討, 致啓爭端, 擬合委官禁約.

　　牌仰委官傳廷立, 卽便曉諭平壤、開城二處官軍. 以後該管官員放糧, 刁難致軍缺食, 許赴本官稟明, 呈部提究. 若係軍士倚强生事, 作踐陪臣, 指名呈來究處, 該管將領併行連坐不恕.

9-29

檄李提督 권9, 28a-28b

一爲犒師以勵勇敢事.

　　照得, 倭奴久住釜山, 陰謀叵測. 近復攻犯晉州, 進逼全羅, 一欲再陷朝鮮, 一欲覘我大兵動靜何如耳. 幸提督智勇足備, 調度有方, 分[28b]布兵馬, 扼守堵截. 據報斬獲首級, 倭皆畏威遠遁, 仍回釜山.

　　本部度其情形已訕, 勢將浮海矣. 此皆諸將一心, 三軍用命, 以故全羅無事, 我武維揚. 除候事完, 另行題敍外, 合先犒勞.

牌仰平倭提督, 卽將發去馬價銀一萬兩, 聽提督儘此銀數, 酌量分別
等第, 將近日調發, 援救晉州, 把守全羅, 追剿倭賊, 各將領、軍士, 逐一
賞勞, 俱使人人均霑實惠. 仍勉其益奮勇敢, 驅逐釜山之倭, 盡數下海,
另有重大陞賞. 事完造冊開銷呈報. 毋得違錯.

9-30
與李提督書 권9, 28b-29b

[29a]昨接手報, 仰仗神威, 倭歸釜山, 不日必有下海消息, 社稷幸甚, 不
佞幸甚. 但講貢一節, 近因遼東撫鎮塘報, 言者蜂起, 且小西飛旣來懇乞,
晉州又復被兵, 是順逆互異, 情形叵測, 何以信之.

為今之計, 一面大兵逼近釜山, 扼守要害, 虛張聲勢, 一面促小西飛,
再諭倭奴, 火速下海, 免致剿殺. 俟其歸島, 將小西飛, 羈縻留住, 責以,
"爾旣請貢, 何為又攻晉州. 昨經略具疏請旨朝議謂, 明是狡詐, 設謀賺
我, 難准所請. 如欲准貢, 必三年不犯朝鮮, 不犯中國, 方始許之. 復令歸
還二使、王子、陪臣, 然後放爾回歸. 旣不失約, 又不傷體, 吾[29b]儕又可
免諸言者之口."

惟大將軍尊裁焉. 且望秘密為禱.

9-31

又 권9, 29b 796쪽

將兵深入應援, 勞苦倍常. 謹發馬價銀一萬兩, 聽人解上, 幸大將軍盡數
犒勞之爲禱.

9-32

檄李提督 권9, 29b-30b

一爲倭情事.

據李提督呈解降倭兀兀吉奴尼噓兀一等二十八名到部, 譯審供稱,
"六月二十日, 自釜山前來投降. 來時見關白新添倭奴六萬. 講封貢事, 四
道讓天朝, 四道屬日本, 方轉回巢. 總許封貢, 亦要[30a]攻破全羅. 已知
朝鮮無糧, 日本用船供送." 等情.

看得, 兀兀吉奴尼噓兀一等倭言語, 雖未可盡信, 然節據先後降倭幷
前范宰門供報, 大約相同. 且細譯各倭歸順情形, 頗近的實. 而關白雄心,
委難測識, 擬合查議.

牌仰平倭提督, 卽將釜山各倭情形, 多方體探, 新降各倭供報, 是否眞
的. 如果是實, 應該作何區處, 或應增調兵馬, 或應添造軍火、器械, 幷應
用糧餉, 或另請發, 或亟償運, 作速具由呈詳, 以憑題請.

且沈惟敬久在倭營, 知情諒必詳確. 提督務要備細試問, 必得眞信回
報. 仍令惟敬親至本部, 覆審施行. 此係添兵[30b]喫緊事理, 倘再少遲,
設有急報, 緩不及事. 毋得遲延.

9-33

報石司馬書 권9, 30b-31a

近日倭奴悉歸釜山, 但未有下海消息耳. 如仗洪庇, 得卽歸島, 大是幸事. 倘猶遷延, 師興旣久, 糧餉浩繁, 吾儕何以逃罪. 況屢奉撤兵之旨乎.

今驅倭已至海濱, 比前在王京爲腹心之疾者, 大不相同. 如能扼守要害, 若大丘、善山爲慶尙北路險隘, 南原、求里爲全羅西路險隘, 此等處所或設城、或築寨、或建墩臺, 以驍將五六員, 統兵二萬人, 分守二路, 狂奴雖悍, 諒難長驅, 朝鮮可保無失. 餘兵盡可撤歸, 某與李提督亦[31a]可還朝復命, 庶明旨不違, 錢糧可省, 是一長算也.

鄙見如斯, 未敢擅便, 耑此請敎. 如當尊意, 幸速賜回音, 以便具題也. 但沈茂三千, 已回浙矣. 今尙少九千, 乞裁酌. 倘必不可處, 則一萬六千乃決不可少者.

查得, 唐時亦曾爲朝鮮留兵三萬防守, 四年纔歸. 此時料亦該用此數. 待看倭奴消息, 及朝鮮選練兵馬, 陸續撤回, 斯爲萬全. 伏惟鑒炤, 不備.

9-34

又 권9, 31a-31b

李提督因倭住釜山, 未有歸着, 而倭將、沈惟敬且來, 深加切責, 小西飛俯首伏罪. 提督因命小西飛, 差小[31b]倭一名, 沈惟敬差家人一名, 提督亦差家丁一名, 於七月初九日, 前往釜山, 曉諭諸倭歸島.

今去人已還, 親見諸倭俱已上船, 王子、陪臣送還在路. 旣各上船, 渡海有日, 此社稷之福, 臺下洪猷所致也. 先此馳報, 少舒尊懷. 俟有出關的期, 再當奉聞. 此係提督差人所報, 諒不虛也. 餘不敢贅.

經略復國要編九卷終

經略復國要編卷之十

10-1

與李提督書 권10, 1a

[1a]節報倭奴盡數上船, 送還王子、陪臣在道, 深爲大將軍慶忭. 隨得胡
澤、沈思賢稟帖, 又云, "向見沈惟敬, 問釜山情形, 云, '長二百里, 闊四十
里, 可屯百餘萬人馬, 今已成市, 且可接濟對馬島. 今有小將在此, 倭衆
不肯遽然盡退.'"

其報又如此, 不佞私惟, 吾儕慮事, 寧愼毋忽. 倭卽渡海, 尤當作速調
停留守一事, 縱有他意, 不致長驅. 倘猶遷延, 必有後悔. 幸大將軍力圖之.

10-2

又 권10, 1a-1b

[1b]議留我兵一萬二千, 甚善. 第鄙意謂, 狡倭變詐無常, 我兵防守, 非
二萬不可. 大將軍將保定五千、山西二千、楊元召募守丁一千, 湊足其數,

庶分布多人, 本國可永保無虞. 大將軍之功, 不獨在今恢復也, 世世戴之矣. 小牌奉覽. 不備.

10-3

移朝鮮國王咨 권10, 1b-3b

一爲暫留大兵防守, 以固外藩, 以安内地事.

先該本部以議處留兵、糧餉, 移咨, 去後, 未准咨復. 今據將領報稱, "釜山倭奴, 將王子、陪臣并家眷送還, 盡行上船遠遁. 卽行長亦往西生浦去."等情. 據此, 爲照, 島夷已[2a]遁, 我武維揚, 貴國江山, 盡行恢復, 本部當爲王稱慶矣.

惟是倭性難馴, 狡謀叵測, 必留守周密, 斯善後有終. 本部爲王國熟思審處, 前議兵一萬餘, 尙恐未足, 另行李提督, 再爲酌議. 大約以二萬爲率, 分爲二枝, 以一枝分布大丘、善山之間, 守慶尙, 以一枝分布南原、晉州之間, 守全羅, 聲勢相聯, 左右相倚, 似或可以無慮. 顧猶有說焉.

留守之兵, 去家萬里, 遠戍異鄉, 彼其心豈無父母、妻子之繫. 非厚利結心, 何以責其效力. 今議每軍一名月給糧銀一兩五錢, 行糧、鹽菜銀一兩五錢, 衣、鞋三錢, 犒賞三錢, 共銀三兩六錢. 其將[2b]領廩糧亦從優厚. 以一歲計之, 大約該銀一百萬兩, 日支本色糧料在外. 王當速與司餉之臣, 計處前項銀兩. 如以軍興之後, 或糧有餘而銀不足, 則貴國礦山頗多, 乃天地自然之利, 取助國費. 又何患也.

然留守軍兵, 非惟有定數, 抑且有定時. 倭寇往來, 非惟無定時, 抑且無定數. 以有定待無定, 甚非久計. 今王國方六千里, 地非不闊, 八道三都, 民非不聚, 沃野膏壤, 粒米非不狼戾也.

語曰, 琴瑟之不調甚, 則改而更張之. 今王當再造維新之際, 亟行全羅、慶尙、京畿等道, 令陪臣募選膂力精壯軍人, 以多爲善, 卽使陪臣管[3a]轄, 盡發副將劉綎、吳惟忠、駱尙志等營. 本部另行各將知會, 如選兵到日, 令其所服衣甲, 與南兵同, 所執器械, 與南兵同, 令各營敎師訓練起伏擊刺之法, 與南兵同, 不數月間, 自與南兵無二. 倭來則助我兵以與戰守, 由此漸漸加增, 漸漸熟練.

多造軍器, 廣積芻糧, 仍照本部前咨設險守國事理, 於今防守慶尙、全羅要害處所, 凡係險隘阨塞. 本部移檄劉副將, 會同各將官, 與貴國臣民, 卽便相度地形, 竭力修擧. 應斬塹者斬塹, 應挑壕者挑壕, 應築關者築關, 應置柵者置柵, 海口應設烽墩者, 擧建烽墩, 海船應出洋哨探[3b]者, 不時哨探. 修廢擧墜, 革故鼎新. 如此而國不富、兵不强、讐不復者, 未之有也, 又何怯於居守哉.

本部爲王熟思審處已定, 數日內立望擧行, 萬勿延緩遲滯. 爲此, 移咨, 煩請查照區畫施行.

10-4

與艾主政書 권10, 3b-4a

昨據李提督報, 雖云倭奴退還西生浦, 而其謀叵測, 未可深信. 糧餉一事, 欲加催償, 以爲留兵之需, 極爲確論. 況今留兵又不可少, 擬足二萬之數. 獨欲借資朝鮮, 又恐不給. 須天朝助之, 則山東轉運, 更宜急急也. 餘兵撤還, 似亦不遠. 不佞旋期, 尙欲與提督君一[4a]晤, 未敢以定期遽覆也.

使旋附此代申. 不盡.

10-5

報三相公幷石司馬書 권10, 4a-6a

東事仰仗洪謨. 近據提督報稱. "淸正諸倭, 悉盡下海. 平行長止爲貢事,
帶領部下兵馬, 亦回至西生浦矣. 浦在海南, 去釜山四十餘里."

　不佞愚見, 講貢一事, 始而平壤, 繼而王京, 皆借此一着, 用以退倭.
翁臺尊意, 亦復如是, 故不佞原無奏疏. 前次王京塘報, 亦只虛虛談及,
不敢實說, 報在可查也.

　秪[46]爲倭情狡譎, 神鬼難測. 卽如近日沈惟敬, 久在倭營, 絕不通信,
欲攻全羅, 乃發回惟敬講貢, 以緩我師, 此明驗矣. 今日之事, [4b]亦只宜
借用此着, 了却前件.

　若待實做, 委爲不敢, 乃畏倭之反覆難定, 實非因人言之曉曉也. 是以
不佞與贊畫、提督密議, 將惟敬、倭將拘留羈縻, 延緩月日. 俟吾防禦諸
策已定, 復命回京, 應行事宜, 面商請敎, 何如.

　倭今浮海, 善後一事, 最爲緊要, 毫忽不可草率者. 查得, 全羅、慶尙
兩道, 在朝鮮極南, 慶尙居東南角, 全羅居西南角, 是謂二南也. 倭犯朝
鮮, 必由之路, 舍此則無路矣. 此係全國緊要門戶, 而視王京、平壤則堂奧
矣. 門戶守, 則堂奧安. 兩道要害, 如慶尙之大丘、慶州、善山、高靈諸路
是也, 如全羅之南原、雲峰、光陽、[5a]求禮諸路是也. 近日守此諸路, 倭

....

46　원문은 "秪"이나, 이는 "祇"의 오기.

不能犯, 要孰甚焉. 若前報鳥嶺三道, 又在腹裡, 當作重關. 今於此處, 令留守諸將協同陪臣, 相度形勢險夷, 築關隘、建臺城, 將我留兵, 同彼麗兵, 酌量緩急, 撥兵多寡, 分發守之.

再查, 全羅、慶尙沿海, 舊設左右水營、左右兵營, 盡令修復, 設朝鮮兵馬守之. 釜山一帶, 衝要海口, 凡可通全、慶南北二要路者, 俱令謹斥堠、明信砲, 勿使失誤. 再令諸將, 將我得力火器, 移取匠役赴全羅, 用彼鐵炭, 就近打造, 分發各路.

然我兵分布兩道, 每道非一萬人不可. 提督已選留兵一萬二千, 玆復行提督, 將[5b]山西兵二千, 眞、保五千, 楊元新募家丁一千, 湊足二萬之數. 此斷斷不可少者. 仍咨國王, 將忠淸、羅、慶三道人馬, 挑選精銳數萬, 分發協守.

我兵俱厚加月餉、鹽菜、衣鞋、等項, 每兵每月議給三兩六錢, 月餉之外, 每日又給本色糧料足用, 俱令朝鮮備辦. 廩餼旣厚, 兵必樂從. 倘朝鮮或告消乏, 中國量助十分之三, 亦不爲多.

劉綎授以總兵職銜, 管轄留守諸將, 而受成於薊遼總督. 稽察防範, 則付遼東撫院.

如此備禦, 亦爲嚴密, 倭雖狂逞, 恐無能爲. 且將朝鮮精銳兵馬, 分布我兵各營, 隨營操練, 俟其習熟, 又復有險可恃, 我[6a]兵漸次撤回, 庶在朝鮮可保無事, 而我國亦大有益焉. 兩利之道也.

鄙見如斯, 不識高明, 以爲何如.

檄李提督 권10, 6a-7a

一爲倭情事.

本月初四日, 據朝鮮體察使柳成龍報:

據逃回人供稱, "倭賊在梁山、機張者, 請兵於釜山浦, 留住倭將欲犯慶州." 又報, "倭船或大或小, 或三四隻、八九隻, 連日從東大洋出沒." 賊謀難測, 恐有乘虛冲突之患. 且慶州於東邊郡邑爲鉅, 頗有儲峙, 事甚可憂.

等情. 到部. 據此, 看得, 倭奴前遣小西飛, 來求款貢, 則一面攻犯晉州. 今次送還王子、陪臣、二使, 退駐西[6b]生浦, 方謂其恭順, 復又報稱, 欲犯慶州. 及查西生浦, 尙在釜山之南, 猶是朝鮮境界, 未曾浮海遠去. 似此狡謀變詐, 陽爲逃遁, 陰肆攻搶.

在沈惟敬久駐倭中, 必明知其故, 乃今尙藏頭隱尾, 不發倭奸. 倘一朝倭醜盡行, 恐本官亦難辭罪也. 雖前報未可遽憑, 然兵事寧過於愼, 合行查明申飭.

牌仰平倭提督, 卽差的當人員, 哨探倭奴, 是否於東洋乘船出沒, 有無攻犯慶州情形. 如無, 照舊防守, 如眞, 作速補撥八千名, 務足二萬之數, 庶穀分布. 仍檄示劉綎, 相度事機, 發兵前往慶州一帶救援, 協同朝鮮官兵防禦. 查明, 具由[7a]回報. 毋得遲悞.

10-7

報三相公石司馬兵科書 권10, 7a

兵貴擇將, 自古已然. 留守一節, 最爲喫緊. 劉綎勇而且智, 必斯人總轄,
方保萬全. 倘以他將易之, 或致疏虞. 某與李提督, 雖云卸肩, 亦不能無
遺責矣. 此事非有私於綎也, 祗爲社稷爾. 萬祈相公主張, 俯從愚請. 至
禱, 至禱.

10-8

報石司馬書 권10, 7a-7b

某請留兵二萬, 恐臺下或慮朝鮮糧餉不敷, 欲裁其數. 此則不可.

　蓋朝鮮沃饒, 中國罕見. 周圍五六千里, [7b]俱是稻田. 雖山土亦深數
尺, 可種五穀, 無雨, 隨處有泉而不旱, 多雨, 有海可洩而不澇. 若全羅、
慶尙、忠淸、江源四道, 卽江南未易匹休, 儲積甚富, 足供軍需. 雖慶尙近
被倭患, 亦自有數, 不足爲全羅之累. 前者乏糧浮談, 乃諸將借此, 欲圖
撤兵, 不足信者.

　幸臺下一力主持, 務足此數, 不費中國財餉, 可固中國藩籬, 何憚不
爲. 耑此代懇.

10-9

檄李提督 권10, 7b-8b

一爲禁約事.

據平倭提督稟稱.

訪得, 回兵將官內, 有故違, 仍用朝鮮馬、牛, 駄載器物數多, 俱潛伏臨江處[8a]所, 以待行後, 方纔渡江. 乞於旋兵之日, 差官江沿, 逐一查點各營兵丁. 除病故陣亡, 各自有數. 實在不到者, 卽係私遣駄器西回, 一併追治.

等因. 到部. 據此, 爲照, 大兵東救朝鮮, 本爲恤灾捍患. 故本部於入境之初, 嚴行不許秋毫有犯, 旣勝之後, 嚴行不許妄取該國銅器. 無非欲重天朝體統, 啓屬國觀瞻, 三令五中, 已非一日, 差官緝拏, 又非一次. 乃貪鄙之輩, 尙復故違如此. 今當凱旋, 尤宜嚴禁. 所據提督稟稱, 深得禁約良法, 擬合擧行.

牌仰平倭提督, 卽選標下廉謹的當官五員前來, 聽本部再差官員, 前往義州江口把[8b]截, 如遇撤回兵丁, 許令照數查點. 若有不到, 卽係私駄銅器, 或明白駄器過江者, 卽便拏獲, 俱稟報本部, 以憑究治.

除本部嚴給告示外, 提督仍一面出示, 一面申飭三協將領. 功成之日, 正宜約束保守, 毋因小失大, 以隳名節.

其標下官亦一體禁約, 幷差官亦不得假此生事. 訪出幷究. 文到卽令差官前來, 毋得遲誤.

10-10

與李提督書 권10, 8b-9a

賊已歸巢, 不佞與大將軍幸可卸肩. 但倭謀叵測, 防守當預.

　鄙意必欲留兵二萬者, 爲萬全計也. 幸卽發[9a]劉綎, 管轄各將軍士, 俱令聽其節制, 分守各要害, 設有警息, 許以便宜調援, 纔可濟事. 不然, 路隔千里, 在彼請調, 固苦稽遲, 在我遣應, 亦嫌濡滯. 且盡數撥發, 責有收歸, 倘後有事, 難以推諉.

　其應撤兵馬, 悉聽大將軍裁處, 務令各將約束回兵, 不使騷擾. 目下幸速駕, 過我面議倭情. 顒望, 顒望.

10-11

檄李提督 권10, 9a-10a

一爲暫留大兵防守等事.

　近該牌行提督, "除議留劉綎、吳惟忠、駱尙志、王問等軍兵共一萬二千, 防守朝鮮, 本部以全羅、慶尙二處要害, 俱當分布, 恐前兵不[9b]足. 復令提督, 再將見在官兵選留八千, 并前務湊二萬之數, 以一枝守慶尙大丘、善山之間." 等因.

　去後, 且聞慶州係糧食積聚之處, 倘爲倭奴所掠, 則我留守之兵, 益無所藉. 寧爲先事之防, 毋爲後時之計, 合再申飭.

　牌仰平倭提督, 查照節行事理, 除先議劉綎等軍兵一萬二千餘, 卽令照舊外, 速將山西兵二千、保定兵五千, 并楊元召募守丁一千一百餘, 卽發前去, 并前兵共二萬, 平分二枝, 以一枝住箚南原、求禮、晉州一帶, 以一枝住箚大丘、善山、慶州一帶, 各扼險防守.

本部已一面催令朝鮮, 儧運糧草. 其全羅、慶尚號[10a]稱富庶, 目下秋成在卽, 餘糧棲畝或無匱乏. 其餘應撤大兵, 文到之日, 提督卽便酌量遠近, 挨程撤回. 西行或至義州就食, 或卽令其長行, 俱聽便宜調度. 其留兵防守, 係喫緊事宜, 毋得遲誤.

10-12

移劉綎諭帖 권10, 10a-12a

一本部諭知本官. 今倭奴送還王子、陪臣、二使, 遠遁西生浦, 遣將乞貢另議外, 惟是倭情狡譎靡常. 在我留守善後之策, 必當周密. 朝鮮殘破已極, 在我分布把截之固, 斯能保全. 今日毋謂倭已去而不復來, 倭已順而不復逆, 故上兵伐謀, 先事預待.

查得, 全羅、慶[10b]尚兩道, 在朝鮮極南, 慶尚居東南角, 全羅居西南角, 該國謂之二南. 倭犯朝鮮, 必由之路, 舍此則無路矣. 此係全國緊要門戶, 而視王京、平壤則堂奧也. 門戶守, 則堂奧安. 兩道要害, 如慶尚之大丘、慶州、善山、高靈諸路, 是也, 如全羅之南原、雲峰、光陽、求禮諸路, 是也. 若守此二路, 倭不能犯. 至如鳥嶺三路, 又在腹裡, 惟當作重關保障耳.

本部已行提督, 除奉旨留本官兵及吳惟忠、駱尚志兵外, 其沈茂兵未至, 議留王問砲手一千, 步兵二千, 共三千以補其數, 共一萬二千餘. 本部計慮未足, 復行提督, 再留山西兵二[11a]千, 眞、保兵五千, 楊元所募家丁一千一百餘, 通前共計二萬餘, 俱令前赴本官營內. 各將領俱聽本官節制調度. 將二萬兵, 分作兩枝, 於全羅、慶尙兩道要害處所, 便宜分布, 一應應戰應守, 應屯箚、應救援、應合營、應分繫, 惟本官相機舉事. 不必疑阻.

又經移咨朝鮮國王, 令其選募膂力精壯軍士, 以多爲善, 命陪臣統領, 前赴本官營內, 聽本官處分. 使所服衣甲, 所執器械, 皆如南兵, 使各營教師訓練起伏擊刺之法, 與南兵同, 不數月間, 自與南兵無二. 倭來則合我兵以與敵, 不來則合我兵以與守, 由此漸漸增加, 漸漸熟[11b]練, 我兵漸漸可以撤歸.

又行國王會同本官, 凡係全羅、慶尙要害之處, 卽便相度地形, 斬塹挑壕, 築關置柵, 海邊設立烽墩, 派撥哨船, 修復舊設左右水營、兵營, 令本國軍兵把守. 復將我已試得力火器, 移取匠役赴全羅道, 用彼鐵炭成造, 分發營中聽用.

至於將領廩餼, 軍士行、月糧銀, 另議, 俱從優厚. 目下雖據報稱, 糧食頗艱, 但全羅未經倭患, 夙稱富庶, 而慶尙如慶州等處未破, 州邑亦有積餘. 除本部已咨國王外, 本官惟督令上緊搬運. 且秋收在卽, 餘糧棲畝, 可無匱乏之憂也.

本部與提督, 將未完事宜, 計處停當, 卽[12a]行西歸. 本官當專心致意, 任此委託, 查照節行事理, 着實舉行, 功成事完之日, 朝廷自有殊恩, 斷不相負.

本官仍聽薊遼軍門、遼東撫院節制, 本部進京之後, 事無大小, 悉行報知督撫. 大率本官在此留守, 亦不過防來年春汛, 汛後卽可撤歸. 雖倭不來, 而防守無事, 調度有方, 便爲功績. 本官將種也, 素負忠勇仁智, 其益亶乃心, 以襄厥事. 毋忽貽悔.

檄李提督 권10, 12a-13a

一爲暫留大兵防守等事.

除另牌行提督, 發兵二萬, 付李如栢、劉綎, 分守全羅、慶尙外, 看得, 留軍遠戍, 必[12b]糧餉充裕, 方無脫巾之憂. 屬國殘疲, 必支放樽節, 斯無匱乏之慮.

今李、劉二將把守二路, 固爲萬全之策, 然軍興糧從, 毫不可緩. 有如朝鮮供給不以時, 我兵騷擾不相恤. 是倭患未平, 而彼此俱困矣. 誠宜命一廉將, 居中督察, 斯爲萬全.

查得, 副總兵張世爵, 淸愼是持, 威名素著, 堪以行委督餉.

牌仰平倭提督, 卽委張世爵住居全羅、慶尙適中處所, 督放朝鮮本國供給留守軍兵糧料. 如朝鮮糧不繼, 聽本官催督. 如留守兵有逃亡事故者, 聽本官稽察, 不許重冒. 留兵西回之日, 仍聽嚴禁, 不許私取該國牛馬、銅器. 輕則聽[13a]徑自處分, 干碍將官, 本官難以自斷者, 聽具呈遼東撫院究治. 事完有功之日, 與李如栢、劉綎一體論功, 無分輕重.

提督仍行令世爵, 聽其選擇應帶中軍、千把總等官及隨身家丁, 呈報本部, 以憑與留守官兵, 一體議給行、月糧料.

蓋漢三傑, 而相國轉輸爲第一. 誠以糧食爲三軍司命, 提督當省令本官, 勿泛常視也. 速行毋誤.

10-14

檄李提督 권10, 13a-13b

一爲經略邊海軍務事.

照得, 本部近與提督議留官軍二萬, 防守慶尙、全羅. 其餘兵馬盡數撤放回衛, 經[13b]過郡邑應支糧料, 俱係朝鮮陪臣經理. 誠恐各軍倚强多索, 該國陪臣畏懼逃躱. 萬一有此, 軍士乏糧, 致悞事機.

擬合委官監督, 除本部委官外, 牌仰平倭提督, 卽於王京迤西經過支糧郡邑, 每處委的當官員一員, 會同該管陪臣監督支放. 如官軍到彼, 應給糧料及時支放. 陪臣不得用小升斗, 致虧軍士. 官軍不許分外多索, 作踐陪臣. 如陪臣有失, 咨行國王究處, 官軍有犯, 輕則綑打, 重則軍法從事. 先具委官職名繳查.

10-15

檄李提督劉贊畫 권10, 13b-15b

[14a]一爲東征大功已成, 查敍內外與事文武官員, 以懋勳勞, 以昭激勸事.

爲照, 倭奴突起海上, 摧陷朝鮮, 志圖內犯, 三輔震驚, 四鎮無備, 其勢蓋孔棘矣. 帝命六師, 用彰九伐, 天威所指, 兵不留行. 甫一歲之內, 而戰平壤、下開城、捲碧蹄、收王京、逐咸鏡、保全羅、退釜山、還王子、復屬國. 倭酋遣將稽顙乞哀. 此固仰仗我皇上, 聖武布昭, 神威默運, 而實內外文武官員, 劻勷協贊, 共樹此功.

今當事竣復命之時, 例應通查敍錄. 在內, 如內閣、本兵、兵垣之廟算, 戶部之度支, 在外, 如[14b]東、保、遼、薊督撫之共事, 如宣大、山西督撫之發兵, 如各分司之料理, 如各兵道之經營, 卽一二有司, 亦有與海防之事者.

至若軍中大將, 提督功勳獨冠, 贊畫部司, 籌策超奇, 三協副將之奮勇爭先, 各偏裨將領之身親血戰. 本部、提督、贊畫各標下中軍, 管理錢糧, 通判賞功, 及差委經歷、旗鼓、幕官、參軍、策士、旗牌、雜委、聽用、答應等官書吏等役, 俱係異國從征. 各有勞績, 擬合行委, 分別破格開敍, 以昭激勸.

牌仰提督、贊畫, 卽便會同劉員外, 李提督備查前項文武官員, 并開載未盡者, 照依本部前次平壤敍功疏式, 等第排[15a]列敍錄, 分別特敍、首敍、優敍、通敍、賞賚等項. 應單名開薦者, 本人名下開列薦語, 應類名開薦者, 卽於總名後串列薦語. 應加銜者加銜, 應陞授者陞授. 仍要自始事以至襄事. 雖平壤、開城等功, 前已敍錄, 但未經部覆, 或不妨再略開載. 其收王京、逐咸鏡、尾遁倭、保全羅、救晉州、守大丘、退釜山、逼倭浮海等事情, 一一備開, 寧繁母簡. 及留守將士, 見今責以善後之事, 俱應查敍.

此係激勸大典, 固不可廣爲冒濫, 使無事者有向陽之幸, 亦不可過於裁抑, 使有功者起沙中之語. 文到就便會議停當, 開揭呈報, 以憑具奏, 使東[15b]征將士, 得以蚤沐皇恩. 母得遲滯, 令衆口有後時之嘆也.

10-16

謝還二王子咨 권10, 15b-16a

朝鮮國王, 爲仰陳情惘, 恭謝至恩事.

　本月初十日, 據陪臣李英、黃赫等馳啓.

　七月十五日, 有徐、謝二天使, 回至日本. 於二十二日, 臣等與臨海君珒、順和君玤, 隨同二使, 在釜山鎭起程回還, 見到大丘府.

　等因. 具啓. 據此, 爲照, 當職欽蒙聖天子再造之恩, 三都旣復, 二子尙縶. 慈愛至情, 每擾方寸, 梟獍兇性, 恐難化誨, 仰惟昊天陰祐, 尙賴貴部, [16a]是憑皇威, 多方籌畫, 好生停妥.

　天討暫饒獸心, 遂回二子、陪臣, 俱各全還, 去虎投慈, 生死骨肉. 當職據報驚喜、悲哀、感激, 若不自已者然. 私情罔涯, 至恩何報. 爲此, 合行咨請, 照驗施行.

10-17

檄李如栢劉綎 권10, 16a-16b

一爲暫留大兵防守, 以固外藩, 以安内地事.

　照得, 朝鮮雖爲海外屬國, 實我東保薊、遼外藩. 倭欲内犯, 乃必爭之地, 我欲保内, 乃必守之區. 亟宜乘此倭遁之時, 上緊修築險隘, 杜其再來.

　今本部發朝鮮海圖一幅, 令旗牌官彭士俊齎來. 士俊久在薊門, 諳曉修邊[16b]築臺法式, 擬合及時商確擧事.

　牌仰本官, 備將彭士俊齎來海圖細玩, 卽與士俊計議修築之法. 先將本官應守全羅、慶尙, 凡可通行要路, 相度地形, 督同朝鮮部臣, 一應斬塹挑壕, 建臺築城, 及設關口, 如法上緊幹辦. 其全羅南、慶尙東面濱海處所, 凡可入犯者, 俱要選差的當能事人員, 會同彭士俊前去沿海, 照依內地一體修設, 并置立烽堠, 以便傳報.

此係善後, 萬分緊要. 文到限某月某日, 先將看過某處, 某處應該作何製度, 畫圖貼說呈報. 一面卽便興作. 毋得遲誤.

10-18

與李提督書 권10, 17a

[17a]大將軍恢復朝鮮, 已底完績, 卽定遠、伏波, 退三舍矣. 勒石本國, 以彰盛美, 此不可少者. 承命文藁謹領悉.

外, 留兵之事, 糧料不敷, 止留一萬六千, 其應撤兵馬, 盡數撤回各鎮, 不必分屯就食也. 留兵糧餉, 仍咨國王取討. 明復法失大旣回, 可叩倭中虛實.

小西飛彈守, 牢籠之, 得其心, 兼可得其力, 想仰妙畫. 倭衆退歸, 彭士俊兩稟已悉, 不佞疑慮盡釋. 皆大將軍之賜也, 欣感何如. 戚金不知堪重托否. 晤期在卽, 餘不多談.

10-19

與艾主政書 권10, 17a-17b

[17b]倭謀叵測, 留兵不可不多, 而糧食一節, 諸將屢屢告匱, 深爲可虞.

門下長慮却顧, 不以事將就竣, 而儲積催發更急於前. 三軍旦夕有資, 皆出門下之賜, 卽鄭侯之功, 何以加焉. 社稷藉甚, 不佞藉甚.

10-20

議朝鮮防守要害幷善後事宜疏 권10, 17b-24b

一爲倭衆遁歸, 屬國已復, 計處善後事宜, 懇乞聖明, 嚴責成, 重修守, 以圖永安, 以舒東顧事.

臣惟島夷被創, 屬國再存, 皇上 字小之仁已著, 撻伐之義已彰矣. 顧事貴有終, 謀當慮遠. 方倭患未靖, 則當圖戰守之機, 倭患少息, 則[18a]當思防禦之策. 是今日善後, 爲不可緩也.

除內地計處海防事宜, 先該臣條議具題, 部覆奉旨, 責成各督撫官, 分任司道、將領修舉. 其在薊、遼、保定各海口應行等項, 已經陞任總督侍郎郝杰, 與臣會同題請訖. 其山東海防, 雖未會題, 然係臣舊撫之地, 臣在任時, 已有議處者, 見之施行. 近復該省巡撫孫鑛, 又將臣條議, 幷鑛續添應行事宜, 屢行濟南、登、靑等道, 着實修舉.

去後, 今東土宴然, 臣不敢無事復歷彼中, 徒致搔擾, 應悉聽該省巡撫, 徑行查議具題. 外, 惟是朝鮮旣復, 倭奴已遁, 本宜將大兵, 盡數撤還各[18b]鎮, 責令國王, 自行居守, 斯爲兩便. 但該國殘破已極, 將士斃於鋒鏑, 幼稚委於饑餒, 壯丁陷於擄掠, 勢甚不支. 而朝鮮存亡, 又係中國治亂, 臣前者暫留大兵疏內, 已詳言之矣.

蓋全羅、慶尙兩道, 在本國極南, 慶尙稍偏東角, 全羅稍偏西角, 故朝鮮謂曰二南, 而實倭犯必由之路, 舍此則無路矣. 此係全國緊要門戶, 而王京、平壤則堂奧也. 兩道守, 則朝鮮安, 朝鮮安, 則東、保、薊、遼擧安. 釜山遙接對馬, 倭衆雖遁, 我之兵力固不能跨海遠征, 彼之狡譎, 實可以乘舟復犯. 亡羊補牢, 計不爲晚, 而久病蓄艾, 事不宜遲, 又不得不爲 [19a]之調停區處者. 臣是以與提督李如松、贊畫員外劉黃裳等, 多方商確.

查得, 前准兵部咨, 題覆欽依, 議留劉綎等兵萬餘防守, 而全、慶要害, 兵微不能分布. 今從長酌議, 應留官兵一萬六千名, 內劉綎川兵五千名, 吳惟忠南兵二千名, 駱尙志南兵六百名, 戚金選領薊鎭各營精兵三千名, 谷燧部兵一千名, 宋人斌部兵一千一百名, 張應种部兵一千一百名, 千總鄧永和領山西兵一千名, 把總陸承恩領薊鎭三屯營兵七百名. 劉崇正、母承宜[47]領撥丁五百名於遼兵內選給. 其餘大兵俱已次第撤回各鎭, 以防內 [19b]地.

其留守官兵, 見今督責前往, 俱聽劉綎派撥, 把守慶尙之大丘、慶州、善山、高靈諸路, 全羅之南原、雲峰、光陽、求禮諸路. 蓋二路守, 則門戶嚴, 倭雖狂狡, 難以突犯.

臣又移咨國王, 大略以留兵不能久戍, 援兵終難再煩, 倭賊不能保其不使復來, 修守不可不亟爲整飭. 速行八道, 令陪臣募選膂力精壯麗人, 以多爲善, 卽使陪臣, 統赴劉綎營內, 聽本官調度, 令所服衣甲, 與南兵同, 所執器械, 與南兵同, 令各營教師訓練起伏擊刺之法, 與南兵同, 倭來則助我兵以與敵, 不來則合我兵以與守, 由此漸漸增加, 漸漸熟練. 又查[20a]得, 全羅等處, 產有鐵料、柴炭, 行委宋大斌, 督率匠役, 會同彼處陪臣, 置造飛虎等砲, 及禦倭已試得力軍器. 復令其趁此新穀旣登之時,

....

47 원문은 "宜"이나, 이는 "宣"의 오기.

上緊搬運糧餉, 以便留兵支給.

臣又以倭眾雖強, 若泛海而來, 利在速戰. 麗兵雖弱, 若深溝高壘, 扼裁險隘, 以待之, 則彼進不能攻, 旁無所掠, 其計自詘. 今全、慶之間, 俱山圍石合, 水遶江環, 在在堪以設險, 卽行令劉綎, 會同各將領, 與該國臣民, 踏勘地形, 協力修擧. 應斬塹者斬塹, 應挑濠者挑濠, 應築關者築關, 應建臺者建臺, 海口應設烽堠者, 比照內地擧建烽堠, 海船應派輪出洋哨[20b]探者, 不時哨探. 修復釜山等處舊設左右水營、兵營, 令本國軍兵把守. 若鳥嶺三道又居腹裏, 當作重關. 非特朝鮮有備可恃無恐, 卽使倭奴聞此, 亦必息心, 不敢輕動矣.

然留守官兵, 係皆徵調, 不相統攝. 今雖經臣箚委劉綎調度, 然權旣不隆, 事難畫一. 有如倭復再來, 則一時戰守進止之機, 必至甲可乙否, 此是彼非, 觀望妬嫌, 阻撓牽制. 大都介冑之士, 終屬椎魯, 師貞之義, 必藉丈人. 而朝鮮爲遼左外藩, 利害更相關繫, 則該鎮似宜爲之經理者.

看得, 副總兵劉綎, 智勇足備, 堪授統馭, 合無加以禦倭總兵職銜, 幷請[21a]欽給關防, 一應留守將領吳惟忠等, 聽其節制調度, 不許進阻. 其本官體統及應行事宜, 俱照遼東鎮守總兵官行事, 仍聽薊遼總督統轄, 遼東巡撫會同遼東巡按稽察, 分守遼海道協贊. 無事, 聽本官練兵設險, 造器積糧等項, 有警, 聽本官一面塘報, 一面相機戰守. 如果倭情重大, 勢難獨支, 許移文巡撫, 量撥遼兵援應.

所留期限, 當俟修設俱完, 本國兵力自能居守, 然後撤歸. 臨期, 聽總督、撫按, 查議具奏. 事完之日, 但得地方保守無事, 卽爲有功. 如修守無成, 騷擾外國, 違誤軍機者, 聽酌量重輕, 查參處治.

至於留兵糧餉[21b]一節, 先該臣因國王請留砲手, 卽行據如松, 詳議得, "吳惟忠南兵, 原議每名月支正糧銀一兩五錢, 行糧、鹽菜銀一兩五錢, 在於永平府支給, 川兵亦照南兵事例舉行, 每月仍當各外, 加衣鞋銀三錢, 犒賞銀三錢. 其餘或應留軍丁, 各照征倭事例關給. 至於將官、千把總等官廩給, 亦照原議, 量加優厚.” 等因, 在案. 今該臣詳議, 兵名雖有南北之分, 留守初無輕重之別. 矧離家萬里, 異國從征, 若非厚利, 又何以結其心, 而使之效力也. 理應一視同仁, 不論南北, 每軍一名, 月給月糧銀一兩五錢, 行糧、鹽菜銀一兩五錢, 衣鞋銀[22a]三錢, 犒賞銀三錢, 共三兩六錢. 將領以及千把總等官廩銀, 各於原支數目外, 量加一倍. 如有馬匹, 應支草料、乾銀, 俱照見行事例.

臣初意欲將前項錢糧, 俱令朝鮮出辦, 節經移咨國王詳議, 及面諭禮曹陪臣尹根壽, 啓王計處. 去後, 隨准國王回咨, 及陪臣面訴, “小邦殘破, 委不能備. 爲自倭摽掠, 以致困疲, 原非推諉.” 況該國風俗止用粟布, 並不行使銀錢, 故所積無幾. 及臣欲其開礦取利, 據稱, “炒造費力, 所獲無多.” 又難指未獲之財, 而償目前之用也.

然今留兵, 雖云爲彼, 亦以爲我. 卽使撤歸, 其日支錢糧, 亦所不免. 今議[22b]將吳惟忠兵應支行、月糧銀, 照舊於永平府支給, 川兵月糧銀, 於遼東備倭馬價內支給, 行糧、鹽菜銀, 於遼東管糧衙門餉銀內支給. 其餘官兵, 除各鎮原支月餉若干, 以一兩五錢數目扣除, 尙欠若干, 亦於遼東備倭馬價內補足. 其行糧、鹽菜銀, 亦於遼東管糧衙門餉銀內支給. 如有駄馬、騎馬, 俱照見行事例. 若餉銀、馬價不足, 聽戶、兵二部處發. 至於各兵月給衣犒銀六錢, 及日用本色糧料不在前項之內者, 俱聽該國措辦. 已經國王與陪臣, 俱願承認供給矣.

以上留守事宜, 俱經臣等參度事理, 酌量人情, 緩急重輕, [23a]利害得失, 似應如是者. 況存屬國, 卽以護天朝, 守外藩, 亦以安內地, 非若芸人之田, 與救鄉隣有鬪者比也. 則今日善後諸策, 誠不可緩, 而亦不容潦草了事者. 伏乞勅下該部, 查臣所議留守應行事宜, 速爲具覆請旨, 行令薊遼總督、遼東撫按, 責成留守將領劉綎等, 上緊着實修舉, 遵奉施行.

再照, 幹固枝强, 表正影直, 自昔記之. 今留兵客也, 朝鮮主也. 留兵不過爲其一時, 而該國自當計其久遠. 臣始聞, 倭奴直破朝鮮, 竊疑該國兵力, 在昔隋唐之世, 猶與中國抗衡, 何昔强今弱, 一至於此. 及入其疆, 乃知患不在[23b]人, 咎由己作. 在國王與陪臣, 皆湎酒耽詩, 沉精聲技, 付理亂於不知, 置戎事而不問. 今當流離顛沛之時, 全無臥薪嘗膽之志.

雖臣屢經移咨, 欲其修廢舉墜, 革故鼎新, 諄諄勸諭, 彼尙將近日政事, 盡付群小主持. 徵其兵則未見前來, 促其糧則尙多缺乏. 虛修窮迫之辭, 時作乞哀之狀, 溺豫宴安, 猶昨也. 臣亦付之無可柰何已.

及考朝鮮志書載, 在弘治、正德年間, 釜山鎭已爲倭奴蟠踞, 釜山之人皆爲倭戶, 志書見在可查. 故該國常有倭患, 特未若去歲之甚耳. 幸我大兵爲彼恢復, 倭離釜山盡去西生浦, 而回歸本國者[24a]亦多. 若朝鮮再不乘此設防, 則海水桑田, 仍倭故物.

今臣訪知, 其世子稱光海君名琿者, 青年英發, 該國臣民盡皆傾服. 是天亦未亡其後也. 臣已移咨國王, 令其世子出居全、慶之間, 會同留守將領, 凡一應選兵設險, 置器運糧, 俱欲其親督. 則非惟陪臣畏懼不敢有違, 且使其熟練戎務, 歷涉艱辛, 他日承繼之時, 必能通達國體, 順適民情. 是亦爲朝鮮久遠善後之一助也.

并乞天語, 嚴責國王, 自今以後, 務要痛懲往事, 勵志圖維, 爲富强之謀, 毋得專藉我兵援救, 以致國事廢弛. 仍亟催世子光海君李琿, 速往全、慶住[24b]箚, 與劉綎等, 一同協守經理, 乃爲當今第一要着. 勿得徒事禽犢之愛, 自取滅亡之禍, 庶屬國永安, 海氛可靖, 聖明舒東顧之憂, 而臣亦得少畢其愚悃矣.

10-21

與總兵劉綎書 권10, 24b-25a

留守之事, 專意相屬者, 以將軍智勇, 足寄北門鎖鑰耳. 爲今之計, 惟在設險練兵, 儲糧偵探, 俟我整頓已備, 倭欲狂逞, 必不能前, 將軍之功, 當與坐困先零者, 並垂不朽矣.

聞其海濱常有打草船隻, 切勿輕犯, 以生事端. 糧如不足, 卽將軍行文全羅諸道, 催倂接濟, [25a]亦無不可. 倘不遵約, 咨國王令其重處, 庶不患匱乏也. 其詳具諸牌文, 希留意焉.

10-22

移朝鮮國王咨 권10, 25a

一爲仰陳情悃恭謝等事.

准來咨前事內稱, "二王子俱各全還." 等因, 到部. 准此. 爲照, 島夷不道, 肆彼鞠凶, 摧陷三都, 繫留二胤, 誠近時之變, 實百世之讐. 於是, 帝命六師, 誕張九伐, 雷轟電製, 月衛風驅. 幸我武以維揚, 抑箕封之默助, 三都旣因力取, 二胤復用計歸. 龍劍暫分, 虎符永合, 父作子述, 革故鼎新. 惟稱慶以宣情, 乃因悲而愈喜. 爲此, 移咨, 請爲查照.

10-23

報遼東周按院書 권10, 25b

[25b]尊駕將臨江沿, 昨已崇官馳候, 某亦西歸, 晤期在卽矣.

外, 款貢一節, 鄙人實有深意不諒者, 廼因趙見亭之報, 屢有所言據迹, 疑心無惑也. 小西飛旣已在此, 亦須照用前着, 完此一局. 情節備具疏中, 不日上陳. 先具短揭就正, 幸示指南, 感荷無量.

10-24

移朝鮮國王咨 권10, 25b-27b

一爲國基新復, 亟行整飭, 以圖永安事.

爲照, 倭奴倡亂朝鮮, 徑走三都, 直破八道. 本部回思, 去歲今時, 王之基業危且殆矣. 茲幸神威遠赫, 我武維揚, 不數月[26a]間, 下平壤、復開城、逐咸鏡、收王京. 保全羅、守慶尙、退釜山. 倭奴乞哀遁歸, 王國江山宛然如昨. 近復撥留兵將居守, 是天朝字小之仁, 厚且深. 本部與提督、贊畫共事, 文武之人拮据擔當, 亦至且盡矣.

顧留兵不能久戍, 援兵恐難再煩, 倭賊不能保其不復來, 修守不可不亟爲之整飭. 今據報, 劉綎等官兵駐箚大丘等處, 人無糧、馬無料, 非但葷菜不能霑唇, 卽鹽醬未曾入口, 至皆相向而泣. 似此景象, 何能固留守者之心. 而本部亦難責其爲王效力也. 今且無論留兵爲王居守, 藉令勾當天朝公事, 假路貴疆, 未審亦[26b]爲東道主否耶. 此皆陪臣輩, 溺豫已久, 迷慢不悛, 以至漫不經心如此.

今聞, 王之第二胤光海君, 英姿偉發, 妙蘊岐嶷. 鄙意以爲乘此國基新復之際, 委令巡歷全、慶、忠淸之間, 事無大小, 聽其裁決. 如挑選軍兵, 必親閱, 則蛸頓柔脆者, 不敢攙雜矣. 修設險隘, 必親查, 則鳩工聚材者, 不敢怠玩矣. 搬運糧餉, 必親督, 則支放供給, 不敢缺乏矣. 置造器械, 必親驗, 則鋒銛堅厚, 不敢草率矣.

至若陪臣有臧否者, 王當勵精圖治, 如齊威之烹阿封卽墨也. 倭讐所必報者, 王當發憤修政, 如秦孝之强兵與富國也. 且思怠而矯之以勤, [27a]思疏而矯之以密, 思寬而矯之以嚴. 思紀綱廢墜, 而矯之以振肅, 思風俗頹壞, 而矯之以防閑. 思先王開疆展土, 創業之艱難, 而懼守成之不易, 思天朝調兵運餉, 恢復之勤勞, 而惟儆惕之是存. 思郡邑殘破, 人民喪亡, 饑不得食, 勞不得息, 而延攬英雄, 召復遺舊. 舉廢政、萃人心、撤女樂、遠佞夫, 以回天意.

語曰, "齊一變至於魯, 魯一變至於道." 言善變也. 王庶幾善變之, 中興可立而至也. 倭且聞風而遠匿矣, 尙敢再泛滄溟耶. 卽留守將士, 覩王之政治煥然聿新, 兵食頓行經理, 亦必欣然爲之效力. 王其勿謂多喋而棄置[27b]之. 爲此, 移咨, 請查照速行, 幷希咨復施行.

10-25

檄李提督 권10, 27b-28a

一爲國基新復, 亟行整飭, 以圖永安事.

照得, 倭奴畏威遁歸, 朝鮮疆土已復, 亟當乘此少寧, 多方修備. 今已議留劉綎等官兵, 爲彼居守, 練兵設險, 以防倭奴再來. 乃近據報稱, "劉綖等駐箚大丘等處, 糧食不繼." 此皆該國陪臣, 溺豫迷復, 漫不經心, 深可痛恨. 卽國王亦不少加料理, 似此奈何.

今聞, 其第二子光海君, 英姿偉發, 妙蘊岐嶷, 且通達國體政事. 合行使世子, 帶領忠幹陪臣數員, 與劉綖等駐箚一處, 選兵設險, 催糧造器, 庶事克有濟.

爲此, 除備咨國王外, 牌仰平倭提督, 并咨國王, 守催王子, 勒限前往. 如選兵, 必行親閱, 設險, [28a]必行親查, 運糧, 必行親督, 造器, 必行親驗. 如陪臣中再有違誤者, 加以重罪. 如此, 方使留守兵將得安, 該國武備可振. 具王子啓行日期呈報. 毋得遲違.

10-26

與石司馬書 권10, 28a-28b

竊聞, 平行長舊爲關白寵幸之臣, 屢爲淸正暴揚其短. 行長譖於關白, 關白怒, 褫其職. 訪得, 淸正廼隆[48]摩州名將, 關白屢討不能克, 後以和諭之, 卒得其力, 降[28b]服六十六州, 厥功爲多. 昨犯朝鮮, 獨領兵馬一枝, 搶咸鏡, 擄王子、陪臣, 未曾敗北, 蓋亦倭中錚錚者.

彼在釜山, 意欲率部卒三百人, 歸降劉綖, 綖恐非眞, 故爾不受. 李提督亦欲謀致淸正來降, 厚結其心, 反間使誅行長而未成. 淸正抱快而去, 聞歸本島.

倘得陳申、伍應廉, 果往彼處, 尋見許儀後, 暗行間諜, 挑動淸正, 許

....
48 원문은 "隆"이나, 이는 "薩"의 오기.

以封爵, 令其密圖關白, 最爲上策. 前遣二人, 亦欲行此, 未知彼果去否.
臺下如可行文閩中, 令彼急往, 根荄永絶, 後患不生, 妙之妙也.

10-27

報三相公書 권10, 28b-29b

[29a]仰藉廟謨, 事已就緒, 餘兵盡撤. 某待發善後小疏, 亦卽西旋. 伏祈
相公請一明旨, 命某回還復命.

其小西飛事, 猶欲面請裁酌. 倭盡歸國, 止有平行長兵馬一枝, 尙寓海
中西生浦. 某恐其妄動作, 牌行李提督, 與某各差一人, 同小西飛手下四
倭, 前往彼處. 一則探其的確情形, 一則戒其切勿生事. 小西飛帶至寬奠
或遼陽, 交付佟副將, 管領優待, 以安其心. 大功之成, 皆出尊賜, 啣戢何
如.

留守事, 撥兵一萬六千, 令劉綎總其事, 仍爲請加總兵職銜. 而各兵廩
餼亦厚, 諒亦樂從. 設重關而扼守之, 或[29b]可無虞矣. 恐煩尊念, 敢布
其略, 統惟鑒照.

10-28

報三相公幷石司馬書 권10, 29b-30a

仰藉弘猷, 東事幸已粗定. 善後一節, 廼今日要圖, 謹具小揭呈覽. 內, 留
兵行、月二糧, 某屢督朝鮮, 欲其幷出, 但殘破之餘, 實不能供, 開礦事,

又無所得. 須如此議, 庶彼易從耳.

劉綎等在彼, 終非本國, 一應事務, 陪臣未必應命. 世子英爽, 故請親往督之, 不知天朝可給勑命否. 倘事體可行, 假以上命, 更爲嚴切. 諸事俱請遼東撫按監察, 某可回還復命.

小疏未備此意, 乞爲贊襄, 御札明示. 故某還朝, 更便西旋面議, 統[30a]惟相公主持. 臨楮, 曷任悚仄之至.

10-29

與李提督書 권10, 30a

蚤間小啓已復來命矣. 外, 沈惟敬, 幸大將軍專責, 陪伴小西飛, 卽其家人, 亦勿使復入行長營內. 恐關防不密, 漏泄軍機也.

10-30

報顧冲菴書 권10, 30a-30b

捧誦手敎, 仰見惓惓無已之心. 第倭在釜山, 遽爾撤兵, 恐其瞷我西歸, 潛躡其後, 疲國其何能支, 故不敢爾. 今幸渡海, 且留副將劉綎, 統兵扼守該國險隘, 弟方敢卸肩.

然小疏題請, 尤欲借重老公祖總轄其事, [30b]庶人心知畏, 防守不弛, 天朝屬國均利之矣. 至若任事, 必須任謗, 弟盡此心, 以報朝廷已矣. 年丈謂宜靜以鎭之, 則愛弟者深, 敎弟者至也. 敢不銘心.

報三相公幷石司馬書 권10, 30b-32a

　平行長者, 倭中驍智將也. 故關白命爲先鋒, 一犯朝鮮, 逼其國王西奔, 奄有三都八道, 獨當平壤一面, 以捍中國, 以圖內犯. 但去歲秋冬沍寒, 天時不利, 故沈惟敬之說得行, 比及講貢. 止肯退出平壤, 以大同江爲界. 其意尙欲併歸王京、開城間固守, 以俟我之虛, 候天之煖, 而併吞朝鮮, 蓋有待也. 何其平壤一敗, 心[31a]膽俱裂.

　行長復申前說, 願退王京, 至於釜山, 求二使往見關白, 正以解喪師之辱, 贖失守之罪. 又對關白盛稱, 中國兵馬, 驍雄難敵, 衆至七十餘萬, 軍火器械, 勢不能當. 且誘二使、沈惟敬及跟從諸人, 俱厚賚有差, 人人得其歡心. 且譖淸正妄殺邀功, 敗壞貢事, 以動關白之怒, 徑促平秀嘉還國, 削淸正官職, 皆行長奸謀.

　其能使關白回嗔作喜, 委心聽從者, 總欲賺我中國悅而信之, 使大兵盡撤, 朝鮮空虛, 以遂彼捲土重來之意, 情甚眞切, 無可疑者. 況關白用兵海上二十餘年, 戰勝攻取, 所向無敵, 六十六州皆所讋服, 且[31b]見侵犯朝鮮, 如摧枯拉朽. 其視天下事, 無甚難爲, 一旦英鋒頓挫, 大是不堪. 又恐各島離心, 或生他變, 故今求貢, 實係眞情.

　且圖兩便, 得路就可搶復朝鮮, 不得路亦可哄賺封貢. 在行長, 不但解釋一身之罪, 且結關白之心. 在關白, 非惟受天朝封爵之榮, 亦籍以彈壓島夷之志. 高可爲六國, 下不失尉佗, 二人情形詭譎, 大都如此. 不佞某熟察此故, 故留劉綎統兵一萬六千, 截守險隘似矣.

　然欲得牢籠之術, 以緩歲月之程, 非封貢不可也. 今行長以身擔當, 見駐西生浦, 等待消息. 倘得假以封號空名, 而貢事再作一段另[32a]處, 以延捱之, 庶行長得此, 可以回見關白, 關白得此, 可以誇示諸州. 數年之間, 縱關白不死, 諒亦無虞. 若必如諸後生輩所言, 峻而絕之, 事甚無難. 只恐行長畏關白之誅, 必不肯回歸本國. 關白懷恥賺之憤, 又豈肯遽然干休. 不駕禍於朝鮮, 必修怨於內地, 海上從此, 日多事矣. 惟高明詳察, 宗社幸甚, 生靈幸甚.

10-32

報三相公幷石司馬書 권10, 32a-32b

東事仰仗洪猷, 倭悉退歸日本, 止有平行長兵馬一枝, 尙駐海中西生浦, 候小西飛消息, 諒無他患. 款貢一事, 某實借此賺倭. 平壤之克、王京之出、釜山之歸, [32b]雖藉將士之力, 而兵不厭詐, 亦每用此着. 而陰助之兵機宜密, 難向人語.

今日留兵防守, 乃結局一緊要着, 萬萬不可已者, 不得不明言之. 夫兵止一萬六千, 彼衆我寡, 一也. 險隘尙未設立, 二也. 朝鮮兵馬集練未成, 三也. 若不照前用此賺法, 何能奏功. 不諒者, 屢屢借以爲言. 如欲峻絕, 何難之有. 只恐開此釁隙, 其說長矣, 羈縻之術, 無出.

封貢二事, 須俟善後敍功小疏一完, 容某回京復命, 一一面陳商確, 請敎議定, 然後行之, 庶爲妥當耳.

10-33

與李提督書 권10, 32b-33a

[33a]今在異國留兵, 賴以通血脈者, 全憑撥兵.

自義州以至全、慶, 不下二千餘里, 軍情一有阻隔, 所關非小. 劉崇正所管五百名, 止可及於王京, 王京以西恐不能也. 不佞今議, 此路還須用中國馬丁, 而朝鮮步丁助之, 每二十里一撥, 事急用馬, 事緩用步, 不知尊意若何.

沈惟敬幷家丁人等, 昨有小啓, 欲大將軍俱不可使入倭營, 想徹淸覽. 此事最爲喫緊, 萬惟留神是荷.

10-34

檄副將劉綎 권10, 33a-34a

一爲暫留大兵防守等事.

該本部議, 留本官等軍兵一萬六千名, 防守全、慶要害外, 但查南北各兵應支[33b]月餉、行糧、鹽菜等項數目不等. 照得, 兵名雖有南北之分, 留守初無輕重之別. 非破格優厚, 無以安衆心, 非議處妥帖, 無以便支給. 相應一視同仁, 不論南北, 每軍一名, 月給餉銀一兩五錢, 行糧、鹽菜銀一兩五錢, 衣鞋銀三錢, 犒嘗銀三錢, 共三兩六錢. 將領以及千把總等官廩銀, 各於原支數目外, 加一倍. 如有騎馬、馱馬者, 俱照見行事例, 其日用本色糧料, 仍另外支給.

除吳惟忠月餉幷行糧、鹽菜, 照舊於永平府支給, 本官川兵月餉銀, 於遼東備倭馬價內支給, 行糧、鹽菜, 於遼東管糧衙門餉銀內支給. 其餘官兵, 除各[34a]鎮原支月餉若干, 以一兩五錢數目扣除, 尙欠若干, 亦於遼東備倭馬價內補足. 其行糧、鹽菜銀, 亦於遼東管糧衙門餉銀內支給. 其各軍衣、犒銀六錢, 并日支本色糧料不在前項之內者, 俱係朝鮮國王支給. 已經具題外, 合先行令知會.

牌仰本官, 卽便轉行留守各將領、軍士, 知悉曉諭, "爾輩受此非常優厚, 俱要鼓舞精神, 奮勵勇氣, 各照信地把守, 不得懈弛. 事完功成之日, 朝廷自有重大恩典, 斷不相負." 其錢糧起支日期, 仍候欽依, 聽薊遼督撫、按院, 文到之日另議, 俱毋違誤. 先具遵行曉諭過緣由, 呈報.

10-35

移趙撫院咨 권10, 34b-35b

[34b]一爲犒賞東征將士, 以示優恤事.

照得, 本部奉命徵調薊、保、宣、大、山西、遼東等處官兵, 遠適異國, 剿殺倭奴, 今將一載矣. 幸爾事竣, 除另議留守外, 其餘大兵盡數撤歸. 但各將領、軍士歷寒及暑, 沐雨櫛風, 衣裘盡敝, 勞苦倍常, 玆旣撤歸, 擬合行賞, 以示優恤之意.

合咨貴院, 煩爲轉行該道官吏, 卽便動支備倭馬價, 預行管糧衙門知會, 凡係關西軍士回至廣寧, 關領糧料, 就將各鎮. 見在關糧軍士的數查明, 每軍一名, 給衣鞋銀一兩, 飯食銀三錢, 務使人霑實惠. 其將[35a]士宴賞, 該道卽移文遼東都司衙門, 查照先次過江各將領, 等第已行宴賞事例, 亦照數頒給. 其在遼鎮原調兵將, 今撤歸者, 亦聽該道移文經理糧餉艾主事處, 查覈見在的數明白, 俱照前項宴賞、衣鞋、飯食, 一體分發各道, 轉爲頒給. 如備倭馬價不敷, 聽不拘庫貯銀兩暫借. 或將祝員外所解馬價, 該道轉發分守道收貯五萬兩內補還, 庶少慰今日征夫之苦, 且勵後來將士之心. 其見議留守朝鮮者, 不在此內.

希念同舟之雅, 幷憐歸兵難以久侯, 幸卽擧行, 毋得遲誤, 以致羈留. 事完, 具動過銀數, 幷給過將士, 備冊回[35b]報.

10-36

示諭 권10, 35b

一示仰撤還各鎭東征將領、軍士知悉. 本部念爾輩從征勞苦, 將及一年, 玆當撤歸, 特加犒賞, 以示優恤. 議定, 將領俱照先次過江宴賞事例, 軍士每名給衣鞋銀一兩, 飯食銀三錢. 其關西將士, 路經廣寧, 俱聽該道動支馬價給散. 其在遼鎭者, 俱各回營, 聽該道查明, 轉解本管兵道給散. 故示.

10-37

又 권10, 35b-38b

一經略兵部, 今將節次給賞過官軍家丁銀兩、牛、酒、[36a]食鹽、叭喇達靴, 各數目開示于後.

計開:

頭次欽賞銀一十萬兩.

兵部差義勇衛經歷王國彥, 解二萬兩, 留天津道, 二萬兩, 留薊州道, 賞防海官軍. 又差黃主事, 解銀六萬兩, 於上年十二月二十三日到遼陽, 二十五日差指揮王邇、張昌胤, 解至李提督軍前, 寄發義州. 至二月內, 本部復行贊畫劉員外、袁主事, 給放過官軍, 共銀三萬五千一百一十二兩, 王通判給放過官軍, 共銀八千九百三十九兩九錢, 剩銀一萬五千九百四十八兩[36b]一錢.

陣亡官九員, 指揮二員, 每員銀十兩, 千總二員, 每員銀八兩【內楊虎路遠, 加銀二兩】, 把總二員, 每員六兩, 百總三員, 每員五兩. 軍丁一千二百三十二名, 每名銀三兩.

川將劉綎官軍五十[49]員名, 雖係後到, 但起身在先, 程途萬里, 隆冬在路辛苦, 應與大軍一體給賞, 共用銀五千一百五十二兩.

遼東遊擊高貞所統官軍, 雖係續調, 久住外國, 相應量給一半, 共用銀五百六十六兩.

[37a]應該補賞宋大斌等統領遼東續到幷被傷, 詳允未領銀一千八百四兩.

見在剩銀四千六百六十五兩一錢. 銀少軍多, 零星難散, 令議解發劉綎, 爲犒賞留守官兵一萬六千名之用.

二月二十三日, 一次犒師以勵勇敢事, 行王通判, 動支馬價銀二千一百兩, 牛二百一十隻, 又用銀一百兩, 委雙山管鹽官王三知, 買鹽二十萬觔. 三協官軍, 每協銀七百兩、牛七十隻, 千總每員折酒銀二錢, 把總每員折酒銀一錢, 管貼隊軍丁每名[37b]折酒銀五分, 牛肉、食鹽盡數

┄┄┄┄
49 원문은 "十"이나 문맥상 "千"으로 판단함.

俵散.

五月初七日，一次犒勞官軍事，牌行李提督，就近借動馬價銀二千四百兩，鄭同知解牛一百二十隻，分守道解牛八十隻，佟養正解牛六十隻，俱解至李提督軍前，照依前次折酒數目，犒賞三協并劉綎官軍訖.

二月內一次，據李提督稟稱，"各軍涉歷山險，屢經血戰，泥水浸濕，鞋袜敝壞，跣足不堪，請乞量動官銀，易買吼喇達靴."等情，已經牌行守、巡、海蓋三道分買，隨據後開衙門陸續解運前來，轉發李提督[38a]給賞訖.

分守道解兀喇達靴一萬一千四百五十九雙.

分巡道解兀喇達靴一萬二千雙.

海蓋道解兀喇達靴八千二百雙.

金州五百雙.

海州一千五百雙.

七月二十三日，一次犒師以勵勇敢事，發銀一萬兩，行李提督委官，給賞扼守全羅、追剿倭奴官軍.

一. 賈主事解到銀一十萬兩內，欽賞三協官軍，發銀四萬一千兩，官軍家丁俱照前次數目，聽三協將官分給，[38b]劉綎營官軍共發銀五千二百七十兩.

一. 官軍得獲功次，每倭級一顆，賞銀五十兩. 平壤城一千二百八十五顆，城外三百六十二顆，開城一百六十五顆，碧蹄一百六十七顆，活倭六名，共用銀九萬九千二百五十餘兩. 各官兵中，倘有未領者，許赴艾、張主事，告明數，報本部，追發給散.

報石司馬書 권10, 38b-40a

承諭, 再委沈惟敬, 以千金暗結平行長、小西飛等, 反圖關白事. 未奉尊
教之先, 鄙意亦欲行此, 後徐察之, [39a]斷有不可者.

夫行長乃關白倖臣, 而小西飛又行長腹心之將. 一旦興此議論, 彼何
肯從. 且謂天朝反覆無信, 自此兵連禍結, 不可解矣. 且二使一往, 贈以
千金, 沈惟敬主其事, 卽二千金酬之. 李督提[50]曾言貢事如成, 關白又許
謝三人十萬金. 夫萬金彼且不惜, 何千金肯爲我動. 小西飛來帶銀數千
兩, 且欲行間, 以緩我師, 彼又胡肯爲我間耶.

況惟敬平壤講貢之時, 止以大同江爲界, 當時如從其說, 某不知稅駕
地矣. 臺下受累, 亦豈渺哉. 釜山旣同小西飛來矣, 晋州又報攻破, 此其
情形狡譎, 甚不可測. 如再往行長處, 反[39b]生事端, 勢所必至. 某知此
情, 命李提督, 嚴加防閑, 督責其過, 使之曉諭行長, 速爲退歸, 幸得事竣
爾. 今惟令彼善伴小西飛, 不許妄動, 等待事體妥當, 論功行賞, 不沒其
勞, 則可矣. 圖取關白之事, 某謂斷乎不可者, 此也.

至如淸正, 已有二心, 許儀後肯爲内應, 陳申、伍應廉之計, 固是一着.
或封號旣加之後, 彼已心安, 我旣守固, 機或他有可乘, 又不可拘拘於一
隅也. 爲今之計, 惟是申飭留守將士、朝鮮君臣, 悉心防禦, 庶乎近之. 鄙
見如斯, 望高明詳察, 幸甚.

又留兵一節, 某非不欲止用萬人, 柰倭奴不易與敵, 而朝鮮要害且
[40a]分二道, 故非一萬六千不可耳. 如行、月二糧, 亦非不欲該國併出,

....

50 원문은 "督提"이나, 이는 "提督"의 오기.

卷十

察其情實, 委不堪供, 又難强之. 本國今已承認每月衣鞋、犒賞銀六錢, 日逐本色糧餉, 似亦不少. 待其兵士訓練一熟, 我兵卽可撤回, 亦非久累者. 題覆小疏時, 幸臺下力爲主持, 萬勿少損其數, 以悞機宜. 至禱, 至懇.

10-39

咨朝鮮國王 권10, 40a-41b

一爲國基新復, 亟行整飭, 以圖永安事.

該本部移咨, 請王命光海君出居全羅、慶尙等處, 會同副將劉綎, 上緊修守. 復牌行尹根壽, 轉啓趣行. 去後, 未見咨復.

[40b]爲照, 難乘者勢, 難得者時. 惟敵國外患之少寧, 宜苞桑磐石之是固. 況當政事蠱極新復之時, 正係人心渙散將萃之日, 興廢所關, 間不容髮. 王無昧於妹媛之愛, 煦咻之仁, 勒日刻限, 速命光海君, 選帶的當陪臣, 星夜前去, 會同劉綎等, 趁此倭奴遠遁, 速行選兵設險, 造器運糧, 事事皆令光海君, 身親料理. 如此, 非特留守官兵, 獲見王胤尙在戎行, 鼓舞歡欣, 爲之效用. 卽全、慶等道臣民, 僉曰, "吾君之子猶涉艱辛, 我輩世受國恩, 且啣倭恨, 何不盡心圖報", 亦必奮發不敢懈弛.

王不宜謂愛子不能遠離, 當念先王畀我之江[41a]山社稷, 不可再失. 不宜謂愛子不可暴露於風塵, 當念天朝留守將士, 去家萬里, 父母妻子, 音書耗絕, 而且爲王居守, 卽王國值此兵荒, 黃童白叟, 委於原野者, 蓋不知其幾千萬人. 不宜謂愛子年方幼稚, 姑且徐徐. 本部聞知其茂齡英發, 已露鋒芒, 亟宜就其血氣未定, 秉彝未漓, 使其跋涉道路, 則知負戴

者之難, 觀覽稼穡, 則知鋤鎛者之難, 見寒則膚生銀粟, 餒則目眩飛花,
知貧苦者之難, 見裹瘡出陣, 飲血登埤, 則知荷戈持戟之士爲難. 歷練已
久, 必至困心衡慮, 忍性動心, 通達國體, 順適民情. 既往之墮窳, 可以更
[41b]張, 將來之維新, 可以整飭, 國命自享靈長之福矣. 王萬萬不可溺於
慈愛, 而不斷以行之至, 自貽伊慼也.

本部業已具題, 應再亟催. 爲此, 移咨, 請查照卽日命<u>光海君</u>啓行. 希
勿留戀. 幸將啓行日期, 咨復是望.

10-40

檄沈惟敬 권10, 41b-42b

一爲倭情事.

據本官稟稱, "帶來倭將、倭伴, 因提督西行, 朝鮮不肯供給, 且夙怨既
深, 陰圖加害." 又稱, "關白贅送金鞘長刀十把. 八月初八日, 提督差官<u>祝
國泰</u>、<u>呂天裕</u>取送前來. 及本官欲前來面見." 等情. 到部.

據此, 看得, 關白本係狡猾奸雄, 初志摧陷朝鮮, 實欲侵[42a]犯內地,
今特畏我天威, 前謀未遂, 始乞封貢耳. 本部姑念其目前恭謹, 不爲在笠
之招, 聽其表文至日, 當與代奏, 以候聖明處分. 彼何得送刀爲贅. 本部
斷無收受之理.

且本官先同倭將來日, 已經差官<u>毛承祖</u>, 公同將領<u>錢世禎</u>, 將倭將帶
來行李、金刀之類, 俱已檢明, 咨報兵部. 倘或聖明俯准, 則前刀俱宜解
京, 亦非本部所當受者.

除<u>小西飛</u>聞其恪守法度, 甚爲可嘉, 已行提督, 送赴<u>遼東</u>, 相應城堡內

安頓, 管顧日給, 及令<u>小西飛</u>速遣從倭, [42b]回取表文前來. 外, 但刀器雖該提督差官取來, 候其至日, 本部自當嚴拒. 誠恐本官不知, 合行曉諭.

牌仰本官, 卽行查照. 本部斷不受倭一毫物件, 如或天朝准許之後, 倭將倘仍有此意, 本官亦卽嚴爲拒絕, 不得聽從. 卽本官, 亦不得貪圖小利, 反致有害. 但盡心效力, 功成之日, 朝廷自有爵賞也. 仍伴倭將同行, 不必前來. 毋得違錯.

10-41

講明封貢疏 권10, 42b-49a

一爲申明始末講貢之說, 并陳計處倭情之機, 懇乞聖斷, 嚴飭及時修守, 以伐狡謀, 以安內外事.

臣幸仰仗[43a]我皇上威靈, 倭奴遁歸, 屬國已復. 留守善後諸策, 另經詳議題請外, 惟是通貢一節, 臣原無成心, 亦未曾輕許. 特以兵家之事, 虛實有隱機, 經權宜互用, 臣固不敢謂. 始事而度其計之必行, 亦不敢謂, 旣事而矜其術之已邃.

顧廷臣之中, 有疑臣之迹, 而以爲許成. 又不諒臣之心, 而以爲開釁. 今東事雖云就緒, 而機宜仍須預圖者, 臣不得不爲申明上請焉.

臣自去歲九月內奉命經略, 十月終至<u>山海關</u>, 時方創始. 徵兵在千里之外, 積糧在召買之間, 一應軍火器械, 禦倭[43b]之具, 方在置造. 提督大將, 又未來至軍前, 臣與贊畫諸臣, 正費區處. 乃先是<u>沈惟敬</u>, 七月內奉本兵尙書石令, 至倭營探聽, 十月內自倭中回見本兵, 本兵具題發臣標下聽用.

惟敬至山海關見臣, 備言, "倭酋行長, 欲乞通貢, 約六十日不攻朝鮮, 以待回音. 今已及期, 願請金行間, 使行長收兵."等語. 臣默思, 軍前諸務未集, 乘此足可緩倭西向. 復有本兵親筆手書, 囑臣給發惟敬銀一千兩, 臣遂照數牌行中軍官楊元, 付惟敬前去.

臣卽兼程行至遼陽, 星夜倂督進取之事, 而提督李如松, 於十二月初旬亦至, 遂獎率三軍, [44a]擇吉戒行. 適惟敬復自倭中歸, 執稱, "行長願退出平壤, 以大同江爲界."臣姑然之, 將惟敬發提督標下拘管, 不許復入倭營, 令隨提督齊至平壤. 如松默聽臣言, 止許惟敬差家丁往見行長, 約一二日內退出平壤. 時行長尙在躊躇, 家丁未及回話, 而我兵已薄城下. 出其不意, 乘其不備, 是以平壤遂捷, 開城復收.

向使當時絕惟敬之行, 顯黜行長之約, 倘彼逞其方張之焰, 由平壤以及義州, 止五百餘里, 席捲長驅, 分植黨與, 把守沿江上下, 臣恐我兵不能飛渡鴨綠矣. 又何得有平壤、開城之捷耶. 此始事講貢, 計破平壤[44b]之說也.

繼而倭奴倂集王京, 合咸鏡、黃海、江原等道之衆, 據報實有二十餘萬, 我兵不滿四萬人. 轉戰之後, 士馬疲勞, 强弱衆寡, 旣不相當, 雨霪泥濘, 稻畦水深. 天時地利又不在我, 是以暫爲休息.

惟廣布軍聲, 揚言臣與如松前後統兵不下數十餘萬, 多行間諜, 發免死帖數萬紙, 招出王京脅從之人, 以散叛黨, 修築開城城垣, 以示久住, 令死士夜持明火飛箭, 射燒龍山倉糧, 以空積儲. 又時時添兵運餉於開城間, 以示不久必攻王京之意. 於是王京倭奴, 旣畏我已試之威, 又不識我多方之誤, 復致書與惟敬, 仍欲乞貢[45a]退歸. 臣復思, 就其請貢行成之機, 可施釣虎離山之術, 隨卽聽從.

蓋以王京爲朝鮮都會, 居本國之中, 左江原, 右黃海, 南全羅, 東慶尙、咸鏡爲之犄[51]角. 忠淸爲之輔車, 四通八達之區, 民物輻輳之地. 苟不揣彼己, 徒事力攻, 非惟王京不能遽下, 我兵不能保全, 卽使小勝, 反使倭衆東犯西掠, 流害無窮, 朝鮮不勝其荼毒矣.

臣是以佯許行長之成, 責令惟敬, 專主其事, 以釋其疑. 發諭帖, 開曉利害, 以示其誠, 分布將領, 不許偸殺零倭, 以示其仁. 責以速還王子、陪臣, 途間不許生事, 以結其義. 亟爲題請, 頒發[45b]明旨曉諭, 以固其心. 由是, 倭方信臣爲眞, 於四月十九日遁出王京. 臣聞其一出王京, 隨檄大兵尾進, 一以絶其復來, 一以禁其旁掠, 一以督其遠歸, 不二旬而盡至釜山. 釜山係海角荒僻無人之地, 王京迤南千有餘里. 故土盡復, 人民嚮應, 屬國始得中興.

向使臣再拒行長之求, 惟恃攻取之勝, 倘倭酋知無歸計, 以其二十萬衆, 分爲數枝, 東扼漢江之南, 西絶岳山之北, 抄掠全羅等處未破郡邑, 以取兵食, 時出遊騎往來臨津上下, 以擾我師, 臣恐東征無罷兵之日矣.

卽臣前次塘報, 止云通貢一事, 惟聽[46a]聖明主持, 廟堂議斷. 未嘗專主其說, 報書見在可查. 且云不論貢與不貢, 但使倭奴盡數下海, 朝鮮故土復還, 其情可槩見已. 此再事講貢, 計出王京之說也.

後倭屯駐釜山, 臣屢檄大兵, 扼守大丘、善山、南原、雲峰一帶, 預咨國王, 令其速調全羅等道水兵、龜船, 前赴釜山海口, 如倭遷延不歸, 卽便相機前後剿殺, 否則坐困其歸. 乃力不從心, 事難如願.

在朝鮮兵船, 據陪臣報, 爲倭奴隔絶, 不能前來. 在我將士, 又稱乏食病餒, 遂爾撤回. 臣是以止留劉綎等兵, 分布大丘等處防守, 且行牌督責惟敬, 久在倭營不歸之罪, 文到卽[46b]令星夜前來, 毋再羈留海上. 仍令

....

51　원문은 "犄"이나, 이는 "掎"의 오기.

其曉諭倭將行長、清正等，"緣何尙結釜山，不歸奚待．如果敢於執拗，倔強不服，卽便整頓馬、步軍兵，將軍、霹靂、飛虎、子母等砲，明火、毒火等箭，直至釜山，聲罪致討．斷不輕縱．"等因．

去後，乃惟敬於六月二十日，自釜山起身，帶領倭將小西飛彈守幷倭衆三十名，前來乞貢．於時復報，倭奴攻犯晉州，欲逼全羅．臣疑其陽順陰逆，隨令如松，發兵協守全羅，救援晉州．外，另牌復行如松，如惟敬與倭將前來乞貢，提督卽聽其所講何事，若彼所講不當，卽便曉諭，"爾今不放還王子、陪臣，不調歸釜[47a]山倭衆，不令二使前來，此貢斷難准許．"就將倭將羈留，勿得輕放．等因．又另牌行惟敬，令其曉諭倭將，"速還王子、陪臣，盡數浮海歸國．如或別生異議，卽便發兵剿滅．"本官非惟無功，且實重罪．等因．

至七月十二日，據如松差人稟稱，惟敬帶領倭將前來，卽盛設兵威，公同衆將放令入見，責以，"爾衆旣欲乞貢，如何又犯晉州．是何道理．旣然如此背約，今日先斬爾等，我率大兵，專務剿殺，必使爾無噍類而後已．"倭將大懼，惟俯伏叩頭請罪，當差從倭持書往諭倭衆，前赴釜山去訖．

會先遣二使謝用梓、徐一貫，自日本回至釜[47b]山云，"已面見關白．關白極其恭謹禮待，願順天朝．二使及隨從人，俱贈賚有差．"於是，行長等卽送出王子、陪臣幷家眷，與二使供張祖餞．於七月二十日自釜山前回．大衆倭奴俱乘船浮海，離釜山遠去，惟行長量帶倭衆，亦遠在海中西生浦暫住，以待前遣小西飛回音．屬國盡復，王子、陪臣、二使盡歸，從此操縱，皆由於我．

若謂臣眞許其貢，則倭出王京之時，何以令大兵尾進，何以調朝鮮兵船，何以屢檄將領，不曰坐困以逼其歸，則曰剿殺以滅其類，何以不獎惟敬之功勞, 而責惟敬之罪過, 何以於倭將之來, 不施之[48a]以恩, 而加之以威耶. 此目前講貢, 計退釜山之說也.

夫倭酋前後雖有乞貢之稱, 臣實假貢取事, 原無眞許之意. 且今軍前馬價, 解發有限, 支用有數, 管理有人, 登記有籍, 事完造冊, 逐項奏繳. 又無分毫取以媚倭. 惟是度量軍情, 似應如此. 故將機就計, 託以空言, 求濟其事耳.

蓋我國兵馬, 原來止三萬有奇, 而大半多脆弱不堪, 中間又有陣亡病故者. 至若續調陳璘兵馬, 則留薊鎭矣, 沈茂兵馬則回浙江矣, 李承勛兵馬則守山東矣. 而臣所徵調之數, 又皆有名無實. 今臣不得已止於從征大兵之中, 選留防守者一萬六[48b]千人耳. 餘俱遵旨撤回本鎭. 況朝鮮新復之後, 瘡痍殘破, 尤難料理.

臣之心謂宜乘彼乞貢之際, 將倭將小西飛羈置不放, 緩其數月之期, 使我留守之兵分布已定, 朝鮮之兵操練已熟, 該國修設險隘、置造器械俱已完備, 斯可戰可守, 方無後虞. 此又善後講貢, 消弭禍萌之說也.

伏乞勅下兵部, 再爲酌議. 查臣前後講貢之由, 實是借貢以退倭, 未曾輕許而誤國. 今倭將小西飛等, 見在軍前, 或械繫以獻俘, 或顯戮以示武, 或應否許其通貢, 幷臣所陳, 稽時日以便修守, 爲今日急務. 不[49a]容斯須遲悞者, 俱作速議覆, 請旨頒發, 以便遵行, 庶我有不拔之基, 倭無可乘之隙. 安內地而固外藩, 計無出此矣.

臣於今日, 惟知集群策, 以濟時艱, 攄赤心而報明主. 此外有泥臣之迹, 而不肯諒臣之心者, 非臣所敢知也.

10-42

報石司馬書 권10, 49a-49b

提督李君, 爲世虎將, 忠勇兩全, 不踰年而却勁倭、完屬國, 眞百世功也.
其弟如栢、如梅, 同心戮力, 共建奇勛, 亦大將之才, 可稱難兄難弟矣.

　如梅解銀進京, 謁[49b]見臺下, 倘有就近美缺, 幸爲補之, 庶不負其
遠適異國, 屢經血戰之勞也. 耑此代懇, 伏祈鑒涵至荷.

經略復國要編十卷終

經略復國要編卷之十一

11-1

檄佟養正李榮春 권11, 1a

[1a]一為經略邊海軍務事.

　　票仰本官, 如應撤軍兵前來, 及家丁等已經關領行糧、鹽菜銀兩者, 俱令渡江西回, 不許潛住義州. 違者, 許將管隊千把總官呈報, 以憑拏究. 其留守官兵, 如有私自潛來渡江者, 本官務要稽察, 不許故縱. 抗違不服者, 許呈解卽以逃軍論罪. 仍出示曉諭. 毋得違誤.

11-2

檄李提督劉員外 권11, 1a-1b

一為倭情事.

　　已經牌行提督, 將倭將小西飛, 送赴遼[1b]東地方, 有將領駐箚城堡內安養. 去後, 今查得, 寬奠係副將佟養正駐箚之處, 軍多地僻, 易於防守, 可以安頓. 但倭將并從倭人衆, 日逐供給, 難以責之該堡, 擬合酌議.

　　牌仰提督該司, 會同贊畫提督, 卽將小西飛等, 俱送赴寬奠, 令佟副將擇一空閑地方安插, 量撥軍丁守護. 其倭將并從倭等, 分別等第, 議定日給若干, 動發馬價銀兩, 交與佟副將, 委官專管支應, 務使得所以慰外夷向化之心. 酌議停妥, 具由呈報.

11-3

檄李提督 권11, 1b-2a

一爲倭情事.

　　訪得, 各營官丁聞知, 事竣之後, 原領寺[2a]馬應該交還, 有將壯馬藏匿而以老弱充數者, 有原馬見在捏作倒死者. 旣藉此騎馱, 復設心抵換, 情殊可恨, 擬合嚴查.

　　牌仰平倭提督, 卽查各官丁原領寺馬, 除實係陣亡、得病倒死外, 將抵換虛捏官丁姓名、馬數, 呈報本部, 以憑拏究. 毋得遲延.

11-4

檄朝鮮陪臣黃愼李廷龜 권11, 2a-4a

一爲國基新復, 亟行嚴飭, 以圖永安事.

　　近該本部移咨國王, 命光海君出居全羅、慶尙之間, 會同留守將領, 選健兒、設坎宿、除戎器、積餱糧.

去後, 查得, 陪臣黃愼等, 係其進講之官, 來玆日久. 雖本部已將明德
親[2b]民之學, 齊家治國之圖, 諄諄與言, 鰓鰓與計矣. 今若當輔光海君
行若, 亦端敏誠愨士也, 復言諭若若式志之. 嘗謂世子承宗祧之重, 君心
爲化理之原, 必置諸安, 始安必養, 以善斯善.

聞, 光海君英資偉發, 妙蘊岐嶷, 才識甚爲通明, 臣民且皆傾服. 其李
氏中興乎, 間出幹蠱之子, 其東藩將泰乎, 篤生有道之君. 業忍性以動心,
會除兇而雪恥, 卽抱杞憂者又何能置喙也. 唯是光海君, 茂齡秀質, 正此
心出入存亡之會, 理欲消長之時, 所賴相維, 貴得其道.

盍觀諸水乎. 淳涵一泓, 其質也. 隨所觸而方圓曲折之易, 其形, 隨所
染[3a]而蒼黃赭堊之易, 其色, 隨所擊所碍而奔騰溯洄鏗訇砰隱之易, 其
聲. 是水固遷於遇耳. 今其心若性, 非淳涵一泓時耶. 或正或邪, 隨其所
導. 幾隱括於纖微, 間不容於毫髮.

所謂朝而規、夕而勸者, 又不在尋章摘句以爲奇, 探珠辯玉以爲秀, 操
觚染翰以爲工, 雕龍繡虎以爲麗. 故誨之遊觀, 祇足資逸豫, 而不能啓其
憂勤惕勵之心, 誨之騎射, 祇足供馳騁, 而不能堅其臥薪嘗膽之志.

惟輔以大人之學, 在格致誠正之間. 勿牿於夜氣, 勿鑿於虛無, 勿漓
於私欲. 愼獨於尸居龍見, 恐懼於操危慮深. 或跐於麴蘖耶, 則戒之曰,
[3b]"是腐腸之藥, 奚爲溺之. 獨不見八道之民啼饑病餒者, 蓋不知其幾
矣." 或悅於柔曼耶, 則戒之曰, "是伐性之斧, 奚爲惑之. 獨不見八道之
民流離顚沛者, 蓋不知其幾矣." 或樂於新聲耶, 則戒之曰, "是亡國之音,
奚爲聽之. 獨不見百姓之疾首蹙額、向隅而泣、望天而呼者, 又不知其幾
矣." 峻宇雕墻, 炫燿於土木, 雲裳霧縠, 腴削於杼機, 則戒之以去無益.
諸臣諍官, 雜沓於宴閒, 利口讒夫, 標榜於暇隙, 則戒之以遠小人. 紀綱
墮窳於前朝, 則戒之以整飭, 風俗陵遲於末路, 則戒之以轉移. 有弊法訓,

以終無弊人而作其改絃易轍[4a]之勇, 以治人勉, 以謹守治法而擴其長慮
卻顧之思. 必使靈臺瑩徹, 正大光明, 湛然如秋渚之澄, 溫然如荆璞之潤,
朗然如寶鏡之空, 燦然如南金之燁.

如是, 而光海君之精神日益貫通, 智慧日益發越, 舉動日益周詳, 謨猷
日益深邃, 將見措三韓於飽煖, 之天奠八道爲輯寧之域, 何敵國外患之是
虞也. 而今日之仇讐端可復矣. 若愼毋詭隨脂韋, 以曠乃職. 若其朂之哉.
爲此, 箚仰本官, 轉啓光海君, 同爲查照施行.

11-5

報石司馬書 권11, 4a-5a

朝鮮國王昏亂無能, 全憑奸佞陪臣播弄. 民間膏腴[4b]田産, 盡爲陪臣家
占併, 稅糧差役分文不納, 甚有奸民投入奸臣之家者, 糧差亦皆影射. 國
王全不覺察, 以致貽累小民賠補, 國人怨恨入骨.

近據劉綎報稱, 王京等處百姓, 計其欲隨倭奴去者、幷擄掠者, 近四五
萬人. 至渡海時, 倭復不肯帶去, 欲返故地, 又恐國王誅戮. 若不計處, 必
生他變. 某已行國王寬赦, 仍給劉綎免死帖安撫之.

又光海君妙齡有志, 昨咨國王, 欲其前往全羅、慶尙, 同劉綎居守. 是
亦要着, 廼群小蒙蔽太甚, 世子又不欲行. 逃民恐罰, 其害有不可勝言者.

特馳小啓奉覿, 伏祈臺下轉爲具題, 嚴加申飭, [5a]庶使君臣知懼, 不
敢阻撓, 危可使安也.

11-6

檄宋大斌 권11, 5a-5b

一爲暫留大兵防守, 以固外藩, 以安內地事.

照得, 遊擊宋大斌謀智超群, 膽略邁衆. 已經本部具題, 留守朝鮮間, 今據本官條議倭情, 率皆中窾. 至於堅築城池、訓練兵馬, 尤爲朝鮮目前第一喫緊. 本官如此用心, 東事可無慮矣.

但所稱全、慶海濱, 不下千里, 恐築臺城, 該國勢難卒辦. 但本部初意, 原止欲於全羅如南原等, 慶尙如大丘等, 各緊要處, 相機修築, 非欲一槩擧行也.

今留守機宜, 俱責成劉總兵統率, 本官以[5b]後凡有裨益軍機, 聽與劉總兵, 計議妥帖, 見之施行. 功成之日, 朝廷自有特恩, 斷不相負, 其益勉以樹勳名. 牌仰本官查照施行.

11-7

檄劉贊畫 권11, 5b

一爲暫留大兵防守, 以固外藩, 以安內地事.

照得, 總兵官劉綎, 統領官軍, 留守朝鮮, 其一應懸賞公費, 乃軍中必用之需, 擬合查議.

票仰該司, 卽便會同李提督, 將劉綎軍中懸賞應用公費等項, 比照鎭守衙門事規, 酌議開數, 具由呈詳本部, 以憑裁酌施行. 毋得遲延.

11-8

檄分守道 권11, 6a-6b

[6a]一爲遵旨專責部臣, 經略倭患事.

照得, 本部議留副將劉綎等軍兵一萬六千名, 防守朝鮮全、慶二路. 今看得, 天氣漸寒, 各軍俱無冬衣, 而異國不通貿易, 布花又無買處, 相應及時行犒, 以鼓士氣.

牌仰本道官吏, 卽便動支馬價, 委差廉謹官員, 每軍以銀七錢爲率, 買平機大藍白布二疋, 每疋價銀三錢, 綿花一觔半價銀一錢. 如布花價值不等, 准通融易買, 務足七錢之數, 不得增減. 陸續買完, 陸續徑解劉綎營, 聽本官分給, 取[6b]印信實收繳查. 脚價, 亦於馬價內動支. 責令委官, 務要兩平交易, 不許虧短布花客人價值, 亦不許將粗惡布花抵數, 仍出示曉諭.

本部已經行令各軍知會, 毋得遲久, 以孤挾纊之恩. 如一萬六千外, 尙有在營留防軍士, 聽劉綎開報補給. 先具遵行及委官置買緣由, 呈報查考. 仍呈撫按二院知會.

11-9

報石司馬書 권11, 6b-7a

某承尊委, 一應事務, 凡出指授, 無不奉行. 卽間有一二閣置, 或人情未愜, 時勢難行故耳. 總之, 爲國家收利益, 翁臺不佞諧得免後議者, 方敢爲之, 未嘗存一[7a]成心與一私意也. 此可誓之天日, 質之鬼神者.

今當事竣, 凡我東征官將, 難以指名, 有用舍賞罰, 幷以私事求爲而未遂, 中懷慍憾, 背多後言. 甚有假公借私, 暗進讒謗於政府及我翁處者.

望臺下主張勿聽, 庶始終成全, 德擬高厚, 而不佞區區報效之心, 亦不孤矣. 此在提督君所共見共聞, 非不佞某敢捏造者. 不日進京, 當與翁一一面陳. 苦楚不盡.

11-10

報王相公幷石司馬書 권11, 7a-7b

接相公手札, 謂留兵二萬或有不便, 請陳其故. 倭謀叵測, 彼欲乘虛而動, 實未嘗忘也. 如留兵數少, 防禦[7b]不足. 倘有疏虞, 所費更大. 縱有後悔, 亦無及矣. 故初意欲留二萬, 茲因事體未便, 又裁去四千, 止留一萬六千, 實不得已也. 此數倘因人言, 再爲減損, 斷乎不可者.

且中國月給行糧每名三兩, 朝鮮月給犒賞衣鞋銀六錢, 此外又日給食糧, 供用甚厚, 兵心大悅. 且操練朝鮮兵馬, 俟其閑習, 我兵卽可撤回, 蚤不過半年, 遲不過一年而已.

我國所費亦不甚多, 庶始終完美, 尊慮可紓. 若兵數可省, 某何故必留此數, 拂兵心而費國課耶. 敢此代布, 幸相公垂諒, 社稷幸甚, 不佞幸甚.

11-11

報遼東周按院書 권11, 8a

[8a]遠荷雲緘, 兼之佳製, 盥手誦之, 清逸出塵, 若卞璧隋珠, 未易多得.

但李、郭同舟之句, 某何人斯敢當此也. 愧甚愧甚.

龍標一指, 廣寧醜虜, 聞風宵遁, 試諸生又將冀北空群, 文經武緯, 一舉具見之矣.

某十三日渡江. 晤期想亦不遠, 使旋草此謝復. 不宣.

11-12

檄尹根壽 권11, 8a-8b

一爲嚴取與以昭情義事.

據陪臣尹根壽呈稱, "陪臣尹根壽叩首, 呈上石硯五方、裁小刀十把、蜜菓二匣、清酒四罇." 到部.

據此, 看得, 尹陪臣辭恭禮謹, 情雅[8b]意文, 誠敬將於儀物之先, 眞切溢於語言之外, 固當俱受以慰爾心. 顧本部束髮以來, 裋身獨愼, 每期不愧於四知, 奚能妄取於一介. 但爾既禮來, 我難義却.

今飮爾酒, 啖爾果, 以啣爾意. 其刀硯返璧, 爾仍懷之, 則交際之義已明, 取受之節斯著. 牌仰本官, 照牌事理, 卽將刀硯收回. 毋違.

11-13

報趙張二相公幷范含虛書 권11, 8b-9b

關白行長二倭狡譎, 神鬼難測. 用兵以來, 賺我有三. 觀其平壤講貢, 止肯退出平壤, 以大同江爲界, 一賺我也. 某且順其意, 用兵破之, 平壤遂復. 王京講貢, 分[9a]明畏懼我兵難敵, 全師而歸, 二賺我也. 某亦順其機, 退出王京, 直驅海上. 釜山講貢, 一面緩我救援, 一面攻取全羅, 三賺我也. 某亦就其計, 預撥軍丁, 防守全、慶要害, 拘繫小西飛、沈惟敬而威脅之. 後果解散遠遁西生浦. 是彼以三法賺我, 我亦就彼賺法, 三用而三勝之.

今日留兵止有一萬六千, 朝鮮兵馬選練未集, 全、慶險隘修築未成, 須假月日, 方可措辦. 是以款待小西飛, 以信其心, 省令退居對馬島, 速取關白表文. 俟其表至, 代彼奏請旨下, 廷臣會議, 非得數月不可, 而朝鮮留守之事, 漸有[9b]欠[52]第矣. 此亦照前倒賺法也.

今日封貢之說, 乃爲兵家間諜之謀. 假令封貢不可, 而間諜亦不可乎. 貢固難言, 而封號空文, 似亦可行. 臨時某自任之, 不敢推諉, 誠恐王相公、石本兵疑某不敢擔當. 伏祈轉爲鼎言, 諒某愚忠, 寬某鈇斧, 則三國生靈社稷, 均賴之矣.

11-14

移朝鮮國王咨幷檄尹根壽 권11, 9b-11a

一爲均賦役, 以收人心事.

照得, 民命與國命勢相關, 足國與足民義相濟. 故上黷則下怨, 上奪則下離. 民怨離而欲久安長治者, 未之有也.

朝鮮素稱禮義之國, 風俗醇朴, 土地膏腴, 溪田處處可耕, 而無旱澇之

....
52 원문은 "欠"이나, 이는 "次"의 오기.

[10a]患. 宜乎, 民心相安相樂, 國本以固以寧. 乃島夷一逞, 百姓乘勢呼號, 望風投逆, 執獻二胤, 鄉導前驅, 其故何哉. 蓋因賦役不均, 大夫專利, 官族之家, 田連阡陌, 不納升合之糧, 富豪奸宄之徒, 又往往倚藉勢力, 投獻欺隱以故. 布縷之征, 粟米之征, 力役之征, 皆取給於小民. 民終歲輸納供作而不足, 官逐年攘奪暇息而有餘. 官愈富, 民愈貧, 官愈樂, 民愈苦. 民之痛心疾首, 已非一日, 實藉倭之來, 假其手以報復也.

今幸中興, 亟宜釐正. 查得, 陪臣<u>尹根壽</u>問學淵源, 謀猷深邃, 慷慨懷報國之心, 激烈寓復讐之志. 今日清查該國[10b]賦役, 收拾該國人民, 非本官不能. 宜略倣中國三等九則之例, 遍行八道, 委差的當陪臣, 不論官民, 凡有田則有租, 有戶則有丁, 租則按其田之肥磽, 丁則量其戶之多寡, 官則酌其品級大小, 額定優免之數, 浮於數者, 悉罪之. 編成冊籍, 責委官員管理, 以後每遇十年, 清查一次. 其有霸占欺隱詭寄者, 悉正之以法, 務使官不兼并, 民不偏累, 官民一體, 彼此相安. 如是則民有恒產, 斯有恒心, 大本已固, 而國家斯可保於寧謐矣. 聖人云, "不患寡而患不均, 不患貧而患不安." 此萬世體國之經, 宜深念之.

本官其速查明呈報, 使[11a]本部獲見該國維新之治. 事完, 仍卽以此事, 具奏天朝. 曉然知王國君臣之整飭, 當必有溫綸嘉獎也. 除咨國王外, 箚仰本官, 上緊舉行, 刻期完報. 愼毋遲違.

11-15

報石司馬書 권11, 11a-11b

念五日, 得詳言東征始末大疏, 捧誦數過. 中間力排群議, 獨主冊封, 謂將士血戰之功, 鄙人尺寸之畫, 不可泯滅. 極力擔當, 詞情懇切, 眞一字一泣, 一字一感也. 萬一國家日後有事, 猶有人出頭肩任, 臺下爲社稷久遠慮, 信非淺薄可測識也.

某卽行提督, 差人往[11b]諭行長, 速令歸國. 諸凡尤望臺下主持, 不特某戴高厚之德, 諸將士亦啣扶植之恩無極矣. 臨楮曷任銘戢之至.

11-16

又啓 권11, 11b

昨閱趙見亭再上陳乞之疏. 聖意不允則已, 萬一允之, 此地責任, 非尋常可代替也. 兵道韓取善, 才猷敏練, 識見超卓, 倜儻中寓沈潛之思, 眞誠中有發揚之意. 況久歷邊疆, 禦虜禦倭, 俱有成算, 欲代此任, 非斯人不可. 且就近推補, 更爲便益. 幸爲轉致銓部, 薦賢爲國, 非爲私也. 統希照亮, 不一.

11-17

移朝鮮國王咨 권11, 12a-18b

[12a]一爲設險守國, 以杜倭[53]患事.

....

53 원문은 "侯"이나, 이는 "倭"의 오기로 판단함. 『宣祖實錄』권39, 선조 26년 6월 13일(병신) 참조.

行據委官守備胡澤、經歷沈思賢呈稱.

蒙經略本部憲牌, 卑職等遵依, 會同劉總兵、駱參將、吳遊擊及朝鮮陪臣工曹判書金命元、兵曹參議崔遇、水陸元帥權慄, 查得. 中路自釜山由東萊、梁山、密陽、大丘, 歷尙州、聞慶, 過鳥嶺, 可抄王京. 聞慶之右又有小鳥嶺, 可坌入大路. 左路自東萊、蔚山、慶州、永川、新寧、義城、安東、榮川、豐基, 過竹嶺, 可抄王京. 右路由釜山、金海、靈山、昌寧、玄風、高靈、星州、金山, 過秋豐嶺, 由黃澗亦可抄王京. 其全羅道, 由稷[12b]山俱通王京. 此則內地, 而鳥嶺、竹嶺、秋豐嶺、小鳥嶺皆王京門戶也.

職等議照, 朝鮮忠、全等四道, 乃倭奴所素垂涎者. 惟大丘府, 東南抵密陽, 西北抵仁同, 善山西通全羅, 東達慶州. 倭奴欲犯全羅, 除熊川、金海、晉州、昆陽可抄而至, 其餘須從慶尙道地方而入, 而大丘乃其必由之路. 固守大丘, 便於東援慶州、西應全羅, 皆所以固王京也. 劉總兵有見於此, 卽於該府, 分營列寨, 屯兵拒守, 此其志甚銳而其心獨苦也.

然行兵固以足食爲要, 而足食又以儲積爲先. 朝鮮糧草原無儲積之地, 惟是隨時措運, 日捱一日, 並無存[13a]餘. 萬一敵寇在前, 一時不繼, 卽致絕食. 此兵家之大患, 爲今急當預處多備者也.

職等查得, 該府原有大石城一座, 上無垜頭, 三面衝塌數多, 東面被倭拆毀搬運, 另做營寨, 今俱倒塌, 非一二年工役, 不能修理. 不敢輕議. 外, 迤西南有小山城一座, 規制窄小. 舊係朝鮮堆糧, 止有東門亂石尙存. 將上山脚塌去處重加築修, 上砌亂石垜墻, 添建西門一門, 增置門樓二座, 幷四角敵臺六座. 可蓋營房數百間, 屯兵二三千, 敵臺樓櫓, 務須燒造磚瓦石灰, 修置堅固, 於內積糧萬餘, 以備官兵之用. 若賊勢重大, 我兵亦可倚險[13b]爲固.

卷十一

又看得, 仁同迤東有山一座, 聳高削壁, 儼若城形. 職等詢問土人係何山名, 回稱天生城. 上有池塘與井, 下有小寺二座. 先年在此堆糧, 今久廢棄. 職等匍匐而上, 看其東西南三面壁立數十仞, 莫可攀援. 止東北山坡一線之路, 僅容一人可以升陟. 上面料坦長一里許, 闊半里, 果有井池, 可蓋房屯兵. 三面不必用墙, 止東北面修理墙垛, 添建東門門樓, 工力無多. 山下仍建敵臺二座, 周圍設立木柵以便扼塞, 城內屯糧十餘萬. 此誠天險, 宜專備糧儲之用, 聽大丘、善山、尙州等處軍兵支用, 或臨期轉輸, 且使輓運[14a]者, 知庾廩有定地, 可以爲趨向之準, 行師者, 知糧草之盈縮, 可以決進止之機. 此二處工作, 所當首先修理者也.

尙州、忠州城, 雖有舊根亂石, 實皆低薄, 俱應增高, 闊各五尺, 添築垛墙. 尙州應建敵臺八座, 內原有倉廠數連, 並未燬壞, 今可蓋房數百間, 撥兵一千把守. 忠州應建敵臺四座, 可蓋房二三百間, 撥五百兵把守. 且水路王京直抵忠州, 則糧運可以徑達. 又係鳥嶺、小鳥嶺、竹嶺之家儲積, 亦不可以不多也.

鳥嶺、竹嶺、秋豐嶺、小鳥嶺四處俱係要害, 每處俱應建一關口, 併敵臺二座, 置小木寨一圍, 各撥一百人把[14b]守, 則王京之門戶俱固矣.

至於全羅要害之處, 除南原府城, 先該駱參將督率, 將城加高三尺, 修築垛口, 并建懸樓三十餘座, 小樓七十餘座, 外壕重墻木柵, 足堪保禦. 其晉州城宜整修, 昆陽宜建敵臺, 陜川、咸陽、求禮等處俱應增修城垣, 建置敵臺, 屯積糧料, 悉聽劉總兵, 分兵把守.

仍令朝鮮水兵大小船二百餘隻, 照舊屯箚巨濟等島, 春汛之日, 分布羅州把守, 以防海道之突犯, 則全羅之門戶俱固矣. 此數處工作, 該國皆當以次修理者也.

及查慶州乃東路要害之地, 但去釜山一百二十里, 去大丘一百八十里,今所[15a]留之兵爲數不多. 若分兵把守, 恐孤軍深入, 萬一賊分兩路牽制, 我兵卒難會合. 慶州止應遊兵哨探, 相機堵截, 暗伏傳烽, 不可不嚴, 悉聽劉總兵臨時分布.

又照朝鮮積廢已久, 兼之殘破之後, 今糧料在所要緊, 幷各處興此必用之工, 非特遣相臣與戶、兵、工三曹判書親歷其事, 竊恐日用之需, 修防之禦, 徒爲上虛談, 無裨實用. 卑職等謹攄後款, 請乞移咨國王, 於崔興源、柳成龍、尹斗壽三員內, 揀差一員, 或輪委一員. 其三曹判書, 決不可缺, 俱送劉總兵處, 聽其督率, 糧餉應於何處地方, 坐派運送, 土兵應於何處, 抽[15b]選訓練, 工匠應於何處拘集, 務要着實擧行.

卽今饑荒迫切, 凡應役者, 每日將米豆, 按日照名給散, 遠近人民自相樂從, 不患於工作之難. 要在相臣與戶曹判書, 悉心區畫, 糧旣充足, 工自易擧, 而興作之中, 未必非賑濟之一策也. 國王仍時常諭令全羅等處地方官民, 無分彼此, 幷力協濟, 乘此天兵在國, 及時興修, 保固封疆, 庶可轉弱爲强, 一勞永逸, 而外患亦或可杜矣. 若付理亂於不知, 而欲綿國祚於永久, 非職等所敢知也.

今蒙前因, 擬合呈報. 爲此, 今將前項緣由同畫圖貼說, 理合具呈, 伏乞裁奪施行.

[16a]計開:

一. 大丘山城一處.

東面六十丈, 西面五十丈, 南面一百四十五丈, 北面一百六十丈. 周圍用亂石包砌城墻幷垜口, 東西增門樓二座, 城門四合, 四角敵臺六座, 內可蓋房五百間.

一. 仁同天生城一處.

東約一里許, 西約一里許, 南約半里, 北約半里. 東西南三面俱削石高

卷十一

嚴, 不必用墻, 止東北用亂石修砌城墻幷垛口, 東門一門城[16b]樓一座, 城門二合, 可蓋房數百間, 積草屯糧. 山下建敵臺二座, 周圍設立木柵.

一. 尙州城一處.

東面一百三十七丈, 西面一百五十丈, 南面一百二十五丈, 北面一百三十丈. 周圍加高闊各五尺, 幷用亂石包砌垛口, 門樓四座, 敵臺四座, 城門八合. 見有倉房數連, 可蓋房三百.

一. 忠州城一處.

東面五十八丈, 西面一百丈, 南面一百二[17a]十丈, 北面一百四十丈. 周圍加高闊各五尺, 幷用亂石包砌垛口, 城樓二座, 敵臺四座. 舊係四門, 今止用西、南二門, 城門四合, 可蓋房三百間.

一. 鳥嶺.

設關口一處, 建敵臺二座, 周圍木寨, 蓋房數十間, 令守關軍住.

一. 竹嶺.

設關口一處, 建敵二座, 周圍木寨, 蓋房數十間, 令守關軍住.

一. 秋豐嶺.

設關口一處, 建敵臺二座, 周圍木寨, 蓋房數十間, 令守關軍住.

[17b]一. 小鳥嶺.

設關口一處, 建敵臺二座, 周圍木寨, 蓋房數十間, 令守關軍住.

一. 尙州東南三十里、善山西北三十里適中, 有飛鳳嶺, 宜設一關.

一. 聞慶, 河東宜設敵臺一座, 河西宜設敵臺一座. 此極險, 有備防, 賊不敢徑犯.

一. 仁同迤西北五里山口, 宜設一關.

以上工程, 乞咨行國王, 行令工曹判書, 着各該地方官, 如法修造. 何處工力不及, 卽派就近何地方人夫協助. 仍行劉總兵, 擇委各營千把總官, 督率調度, 尅[18a]期報完.

緣由, 到部. 據此, 先該本部屢經移咨, 請王設險守國, 復差胡澤、沈思賢, 會同該國陪臣親行踏勘. 去後, 今據前因, 爲照, 倭奴去歲得直入王京者, 以沿途有險不設故耳. 本部節次移咨, 已爲明悉, 今據呈報前來, 誠萬分不可緩者. 王其速命相臣一員, 輪差前去, 判曹三員, 盡如胡澤、沈思賢所議, 勒限修築, 刻期報完, 并上緊搬運糧料, 以濟留兵.

如此則倭奴知王國有備, 必不再來, 卽來亦無能肆其兇惡. 況以主待客, 以逸待勞, 彼來而我反得制其死命矣. 王其速行事完, 仍具奏, 使[18b]聖明洞識王之勵精圖治, 轉弱爲强, 東國奠安, 帝心嘉悅, 當必渙溫旨褒錫也. 爲此, 移咨請王, 查照速行. 仍將擧行、遣官、興工、運糧各緣由咨復.

11-18

檄朝鮮三相臣 권11, 18b-19a

一爲設險守國等事.

除咨國王外, 箚仰本官, 聽王派定輪流, 上緊前去, 會同劉總兵, 催督戶、兵、工三曹陪臣, 如議上緊幹辦, 刻期完成, 具奏. 本官旣爲該國相臣, 當念國步艱危, 主憂臣辱. 今幸倭奴遁歸, 社稷恢復, 亟爲亡羊補牢, 久病蓄艾之計.

本部聞知, 本官俱持重老成, 整頓其旣壞, 輔翊於維新, 料必克濟. 事完, [19a]本部當爲薦揚於聖天子前, 云東國有賢相臣如此, 當必有恩波褒及也. 昔衛國賴仲叔圉等三大夫, 而國因之不失. 本官其深念之, 萬毋泄泄, 致誤修守.

11-19

檄朝鮮戶兵工三曹 권11, 19a-19b

一爲設險守國等事.

除咨國王外, 箚仰本官, 上緊前去, 會同劉總兵, 如議幹辦, 刻期完成, 聽國王具奏. 本官既爲該國重臣, 當念四郊多壘, 爲卿大夫之羞. 今幸倭奴遁歸, 社稷恢復, 亟宜殫心竭力, 以收桑楡之功. 本部聞, 爾等皆忠實有謀, 料必克濟. 事完, 本部當[19b]爲薦揚於天朝, 知爾等爲東國良臣, 當必有恩波褒及也. 爾其勉之. 爾若泄泄愒事, 責有攸歸.

11-20

與副將劉綎書 권11, 19b-20b

昨據足下報稱, 倭奴有復攻全、慶、王京之意. 夫倭奴叵測, 本部正慮此着, 所以借重足下者, 亟欲此時築險隘、儲糧草、訓兵馬, 諸事俱備. 卽有狂逞, 可以禦之. 本部雖西旋, 大事有託, 可放懷矣.

若目下事體, 衆倭已歸, 止有行長一枝, 暫住西生浦, 以待朝旨, 必無攻犯情形. 且朝旨已下, 許加封號, 只待關白表文一至, 卽差官往彼, 諒不日盡數歸國. 如剽掠小事, 只當緝[20a]訪防禦, 何可輕許朝鮮人擅行殺戮. 倘激起事端, 我留守之具未備, 一有疏虞, 本部重委之心何如. 要亦非足下鎭定之道. 故今日之事, 貴守, 不貴戰, 貴及時修輯, 不貴妄生事端.

昨本兵覆本意, 欲止留足下兵五千, 本部力爭之, 必欲如今數. 則此數料亦可守. 惟急召募朝鮮人馬, 以助我兵, 又何患寡之有. 外, 戚金爲將, 口雖直致, 心頗謹飭, 李提督再三言其可任, 朝鮮王特爲具咨, 亦稱其廉謹. 足下幸與和同, 勿相違迕, 以負本部顒望之意.

足下與諸將士保守, 經年無事, 卽爲上功, 朝廷必加爵賞. 惟足下體諒鄙心, 至[20b]禱至禱.

11-21

移朝鮮國王咨 권11, 20b-21b

一爲倭衆遁歸, 屬國已復, 計處善後事宜, 懇乞聖明, 嚴責成, 重修守, 以圖永安, 以紓東顧事.

准本部咨前事, 該本部題云云, 欽此. 欽遵. 備咨, 到部. 准此, 先該本部因倭奴退去, 議留將士一萬六千, 留守全、慶, 以杜後虞, 咨請供給糧餉、衣鞋、食米. 續准回咨, 極言難以措辦. 故本部不得已議, 將糧餉取於天朝, 衣鞋食米取於該國, 幷練兵設險, 請光海君出居全、慶, 會同留守將領, 協力修擧等項, 具題. 去後, 今准前因.

爲[21a]照, 事有安危緩急之不同, 勢有勞逸主客之或異. 方倭奴倡亂八道, 貴國危而急, 天朝則緩而安. 自援師東入三韓, 將士客且勞, 貴國則主且逸. 今拔已陷之城, 歸已執之胤, 擧還王國, 而大兵死於戰、死於勞、死於疫者, 又非一人, 是天朝爲王國謀者至矣. 天朝豈直慮倭哉. 請與度之.

　倭之騎射孰愈於虜, 倭之兇悍孰愈於羌, 倭之猙獰孰愈於緬. 彼尙縮首帖尾不敢動, 豈直慮一水窟之妖, 而遑遑於東國之役耶. 夫天朝旣不慮倭, 則是役也, 其爲王國謀明甚, 乃王國尙不察緩急主客之形, 泄泄如舊. 麗兵未挑, [21b]險隘未築, 芻糧未運, 而光海君又託疾卻行. 以致本部與提督、贊畫不忍見貴國旣復再失, 議留萬六千人居守, 而王且艱難於軍餉矣.

　今且奉明旨, 豈可虛內帑以守外國, 欲本部就彼酌量, 以漸撤回. 王當此際, 欲留兵耶, 撤兵耶. 少留耶, 多留耶. 能餉軍, 或不能耶. 麗兵能挑練否耶. 險隘能修築否耶. 光海君能割愛遣行否耶.

　守國之道, 計將安出. 幸速指明, 以便進止, 且得具題. 爲此, 移咨, 煩請查照, 速爲咨復施行.

11-22
報石司馬書 권11, 21b-22a

[22a]東征事近日言者, 攻之愈急, 必欲泯滅將士勳勞, 陷某叵測重罪. 幸荷臺下一疏, 慷慨激烈, 讀之令人泣數行下. 臺下之恩, 眞天不足高, 地不足厚, 某與將士當如何戴之.

　外, 賺倭之說, 另具別啓, 幸臺下詳察. 某卽具疏, 懇請歸里, 不復與人間事矣.

　言短氣沮, 統希鑒涵. 不備.

11-23

報三相公幷石司馬書 권11, 22a-23a

十月初七日接手教, 謂不意請封計定之後, 譏嘲互起. 某不勝悲悅.

　緬思去歲朝鮮事勢, 三都八道, 悉爲倭有, 祖承訓大創, 隻身僅勉, 人情洶洶, 咸爲畿輔深[22b]憂. 仰仗聖主威靈, 相公指授, 平壤等戰, 幸落其膽. 今已驅之釜山, 又驅之歸國, 止有行長一枝, 不過十分之一, 遠駐西生浦待命. 夫釜山已爲朝鮮盡地, 西生浦又在海中, 視去年景象何如耶.

　廼諸君徒爲郭御史之謫, 叢怨於某, 微功閣置, 而譏嘲互起. 世道人情, 一至於此, 可嘆可嘆. 留兵一萬六千, 只爲朝鮮殘破不能自守. 若非此數, 亦不能爲朝鮮守, 故爾懇請, 何有隱情別故, 可得而言耶. 至於日本舊主, 不佞原未有聞. 迨二使所見, 降奴所供, 惟有關白. 言者又生此說, 無非欲[23a]阻冊封一事.

　相公謂待殘倭退盡, 議而行之, 爲慮深遠, 不佞謹奉行之, 容日另報.

11-24

檄分守道 권11, 23a-23b

一爲優恤矜獨事.

　照得, 本部師回遼陽, 見道傍養濟院, 孤老扶携匍匐. 覰其顚連困苦之狀, 若有所告而不敢者, 殊爲可憫.

　牌仰本道官吏, 卽便動支馬價, 將遼陽養濟院孤老, 不分男婦, 每人給銀一錢, 以爲冬衣布花之用. 俱各另包, 委官逐名唱給, 務使均霑實惠, 以見本部恤孤憐老之意. 蓋遼陽係本部駐久之地, 與他處不同, 此外不得援以爲例. 事完, 具動過銀[23b]數及給過姓名, 呈報查考.

11-25

檄分守道 권11, 23b-24a

一爲育才事.

照得, 本部師次遼陽, 敬謁文廟, 仰瞻如在之英, 獲見諸生之盛. 信賢才不擇地而生, 乃俊傑皆乘時而出, 合給筆墨之資, 少爲鉛槧之助. 牌仰本道官吏, 卽便動支馬價銀, 將遼陽都司儒學敎官一員銀二兩, 生員每名銀二錢, 以爲紙筆之資, 各俱另包散給. 蓋遼陽係本部住久之地, 與他處不同, 故行此優隆之意. 仍諭知多士, 當潛心黃卷, 志靑雲以慰本部今日屬望. 事完, 具動過銀數給散過姓名, [24a]呈報查考.

11-26

移朝鮮國王咨 권11, 24a-24b

一爲計處被脅之人, 以散黨與, 以弭釁端事.

先准兵部咨云云. 准此, 已經移咨. 去後, 今特專官奉旨, 前來宣諭. 爲照, 國以民爲本, 社稷亦爲民而立. 今之釜山等處被脅之人, 皆王國昔日奉令承敎之黔首也. 彼豈無父母妻子之縈繫也. 彼豈無田業里居之牽絆也. 彼豈無舊君之想, 祖宗骸骨之在鄉園也. 特以削髮而形若島夷, 思歸而身恐誅戮, 故假息遊魂, 擁聚海上, 間出剽劫, 以度餘生. 誠一招之, 猶不失爲[24b]良民. 若終拒之, 必至於資敵國.

王無專歸咎於民之我叛也. 使倭不入境, 彼豈有禾黍之悲, 斷髮之慘. 惟是封疆不守, 以致人民離散. 王當此際, 卽因事以省躬, 加意以招撫, 尙懼國本不立而乃復妄行殺戮耶. 速宜遵奉明旨, 卽發免死帖萬餘紙, 責令陪臣, 前往釜山等處, 大張赦宥之文, 廣布招徠之令. 如投歸者, 卽分發安挿, 以歆未歸之人. 勿仍務殺戮, 以阻將歸之衆. 王其念之. 移咨前去, 請查施行.

11-27

檄朝鮮陪臣權慄 권11, 24b-25a

[25a]一爲倭情事.

照得, 該國雖已恢復, 而倭奴難保其不再來. 本部是以復留劉副總兵等軍兵, 爲爾國暫行居守. 使爾國修守之事, 已有次第, 卽議撤回. 爾陪臣權慄, 獨保孤危, 屢抗强勁, 爾誠該國忠臣也. 宜速乘此冬月, 上緊選練軍兵, 保守爾國.

牌仰本官, 速行調集全、慶等處軍兵, 逐一挑選精健者, 上緊送赴劉總兵營中, 聽其分撥敎練, 以多爲善. 毋得稽遲時刻. 先具遵行緣由呈報.

11-28

移本部咨 권11, 25a-26a

一爲倒死馬匹事.

先據眞定營遊擊趙文明呈稱:

所[25b]統奇民兵馬順孝等, 原係眞、順、廣、大、保、河六府州縣民間召選自備馬匹, 征倭倒死馬, 四百餘匹. 與別鎭各營軍士兌領寺馬官銀朋買之例不同. 請於征倭銀內, 動支湊買, 惟復議給寺馬.

緣由, 到部. 已批, 李提督查議詳報. 去後, 今據李如松呈稱:

遊擊趙文明所呈, 原領民兵, 多屬貧難, 鬻産自買, 馬匹倒死, 委與各鎭太僕兌領官銀朋買者不同. 且其遠征外國, 攻戰奔馳, 以致倒損, 應請議處. 但征倭餉銀, 自難動給別鎭買馬. 合無請乞從宜酌處, 或議給寺馬, 或行各府州縣, 査以別項官銀, 給領措買, 以恤貧軍, 以實營伍.

[26a]等因. 到部.

看得, 眞定營軍兵馬順孝等, 原係民間召選, 所騎戰馬, 亦係自備. 既非給銀朋買, 又非兌領於官. 所呈陣傷與倒死之數, 相應咨請議處.

爲此, 合咨本部, 煩爲裁酌, 前馬四百餘匹, 或於備倭馬價動支另買, 或行保定撫院, 査於所屬庫貯, 堪動官銀補給. 希由咨示, 以憑行令遵守.

11-29

與副將劉綎書 권11, 26a-27a

天朝御夷, 以信義爲經, 間諜爲權. 今諸倭恭謹待命, 朝廷近已有旨許封,執事只宜修整險隘, 訓練朝鮮人馬爲緊. 昨欲請戚子和兵, 決不可得. 萬六千中, 數[26b]雖不足, 有朝鮮人馬雜之, 諒亦可守. 近遣胡澤點視, 不過欲得實數而已, 必不能再借一兵補之也. 蓋一萬六千之數, 朝議均謂太多. 本兵屢書, 盡欲撤回, 止留執事部下五千足矣. 本部力爲主持, 不致竟撤, 何得更望有加.

又聞, 執事差兵, 前往行長營中, 欲行反間, 使與清正構隙. 夫反間固兵家妙着, 但事在兩持未有歸着行之爲當. 玆倭已遵約, 主上復有明旨, 且行長、清正亦是海外雄奸, 俱屬關白所轄, 未可以計間也. 設行之不中機宜, 因此致生事端, 不惟執事難於自解, 卽本部亦何說之辭. 彼時, 悔[27a]之晚矣. 不若誠心御之爲妙. 執事幸體鄙心速寢其事. 至囑, 至囑. 外, 來文下, 須註時日, 以便稽查.

11-30

移本部咨 권11, 27a-28b

一爲倭衆遁歸, 屬國已復等事.

先該本職具題前事, 議:

留兵防守朝鮮, 俟該國修設俱有次第, 漸次撤歸, 幷乞天語, 嚴責國王, 痛懲往事, 勵志圖維. 仍亟催光海君李琿, 出居全羅、慶尙, 協守經理.

等因.

已經本部題覆, 節奉聖旨, "寫與朝鮮王, 令其自行警備, 毋貽後憂." 欽此.

俱備咨到職. 該職得, 朝鮮爲東海外藩, 今雖恢復, 而[27b]該國破殘已極, 計不能支. 故暫留我兵防守, 令其亟爲修設計也.

但國王本以平日宴安之主, 近雖遭窘迫, 而本部徐察其擧動, 猶未見其憂然思惕然省也. 乃其輔相陪臣, 若尹斗壽、尹根壽、崔興源、柳成龍, 皆兼總國政. 而其間爲王所親信用事者, 則斗壽、根壽二人耳. 他若糧餉則主於戶判書韓準, 軍旅則主於兵判書李恒福, 興作則主於工判書金命元.

雖節該本部移咨國王, 催其速命光海君, 出居全、慶間, 幷令其輪差相臣一員, 總領戶、兵、工三判書分管前去, 會同副總兵劉綎, 乘此冬月倭退之時, 上緊修擧, 刻期[28a]完成. 復備箚各陪臣, 又差官胡澤等守催.

然國王尙未見其回咨前來, 諸陪臣又復觀望, 難以責成. 且係外國之官, 更難繩之以法. 非奉旨坐名嚴督, 彼必互相推諉, 何以竣事.

爲此, 合咨本部, 煩爲題請, 卽於宣諭國王書內, "幷專督尹斗壽、尹根壽協助, 光海君李琿出居全、慶總管, 戶、兵、工三判書韓準、李恒福、金命元, 及國王前差催糧官吏曹判書李山甫, 俱各照分管職業, 上緊搬運芻糧, 選練軍兵, 置造器械, 修築險隘, 務在冬月之內刻期完成. 如斗壽、根壽幷三判書能盡心爲國者, 事完, 本職具[28b]題旌獎. 如各陪臣泄然怠緩, 有悮修守, 聽本部參究拏問."

如此, 庶人心知警, 事有專責, 修設之事, 易於速完矣. 如宣勅已頒, 事已無及. 幷請另題奉旨, 卽咨本職, 轉行督催施行.

11-31

班師朝鮮國王謝咨 권3, 28b-29a

一准來咨, 該爲布謝高雅事. 等因.

准此, 爲照, 貴部負經濟之偉望, 輟樞轄之重任, 下臨荒壤, 指授勝算. 退蛇豕於海上, 奠黔蒼於域中, 再造之恩, 百世何忘. 每想跋涉關河, 變易寒暑, 風土殊異, 館宇湫隘, 禮義多愆, 情悃莫申, 常以獲戾大君子爲懼.

昨聞, 旌節渡江, [29a]旋邁悵焉. 瞻慕曷有其極. 不期駕駐遼陽, 留戀東道, 遠惠德音, 勗以善後繾綣之情, 溢於言表. 當職與擧邦臣庶, 感佩警飭, 不知所答. 但小邦孤危日甚, 曲全終始, 唯仰貴部. 臨紙抑塞, 不能備陳. 爲此, 回咨, 請照詳施行.

11-32

報石司馬書 권11, 29a-30a

二十四日接手札中所云, "朝鮮陪臣請補誥命幷遺失等命服", 某卽諭陪臣尹根壽, 轉啓國王, 具疏懇請. 方是事體. 不然, 非所以重天朝寵命也.

劉綎部兵安家銀兩, 久已具啓, 臺下爲彼請討, 今旣無處. 彼又久[29b]役外國, 全無所給, 亦非所以慰衆心也. 翰敎, 欲於某處馬價內, 先處一兩給之, 恐又太少. 某酌之當先給二兩. 餘俟安挿已定, 再議也.

留兵一萬六千, 臺下屢謂宜撤, 止留劉綎五千. 某非不欲遵命, 但今倭奴事機, 未見下落. 遽爾盡撤, 設有他虞, 所關非細, 故不敢耳. 必欲徹回,須俟倭盡歸巢, 封事已定, 方可漸次行之.

　諸兵行月二糧, 亦望臺下預爲留心. 昨劉綎所報留兵實數, 要亦不滿一萬六千, 已差胡澤前往查點. 或只有一萬三四千, 向尊擬一萬二千, 今所增無幾萬, 乞俯從爲懇. 諸倭尙在釜山築城之說, 的是訛傳, [30a]望勿聽信. 不過旬日間, 往諭行長之人, 必然歸報也, 又啓.

11-33

檄通判王君榮 권11, 30a-30b

一爲遵旨專責部臣等事.

　照得, 贊畫劉員外, 先該密雲道詳議, 每日支廩銀五錢. 今看得, 本官客寄遼陽, 且時値冬月, 復帶有吏書僕從等役, 以致逐日一應館穀、薪水、木炭之類, 盡係自行買辦. 前銀不敷, 捐資湊補. 夫本官驅馳王事, 懋建奇勛, 豈宜使居旅之時, 乏資斧之費. 相應議處.

　牌仰本官, 卽查照劉贊畫每日米薪、蔬[30b]食等項之費, 約得銀若干, 除前五錢外, 應當量於馬價內, 每日補給若干, 以足其用. 毋豐毋儉. 議定呈報, 以憑裁酌施行.

11-34

檄通判王君榮 권11, 30b-31a

一爲遵旨專責部臣等事.

照得, 經歷陳勳, 原係陞任大寧都司見任官員. 該本部訪得本官, 取委標下賞功, 遂將前缺開除, 帶銜遼東都司, 既非實缺, 又無俸薪. 日逐薪水, 俱係本官自辦. 夫祿以養廉, 矧本官又係見任, 且多勞績, 相應議處.

牌仰本官, 卽查遼東都司經歷, 每[31a]月俸薪、柴炭等項公費銀兩, 每項若干, 逐一開報本部, 以憑動支馬價. 就於陳勳聞報陞任之日支起. 毋得遲誤.

11-35

又檄 권11, 31a-31b

一爲遵旨專責部臣等事.

照得, 通判王君榮, 原係河間府見任官員. 該本部訪知本官恢宏才猷練達, 取委標下管理錢糧, 遂將前缺開除. 今看得, 本官從事異域, 往來驅馳, 一應館穀薪水之費, 俱係自辦, 且無俸銀資助. 夫祿以養廉, 矧本官又係見任, 且建功, 相應議處.

[31b]牌仰本官, 卽查見在河間通判員缺, 每月應給俸薪、柴炭等項公費銀兩, 每項若干, 逐一開報本部, 以憑酌處. 此公事也, 本官毋得避嫌隱忍未便.

11-36

報石司馬書 권11, 31b-32a

許儀後旣有密書云, "關白名雖求貢, 其實欲明年窺犯中國, 欲各海隅, 亟
行隄備." 等語, 胡可不信. 夫倭謀叵測, 前不佞小啓中屢屢言之, 頗爲詳
盡, 俱係實信, 非敢假也. 且事勢, 二三年方可寧靜. 今日姑與封號, 不過
爲一時羈縻之計. 中國沿海之防, 何可一日玩弛. 外諭陰散, 其謀實兵家
妙着, 卽當行一箚與戚金, [32a]如來札所云者, 使與小西飛知之, 以達行
長, 一消彌之策也. 謹覆.

11-37

又 권11, 32a

尊札謂, 倭衆必無卽來之理, 誠是. 第今事體未曾下落, 所留兵衆一時盡
爾撤歸, 倭或知我空虛, 因而狂逞, 劉綎五千, 胡能分兩道捍禦. 思之再
四. 未敢遵敎. 只待盡歸, 一面催集朝鮮兵馬, 并修築彼國就近勘議險隘,
俱各就緒, 然後撤之, 方保萬全. 諒亦不多時日矣. 行月二糧, 望臺下預
爲留神. 譬此時倭無歸期, 方議進剿. 豈得中止耶. 萬祈情原至禱.

11-38

又 _{권11, 32b}

[32b]朝鮮殘破之後, 復有兵擾, 其實難堪. 某欲嚴法禁之, 恐又激變多方, 申飭諸將, 令其約束部下, 亦不敢肆行無忌. 今大兵已撤, 止有留兵, 復行劉綎極力禁約, 分毫不敢妄動矣. 朝鮮國王與其國人, 頗知鄙意, 臺下不必掛懷也.

11-39

朝鮮謝留兵守王京咨 _{권11, 32b-33a}

一准來咨, 該爲懇乞, 仍留簡約將官, 以安遺民事.

"將遊擊戚金率兵一千, 駐箚王京, 候事完, 同留守各將撤回." 等因.

准此, 竊念, 貴部體[33a]皇上矜憫之意, 弘猷遠略, 無所不用其極. 旣令小邦得以再造, 及其西歸, 尙且軫念不已. 至命賢將留駐於此, 統制天兵, 輯寧遺民. 仍將所據緣由, 備咨知會, 當職只益銘感, 罔知攸謝. 爲此, 回咨, 請照驗施行.

11-40

朝鮮謝設險守國咨 _{권11, 33a-34a}

一爲設險守國, 以杜倭患事.

准來咨前事内稱,"修設險要, 速命相臣、判書, 勒限督催." 等因.

准此, 爲照, 自大兵撤還, 上下懍懍, 靡所依倚, 唯懼再墊於喪亡之域. 而恭惟貴部軫念小邦, 今又幸教以設險固國之要務. 指示的確, 曉諭明白, 不啻若親臨邊徼, 目擊而手[33b]畫之, 吁其至矣. 庶幾卒蒙貴部之力, 而得免於猰突之患矣. 不勝感激, 不勝感激.

曩者已行催諸路, 另行申飭, 而第念遘變以來, 兵民喪敗, 財力蕩竭, 重以饑饉, 餓莩顛頓. 且賊之出沒, 到今滋甚, 邊面列邑, 屢被屠殺. 策彼瘡痍, 創此羸擧, 揆之形勢, 未易報完. 當職之日夜所深虞者, 正在於兹.

而見今長策, 舍此無他, 修廒補牢, 一刻爲急, 係是誰家之事, 而敢忽焉不自力乎. 方遵依盛敎, 別設方便, 策勵臣工, 趁速修擧. 除束伍赴防外, 抽發餘軍, 相度緩急, 以次興作. 戶工兩曹之官, 亦卽差遣, 想今已達總兵劉綖營門, 聽其■[34a]畫. 兵曹之務, 則旣遣都巡察使權慄專管, 闌外諸事, 近日施措, 皆責諸慄. 今再着監事之臣協力, 期濟大事, 一如貴部所命.

仍念小邦瘃喪已極, 一面招募防守, 一面拮据供給, 一面撫賑顛連. 時屆事緩, 屢辱厚命, 深增惶感, 不知所裁. 爲此, 回咨, 請照驗施行.

經略復國要編十一卷終

經略復國要編卷之十二

12-1

直陳東征艱苦幷請罷官疏 권12, 1a-12a

[1a]一爲東役艱難, 才疏智拙, 懇乞聖明, 早定大計, 特賜罷黜, 以謝人言事.

臣本卑鄙諛劣, 無足比數, 荷蒙皇上責臣以東方之役, 幸徼威靈, 倭奴遠遁. 祇緣封貢一節, 臣先因借此以退倭, 今欲假此以修守, 申明前疏, 頗爲明悉. 乃在廷諸臣指臣爲誤國, 臣雖百口亦難置辯.

顧東事始末, 有萬不得已之情, 臣卽就膏斧鑕, 終當再爲剖白. 夫國家亦時常用兵矣, 曳襟掣[1b]肘, 未有若今日東役之難, 絶域遐荒, 未有若今日東役之苦.

方倭奴吞陷朝鮮八道, 國王奔竄義州, 所不失者, 惟安、定等數百里耳. 彼視取安定、虜國王, 易若指掌. 而臣方奉命援救, 中外惶惶, 咸謂臣之兵馬, 且不宜東渡鴨綠矣. 況一應軍需, 率係臨期料理.

若徵兵則原准部文七萬有奇, 然遠方者不能來, 應募者未得集, 實調至遼陽者, 止三萬餘耳. 其間又係各邊鎭禦虜之數, 勢必先主後客. 是以來者强弱居半, 而時則冬盡也, 諜報倭衆二十餘萬. 臣與提督李如松、贊畫員外劉黃裳等, 相與謀議, 謂彼此强弱, 旣不[2a]相敵, 宜速乘此沍寒, 以計取勝. 乃就沈惟敬講貢之約, 而賺之以兵.

是以有平壤之捷、開城之收, 繼而轉戰深入, 將士疲勞, 負戴艱難, 糧食不繼. 天雨淋漓, 弓膠弛解, 泥深陷膝, 北地兵馬不得馳驅. 於是暫令大軍休息, 而倭且懲平壤之敗, 倂集王京. 王京固形勝之地, 爲國之都, 背阻岳山, 面臨漢水. 倭乃連珠布營, 城中立寨, 廣樹飛樓, 遍鑿土穴, 鳥銃自穴中出者, 觸無不死.

至此, 非特三萬之衆不能攻數十萬之倭, 卽使我衆倍之, 亦難卒下. 乃我軍自入朝鮮, 別是一番世界, 語言不通, 銀錢不用, 並無屠猪沽酒之肆. 兼以[2b]倭奴焚掠廬舍一空. 軍士無論羹菜不能霑唇, 卽鹽醬絶無入口, 言之深可悲泣. 雖臣屢發鹽觔、牛隻, 量爲犒賞濡沫之恩, 終難濟事. 雖號召遼陽人, 趂販生理, 道路迂廻, 所來無幾. 且平壤、開城等處, 人民餓死者, 交相枕籍, 穢臭流行, 海氣蒸濕, 瘟疫大作, 馬匹倒亡, 軍多疾病. 誠如今日按臣周維翰所稱, "瘒然若鬼者", 非虛語也.

彼提督諸臣, 於此時, 見兵氣不揚, 應援不至, 自惟孤危, 相與恐懼. 臣檄以虛實之聲, 大張恫喝, 暗施間諜之術, 焚倭倉糧, 時出遊騎, 鎗砲演放於江濱, 旌旗隱見於山阜. 倭遂不識我情形, 復懼而請[3a]貢. 臣卽借此以勒退王京, 彼卽允, 勒還王子陪臣, 彼卽允.

仍於攻搶全羅之時, 接遇我兵, 一戰而敗, 斂衆宵遁, 卽有釜山之奔. 且大衆歸國, 惟平行長一枝, 遠在海中西生浦居住, 今已三閱月矣. 安靜收斂, 不敢生事, 然非勇者之效力, 智者之獻謀, 亦何能得此也. 及查釜山鎭, 自弘治、正德年間, 已爲倭奴蟠踞, 釜山之人盡爲倭戶, 該國■[51]書見在可證, 實係朝鮮東南荒僻海濱之地. 回視義州幾三千里, 不血刃而該國恢復如故, 較之去歲全陷者何如. 西生甫在釜山海口之外, 倭被驅逐, 逃遁於此. 而臣令提督, 於全羅、[3b]慶尙之間, 扼吭據險, 列兵屯戍, 較之去歲謂臣不能東渡鴨綠者何如.

夫當平壤可戰之時, 則用力以進攻, 王京不可戰之時, 則因間以行事, 軍中機宜原難拘泥. 臣又聞之兵法云, "十圍五攻, 不若宜避." 王翦破楚, 而必用六十萬衆. 彼蓋見於衆寡之勢, 乃宜爾也. 今以區區三萬之卒, 大半皆脆弱之夫, 而欲以敵數■[55]萬長勝之倭, 且深入絶域, 前無資助, 後乏應援. 況又屢奉明旨, 敕不窮追, 欲臣全師以退.

臣實計無所出, 惟思逐倭海上, 留兵防守一節, 差可行耳. 夫朝鮮爲我中國[4a]喫緊藩籬, 朝鮮失守, 非但遼、薊、保東, 從此多事, 而畿輔亦受震驚. 此海內有識之士, 所共知者. 而朝鮮喫緊該守之地, 則在全羅、慶尙二道. 今已留兵分布要害, 而所留者止一萬六千人耳. 當此之時, 不便有三. 彼衆我寡, 勢難與敵, 一也. 朝鮮兵馬, 選練未集, 二也. 全、慶險隘, 修築未成, 三也. 須假月日, 方可措辦.

於是, 款待小西飛, 以信其心, 省令諸倭, 退還本國, 遠取關白表文. 俟其表至, 代彼奏請旨下, 廷臣會議, 非得數月不可, 而朝鮮留守之事, 漸有次第矣. 此亦照前破平壤、退王京, 倒賺之法也. 今日[4b]封貢之說, 乃以權濟經, 以奇行正, 所謂兵家間諜之謀. 假令封貢不可, 而間諜亦不可耶. 貢固難言, 而封號空文, 有何妨礙而謂不可耶. 是臣今日非敢假此以媚倭也, 亦非茫昧而受倭之愚弄也. 不過借陛下一封號虛名, 假以退倭, 急爲朝鮮修守, 以衛中國無事耳.

……

54 원문은 보이지 않지만『經略復國要編』권10, 23a쪽에 따라 "志"로 판단함.
55 원문은 보이지 않지만『經略復國要編』부(附), 15a쪽에 따라 "十"으로 판단함.

近奉明旨, 謂 "服則羈縻, 爲千古不易之理. 勒令盡數歸巢, 俟其上表稱臣, 方許封號." 臣仰見我皇上, 聖德弘敷, 至明廣照, 深得控御外夷之道, 經權互用之機. 已經宣諭倭酋小西飛等, 令其差遣從倭, 往[5a]諭行長等, 速離西生浦, 退歸本國.

今小西飛遣人且去矣. 如果倭奴遁歸, 表文卽至, 臣當爲之具奏. 有如目前不肯行羈縻之術, 必欲爲進剿之圖, 則必添發新兵數萬衆, 置造戰船數千隻, 跨海入西生浦而勦之. 舍此則無良策. 然恐師老窮追, 背違明旨, 諸臣又得議臣之後矣.

且諸臣言東事者甚夥, 有謂不宜深入, 有謂不宜代拳, 有謂當守內地, 有謂當撤大兵, 有謂當宜進剿. 紛紛藉藉, 令人何所適從. 至謂倭奴挾兵求貢, 臣尤不知其解. 蓋倭奴講貢, 始自平壤, 繼至王京. 彼舍王京險隘, 不居之以要挾, 乃直[5b]奔海上, 還王子歸陪臣, 遣酋長前來叩首, 而謂之要挾可乎. 至又謂臣爲苟且了事, 希圖封賞. 噫, 臣自通籍以來, 浮沉中外二十餘年, 今復往來異國, 夙病增劇, 鬚鬢皓然. 每思前路轉迫人世幾何, 而猶無止足之戒耶.

總之, 係臣物望卑微, 智術短淺, 有以來諸臣之誚. 伏乞皇上, 將臣速行罷黜, 以謝人言, 卽勅薊遼督撫, 代爲料理, 分守遼海道, 倂爲責成.

仍乞憫念朝鮮爲緊要屬國, 殘破至極, 非我留兵, 彼之臣民, 決難居守, 反貽中國大患. 臣之私憂過計, 實在於此. 更乞[6a]皇上早定東方大計, 允執許封前旨, 俟其表文一至, 准與封號, 以羈縻之. 仍勅下該部, 務要如臣前疏所擬, 乘此時日, 留兵一萬六千, 與之協守, 急爲修練, 俟其險隘已築, 麗兵已强, 倭奴已遁, 漸次撤回, 方爲得策. 要亦不過數月間事.

其糧餉責令該國全辦, 事屬艱難. 若欲議減月糧等銀, 則留兵遠戍外國, 値此寒月, 更爲苦累. 似應仍照臣前題議處, 庶東藩保全, 內地寧謐.

而臣亦得以跧伏田里, 歌詠太平, 未盡餘年, 皆皇上恩賜矣. 臣不勝恐懼, 懇祈之至.

12-2

與天津兵備道書 권12, 6b-7a

[6b]辱念征人, 遠惠華箋, 纚纚數百言, 言言珠玉, 揮霍之才, 金蘭之雅, 於玆具見, 不佞且珍藏之矣. 東援事, 仰藉主上威靈, 門下指授, 朝鮮所失地土, 舉尺寸還之故主. 雖不敢當來翰溢譽, 似亦不甚爲知己羞.

　廼朝中言者, 極力詆毁, 必欲加以不赦之罪. 設使喪師辱國, 又當何以處之. 自揣謏劣, 宜乎有此, 於人何尤. 惟遵三反之訓, 以省一身之愆, 實亦吾儕檢修之一助也. 今止平行長部下一枝, 駐西生浦, 待旨, 昨遣人往諭[7a]盡歸. 倘得如約, 隨當求脫世網, 還吾故於兩峰三竺間足矣. 他何望哉. 恃愛附此. 知己如公, 諒不厭聽也.

12-3

移顧總督韓撫院咨 권12, 7a-7b

一爲經略邊海軍務事.

　據遼鎭楊總兵呈詳, "解給征倭軍士用過廣寧前屯等二十衛弓連絃九百七十六張, 料物共用銀一百五十一兩零, 箭一十一萬九十九枝, 料物共用銀三百七十一兩九錢零, 合候詳示, 准行各衛開銷, 或於備倭銀內,動支置造補還."等緣由, 到部.

除批行外, 看得前項弓矢, 乃禦虜必用之具, 勢不可少, 而邊衛錢糧措處且難. 應於備倭馬價[7b]銀內, 動支造補, 以備緩急之用, 擬合咨會. 合咨貴部院、貴院, 煩請查照施行.

12-4

檄副總兵張世爵經歷陳勳 권12, 7b-8a

一為倭情變詐日增等事.

查得, 原兌各州縣寄養寺馬, 一次八百二十七匹, 係副總兵楊元、遊擊戚金經手給散, 一次戴桂、戴禾兌馬五百匹, 周鳳鳴兌馬五百匹, 共一千匹, 俱係中軍官王承恩經手給散. 除陣傷倒死外, 見在馬匹, 已經行委經歷陳勳清查, 副總兵張世爵驗收. 去後, 今交還將完, 擬合委官估價.

牌仰本官, 即便會同陳勳、張世爵, 將交還寺馬, 逐匹親[8a]驗毛齒、尺寸, 分別等第高下, 估計價值多寡, 開造文冊, 具由呈詳, 以憑裁奪報部. 固不宜估計太少, 以虧國額, 亦不宜太多, 以累貧軍, 務為適中, 方為妥當. 毋得遲違.

12-5

諭示朝鮮陪臣尹根壽 권12, 8a-9b

經略兵部諭朝鮮國陪臣尹根壽知之. 本部拳拳為爾國謀者至矣. 敵在議

征, 敵退議守. 乃昨得留守將士稟, 又皆告稱, "王子未行, 糧食不繼, 軍兵不來, 險隘未築." 本部不勝憤懣之極. 爾國何迷復若此. 今爾請親啓王, 良是特囑爾焉.

爾與兄斗壽, 皆該國重臣也. [8b]陪臣若才與位, 皆無出於二人之右者, 一切國政得以專之. 雖然島夷弗靖, 狨焉啓疆, 是誰之過與. 豈盡諉於兵力之不加耶, 抑人謀之未盡耶. 將平居責難陳善, 輔相引導之或未備耶. 夫往事不可諫已矣. 若收桑榆以救東隅, 顧又可緩耶. 世固未有坐漏舟火屋之內而可以暇豫處者. 該國破殘喪敗, 其勢殆有甚焉.

爾其速歸啓王, 仍與兄斗壽, 共圖艱鉅, 相與匡維, 挽頹風, 振靡俗, 詰戎務, 奠疆圉. 查照後列安內攘外之政, 刻日見之施行, 則該國其庶幾乎. 且語有之, "食人之食者, 當終人之事. 乘人之馬者, 當濟人之難." [9a]矧高爵厚祿耶. 故疾風方知勁草, 板蕩乃識忠臣. 爾其念之. 爾兄弟果恪遵無惧. 本部當薦之聖上, 使天下後世知東國有難兄難弟能盡忠報國者. 爾其念之. 具舉行緣由回報.

計開:

一請光海君出居全、慶之間, 鎮守.

一命相臣一員, 輪流前往全、慶之間, 總管.

一命戶曹判書治糧餉, 上緊搬運, 以濟留兵. 兵曹判書治軍旅, 速挑精壯, 赴劉副總兵官管內, 敎練. 工曹判書治興作, 上緊乘此冬月, 刻期修築險隘, [9b]置造火器, 務在報完.

以上皆攘外之政.

一均徭役.

一清田糧.

以上皆安內之政.

12-6

與李臨淮侯書 권12, 9b-10a

久因拮据戎事, 致疏裁候, 罪歉何如. 然仰企故人之私, 卽身寓玄菟, 未嘗頃刻置也. 昨辱飛翰下慰, 兼惠日本志籍, 示彼出沒, 資我運籌. 具見門下留心國事感甚. 外, 不佞某謬董玆役, 幸仗指授, 殫力彌年, 朝鮮已失地土, 擧尺寸還之故主, 似亦不爲知己羞.

迺近[10a]來言者, 攻之更急. 藉令喪師辱國, 不知又當何處也. 可嘆, 可嘆. 遵旨令人往諭行長, 使率衆盡歸. 倘得如願,

卽當求脫世網, 高臥兩峰三竺間. 豈不倘佯, 何苦碌碌作牛馬走, 爲後生輩訾詈耶. 恃愛布謝附此. 鄙悰他不及.

12-7

報石司馬書 권12, 10a-11a

小疏中數語, 雖遵來命削去, 但人心險薄, 世道傾危, 未有若今日之甚者. 自倭訌以來, 某奉命東行之後, 臺下選將調兵, 廟謨神算, 且不暇論. 只日賜手書, 積盈笥匣, 精神命脈殫竭, 其中一點忠誠, 眞皇天厚土[10b]所共鑒者. 終無一人見亮, 而毀者疊出, 深爲臺下扼腕也.

卽某雖不才, 恐負重委, 蚤夜兢兢. 幸仗指授, 屬國恢復無遺, 島倭歛

衆求款, 似亦不爲知己羞. 昔高宗世稱賢王, 鬼方小國, 猶曰三年克之.
此可見師難言而功不易就, 自古記之矣. 若日本强悍, 何如鬼方. 玆克之
不逾終歲, 而言者屢以誤國詆之. 甚有謂虀粉不足贖者. 藉令某躭延歲
月, 喪師辱國, 不知又當何如處也. 可嘆, 可嘆.

　昨某於安州西歸日, 朝鮮男婦拜舞盈道, 不下萬人, 送文一軸以表去
思. 義州起身日, 國王遣其子臨海君幷二三重臣, 設宴江亭, 再■[11a]叩
謝, 老幼男婦, 不可勝數. 拜舞謳歌, 懽聲動地, 亦送文一軸. 江口登舟,
沿堤泣送, 堤爲擁蔽, 依依若不忍捨. 抵中流, 猶然見之. 人情如此, 此非
可威力强者, 或者微功有以繫服之爾.

　瑣瑣言此, 似屬誇詡, 以臺下事屬一體, 且諸君未經目覩, 無怪其然,
故特達之臺下. 或可轉聞諸君, 亦以見今日之事, 要非誤國欺君, 少寬斧
鑕爾. 幸臺下不以迂誕罪也. 軸文二首奉覽, 乞命爲某收貯, 容日拜領.
謹瀆.

12-8

諭示戚金 권12, 11a-12a

時値嚴寒, 勤勞異國, 本部實切懸念. 惟執事悉心爲[11b]國, 他日敍勳,
必列高等. 外, 朝鮮善後一節, 本部詳爲條議, 宜卽遵行. 廼今光海君未
見遣行, 大丘糧餉屢屢不敷, 募兵僅止四千, 又稱旋卽解散, 諸險無一修
設. 視國事若兒戲, 然且以彼國艱危, 欲天朝盡代之也, 有是理乎. 君臣
媮惰昏昧, 一至於此, 將奈之何. 昨本兵題疏, 專爲此着. 如再泄然, 必將
留兵盡撤, 移守遼左內地, 斷不許再請援兵矣.

特命司行人來諭國王, 陛辭出京, 執事須急諭國王, 一切修守之事, 火速完備, 毋再稽玩, 以貽後悔. 且行長輯衆待旨, 而國王屢報摽掠. 夫摽掠者, 實本國從倭之民耳. 不行安[12a]撫, 反肆訛傳, 於東征事體, 大有妨碍. 如再亂傳, 本部必密訪, 陪臣中有此誑惑者, 必不輕恕. 尤須執事嚴諭其君臣. 故諭.

12-9

報石司馬書 권12, 12a-12b

今之播流言者, 不過爲行長殘倭未退, 朝鮮亂民未歸, 故捉風捕影, 爲吠聲之犬耳. 翁臺如聞斯言, 當思不佞於倭退王京之時, 何爲屢屢急催進兵, 倭退釜山之時, 何爲嘵嘵復催據險. 至此, 倭衆大勢尙據釜山, 未曾過海, 不佞何敢將前兵馬, 遽然撤放. 留守將士, 果係單弱, 不能防禦, 數月以來, 不佞何敢寂然[12b]無言, 不請援應. 平行長又何肯甘心, 海嶠落莫之濱, 絶無窺伺. 翁唯思此, 則群疑自消, 訛傳自息, 而翁可寬懷抱矣. 唯翁思之.

12-10

移本部咨 권12, 12b-14a

一爲暫留大兵防守, 以固外藩, 以安內地事.

據贊畫員外劉黃裳呈:

奉本職批, 據副總兵劉綎呈:

前事, 照得, 卑職韜鈐末品, 介胄庸才, 叨蒙善後之留, 益重加銜之典, 捫心知懼, 刻骨難忘, 惟有捐軀以圖報塞而已. 但標下尙有才勇粗備者六人, 相應舉用, 以勵後效.

看得, 中軍千總劉天祐, 歷試武闈, 熟諳機務, 料敵[13a]不遺勝算, 提兵屢策奇勳. 名色指揮馬禹卿, 志切請纓, 心存裹革, 自負投石超距之勇略, 綽有摧鋒陷陣之雄風. 此二員者, 堪膺守備備禦之選者也.

名色千總陳大綱, 才猷練達, 志氣激昂, 敵寇不出其殼中, 士卒樂歸於麾下. 名色千總莫如爵, 年力精壯, 技藝出群, 屢經戰陣艱危, 俱有擒斬功次. 此二員者, 堪充實授千把總之任者也.

名色指揮劉朝元, 久歷戎行, 屢經征戰, 多收斬獲之功, 堪備衝鋒之用. 名色千總王維鎭, 從事多年, 束兵不擾, 征剿累多俘斬, 防守益藉堵安. 此二員者, 俱堪實授把總之任. 但劉朝元原以[13b]髠夷, 他日方宜別用, 目今駕馭征倭者也.

以上六員, 才力雖有不同, 悉皆得於試用, 故敢冒昧呈擧. 如蒙不以卑職之言爲謬, 俯賜兪允, 特爲具題, 將劉天祐等, 授以實職. 仍發卑職標下領兵備倭, 則赳赳武夫, 咸知立功, 異域圖報, 將無紀極.

緣由. 奉批, "仰劉贊畫, 會同李提督, 查議詳報."

奉此, 遵依移文會同李提督, 查議得, 副總兵劉綎所呈中軍千總劉天祐、名色指揮馬禹卿、劉朝元、千總陳大綱、莫如爵、王維鎭六員, 來[56]有摧鋒禦敵之雄, 堪授實職, 防海之任.

等因. 至職. 據此, 先據副總兵劉綎呈詳前事, 已經批發贊畫劉[14a]

....

56 원문은 "來"로 보이나, 이는 "本"의 오기로 판단함.

黃裳, 會同提督李如松詳議. 去後, 今據前因, 爲照, 倭衆雖遁而朝鮮當
殘破新復之後, 故議留兵, 暫爲居守. 非得智勇之輩, 無以肅戎行, 非有
超拔之擢, 無以激士氣. 所據劉綎呈擧劉天祐等六員, 堪授實職, 是必察
其已試之事, 可以期其將來之功. 復經贊畫、提督會議, 俱堪任使, 似應
准從, 以勵將來. 爲此, 合咨本部, 煩請裁酌, 具題施行, 庶人心知奮感恩,
益思圖報矣.

12-11

檄劉綎 권12, 14a-15b

一爲倭情事.

本月二十五日, 據本部差回夜不收張[14b]經兒口稟, "本月初三, 有朝
鮮亂民, 因無口食, 在密陽搶掠糧食. 有遊擊吳惟忠, 當卽領兵渡河對敵,
官軍致有損傷." 等情.

據此, 看得, 馭夷之道, 逆剿順撫. 方倭奴占據朝鮮, 則用兵以征進.
今彼退居海上, 遣將乞哀, 復屢奉欽依, 赦不窮追, 服則羈縻, 許令盡數
歸巢, 上表乞封. 是堂堂天朝, 昭以大義, 示以至仁. 今議留兵, 原爲朝鮮,
修設選練, 本部節行, 但欲保守無事, 卽爲有功. 雖零賊以無食, 間出剽
掠, 而密陽等處, 皆殘破無遺, 卽剽掠亦無所得.

使惟忠能堅壁淸野, 拒河爲守, 遙張兵[15a]勢, 彼必自退. 況節據副
總兵劉綎稟抄行長來書中云, "賊徒有搶掠者, 乞命官治之, 或誅之可也",
則知前報搶掠, 係朝鮮被脅亂民, 屯結海濱, 值此冬月, 身無衣、口無食,
以致如此.

乃惟忠爲將已久, 不審事機, 輕率渡河, 貪冒功級, 致傷軍兵. 況行長見遣其心腹小西飛等, 來此乞哀. 彼豈無所顧忌. 且安靜四閱月, 不敢生事, 乃值此嚴冬非其所利之時, 彼復動兵耶. 惟忠背違節制, 爽天朝之信, 失夷狄之心, 莫此爲甚. 本當查處, 姑行申飭.

牌仰本官, 即便申飭吳惟忠及各留守將領, 務查節行修設選練事宜, 着實上緊舉[15b]行. 毋得仍前偷竊一二零賊, 以希報功. 其行長一枝, 聽差去宣諭人回話, 如果悖逆不歸, 許呈報本部, 從長計處, 以圖萬全. 不可輕進以冀僥倖. 仍查惟忠對敵緣由, 據實呈報. 毋得違誤.

12-12

檄李如栢 권12, 15b-16a

一爲招安軍民事.

訪得, 朝鮮被倭脅從軍民, 屯聚西生浦左近地方, 欲隨日本, 倭奴不肯帶去, 欲還朝鮮, 又恐國王坐叛民誅戮. 已經咨行國王少寬法令, 責其歸順. 去後, 但恐被脅之人, 日久糧盡, 擾害地方, 擬合委官招撫.

牌仰本官, 即便會同劉副將, 查訪朝鮮[16a]被脅軍民, 的有若干, 見今在何地方. 如情願回鄉, 行令朝鮮官員招送, 隔別道分郡邑安挿. 若執迷不歸, 假倭擾害地方者, 定行盡數剿殺, 後悔無及. 若各官或有招安良法, 具由呈報.

檄副總兵劉綎 권12, 16a-17b

一爲計處被脅之人, 以散黨與, 以弭釁端事.

照得, 釜山等處聚結朝鮮被倭所脅之人, 以衣食無措, 欲歸又畏國王殺戮, 往往假倭名色, 間出搶掠. 雖節經本部移咨國王, 欲其開赦, 復發免死帖萬紙, 令本官廣爲招徠. 但此輩終懷疑畏, 而該管陪臣又觀望, 不爲[16b]設處.

今照本部差官, 奉旨宣諭行長, 退歸日本. 如果行長遵諭退去, 則海上惟餘此輩. 合應立法招撫, 庶便來歸.

牌仰本官, 如果行長遵諭退歸, 卽先取行長結報, 要見, "釜山原有倭衆若干, 陸續已過海若干, 今次過海若干, 海上有無仍留倭衆. 其節次作亂搶掠者, 實係朝鮮亂民, 與倭衆無干." 等情.

一面卽具塘報到部, 本官卽親歷釜山一帶. 督同陪臣權慄、金命元等, 於亂民屯結處所, 立紅白大旗各一面, 令通事廣爲傳言曉諭. 如願歸投充兵士者, 立紅旗下, 卽給免死帖, 收着營伍, 衣糧一體[17a]支給. 如不願爲兵, 願歸田里者, 立白旗下, 卽給免死帖, 發各州府照舊爲民, 再加賑恤. 復令陪臣, 大張國王開赦告示, 斷不殺戮, 以安衆心.

仍務要多方開導, 招之使來, 以廣好生之德. 以一月爲期, 不厭煩瑣, 三令五申. 彼衆旣前無倭倚, 又海濱斷絕糧食, 計必樂歸. 如一月之後, 反覆曉諭, 不肯歸順者, 則是眞爲反叛, 天所不容. 許本官, 督同留守兵將、該國陪臣, 縱兵戰殺首級, 准以倭級十分之三行賞. 此係不得已之事, 必須待行長退歸一月之後, 屢招終不肯至, 方可行此. 毋得聽憑各將士, 乘機希圖功級, 激之使變, 遽[17b]行殺戮, 致損多命, 上干天和也. 本官詳愼施行.

12-14

移朝鮮國王咨 권12, 17b-18a

一爲剽劫橫行, 速行議處, 以淸道路事.

照得, 本部差官譚宗仁, 奉旨宣諭行長, 退歸西生浦, 無非欲驅逐倭奴, 奠安王國. 矧復留劉副總兵等將士一萬六千, 遠在大丘等處, 一應軍機, 全憑羽檄. 乃近據報稱, 譚宗仁衣馬, 盡爲盜賊所奪, 忍餓騎牛, 乃抵大丘. 其餘往來官役, 極爲苦楚, 以至海上, 信息每爲阻絶.

夫以天朝之官, 値此裂膚墮指之日, 奔馳異域, 直赴海濱, 已不勝其苦[18a]累, 乃復忍使其衣馬盡皆被奪, 本部聞知, ■[57]爲憤惋. 且王國當此維新, 正宜肅紀振綱, 安內攘外, 乃使剽劫橫行, 梗塞道路, 軍機不通, 往來違誤, 大爲貴國之患, 亟宜禁緝.

王其速命該管地方陪臣, 嚴加約束, 如遇饑民爲亂, 設法賑恤, 如遇狂逞之徒, 設法擒捕. 其譚宗仁被奪衣馬, 速爲追究下落, 衣馬給還本官, 爲盜之人擒拏正法, 庶禍源可絶, 邦本可寧.

爲此, 移咨, 請查照速行咨復. 萬勿縱寇養奸, 自貽伊慼.

....

57 원문은 보이지 않지만 부수(氵)와 문맥상 "深"으로 판단함.

12-15

禁約示諭 권12, 18a-19b

一爲再行申飭禁約, 以昭法紀事.

照得, 本部留兵防[18b]守朝鮮, 誠恐差遣往來員役幷留守官軍, 於該國沿途館站地方騷擾, 屢加嚴禁, 不啻三令五申. 乃近訪得, 仍有肆意貪殘, 不顧法紀. 或需馬六七十匹馱載貨物, 及取夫六七十名者. 或屢冒留守將領差出名色, 沿途需索供應牛馬者. 或沿途擅張黃蓋, 私謁國王圖利者. 或枉道全羅富庶之地, 希圖多取供應者. 或借應付照身卽爲索馬, 馱貨生意, 冒支米料者. 或原差牌票止用馬一二匹, 及返則索牛馬, 積至一二十匹, 遂爲己物, 任意發賣者. 或失驢及倒死弱馬, 而勒好馬者. 或將陪臣鞍馬, 一幷强奪者. 或欲淫其婦[19a]而輒生事端, 綑綁其夫, 以便己私者. 又各該官兵, 俱有行坐糧廩, 不爲不厚, 此外又要重支齊整供應者. 又分布各處把截, 不肯自立排柵, 定要入城幷占據人戶房屋, 以便搔擾, 稍不如意, 輒加箠楚者.

夫朝鮮爲倭奴摧陷, 困苦至極. 近雖恢復, 而見議留兵防守, 糧食又復取給該國. 乃奸徒肆無忌憚, 干憲犯紀, 一至如此, 本當通行拏究. 姑念人衆, 暫爲寬宥, 合再給示申飭.

爲此, 示仰各公差往來員役幷留守官軍, 以後務要恪遵法紀, 仍念亡國新存. 不許復蹈前轍, 肆行需索騷擾. 如敢有照前違犯者, 許該管館站委官[19b]及該地方陪臣, 指名呈報. 本部以憑卽時綁拏, 定以軍法從事, 決不輕縱.

12-16

劉應祺 권12, 19b-20a

一爲遵旨專責部臣等事.

先據都司呈送, 造完軍火器械文冊到部, 已經牌發分守道查盤. 去後, 屢催未報. 查得, 各項器械, 各衙門俱動馬價置造, 事完, 應送遼東撫院查收.

票仰本官, 卽將節次收過各衙門解到一應軍火器械, 幷硝黃製成火藥、火箭, 委官造完鞭、棍、鉛鐵子、輕車、庥牌等項, 備造文冊二本, 送部. 一留備照, 一[20a]送遼東撫院查收. 毋得遲延.

12-17

檄都司張三畏 권12, 20a-20b

一爲遵旨專責部臣等事.

已經票行張三畏, 將原收一應軍火器械, 運回江沿, 交付佟養正查收. 去後, 查得, 各項器械原動馬價銀兩置造, 事完, 應送遼東撫院查收.

票仰本官, 卽將劉應祺節次運到一應軍火器械, 幷海蓋道及戴朝弁、竇國胤解到鉛鐵子, 王憲、蔣表解到鞭棍, 在平壤傅廷立收管者若干, 在劉綎營內者若干, 運發佟養正收貯江沿者若干, 務與原解數目相[20b]同, 如有使用, 明白開除, 備細造冊二本, 送部. 一留備照, 一送遼東撫院查收. 毋得遲延.

12-18

與司大行書 권12, 20b-21a

門下雄抱偉才, 海内人傑, 今幸共事東方, 得瞻光範, 欣慰何已. 台旌東指, 御風而行, 某雖不得執鞭隨侍, 而懸懸之私, 儼在左右. 屈指計程, 想抵王京矣. 天語丁寧, 國王必在改弦易轍, 但積敝之國, 勢難速化. 門下試察, 其君臣近來意向若何, 修守若何, 卽留兵撤回, 可保萬全否. 神明烱照, 必得其眞, 幸詳見示. 又歷覽封疆, 咨諏道路, 必有奇畫可裨外藩者. 更求示我, [21a]以便轉行. 臨楮神往, 不任依依.

12-19

報石司馬書 권12, 21a-21b

李滋潤、孫文道口稟, 行長見住熊川, 又遠西生浦一百餘里, 乃海中小島也. 部兵亦不甚多. 東征之事, 似謂少竣矣. 明旨必俟倭歸確報, 方許放歸. 但今倭處絶島, 又難驅逐. 況釜山舊爲倭户, 今必欲盡逐之, 是不但欲恢復朝鮮今日之疆土, 且欲幷百十年之舊疆而復之也, 不亦難乎. 今當冬時, 且有劉綎留守, 料無他虞, 所可慮者, 在春間耳.

　今某與提督、贊畫, 枯坐遼陽, 已幾三月, 供給艱難. 門下材官、策士, 廩餼糜[21b]費, 直指公視爲贅疣, 事體不便, 無暇論矣. 三人袖手群居, 旣無兵馬之權, 又無地方之寄, 反擔利害之責. 及至春來, 兵無可調, 餉無可徵, 萬一有警, 將何設施. 在督撫則曰, "事屬經略", 漫不經心, 在某與提督、贊畫, 不當事權, 倘有疏虞, 罪將誰諉. 是某欲羈縻島奴, 而反爲島奴羈縻矣. 某輩奚足惜, 竟何益國家事哉. 爲今之計, 不若放某回朝, 而以禦倭事權, 耑歸顧冲老. 不然, 冗費於今日, 疏略於春時, 非計也. 臺下幸留意焉.

12-20

移本部咨 권12, 22a-23a

[22a]一爲預計防禦應敵之機, 以便專責, 以保萬安事.

近准本部咨:

該本部題, 議撤兵緣由. 奉聖旨, "是. 朝廷原以大義興師, 今旣戰勝敵服, 又欲何求. 這所奏撤兵事宜, 俱依擬行. 大兵旣撤, 除劉綎一枝暫留外, 其宋應昌、李如松, 候有倭歸確報, 着便回朝. 以後一應防禦事務, 行該督撫官, 各遵照勅書, 用心料理. 毋得怠忽." 欽此.

備咨, 到職. 欽遵間, 該職看得, 機貴先圖, 事宜畫一, 蓋自治之宜預也. 今倭奴雖畏威遠遁, 然終屬狡猾, 其心叵測. 朝鮮雖全國恢復, 然終屬破殘, 瘡痍未起. 故留兵分布全、慶之間, 已四月有[22b]餘, 而行長等不敢狂逞朝鮮, 又見在修設. 則未必非留守之功也.

今大兵議撤矣. 轉盼冬深, 將及春汛, 倘倭奴知我兵已撤, 再犯朝鮮, 朝鮮必求救於我. 勢在倉卒間, 而我兵尙在議處, 文移往來, 道路遼絶, 比應敵軍兵始行, 而彼中之事機已去矣. 雖奉旨, "行督撫料理", 然督撫以本職在, 未免有相碍之嫌. 總兵以提督在, 未免有觀望之意. 乃大兵已撤, 在本職與提督, 旣無兵馬之權, 又無地方之任. 彼此遷延, 兩相擔閣. 倘春汛有事, 將何責成. 是又不可不早爲之計者.

似應請爲移咨督撫, 并備箚各鎮守總兵官, 其[23a]遼鎭軍兵, 先爲派守, 某將管領某路軍兵若干, 某將管領某路軍兵若干, 俱預行整點齊備. 無事, 照舊屯住防虜, 一遇有警, 則飛調令其分投禦倭, 或救朝鮮, 或防內地. 其薊、保亦照此派定. 如遼兵不敷聽調, 薊、保協助, 仍申飭各海防, 俱加意修守防禦. 如此, 庶以逸待勞, 以靜待動, 將領得以責成海防, 可以無患矣. 爲此, 移咨本部, 煩爲查照速擧. 併希咨示施行.

12-21

檄王君榮 권12, 23a-23b

一爲優處效勞人員, 以昭激勸事.

照得, 倭奴遠遁西生浦等處, 恭順不擾. 雖出天朝恩威遐布, 而遊擊[23b]沈惟敬宣揚曉諭之功, 實不可泯. 況出入倭巢, 已經數次, 而今天氣沍寒, 不辭艱險, 毅然前往, 曉諭倭衆, 必欲令其盡數浮海, 具表乞封. 此其忠誠任事, 尤可嘉尙. 且據稟討, 官丁廩月糧銀, 向未領給, 情殊可憫. 合先優處給發, 以爲任勞之勸.

牌仰本官, 即將惟敬并從行員役應得廩月糧銀, 照冊名數, 按月查給. 仍動馬價二百兩, 給賞惟敬, 以慰寒月勞役之苦, 且示本部優待之意. 候事竣功成之日, 從優題敍. 具由繳查.

12-22

報石司馬書 권12, 23b-24a

[24a]閏十一月二十七日, 李滋潤自京師至廣寧, 接手札, 欲以東事專委撫道, 爲某請旨還朝, 唧感, 唧感. 本日得朝鮮權慄馳報國王云, "海濱各倭, 於本月初五日, 蒸食裹糧, 盡數歸國." 亦美事也. 其報呈覽.

　某只待劉綖報至, 或臺下題允, 卽便西旋也. 承諭沈惟敬事, 某前已將本官及家丁廩糧, 照其所開, 盡數給發, 仍加犒銀百兩, 屢次諭之盡心, 乃事完局之日, 另有厚賞首敍. 臺下亦乞移字諭之, 作速完結爲妙. 餘不敢贅.

12-23

檄副將劉綖 권12, 24a-24b

一爲經略邊海軍務事.

　案查, 已經牌行分守道, 動支[24b]馬價, 買完藍白布四萬八千疋, 花二萬八千觔, 運發劉綖營內, 給賞留守官軍一萬六千員名, 冬衣穿用, 具由回報. 去後, 查得, 前項軍士逃回事故甚多, 誠恐千把總管隊, 扶同冒領, 合再申飭.

　牌仰本官, 卽將前項布花, 停作一萬六千分, 見在官軍照名給散. 如有逃故, 扣收在官, 開數呈報, 另候本部明文給賞. 毋得違錯未便.

12-24

又 권12, 24b-25a

一爲倭情事.

照得, 本官總箚大丘, 凡一應倭情軍機, 俱宜遠偵密探, 乘時傳報, 以憑隨機酌處. 乃今朝鮮[25a]都元帥權慄啓報國王, 西生浦、豆毛浦、東萊水營、釜山浦、下龍堂、巨濟、金海等處倭奴, 於本月初五日, 俱已乘船回歸本土. 本部亦有稟報者, 而本官漫無一字馳報. 是果偵探無人, 而彼中情形有未知耶. 抑知之而不肯以輕泄耶. 事干倭情, 擬合行查.

牌仰本官, 卽查西生浦等處倭奴, 果否盡數歸國, 的於何日浮海, 作速查明, 一面卽具塘報, 以憑轉報本部. 以後一應事情, 務要隨時飛報. 毋得因循遲忽, 致悞事機不便.

12-25

報石司馬書 권12, 25a-25b

[25b]承臺下知遇, 東方之事, 從來絲毫不敢有欺. 玆言"倭衆尙多, 淸正猶在", 蓋緣朝鮮亂民混雜其中, 孰從辨之. 況朝鮮君臣借此以堅留兵, 留守將士借此以圖進剿, 故其說紛紛, 莫有已時. 設使諸倭尙在, 某何敢以此誑臺下也. 若淸正一節, 李提督知之甚眞. 向因行長歸譖關白, 將其家屬殺戮, 乃欲投降提督, 其事不諧. 復欲投降劉綎, 綎以三不仁責之, 又不得諧. 後遂不知去向. 豈有門户被滅, 猶安坐此處, 爲關白盡心者耶. 臺下試移書細詢提督, 則知鄙言非謬矣. 諸凡伏望臺下心諒, 勿爲訛言搖

亂, 幸甚, 幸甚.

12-26

參失事將官疏 권12, 26a-28b

[26a]一爲查參貪功失事將領, 懇乞亟賜議處, 以肅軍紀事.

本年閏十一月初五日, 據副總兵劉綎呈稱: "十一月初二日, 據守慶州遊擊吳惟忠呈報, '殘倭與同朝鮮叛民, 犯搶安康等處糧食, 請發官兵防範', 隨發馬禹卿等, 領兵前赴. 吳惟忠調遣與賊接戰, 折傷多於我軍, 雖有斬獲, 不敢報功."

等情. 又據提督李如松報同前事. 臣當卽行查, 乃自遼至大丘, 往返五千餘里, 未據回報. 方催行間, 於二十五日接邸報, 見本部尙書石, 題覆山東巡按御史周維翰一本. "爲傳聞倭[26b]奴殺傷川兵數多, 懇乞聖明, 亟行經略從實奏報事." 等因. 奉聖旨, "是. 着便行與宋應昌, 從實報來." 欽此. 今雖行查未報, 臣仰遵明旨森嚴, 敢不以所聞見者, 據實爲皇上陳之.

案照, 先該臣因倭奴雖已遠遁, 而釜山舊有倭戶, 倏去倏來, 未可測度, 全羅、慶尙實朝鮮喫緊門戶, 防禦豈得不嚴. 故與提督李如松、贊畫劉黃裳等, 議留兵一萬六千, 副將劉綎總箚大丘, 其餘將領分守各有信地, 屯箚全羅者, 專於保守全羅, 屯箚慶尙[27a]者, 專於保守慶尙. 又節行各官, 止務修險練兵, 繕器儲糧. 惟以守爲功, 不以戰爲事, 切戒挑釁生事, 申飭不啻再三.

今據呈報前因, 該臣看得, 倭衆已歸, 惟行長一枝, 遠住海島. 自遣小西飛前來乞款, 安靜不敢生事, 已閱半載. 且值此嚴冬非彼所利之時.

及又節據委官彭士俊, 自大丘稟稱, "倭衆不多斂戢, 並不生事."

又據防守慶州參將駱尚志稟稱, "有朝鮮順倭亂民, 被虜日久, 歸來無着, 覓食燒掠, 疑或有之. 若陰蓄異謀, 假名作反, 實係不知, 不敢妄言."

又據副總兵劉綎呈報, "據遊擊宋大斌、谷燧稟稱, '固城沿海等處倭 [27b] 船, 並無踪跡. 熊川薺浦等處, 連五日烟火漲天, 將必歸渡外島.'"

隨該當堂審據劉綎差官李慶雲等供稱, "行長安靜, 原不搶掠. 朝鮮亂民, 因無口食, 在安康等處, 離慶州五六十里, 還隔一江, 搶掠糧食. 有防守慶州遊擊吳惟忠, 見得倭少, 暗自領兵渡江搗巢, 與賊對敵. 賊衆傷多, 我軍亦被損失. 劉副總兵聞之, 亦謂失智."

隨該副總兵劉綎揭報, "折傷官軍名數, 遊擊吳惟忠下官兵二百二十七員名, 千總陸承恩下甲兵四十九名, 參將駱尚志下官兵二十四員名, 提調馬禹卿、李爲瑚下官兵二十七員名." 等情.

爲照, 留兵協 [28a] 守朝鮮, 原因該國修設未備, 故暫留我兵, 爲之督率. 況倭奴見在乞封, 安靜不擾, 奚可乘亂民蠢動, 輒爲搗巢輕擧. 且安康離慶州旣遠, 駱尚志與吳惟忠同守慶州, 今尚志稟稱亂民燒掠, 而惟忠獨報倭賊搶掠. 尚志安守不動, 而惟忠獨輕率渡江深入, 以致損軍最多. 明係貪功, 咎將誰諉. 劉綎職司主帥, 事得專制, 乃惟謂其失智, 而不能預爲約束, 罪亦何辭.

參照, 遊擊吳惟忠, 好大喜功, 寡謀輕敵, 驅殺無知亂民, 不足爲武. 傷折遠戍我軍, 實已損威, 本宜按以軍法. 第念隨征平壤、開城等處, 率衆登城, 屢建戰功, 似足準 [28b] 過, 所當革任者也. 副總兵劉綎, 當留守之重任, 布置雖無失策, 據將領之貪功, 鈐束似乎欠嚴. 但今釜山一帶殘倭亂民退斂, 地方無事, 亦係防守之功, 相應量加罰治者也. 若臣奉命經略, 處置非宜, 致有失事之愆, 難免不職之罪, 首宜罷斥, 以明功罪者也.

伏乞勅下兵部, 將臣首先罷斥, 劉綖量爲罰治, 吳惟忠先行革任, 其功罪俟臣查明議處, 庶賞罰明, 軍令肅矣.

經略復國要編十二卷終

經略復國要編卷之十三

13-1

諭示周九功 권13, 1a-1b

[1a]一諭旗牌官周九功知之. 今東方之事, 殘倭遠遁海島, 亂民被創屛迹. 全、慶修守險隘, 漸已就緒, 各營督練麗兵, 稍似精強. 行長雖在, 亦無足慮矣. 且釜山、熊川一帶, 原係日本舊據之地, 其民皆係倭戶. 自弘治、正德年間, 朝鮮已置此地於度外, 其志書昭然見在也. 故今倭遁於此, 是已歸其巢穴. 而與對馬島止隔一航, 倏忽來去, 誠難測度. 所以留兵防守全、慶要害者, 恐其乘虛再犯也. 是今日留兵只可議增, 不可議[1b]撤.

若留兵一撤, 則倭必復來. 朝鮮之人, 素爲倭奴積威所劫, 一聞其來, 則心膽墮地矣, 誰敢抗衡. 未免前功盡棄, 且失天朝救援初意. 所以本部不卽奏凱西回, 而日夜與提督、贊畫等, 講求善後事宜, 務欲萬全以收完績耳. 本部素知爾忠勤知事, 且善調停用. 是特諭本官, 凡後應對內外員役, 務悉以此意達之, 勿得草率妄對, 致誤事機不便.

13-2

愼留撤酌經權疏 권13, 1b-12b

一爲屬國新復, 修設始行, 懇乞聖明, 愼留撤之議, 酌經權之宜, 定專一
之任, 以圖萬全[2a]事.

　准兵部咨:

　　該本部題議撤兵緣由, 奉聖旨, "是. 朝廷原以大義興師. 今旣戰勝
敵服, 又以何求. 這所奏撤兵事宜, 俱依擬行. 大兵旣撤, 除劉綎一枝
暫留外, 其宋應昌、李如松, 俟有倭歸確報, 着便回朝. 以後一應防禦
事務, 行該督撫官, 各遵照勅書, 用心料理. 毋得怠忽." 欽此.

　又准兵部咨:

　　該本部題爲東征議貢議封, 均屬失策, 懇乞聖明獨斷, 以消釁萌,
以保疆圉事. "議將吳惟忠、駱尙志、谷燧、宋大斌、張應种、鄧永和、
陸承恩、劉崇政、毋承宣等留守, 南北官兵, 盡數撤回各鎭." 等因. 節
奉[2b]聖旨, "這所奏撤兵事宜, 俱依擬行." 欽此.

　又准兵部咨:

　　該本部題覆兵科給事中吳應明一本, 爲留兵旣多殺傷, 經略未行
奏報, 乞頒明旨, 申諭嚴詰, 以杜欺隱事. 等因. 奉聖旨, "是. 這倭情
傳報未確, 着便問宋應昌, 約在何日可以完事. 如果能一力擔當, 萬
全無慮, 朝廷自當寬議論, 以責成功. 其或事有掣肘, 亦令上緊明白奏
聞, 以憑裁處. 毋得延緩, 支吾誤事. 其餘依擬." 欽此.

　備咨, 到臣.

　臣當卽捧誦綸音, 遵行不暇, 何敢復有陳說. 且因朝鮮陷沒, 援師一
擧, 聖武布昭, 猛將效力, 策士[3a]獻謀, 復已亡之國, 而還之舊君, 遏方

張之夷, 而驅之海外. 皇上興滅繼絶之仁, 無可復加, 伐暴除殘之義, 於今爲烈. 果如聖諭, 亦以何求分宜. 挈本國而還本主, 聽本主而守本國, 留守我兵, 眞出無爲.

但臣竊念, 善始者期於保終, 圖近者貴於謀遠. 臣請將日本朝鮮强弱情形, 留守封貢互用事體, 及擔當結絶掣肘責成, 爲我皇上一一陳之, 伏惟垂聽焉.

去歲, 關白突起海上, 狡焉啓疆, 遣平行長等, 率衆直破朝鮮, 豈直利朝鮮計哉. [3b]彼之居釜山、慶尙之倭, 與朝鮮人婚媾貿易, 幾及百年, 蓋已習知朝鮮形勝接近中國. 若尙州之洛東江、王京之漢陽江、開城之臨津江、安州之淸川江、定州之大定江、平壤之大同江、義州之鴨綠江, 俱通西海, 直達薊、遼、保東諸處, 欲據之以睥睨內地耳.

臣於前題暫留大兵防守疏中, 頗爲明悉. 乃若朝鮮幅口六千里, 地非不闊也, 八道、三都, 民非不聚也, 然而倭奴一逞, 不踰月而全國傾陷者, 此無他, 良由該國君臣, 昏闇婾惰, 詐僞不情, 棄天險而不知修, 棄人力而不知練, 棄鉛鐵自然之利而不知用, 棄億萬黔首之民[4a]而不知恤, 以致廢時失事, 國破家亡, 一至於此. 若日本諸倭, 視其君臣, 眞猶几上肉耳.

特以聖主之神武, 廟堂之籌畫, 及我將士之用命, 畏威請封. 倭衆大勢, 久已過海, 止有平行長, 帶領部倭數千, 屛居熊川島中, 收斂安靜, 不敢生事者, 今已半載. 全、慶諸將, 分守信地, 並無失事. 狡夷至此, 可謂恭順.

若天朝之待四夷, 如天覆萬物, 何所不容哉. 苟以是心至, 斯受之已矣. 與封與貢, 以羈縻之, 有何不可. 但留守經也, 封貢權也. 守經方可行權, 無經則無權矣. 猶之, 留守形也, 封貢影也. 有形斯能有影, 無形則無影[4b]矣.

封貢之事, 臣方差官與之講論, 彼止欲請封, 卽與之封, 封後二三年無事, 果可與貢, 另議. 與貢, 事體次第應該如是, 無庸論矣.

至如留守之事, 正今日所當亟爲講求者. 何也. 蓋朝鮮與中國, 勢同唇齒, 非若琉球諸國泛泛之可比也. 唇亡齒寒, 自古言之. 休戚與共, 是朝鮮爲我中國, 必不可失之藩籬也. 故臣嘗謂, 朝鮮爲薊、遼、保東喫緊屏翰, 全羅、慶尙係朝鮮一國喫緊門戶, 此乃臣之實言, 非誑語也.

守全、慶, 則朝鮮可保無事, 失全、慶, 則朝鮮危矣. 守朝鮮, 則四鎮可保無事, 失朝鮮, 則四鎮危矣. 今日禦倭之計, 惟守朝鮮[5a]爲至要, 守朝鮮之全羅、慶尙則尤要也. 能守全、慶, 是謂執簡御煩, 扼吭拊背. 再或與封與貢, 倭必知吾有備, 無隙可乘, 反益堅其恭順之心. 用力旣少, 成功又多, 完策也.

不守全、慶, 是謂就夷舍險, 棄易從難. 縱使與封與貢, 倭必知吾無備, 有隙可乘, 適以動其窺伺之念. 用力旣大, 爲患不小, 無策也. 況我之視倭, 猶倭之視我. 我兵不撤, 固欲待彼之歸, 彼倭不歸, 寧不待我之撤乎. 畏威而遁, 乘撤而來, 是又不可不爲之慮者.

臣與諸將士, 能逐倭於朝鮮疆域之中, 不能逐倭於釜山海島之外. 能逐倭使之今日帖然遠遁, 不能[5b]使倭之他日必不再來. 能藉聖主神威, 逐二十萬新來之倭奴, 不能連釜山等處, 逐百餘年舊日之倭戶. 能使朝鮮今日之疆土, 已失而復存, 不能使異日疲極之朝鮮, 再失而再復.

臣之留兵防守, 封貢羈縻, 正欲俟倭奴之動靜, 修設之完備, 方可次第爲之, 非謂今日兵馬可得而據然撤放也. 且近據報稱, "西生浦之倭, 焚燒林木, 整頓舟船." 大衆已去, 餘黨躊躇, 是倭情可坐而待也. 參遊諸將, 如駱尙志之修築南原, 宋大斌之置造鐵砲, 委官彭士俊之欲樹釘密陽. 副總兵劉綎之報稱訓練麗卒, 與陪[6a]臣尹根壽之招撫亂民. 皆見在分派, 督率舉行, 是修設亦可望而就也.

若遽撤之, 是謂半途而廢, 盡棄前功, 倭且得以乘其後矣. 故謂朝鮮無關於中國, 則可, 謂朝鮮有關於中國, 既已拯之於初, 猶當護之於後, 全其終始乃可耳.

或者謂留守日久, 費餉不貲, 柰何. 臣復又有說焉. 蓋全、慶東西二路所當防守者, 環繞不過數百里. 若東保、薊、遼, 沿海周圍不下數千里. 全、慶襟江阻海, 峻嶺崇山, 有險可據, 留守兵馬僅僅以數萬計. 若東保、薊、遼地方, 處處濱海, 海面不似東南遼闊, 海岸率多平坦, 無甚險峻, 倭舟在在可通, 防守[6b]兵馬則當以數十萬計.

夫數百里與數千里, 孰遠而孰近, 數萬計與數十萬計, 孰多而孰寡. 一應軍火器械、犒賞芻糧、供應支值, 孰省而孰費. 況中朝鮮津貼資助, 又當十分之三乎. 乘勢待時, 事半功倍, 抑何憚而不爲乎. 且東夷心狡, 不似北虜心直, 東夷志狂, 不似北虜志淺.

況關白行長, 又係海上奸雄. 如去年平壤講貢, 卽以大同江, 定鴻溝之約. 今歲王京講貢, 纔到釜山, 便有晉州、全羅之犯, 變動反覆, 不可捉摸. 兵家謂, 知彼知己, 方可取勝. 陛下試看, 此二奴何如人也. 烏可指定封貢, 認爲全眞, [7a]而乃拘泥執一以應之乎. 臣愚謂, 此二事要當隨機應變, 並行不悖, 可也. 若今偏乎留守, 適得吾體, 猶可言也. 偏乎封貢, 大失吾常, 不可言也.

伏覩明旨謂, "倭奴狡詐, 款而犯, 犯而又款. 從來只是羈縻, 使曲在彼. 豈有今日遂以悔罪爲眞, 通行撤備之理. 着愈加嚴謹, 毋得疏玩誤事." 臣仰窺皇上量包天地, 明並日月, 夷情兵法燭照, 數計曲盡無遺, 臣復何言. 臣秖[55]仰承德意, 奉而行之. 議封議守, 經權雜施, 經能立於常勝之地, 權又行乎羈縻之術. 威可懾服其狂狡, 恩足招來其志意, 必如是而後, 謀[7b]出萬全, 倭情完計, 指日可定.

臣之所能自信自任, 一力擔當者, 惟此而已. 若以救朝鮮爲無謂, 守全、慶爲非策, 退內地而省糧, 憑封貢而撤兵, 如此之計, 非臣所敢知也. 今之留兵, 可撤於明旨與封之後, 必不可撤於餘倭未去之時. 可撤於朝鮮兵練險設之後, 必不可撤於該國未備之初.

臣自五月間, 與提督、贊畫諸臣, 猶思海上一邀擊之節, 催國王拘集水兵、龜船, 截之於前, 我兵逐之於後, 以冀一逞. 不意, 朝鮮兵船, 終成畫餅, 且又大兵已撤, 調兵不應, 此計遂至不行. 又慮朝鮮新復, 難以自存, 故留兵一萬六千, 與之[8a]協守, 復借封貢, 羈縻時日, 以爲修設之計. 此皆臣等萬不得已而然要之, 非本心也. 況此一萬六千之兵, 中多有名無實, 臣方在淸查, 求補足數. 豈可於欠缺之中, 復行減撤.

至如近日提督李如松之選練兵馬, 兵科都給事中吳文梓之添兵增餉, 思深慮善. 俱爲得策, 陛下所當亟從責令, 着實舉行者也. 臣之私憂過計, 盡在於是. 實不敢兩可支吾, 而有別說也.

夫智者慮事, 覩在未萌, 忠臣謀國, 務殫心力. 儻臣今日知而不言, 言而不盡, 是謂不忠. 不忠誤國, 罪莫大焉. 有如目前[8b]諸臣, 將此留兵, 視爲末務, 遽爾撤之. 萬一倭衆渝盟, 乘虛入犯, 朝鮮一國, 決難居守. 待彼復據, 中國難免無事, 則四鎮沿海, 徵調兵餉, 恐不止一萬六千已也. 失策誤事, 罪有所歸, 莫謂臣等今日不盡言也.

更乞皇上, 察臣愚衷, 一意爲國, 並無他腸, 將臣今疏, 幷李如松、吳文梓所奏事情, 勅下該部議擬, 務要照依臣等所請, 速行督撫諸臣, 及時

....

58 원문은 "祗"이나, 이는 "祗"의 오기.

整理. 應留守者留守, 應預備者預備, 以待來春汛期之用. 決不宜彼此遷延, 以致兩相龃誤也.

且今日倭犯止及朝鮮, 朝鮮郡縣非我土地. 幸賴[9a]皇上慮震隣剝膚之患, 廓天覆地載之恩, 援師一舉, 我武維揚. 破平壤、收王京、保全、慶、逐釜山, 而今已驅之海外矣. 全、慶東西諸路, 若大丘、慶州、光陽、雲峰各處要害, 我兵據而有之. 是我得其險, 彼失其利矣.

況金海、熊川及西生浦等島, 皆在朝鮮海南邊域, 杳溟浩蕩, 倏往倏來, 孰得而知之. 倭國為隣, 朝發夕至, 孰得而禁之. 且自弘治、正德年間, 已被倭奴盤踞, 慶尙居民, 且與婚媾, 盡為倭戶, 已非一日. 該國志書見在可查, 非臣今日敢為詐說也. 臣與李如松、劉黃裳及將士人等, 嘗謂釜山等處, 猶我中國之虜地也, 全羅、慶[9b]尙, 猶我中國之九邊也.

皇上試以九邊之虜視焉, 其大者, 若順義之據豐灘, 卜酋之據河套, 阿酋之據松山, 火酋之據莽刺, 靑酋之據開平, 長昂之據三衛, 皆離邊僅一二百里耳. 然中國亦聽之禦之, 初不能逐於陰山之北廣莫之野也.

恢復屬國, 已至於是, 臣等職業, 非為不盡防禦之事, 論乎常理, 當付朝鮮. 臣猶慮其君臣闇弱, 殘破至極, 必不能守, 全、慶險隘, 必不可失. 守之, 則為朝鮮中國之大利, 不守, 則為朝鮮中國之大患. 故特留兵一萬六千, 與共居守, 非但保朝鮮, 實以衛中國也.

臣今遵[10a]照部議, 遣令遊擊沈惟敬, 再詣倭營, 講論封貢, 可則許, 不可則明白與之斷絕. 將留守兵馬之中有疲羸驕惰者, 悉盡撤回, 添發水陸精兵二三萬, 協助屯列於全、慶要害之間. 仍督責朝鮮, 修造戰船數百隻, 一應圖攻守之計. 如此則謹始且可保終, 攘外亦能安內, 萬全之慮, 計無出此. 正今日之所當必行而無疑者也.

雖然, 臣猶有說焉. 臣聞, 事貴責成, 權當歸一. 臣今以一卿貳, 提督以一大將, 贊畫以一部員, 既無兵馬之權, 又非地方之任, 寥寥客寄. 思欲何爲. 況近奉明旨, 專委督撫料理. 臣等若復冗贅遼陽, 則督撫諸臣, [10b]以臣在, 未免有牽制之嫌, 總兵諸臣, 以提督在, 未免有觀望之意. 春汛伊邇, 意外之防, 將何以畫一也. 臣用是不避斧鉞, 冒昧再陳, 更乞皇上, 俯察臣等實無規避情由, 特賜乾斷, 勅下該部, 一倂議覆. 容臣卽爲奏繳, 提督、贊畫, 俱赴府部供職, 東方事務, 盡歸督撫, 使之一心整頓, 以防不測.

儻疑臣等借此息肩推諉, 不令還朝, 仍當管事, 亦必使臣等, 居得爲之位, 操可致之權. 調兵徵餉, 率能自由, 不似今日仰藉於人. 臣等敢不一力擔當, 捐軀圖報. 務使經權互用, 賊犯難窺, 庶幾來春不敢有誤. 如以臣[11a]才庸劣, 厥任未堪, 亦乞皇上, 蚤奮乾斷, 罷臣歸里, 不宜使臣久妨賢路, 以誤國事. 臣於此時, 荷蒙聖諭, 猶或遠嫌隱諱, 不直明言, 是臣延緩支吾, 欺君誤國. 倘至春汛有事, 臣罪何解. 故臣謂, 朝鮮全、慶保守防護, 乃今日善後第一要着也. 倘再猶豫, 致有差池, 後悔無及.

臣僅據平日聞見眞切者, 繪成圖說, 冀塵聖覽, 因在邊鄙, 繕寫難工, 未敢潦草進呈, 以瀆宸聰. 玆特具送兵部兵科及各衙門當事諸臣、按臣圖說奏揭, 一一請其悉心體訪, 玩索講明. 庶知此地防[11b]禦, 必不可緩, 臣言的不爲謬, 熟計詳議. 具奏施行, 臣愚幸甚.

13-3

夙疾擧發乞賜罷免疏 권13, 11b-12b

一爲夙疾擧發, 驅策難前, 懇乞聖慈, 俯賜罷免, 以延殘喘事.

臣緣以蒲柳之資, 賦性孱弱, 自幼抱恇忡疾病. 然自恃年少, 初不介意. 孰意, 養疾既久, 爲患愈深. 自巡撫山東時, 火症陡作, 幾不能生. 臣已具疏乞休, 荷蒙皇上存留, 尋叨內轉, 適會東事緊急, 命臣經略. 臣於是時, 不敢愛惜己私, 以負任使, 力疾舉行, 强勉視事.

[12a]時值冬月, 遼地苦寒, 倭報頻仍, 兼程前進, 風寒已侵腠理. 今歲二月前至朝鮮, 乃朝鮮風俗猶然習古也, 坐臥皆席於地. 加以春氣薰蒸, 霖雨時作, 冷濕又侵肌髓. 更兼所飲之水, 皆係海泉, 以致脾胃虛損. 比至夏秋, 諸疾會作, 時發眩暈, 而異國無醫, 徒自隱忍. 然是時正在用兵, 臣又不敢爲餘生請告, 以懈將士之心. 稽緩遷延, 忽復歲暮, 冬寒襲迫, 前病轉劇, 手足拘攣, 半身不遂. 共事之臣, 若李如松、劉黃裳, 皆親見之, 床褥呻吟, 凄其慘切.

竊思, 皇上用臣, 以精力也, 而臣攬鏡, 血不華色. 夫使臣以筋[12b]骨也, 而臣解衣, 形若槁木矣. 以此具員, 徒以僨國事, 而累聖明.

伏乞皇上憐臣. 病苦日深, 一時難以療理, 東事已就中, 非有所規避. 容臣將經手錢糧幷一應事務, 奏報完日, 將臣亟賜罷免, 放歸田里. 倘不卽捐溝壑, 當與康衢擊壤之民, 歌咏唐虞太平之盛. 臣不勝籲天懇禱, 待命之至.

13-4

恭報交代疏 권13, 12b-14a

一爲恭報交代日期, 遵[13a]旨西還事.

臣先准兵部咨:

該本部題, 爲預計防禦應敵之機, 以便專責, 以保萬安事. 等因. 奉聖旨, "是. 大兵盡撤. 宋應昌既難展布, 着與李如松俱取回. 但倭情變詐, 未可遽稱事完. 督撫官, 遙制不便. 顧養謙, 才略素聞, 着星夜前往彼處, 相機料理, 務保成功. 寫勅與他. 其薊鎭防虜事務, 暫令順天巡撫代管. 宋應昌仍候顧養謙至日, 交代回京. 其餘依擬." 欽此.

臣卽遵奉明旨, 於本年正月初九日, 至寧遠衛, 與總督顧養謙面會, 將見在錢糧、留守官兵馬匹、一應軍火器械等項, [13b]及經略未盡事宜, 逐一款分縷析, 俱已交代明白訖. 其平壤、開城、碧蹄三次戰功, 臣於四月間, 已經具疏題敘, 下部候勘. 若諸將士, 用封貢賺法, 退出王京、咸鏡, 遣兵救保全羅, 倭敗復歸釜山, 及劉綎等將, 領兵分守全、慶等處要害, 經今半載有餘, 恢復三都八道, 歸還王子陪臣, 一應功績, 提督李如松業已具稿, 連前三戰功次倂敘, 揭報到臣. 臣因留守封貢, 事未結局, 難以具題, 已將如松揭帖, 咨送總督顧養謙收貯. 俟乞封殘倭盡歸, 表文至日, 將有功員役, 一倂題敘, 似爲兩便. 臣今■■■■[59]已畢, 卽日進關, 容臣將經[14a]手錢糧, 逐項分別造冊完日, 倂將勅諭奏繳.

13-5

懇明公道早賜生還疏 권13, 14a-19a

一爲東征功迹當明, 西還病勢轉篤, 懇乞聖明, 昭公道以慰士心, 准生還以全殘喘事.

....

59 원문은 보이지 않으나 흔적과 문맥에 따라 뒤의 두 글자를 "交代"로 판단함.

臣於本月初九日, 自寧遠衛, 與總督顧養謙, 交代進關. 途接邸報, 見戶科給事中包見捷、陳世恩、貴州道御史許聞造、廣東道御史唐一鵬, 交章論摘東事. 夫風聞言事, 言官職也, 臣何敢辯. 是非曲直, 自有公論, 臣又何庸辯.

但謂以臣一人之故, 而使兵將策士恢復成功, 乃至泯沒, 化爲灰燼, 將何以慰今日東征將士之望, 亦[14b]何以激勸後來任事之心. 臣今病且至死, 有不能瞑目者, 敢以東征功迹, 爲諸將士一昭雪焉, 伏惟皇上鑒察之.

案查, 萬曆二十年倭奴倡亂朝鮮, 鯨吞七道, 席捲三都, 俘王子、陪臣, 毀墳塋、宗廟, 國王奔竄義州, 黎庶血膏原野. 其不爲倭有者, 僅鴨綠江邊一彈丸地耳. 勢何岌岌也. 臣與提督李如松、贊畫劉黄裳等, 奉命東援, 兵非素練, 器非預備, 旋至遼陽, 商同調兵置器, 誓師渡江. 幸仗皇上威靈, 將卒用命, 策士獻謀, 方其始收平壤. 如松■同虎弟、虎將, 勇倡三軍, 以三萬餘烏合之卒, 抗十■[60][15a]萬鴟張之倭, 斬級一千六百四十七顆, 薰焚溺死者無算.

行長畏威, 遁回王京. 鳳山、開城等處, 乘勝收復, 斬級一百六十五顆. 是時, 先用沈惟敬, 行講貢緩兵之謀, 我軍又當將勇兵强之會, 致玆克捷, 信非無據. 若碧蹄之戰, 提督李如松領兵數百, 哨探地形, 猝遇副將李寧等, 被倭數萬四面攻圍. 如松了無怖心, 率衆突入, 殊死以戰, 射砍金甲墜馬. 倭從擁哭, 其圍遂解. 楊元、張世爵等, 調兵卽至, 倭潰入城. 士馬雖有損傷, 然亦斬級一百六十七顆. 其餘中箭帶傷, 相繼死於王京者, 實數倍焉. 三戰三捷, 世所罕覯. 倭方破膽, [15b]懼而乞哀, 請封請貢.

當其時, 淸正俘囚王子、陪臣, 虎據咸鏡, 仍欲窺復平壤. 先是, 贊畫

60 원문은 잘 보이지 않으나 흔적과 문맥에 따라 "餘"로 판단함.

主事袁黃, 計遣策士馮仲纓、金相等, 入說以危言聳動. 臣又遣遊擊宋大斌、指揮趙應爵等領兵, 於益水、劒山等處, 張疑設伏, 以懼之. 淸正始畏而奔集王京. 然王京爲國之都, 糧積甚富, 城堅足恃, 而群倭併聚, 勢難卽下. 臣與如松、黃裳等, 乘其倭有懼心哀請, 將機就計, 復遣沈惟敬、周弘謨、胡澤、沈思賢等, 議封議貢, 賺而出之.

倭奴雖離王京, 而全、慶尤爲要害, 不可不防. 密同如松, 當遣副總兵劉綎、李如栢、李平胡、李寧, 參將駱尚志、遊[16a]擊吳惟忠、宋大斌等, 尾倭前進, 分扼大丘、南原、慶州等處險隘. 隨後復有星嶺之捷, 斬首三十五顆. 倭奴益知我兵有備, 不敢再犯. 全、慶旣保, 朝鮮始固.

況去歲七月留兵防禦, 至今八月餘矣, 而倭奴遠遁海島, 帖然安靜, 不可謂非防守之功. 縱有候封殘倭, 尙未盡歸, 非如去歲蟠踞封域之中, 剽掠邦畿之內者比也. 釜山、熊川沿海一帶, 間有剽竊, 然止在海濱寂寥之所, 又多朝鮮脅從之人, 饑寒逼迫而然, 非如■■[61]倭衆大擧直入, 攻城略地, 狂逞荼毒者比也. 三都、八道, 盡已完復, 王子陪臣, 悉皆歸還, 恢復之功, 竊謂至[16b]此亦已盡矣. 此皆事事實在, 毫無粉餙, 言言眞切, 絶無誇詐. 況有朝鮮億萬人民所共知也, 隨征三萬餘衆所共見也, 往來公差貿易人等所共聞也.

臣於前次屢屢疏中, 陳說明盡, 歷歷可考而證也. 上有天日, 下有淸議, 非臣與將士可得欺誑掩蔽之者. 且將士自入朝鮮, 將領奮勇捐軀, 士卒觸鋒死戰. 冬臥冰雪, 夏立暑雨, 日乏一飧, 食無鹽味, 人間苦楚, 無以過之. 不過望一事完, 大者得官爵, 小者得犒賞, 死者得優恤.

今乃遷延一年有餘, 毫末靡賜, 而議論蜂起, 視驅倭若揮蚊, 等血戰如

61 원문의 글자가 손상되었지만, 문맥상 "去歲" 판단함.

燎毛, 不以恢復朝鮮, 爲將士言[17a]功, 且以殘倭未靖, 爲將士加罪. 不以間諜驅倭, 爲權宜術法, 反以封貢羈縻, 爲議罪緣由. 且倭奴憑陵屬國, 陰圖內犯, 豈不欲一舉殲滅, 爲快心事哉. 柰我僅僅三萬餘兵而欲斃數十萬狂倭於一擊, 其誰能之. 以故借封貢賺之, 誠以封貢, 當一奇兵用也.

乃言者又謂, "留兵未撤, 是朝鮮之事, 尙未完也, 諸將士, 何可言功." 豈知驅倭海外, 麗國山河, 宛然如舊, 恢復之功也, 留兵留將, 議貢議封, 乘時修練, 保守之事也. 故臣屢謂該國君臣, 闇弱至極, 兼之殘破, 必難自存. 自去歲八月以來, 每每具疏, 懇將東事交卸督撫, 使之代[17b]爲修守者, 亦以朝鮮界連遼左, 勢同唇齒. 而薊、遼諸臣原係該管主人, 既有地方之責, 又握兵餉之權, 調遣運用, 隨其展布, 誠與臣等空名客寄者不同.

譬人, 有患危疾者, 幾至不起, 而用藥醫治, 轉死廻生, 醫者事也. 危疾已去, 元氣大虧, 所賴調攝, 以全身命, 則屬於患病者之主人. 朝鮮今日之事, 頗類於是. 該國危而復存, 臣與諸將士任之矣. 防禦保全, 責在督撫. 是恢復、保守, 明係兩事. 柰何以倭情叵測爲言, 欲倂前功置之勿論, 不但無賞, 且欲議罰, 使從征將士傷心迸淚, 解體屛迹. 如此情形, 有非臣言所能盡述者. 此[18a]臣不避鈇鉞冒死, 哀鳴於君父之前.

伏望皇上, 俯憐將士, 血戰功勳, 驅馳日久, 勅下兵部, 亟行總督顧養謙. 惟俟殘倭盡歸, 將恢復有功員役, 應優異者優異, 應陞賞者陞賞, 先行查敍, 以酬將士之功. 若留守講貢員役, 雖有一二前征續到將士, 名數不多, 須待功完另敍. 斯於事體人情, 兩爲妥當. 何也. 蓋西征止復寧夏一城, 而東征將士首克平壤矣, 次復王京矣, 次保全、慶、釜山矣. 如此功績數倍於西, 而猶不得獲一寸恩, 牽連遲滯, 如之何令人不興怨望乎. [18b]日後國家有事, 又何以感動而使人樂於效用乎. 臣今若不明言, 蚤使霑恩, 以致將士, 內有觖望, 外生怨言, 是臣誤陛下也, 臣負將士也.

臣亦何顏, 立於殿陛之間. 抑又何詞, 以釋將士之憤. 若臣碌碌庸才, 因人成事, 旣無汗馬之蹟, 又乏運籌之能, 臣何敢言功. 該部不必敍臣. 臣斷不敢覬望. 且臣夙病轉劇, 人世幾何. 日念首丘, 惟知有去而已. 前疏乞歸, 荷蒙聖諭勉留. 今已遵旨交代, 扶病西旋, 勢日轉劇, 藥石難瘳.

更乞[19a]皇上, 憐臣疾苦, 察臣愚衷, 勅下吏部, 容臣將經■[62]錢糧, 造冊完日, 併將勅諭、關防、旗牌, 差官齎捧奏繳. 卽令罷歸靜養, 庶臣未死之日, 皆皇上再生之恩, 臣與子孫, 世世頂戴. 臣曷勝祈望感激之至.

13-6

三懇生還疏 권13, 19a-20a

一爲冊事甫竣, 病勢轉篤, 懇乞聖明, 俯容生還, 以全殘喘事.

臣素孱弱, 久患疾病, 玆因驅馳異域, 水土不宜, 夙病轉劇, 萬不得已, 於上年十二月內, 具疏乞歸, 荷蒙[19b]聖諭勉留. 隨與總督顧養謙交代, 扶病西還, 自矢捐糜, 無足報稱. 豈期造冊甫完, 前病愈篤. 蓋旣苦奔馳, 動火又復, 腠理侵寒, 頭目眩暈, 半身不遂, 運動艱難. 延醫視息, 謂臣血氣本虛, 勞思過度, 益致損耗, 以致肢體尩羸, 至於如此, 非得林泉靜居, 安心調理, 必不能愈.

臣每自試, 精神益衰, 醫言良不爲虛, 委非旦夕藥石所能療治者. 臣不自決, 一旦危劇, 雖死何益. 伏乞皇上, 憐臣疾病, 不能親赴闕廷, 勅下吏部, 容臣將造完冊事, 及原領勅諭, 差官齎捧奏繳. 將臣卽議罷歸靜養,

----

62 원문의 글자가 손상되었지만, 문맥상 "手"로 판단함.

庶臣未死之日, 皆[20a]皇上再生之恩, 臣與子孫世世頂戴. 臣曷勝祈望,
感戴之至.

13-7

疾篤不能回朝四懇生還疏 권13, 20a-20b

一爲夙疾轉篤, 不能回朝供職, 懇乞聖明, 俯容生還, 以全殘喘事.

臣在朝鮮日久, 水土不服, 前病陡發, 於上年十二月內, 具疏乞歸. 隨
奉明旨, "宋應昌東征勤勞, 旣有疾, 着回朝調理. 不准辭. 吏部知道." 欽
此. 臣自分駑劣, 久宜罷黜, 荷蒙聖諭勉留, 不敢違背. 隨與總督顧養謙
交代, 扶病進關, 日夕清查錢糧, 科工造報, 尤冀臣病少痊, 遵[20b]旨回
朝, 瞻拜闕廷, 躬謝恩眷.

臣思, 通籍以來, 仰受三朝厚恩, 無足報稱, 臣若無故, 何敢言去. 近
復奉命東征, 溫綸寵錫, 至於再四, 臣縱有疾, 亦何忍求去. 但臣素屛弱,
患疾已深, 勢實難愈. 且今東征功罪, 屢奉彈章, 旨下吏, 兵二部, 議實會
奏. 臣係待勘之人, 豈可擅自入朝, 靦顏就列. 當此之時, 正宜准臣回籍,
以待東事之定.

如果無功, 臣卽以身甘斧鉞, 正欺君誤國之罪. 倘有微勞, 乃臣職分當
爲, 原非過人之事, 亦不應有尺寸之錄. 況臣向在行間, 每因人成事, 旣
無汗馬之蹟, 又乏運籌之能. 臣實未嘗有功, 臣亦何[21a]敢言功而妄生希
覬. 如臣碌碌毫無建樹, 兼以臣病轉篤, 人世幾何, 日念首丘, 惟知有去
而已. 此臣惓惓懇懇, 哀鳴於君父之前, 而不容已於言也.

伏乞皇上, 諒臣疏庸, 憐臣疾病, 勅下該部. 容臣將造完冊籍, 幷勅諭

旗牌關防等項事務, 差官齎捧奏繳, 放臣回籍調理, 庶微臣殘喘, 藉是少延, 而朝廷法紀, 因而益振矣. 臣不勝祈望, 感戴之至.

13-8

奏繳支存馬價冊籍疏 권13, 21a-33a

一為經略交代事完, 查明隨軍支存馬價, 造冊奏繳[21b]事.

據贊畫兵部武庫司署員外郎主事劉黃裳呈.

蒙臣劄付前事, 遵依行據管理錢糧河間府通判王君榮. 將密雲、天津、薊州、永平、寧前、分巡遼海各道, 并中軍副將楊元、管理錢糧河間府通判王君榮, 各經收兵部原發馬價二十萬兩. 內, 密雲道四萬兩, 天津道三萬五千兩, 薊州道三萬兩, 永平道三萬兩, 寧前道三萬兩, 分巡遼海道三萬兩, 轉發分守遼海道, 楊元五千兩. 又將遼東巡撫衙門經收兵部續發馬價銀二十萬兩. 內, 轉發分守遼海道一十九萬七千兩, 山海關主事張棟三千兩. 又分守遼海道經收兵部欽[22a]奉勅諭解發馬價銀一十五萬兩內一十萬兩, 海州衛經收四萬八千五百兩, 山海關主事張棟經收一千五百兩.

查覈得:

密雲道原收銀四萬兩, 支過銀三萬五千一百七十四兩七錢四分五毫. 糧餉銀三萬兩, 軍火器械銀四千九百二兩七錢四分五毫, 犒賞銀二百七十二兩, 見在銀四千八百二十五兩二錢五分九釐五毫.

天津道原收銀三萬五千兩, 已支過銀二萬二千四百八十九兩八錢九分八釐一毫四絲. 內, 霸州道奉文製造火箭, 差官領銀三千兩, 買過物料銀三百八十二兩六錢七分五釐, 秤折銀二[22b]十九兩七錢, 見在貯庫銀二千五百八十七兩六錢二分五釐. 該道糧餉銀二萬兩, 軍火器械銀一千九百九十九兩八錢九分八釐一毫四絲, 犒賞銀四百九十兩. 該道并霸州貯庫見在銀一萬二千五百一十兩一錢一釐八毫六絲.

薊州道原收銀三萬兩, 支過銀七千四百九十四兩九錢四釐一毫四絲. 軍火器械銀六千七十八兩六錢一分九釐七毫四絲, 買補沿途倒死戰馬銀七百七十九兩二錢, 犒賞銀三十兩, 雜項支用銀六百七兩八分四釐四毫. 又還通判王君榮借支銀六千五百五十九兩六錢一分五[23a]釐, 見在銀一萬五千九百四十五兩四錢八分八毫六絲.

永平道原收銀三萬兩, 内除五千兩給遊擊戚金支放另款開造外, 實收銀二萬五千兩, 支過銀五千二百六十五兩四錢六分六釐三毫二絲五忽. 軍火器械銀四千六百八十二兩四錢七分五釐八毫二絲五忽, 犒賞銀五十八兩, 藥材銀一十二兩, 雜項支用銀五百一十二兩九錢九分五毫. 見在銀一萬九千七百三十四兩五錢三分三釐六毫七絲五忽.

山海關主事張棟原收銀四千五百兩, 支過銀二千六百二十一兩七錢七分. 見在銀一千八百七十八[23b]兩二錢三分, 解永平道收貯.

寧前道原收銀三萬兩, 内解分守道銀七百兩, 又解發通判王君榮銀二萬四千二百二十六兩五錢三分五釐, 實收銀五千七十三兩四錢六分五釐, 支過銀五千四十九兩四錢六分五釐. 糧餉銀二千三百一兩三錢五分, 軍火器械銀九十兩九錢, 買補沿途倒死戰馬銀一千九百八十四兩, 雜項支用銀六百七十三兩二錢一分五釐. 見在銀二十四兩.

分守遼海道原收銀三十四萬六千一百七十六兩, 内指揮盧應登接解經歷顧台星原解馬價十萬兩, 秤折銀三百六十五兩六錢, 員

[24a]外祝以圖原解馬價五萬兩, 秤折二十四兩, 副總兵楊元領支銀一萬五千兩, 王君榮領支銀一十四萬九千六百三十四兩四錢, 實收銀一十八萬一千一百七十六兩, 已支過銀一十七萬八千八百三十四兩八錢三分四釐四毫. 糧餉銀四千八百三十一兩二錢, 軍火器械銀二千二百九十一兩九錢一釐五毫, 馬匹草料銀八百八十一兩二錢九分二釐四毫, 賞功銀八萬三千九百五十兩, 犒賞銀二萬三千九百三十五兩七分五釐, 宴賞出征官兵銀四萬五百三十九兩, 藥料銀二十六兩七錢二分, 雜項支用銀[24b]一萬七千一十兩一錢四分五釐五毫, 補還分巡東寧道用過撤兵宴賞銀五千三百六十九兩五錢. 見在銀二千三百四十一兩一錢六分五釐六毫.

副總兵楊元原收銀二萬五千兩, 已支過銀二萬四千五百五十四兩四錢八分九釐一毫五絲. 召募安家銀一萬一千三百九十九兩, 家丁糧餉銀六千三十一兩六錢二分, 官員廩糧銀一千七百七十八兩八錢一分三釐一毫五絲, 軍火器械銀七百八十兩四錢, 馬匹草料銀二千二百四十九兩九錢七分一釐, 犒賞銀一千九百七十九兩六錢六分, 藥材銀三十五[25a]兩八錢四分, 雜項支用銀二百九十九兩一錢八分五釐. 支剩銀四百四十五兩五錢一分八毫五絲, 交通判王君榮接管支銷.

海州衛原收馬價四萬八千五百兩, 內一萬八千五百兩轉發分守遼海道, 三萬兩發分巡遼海道, 見在俱無.

分巡遼海道原收海州衛存貯馬價四萬八千五百兩內三萬兩, 俱撤兵宴賞全支訖.

通判王君榮四次經收分守遼海道存貯銀一十四萬九千六白三十四兩四錢, 二次收寧前道銀二萬四千二百二十六兩五錢三分五釐, 收楊元、戚金交代，幷扣還各項銀四百四十五兩五錢一[25b]分八毫五絲，收薊州道銀六千五百五十九兩六錢一分五釐，共實收銀一十八萬八百六十六兩三錢二分五釐三毫五絲，支過銀一十七萬六千六百五十六兩一錢五分八釐三絲，

後次欽賞銀五萬一千三百一十九兩八錢，官員廩糧銀一萬四千一百八十二兩五分三釐三毫三絲，召募安家銀一千三百八十二兩，糧餉銀六萬一千七百四十二兩九錢二分，馬匹草料銀一萬二千一百九十七兩六錢四分五釐，軍火器械銀七百八十八兩一錢三分六釐五毫，犒賞銀二萬三千五百七十兩五錢四分二毫，[26a]出征宴賞銀七千三百六十三兩五錢五分，撤兵宴賞銀二千九百六十五兩九錢，藥材船隻銀五百四十四兩六錢五釐，雜項支用銀五百九十九兩八釐，見在銀四千二百一十兩一錢六分七釐三毫二絲．外，各官扣還逃故軍丁行糧、犒賞、安家、倒死馬匹料草重支、宴賞等銀二千三百一十五兩四錢四釐一毫五絲，俱另項收貯，羨餘銀五十七兩．

總計前後解發領收銀六十五萬兩，除欽賞十萬兩，另冊開報外，應支銀五十五萬兩．除經歷顧台星原解秤折三百六十五兩六錢，員外祝以圖解銀秤折二十四兩，[26b]實收銀五十四萬九千六百一十兩四錢．通共用過銀四十八萬八千一百四十兩七錢二分五釐六毫八絲五忽，支剩見在銀六萬一千四百六十八兩六錢七分四釐三毫一絲五忽，羨餘銀五十七兩．已動者，給散明白，見在者，的係實數，遵照箚開款式，分列各營將士數目，順序月日，造完文冊，具由呈繳．

到臣．據此，案照，先該倭犯朝鮮，內地震驚，臣奉命經略防海禦倭軍務，隨奉勅．

兵部右侍郎宋應昌．近因倭奴陷朝鮮，謀犯中國，疊據李昖之奏報，

幷我邊吏之上聞. 事屬不恭, 罪在不赦. 雖曾申飭督撫鎭道, [27a]幷添設練兵、閱兵諸臣, 猶恐禦倭[63]防倭, 難於兼濟, 畫地分守, 罔知同心.

今特命爾, 前去薊遼、保定、山東等處, 經略防海禦倭軍務. 爾宜查照該部題准事理, 防守要害, 修築墩臺, 督造戰船, 多儲火砲, 鼓舞士氣, 審察倭情, 一應戰守撫剿, 悉聽隨宜處置, 兵馬錢糧, 隨宜調度, 司道將領, 隨宜委遣, 應與總兵官計議者, 從長計議而行, 勿執成心, 期利國事. 鎭巡以下, 悉聽節制, 文職知府以下, 武職參將以下, 有怠玩畏避, 應拏問者, 徑自拏問, 應參治者, 從重參治. 務求將勇兵强, 戰勝守固. 倭奴敢爲西犯, 大軍先挫其鋒. 如其畏威[27b]遁[64]歸, 亦當嚴兵愼守, 務以一倭不入爲功. 從前防禦事情, 有處置未妥者, 悉聽爾計畫方略, 以圖善後. 勅內開載未盡事宜, 悉許便宜區處. 應奏請者, 奏請定奪. 事寧之日, 具奏回部, 各鎭文武將吏及管糧官, 分別擧劾.

爾爲重臣, 受玆特簡, 宜竭忠殫慮, 耀武宣威, 使蠢玆小醜, 伏斧鑕於天朝. 蕞爾朝鮮, 荷幷幪於上國, 膚功克樹, 露布早[65]聞, 斯稱朕委任之意. 爾其欽承之. 故勅.

欽此. 當准兵部咨爲遵旨專責部臣, 經略倭患事, 該臣題前事, 本部覆奉欽依議, 發馬價二十萬兩, 分發各兵備道收貯, 聽候支[28a]用. 又該兵部題爲倭情變詐日增, 勢益猖獗, 萬分可虞, 懇乞聖明早賜議處, 以伐狂謀, 以圖治安事, 隨奉欽依, 續發馬價銀二十萬兩, 差委本部辦事進士張三極押解一十萬兩, 經歷顧台星押解一十萬兩, 俱付遼東巡撫衙門交割, 專備募兵等項支用.

....

63 『經略復國要編』勅 1a쪽에서는 "虜"로 표기함.
64 『經略復國要編』勅 1a쪽에서는 "遯"으로 표기함.
65 『經略復國要編』勅 1a쪽에서는 "蚤"로 표기함.

卷十三

續准兵部咨爲欽奉勅諭事, 司禮監太監張誠等, 於會極門, 接出勅諭東征將士.

頃者, 倭奴猖獗, 攻陷朝鮮. 朕遠惟東人徯后之思, 邇切内地震隣之慮, 肆彰[66]天討, 授鉞往征, 賴爾等將士, 齊心用力, 不避艱險, 先收平[28b]壤, 再捷開城, 朕深嘉爾等之功, 所望尅日蕩平, 大加陞賞.

茲聞天時漸熱, 水潦不收, 賊衆尚多, 城守方固, 重念爾等懸軍深入, 急難全勝, 饑寒暴露, 疾病死傷, 勢所不免. 朕用是痛心流涕, 臥不安寢, 已令所司亟發銀十五萬兩, 齎赴軍前, 從宜犒賞優恤.

仍一面行山東等處, 召商糴粟, 方舟而下, 一面行浙江等處, 徵兵選將, 分道而前, 務使爾等財力有餘, 得以安心戰守, 早夷大寇,[67] 永靖邊疆.[68] 爾等尚亦宜體朕遠懷, 勉圖報稱, 垂功名於竹帛, 流福廕於子孫. 欽哉, 故諭.

欽此.

兵部隨發馬價十五萬兩, 差武選司員外祝以闗押[69][29a]解五萬兩, 接解海州衛收貯, 車駕司主事賈維鑰押解十萬兩, 分守遼海道收貯, 俱聽候臣從宜賞功優恤等用. 節據贊畫各道詳議, 救援屬國, 必資兵馬器械, 而召募置造, 勢不容緩.

臣卽批行副將楊元, 召募家丁八百餘名, 每名議給各安家銀六兩, 日支糧銀六分. 又行各道, 置造軍火器械, 以備征進. 隨征官丁, 各每日准

66 『經略復國要編』권9, 2a쪽에서는 "張"으로 표기함.
67 『經略復國要編』권9, 2b쪽에서는 "慈"로 표기함.
68 『經略復國要編』권9, 2b쪽에서는 "江"으로 표기함.
69 이 책에서 저본으로 쓴 華文書局 영인의 中華文史叢書본은 1079-1080쪽을 원서의 결락을 이유로 비워두었으나, 1081쪽의 판심의 쪽수는 29a쪽으로 1078쪽의 28b과 바로 이어진다. 따라서 영인본 1079-1080쪽의 결락 표시는 華文書局 영인본의 오류이다.

給廩糧工食銀不等, 俱照投用之日起. 委官兌領寺馬二千三百二十七匹,
每匹日支料草銀三分.

臣於萬曆二十一年二月二十四日渡江, 自入朝鮮, 查得三營軍士各支
餉司鹽菜銀三分, 以恤遠[29b]征, 而臣標下隨帶員役, 以無征戰之勞, 不
准鹽菜.

續據通判王君榮呈詳, "隨征寺馬, 朝鮮雖有本色料草, 然每每短少,
不得充用, 馬匹倒死日多. 且本部幷贊畫標下各員役, 不時差往薊遼等處
公幹, 所騎寺馬不支草料乾銀, 馬匹無由食用." 等情.

臣批行贊畫劉黃裳, 查議准給.

臣復行, "旣支朝鮮料草, 又支馬乾, 似應扣追", 而贊畫呈稱, "三營軍
士, 俱支餉司鹽菜, 而不支乾銀. 在寺馬止給草料乾銀, 而不支鹽菜, 實
足相抵." 臣因以標下書吏人等, 及署中軍官王承恩、旗鼓官張九經下家
丁, 並無差遣, 俱不准乾銀. 管理征倭[30a]錢糧通判王君榮, 及賞功經歷
陳勳下家丁, 間有差遣, 量給乾銀十分之三.

去後, 及今事竣, 復行贊畫各道, 將前馬價截止, 督同通判王君榮, 逐
一查覈, 銷算有無出納, 明白開列款目, 前總後撒, 挨順月日, 開寫官丁
及銀兩略節數目, 備造文冊, 以憑具奏.

去後, 今據前因, 爲照, 前項馬價, 或以安家, 或以行糧, 或以料
草, 或以犒軍, 或以賞功, 或以置器, 或以優恤, 或以藥材, 總計共領
馬價銀六十五萬兩. 除欽賞十萬兩, 另冊開報外, 應支銀五十五萬
兩, 除經歷顧台星解銀秤折三百六十五兩六錢, 員外祝以豳解銀秤折
[30b]二十四兩, 實領銀五十四萬九千六百一十兩四錢, 通共用過銀
四十八萬八千九百四十四兩九分五釐六毫八絲五忽, 支剩見在銀六萬
一千四百六十八兩六錢七分四釐三毫一絲五忽, 羨餘銀五十七兩.

查得, 原發山東海防道買糧銀五萬兩, 除陸續運發外, 見在米豆一十萬九千六百九十七石六斗六升零. 又寧前道糴買糧餉銀二千三百一兩三錢五分, 原因比時兵馬方在調集, 而遼海一帶人民, 將米豆俱往關西運賣, 仍恐軍多糧貴, 接濟不前, 臣特發銀該道, 令照依時價收糴, 以備匱乏. 今見存貯該道,[31a]聽餉司支用, 照價補還.

又行各道, 動銀收買硝黃, 置造明火、毒火等箭, 飛虎霹靂子母等砲, 大小鉛鐵子、鐵蒺藜等, 軍火器械, 銀共二萬一千六百一十五兩六分四釐六絲五忽, 俱經造完, 運發遼東都司張三畏, 轉發軍前聽用. 及查火藥火箭已經量用, 其餘俱仍運回遼東都司收貯. 馬價雖已支費, 而原物皆係見在, 禦倭禦虜, 均可取用.

覇州道原領天津道收貯馬價銀三千兩, 除見在銀二千五百八十七兩六錢二分五釐外, 其餘所買焰硝箭桿等項, 俱見貯該道. 如地方有事, 聽隨便取用, 補償原價.

副將楊元幷各[31b]將家丁行月二糧, 及寺馬草料乾銀共六萬三百餘兩, 俱該餉司給發, 今皆於馬價動支. 標下薊鎮家丁五百名騎馱馬四百八十七匹, 原議草料餉司支給朱[70]有戶七兵三之例. 今管餉主事艾維新止各量給, 而前馬仍於馬價內每匹日支銀一分, 約共支銀六百餘兩. 又參將周易下幷復州營哨丁支過鹽菜銀四十一兩八錢, 似俱應戶部補還.

又調來宣、大、山西各鎮官兵沿途倒死戰馬, 已於所在營衛查明對給, 該道申請批允動支馬價補還, 共計二千七百六十三兩二錢. 但所給馬匹用過銀兩, 應否扣抵該鎮年[71][32a]例.

....

70 원문은 "朱"로 보이나 문맥상 "本"으로 판단함.

71 이 책에서 저본으로 쓴 華文書局 영인의 中華文史叢書본에서는 이어지는 원본의 권13, 32a-32b쪽이 누락되어 있다. 이에 『壬辰之役史料匯輯』에 근거하여 누락 부분을 채웠다.

是馬價見在者, 雖止六萬二千六百九兩零, 以前項見貯糧料器械等項, 并副將楊元各將家丁行月二糧寺馬草料乾銀計算約有一十三萬四千八百餘兩, 應行餉司補還. 并見在銀六萬二千六百九兩二錢零, 及買補戰馬銀二千七百六十餘兩, 應抵年例, 各係見在之數, 俱可作實在之銀. 是所餘馬價, 尚有二十餘萬, 并給過首級銀八萬三千九百五十兩. 後次欽賞銀五萬一千三百一十九兩八錢, 共銀約三十三萬五千餘兩, 而臣軍前所用者實止二十一萬五千兩也.

今已支者, 查皆明實, 見在者收貯各[32b]道官庫, 及一應糧料軍火器械, 俱經造冊, 交付總督顧養謙經管.

伏念兵部原發馬價, 惟供軍前支用, 然樽節出入, 則臣職攸司. 故軍興應用者, 臣固不敢刻削, 失朝廷鼓舞之意. 法不得支者, 臣尤不敢糜濫, 蹈邊臣欺罔之弊.

臣今逐一清查, 間有冒領家丁安家餉銀. 如楊元、鄭文彬、趙汝梅者, 已經查參行勘. 王宗堯、趙之牧, 係充軍人犯, 陳邦哲, 係為事立功, 今俱以原官名色食糧, 亦干冒濫, 是宜併行查究者也. 若各項糧餉諸冊, 事干重務, 尤宜清楚.

伏乞勅下該部, 於廷臣中選差精明公直官一員, 乘今收領支銷[33a]經手員役, 俱各見在未散, 將臣出納錢糧, 對同冊卷, 逐一查覈明白, 并將王宗堯等一併勘究.

所據前項支存馬價, 既經贊畫委官查明, 相應造報. 為此, 今將造完馬價支存各數目, 理合具本, 專差指揮鍾大成, 親齎進繳, 謹具奏聞.

卷十三

奏繳欽賞冊籍疏 권13, 33a-36b

一爲經略事竣, 查明給散欽賞數目, 造冊奏繳事.

據贊畫兵部武庫司署員外郎主事劉黃裳呈.

蒙臣箚付前事, 遵依行據管理錢糧河間府通判王君榮. 將本官經收原於主事黃杰解到兵部欽奉勅諭, [33b]解發欽賞銀六萬兩, 經歷王國彥解發, 薊州道經收欽賞銀二萬兩, 天津道經收二萬兩, 共銀十萬兩. 查覈得:

王君榮經收六萬兩外, 羨餘銀三百九十四兩, 交兌解官王邁, 轉發贊畫員外劉黃裳, 秤折銀二十五兩五錢, 節次給散過五萬四千三百九十七兩四錢. 贊畫員外劉黃裳放折銀一十九兩七錢, 見在銀五千六百二兩六錢. 內除已交代銀四千兩, 實在銀一千六百二兩六錢, 羨餘銀三百四十八兩八錢.

薊州道經收二萬兩, 奉文給散過銀九千四十七兩九錢, 見在銀一萬九百五十二兩一錢.

天津道經[34a]收二萬兩, 奉文給散過銀二萬兩, 見在俱無.

通共給散過銀八萬三千四百四十五兩三錢, 見在銀一萬六千五百五十四兩七錢, 除已交代四千兩, 實在銀一萬二千五百五十四兩七錢.

其各官扣還事故軍丁欽賞銀四百七兩, 另項收貯, 羨餘銀三百四十八兩八錢.

已動者, 給散明白, 見在者, 的係實數, 遵照箚開款式, 分列各營將士銀兩數目. 其各將士花名, 已於馬價冊宴賞款內, 備開造完文冊,具由呈繳.

到臣. 據此, 案照, 先准兵部咨爲欽奉聖諭事, 該司禮監太監張誠等, 於會極門, 傳奉[34b]聖諭.

朕見入冬以來, 天甚嚴寒. 思及禦倭各邊, 幷招募官吏軍丁人等, 衣糧薄少, 又臨水面, 愁苦凍餒, 朕甚憂念. 着太僕寺便發馬價銀十萬兩, 爾該部選差廉幹主事一員, 解付[72]經略宋應昌處給散, 務使均霑實惠, 以體朕恤勞至意.

欽此.

本部隨差職方司主事黃杰, 箚行太僕寺, 動馬價銀十萬兩. 內, 六萬兩發遼東, 二萬兩發薊州道, 二萬兩發天津道收貯, 聽臣犒恤將吏人等支用. 隨該臣行贊畫員外劉黃裳、提督李如松查議, 欽賞優恤等則, 各隨營查照支給.

其陣亡官軍, 特加優厚, 指揮每員十兩, 千總每員八兩, 把[35a]總每員六兩, 百總每員五兩, 武擧每名四兩, 軍士家丁每名三兩, 各咨開花名銀數, 解發各巡撫衙門, 查照給散各親屬支領.

薊州、天津二道所屬防海軍士, 亦行量給. 及行贊畫, 轉委通判王君榮, 將前欽賞銀兩, 逐一查覈, 銷算有無出納, 明白開列款目, 前總後撒, 開寫官丁及銀兩略節數目, 備造文冊, 以憑具奏.

去後, 今據前因, 爲照, 前項欽賞銀兩, 係皇上浩蕩鴻恩, 必士卒均霑, 方爲實惠. 今已將各鎭徵調召募南北、水陸、主客將吏、軍兵人等, 先到者, 照名先賞, 後到者, 照例留給. 陣亡者, 查明優邮. 薊州、天津[35b]二道防海軍士, 留撒久近不同, 亦俱查明量給, 以溥聖恩.

....

72 『經略復國要編』권3 37a쪽에서는 "赴"로 표기함.

總計發臣軍前欽賞銀六萬兩外, 羨餘銀三百九十四兩, 給散過銀五萬四千三百九十七兩四錢, 除通判王君榮交兌解官王邁, 轉發贊畫員外劉黃裳秤折銀二十五兩五錢, 贊畫員外劉黃裳放折銀十九兩七錢, 見在銀五千六百二兩六錢, 除已交代銀四千兩, 實在銀一千六百二兩六錢.

薊州道經收欽賞銀二萬兩, 給散過銀九千四十七兩九錢, 見在銀一萬九百五十二兩一錢.

天津道經收欽賞銀二萬兩, 給散過銀二萬兩, 見在俱無.

通計給散過銀八 [36a] 萬三千四百四十五兩三錢, 見在銀一萬六千五百五十四兩七錢, 除先交代銀四千兩, 實在銀一萬二千五百五十四兩七錢, 羨餘銀三百四十八兩八錢, 已散者, 查皆明實, 見存者, 俱已交代, 總督顧養謙接管.

伏念皇上垂憐將士寒苦, 特發帑銀賞恤, 然給散均平, 使人霑實惠, 則臣職攸司, 故隨征及防海、陣亡者, 臣固不敢刻削, 失朝廷賞恤鼓舞之意, 法不得與者, 尤不敢糜濫, 蹈邊臣市恩欺罔之弊.

所據前項支存欽賞銀兩, 旣經贊畫委官查覈明確, 相應造報. 爲此, 今 [36b] 將造完欽賞支存各數目, 理合具本, 專差指揮童得祿, 親齎進繳, 謹具奏聞.

13-10

恭進海圖倭物疏 권13, 36b-38a

一爲恭進海圖, 并獻倭物, 以彰義師, 以備採擇事.

臣奉命經略之初, 倭患孔熾, 畿輔戒嚴, 而屬國望援甚急. 臣以爲居重斯能馭輕, 安內方可攘外. 隨歷天津、薊鎮以及遼左, 乃山東又臣舊撫之區, 是以四鎮海防籌畫, 諮詢頗詳, 具題責成司道將領修舉. 而繪圖貼說一節, 臣復行各官, 務期詳畫停妥.

原擬事竣進呈, 及朝鮮雖稱內附, 終屬外藩, 以故全國海圖, 知[37a]之者鮮. 臣自入其疆, 即爲講究, 凡足之所履, 目之所覩, 圖之所載, 與土人之所陳說者, 無不與贊畫員外劉黃裳, 考求商議, 始得其眞. 於是, 併四鎮合朝鮮東西南北之海, 總爲一圖, 分四鎮, 附朝鮮水陸險要及山川來歷, 各爲一說. 固不敢點綴以衒奇, 亦不敢牽扯以惑聽. 今臣當奏繳之期, 例應恭上, 以備聖明披閱.

又臣於去年正月內, 平壤等處將士, 奮勇血戰, 當陣斬取倭級, 奪獲倭刀、倭馬等物, 除倭級解發遼東巡按御史查核, 刀馬應解驗者解驗, 應給軍者給軍. 隨該臣行令提督李如松等, 於內揀選倭刀十[37b]柄, 倭馬二匹, 及本年十二月內. 該臣行至廣寧, 據倭酋小西飛彈守, 於本月十九日, 前來謁臣乞封, 呈送平秀嘉、行長、三成、吉繼、長盛五將刀銃盔甲. 且復稟稱, "關白降表, 具送倭營已久, 飛將今日見後, 行長等聞知, 表文即來, 不敢遲滯." 等語.

臣以其來意至誠, 語言眞切, 即時收受, 俱令廣寧司道, 公同查驗, 隨即具題訖. 其刀器, 除不勘者不敢進呈外, 於內揀選金鞘長柄刀十柄、鳥銃二門、紅鐵盔一頂、鐵下領一箇、紅漆皮甲一領、黑鐵盔一頂、鐵下領一箇、黑漆皮甲一領, 以上海圖刀馬等物, 俱各整齊見在. 今臣當奏繳[38a]之期, 例應恭進, 庶上以昭聖明神武之威, 下以見將士血戰之苦. 而島夷今已革面, 亦可識其歸心, 誠不當拒絕之已甚也. 除臣疏投通政司轉奏, 其海圖夷器等項, 謹差指揮晉三錫, 赴會極門, 齎捧跪呈, 伏乞呈上俯賜鑒納. 臣不勝祈禱, 冒昧悚懼之至.

經略復國要編十三卷終

經略復國要編卷之十四

14-1

奏繳勅諭符驗疏 권14, 1a-1b

[1a]一爲進繳勅諭符驗事.

　　萬曆二十年九月二十六日, 臣欽奉勅命, 經略薊遼、保定、山東等處防海禦倭軍務. 臣卽前去薊遼等處, 欽遵勅諭內事理, 將各鎮防海事宜, 通行申飭, 隨宜調兵置器, 渡江救援朝鮮. 今已交代事竣, 及將節領馬價幷欽賞銀兩, 造冊奏繳訖. 所有原領關防一顆, 幷令旗、令牌各十二面副, 俱咨送兵部, 轉送禮、工二部另繳. 謹將原奉勅諭符驗, 理合具本, 專差指揮, 親齎進繳. 謹具[1b]奏聞.

　　計繳原領勅諭一道, 達字三百三十九號符驗一道.

14-2

辯明心迹疏 권14, 1b-7b

一爲孤臣去國, 心迹當明, 懇乞聖慈, 特賜查核, 以昭公道事.

伏臣荷蒙皇上俯憫疲病難支, 業放回籍調理. 目今奏繳事竣, 卽當興疾南奔. 自此依棲畝, 苟延歲時, 一息餘生, 皆出恩賜, 分宜絶口東事, 一聽國是主持.

第緣封貢, 群口論臣, 有謂無功, 有謂有罪, 有謂欺誤, 有謂奸邪, 有 [2a]謂用賄媚倭, 有謂屢催求表, 有謂謬聽和親、不肯主戰, 有謂就延封貢, 推非已出, 有謂當黜, 有謂當誅者. 連章累牘, 洗垢索瘢. 臣不敢曉曉置辯, 誠以仰賴皇上日月之明, 與今時後世, 自有公論在也.

惟是用賄媚倭, 則干錢糧, 屢催求表, 則關國體, 謬聽和親, 就延封貢, 則係國是, 均非細故. 臣病且回籍, 今不明言, 請旨查核, 則群疑終於不解, 臣心何由得明. 是萬不獲已而哀訴於君父之前, 伏惟陛下垂察焉.

頃因倭陷朝鮮, 請援孔棘, 遼左畿輔, 患在[2b]剝膚. 臣奉命經略, 係二十年九月終旬, 而抵遼則於是年十一月二十日也. 當其時, 大將未到, 兵馬未齊, 芻糧未集, 器械未備, 時日逼促, 百無一有. 乃晝夜督催, 分投料理, 始有頭緒. 至十二月初八日, 提督李如松, 自京至遼, 一力主戰, 與臣同心, 故遂誓師渡江, 深入異域. 克平壤、收開城、大戰碧蹄, 箭射金甲, 調兵南原, 得保全羅, 恢復三都八道者, 實將士如松等, 血戰搴斬之功. 退咸鏡、復王京、歸釜山, 迄今不敢西犯者, 亦策士沈惟敬等, 羈縻間諜之略. 麗國山河, 宛然如舊, 臣等職業, 非爲不盡, 而議者不諒, 謂臣捐二十[3a]萬、四十萬金, 賄倭使退.

夫所謂賄倭者, 非幣帛卽金錢, 綵繒數百車, 金錢數百彙. 千里輪運,萬目昭彰, 非隻手所能掩藏也. 且朝鮮幅□五六千里, 土地物産, 頗稱饒富. 倭奴一旦竊據, 乃肯舍之, 不爲己有, 而顧受臣數十萬金之賄, 倭雖至愚, 不如是也.

藉令臣以二十萬金賄倭, 經略衙門, 並無別項措處, 勢必取之馬價. 總計節次解發幷欽賞銀, 共六十五萬兩. 除三協幷防海官兵, 欽賞二次, 共用銀一十三萬五千七百六十五兩零, 給賞三協首級銀八萬三千九百五十兩不算. 外, 山東糴買糧料銀五萬兩, 寧前道[3b]糴買糧餉銀二千三百一兩三錢五分, 各道收買硝黃、置造軍火器械銀共二萬一千六百一十五兩零, 覇州道置造火箭物料銀三百八十二兩零, 俱見貯各道. 副將楊元幷各將家丁行月糧, 及寺馬草料乾銀, 共六萬三千六百餘兩, 薊鎭家丁騎駄馬匹補支料草銀六百餘兩, 參將周易下幷復州營哨丁支過鹽萊銀四十一兩八錢, 俱該餉司補還. 買補沿途倒死戰馬銀二千七百六十三兩二錢, 銀花段疋等項及各官扣還事故軍丁等項銀三千餘兩, 支剩見在銀七萬九千一百六十餘兩.

以上各項, 俱實在之數, [4a]皆可作見在之銀. 是所餘馬價, 尙共約銀二十三萬餘兩, 而軍前如官軍廩糧犒賞等項支用, 實用銀止二十一萬餘也. 若以此數媚倭, 則臣軍前所用何物. 以四十萬賄倭, 則餘二十萬兩, 又出何處. 況收支有官, 開銷有冊, 種種條析, 無容分毫可得假借虛冒者. 新近造報奏冊, 可核而見也.

所謂求表和親, 臣查自經略以來, 爲封貢而奉有明旨者, 凡七次. 臣今不敢盡錄以煩聖聽, 姑述一二.

萬曆二十一年九月十七日, 本部尙書石星, 覆臣申明講貢始末一疏, 節奉[4b]聖旨, "是. 你部裏, 作速傳諭宋應昌, 許其上表稱臣, 永爲屬國. 仍遵旨免其入貢, 以防內地奸民, 勾引生釁." 欽此. 又於本月十八日, 本

卷十四

部題爲衰病愈甚, 樞務難勝等事, 奉聖旨, "昨有旨, 待倭奴盡數歸巢, 仍取有稱臣服罪, 永無侵犯表文, 許封, 不許貢. 朕自定計, 何畏多言." 欽此.

臣查, 款貢一事, 臣實借此賺倭. 平壤之克、王京之出、釜山之歸, 雖藉將士策士之力, 而兵不厭詐, 亦每用此着而陰助之. 兵機宜密, 難向人語, 人每不識而議之. 臣於未復王京以前, 臣實未曾題請封貢也. 倭在王[5a]京乞款, 臣始言之. 然臣止是請封, 未曾請貢. 但惟敬至遼陽時, 贊畫主事袁黃曾言, 倭中人有指封貢, 爲和親說話. 臣與贊畫劉黃裳大駭, 面折其非. 袁黃不悅, 遂條陳征倭有十不利之說. 此二十年十二月初間事也. 當時劉黃裳亦曾言, "能行吾之所明, 不行吾之所疑. 戰者, 吾所明也, 封貢, 吾所疑也." 臣是其言, 一意主戰守之事, 封貢一着, 置之不論.

迨十二月初八日, 提督李如松到遼陽, 臣卽將所調各鎭將領兵馬、標下征倭將丁, 幷沈惟敬等及置造一應軍火器械, 檄行李提督, 盡數統領節制. 仍行牌與提督, 將惟敬[5b]拘住防範, 不許進倭營, 泄漏軍機, 牌稿見在. 方破平壤, 有正月八日之捷. 若云臣不主戰, 則打造軍火器械, 拘留沈惟敬在標下, 不許復進倭營, 果何爲也.

況臣於二十一年正月初四日, 曾具主戰一書, 達輔臣王錫爵、趙志皋、張位、本兵石星、兵科都給事中許弘綱. 各有回書, 以臣言爲然. 諸臣俱在, 陛下可召而問也, 臣之書稿見存, 可取而覽也. 嗣後, 本兵於本年九月十六日疏, 亦言, "經略陰遺臣書, 倭將雖願退平壤, 然實輕我, 若不大創, 後效難收. 臣亦是之." 等語, 又可證也.

臣始終用兵力戰, 卽後設計講封, [6a]並不講貢. 況悖謬如和親乎. 臣昨面諭小西飛云, "如果眞心向化, 畏懼天朝, 只許一封. 或又求貢、連封, 不允." 小西飛叩伏不起, 只討天朝一封, 臣許, "旣然眞心向化, 待表文一至, 替爾上本求封." 西飛叩頭. 此在廣寧當堂公言, 難掩大小官員及跟從人役之口. 且今西飛, 不日到京, 而臣差官如沈惟敬、孫文道、楊安、李勝等, 李提督差官如譚宗仁、王自強等, 皆親入倭營, 與行長覿面講封, 俱各見在, 可審也.

至於催取表文, 臣因奉有許封明旨, 兼有本部咨文, 故臣屢次差官, 詣營宣諭. 不過敷[6b]揚聖旨, 傳達部文, 使倭上表乞降, 受封歸國, 以完國事. 豈如言者所謂賄賂私求之哉.

若躭延封貢, 倭於去年七月, 退歸釜山, 復搶全羅. 此時倭情, 尚在反覆, 豈敢輕信, 輒上封疏. 須待表文已到, 查果恭順, 飛酋面鞫, 委無別求, 可代彼上本擔封. 近聞, 關白表文, 正月二十三日出釜山倭營, 三月初四日已至遼陽, 而總督顧養謙疏請封貢, 果在表文已至之後耶, 抑未至之前耶. 如果表文一至, 只討封號, 臣請且與之封, 使其歸國. 貢則封後二三年, 視其順逆若何, 另行議處. [7a]此臣題請初意也.

趂此寧息, 仍催劉綎, 急督朝鮮君臣, 上緊修守, 以防後患. 如是而後復有事, 臣願一身擔當, 不敢推諉. 倘今節外生枝, 與臣原題不同, 則與臣無干矣. 臣今若不明言, 致後事體有誤, 臣心不明, 臣罪何解. 當時臺省諸臣, 交章論臣, 臣不敢辯者, 謂全言官之體, 宜爾也. 而言官之中, 豈無公道了暢此事機者哉.

朝鮮爲我國喫緊藩屏, 全、慶爲朝鮮喫緊門戶, 此臣屢屢言之者. 其他瑣屑之事, 臣俱付之公論, 不敢喋喋置喙、多爲辯說也.

伏乞勅下兵部, 覆查臣經略之時, 有無用財賄倭, 有無催求表文, 有無[7b]取用別項錢糧, 是否聽和誤戰, 是否封貢躭延, 逐一查覈, 明實具奏. 有則臣甘斧鉞之誅, 以爲欺罔者之戒. 無則臣之心迹得明, 臣雖抱病跧伏, 生有餘榮, 死亦瞑目. 臣不勝激切, 籲天待命之至.

14-3

朝鮮耆老攀轅軸文 권14, 7b-8b

朝鮮國平安道定州牧耆老士庶軍民人等, 誠惶誠恐, 稽首頓看, 謹再拜,
獻於欽差經略薊遼保定山東等處防海禦倭軍務、加一品服、兵部右侍郎
大老爺台座.

  伏以, 粤我青維, 錫壤分治, 肇自太師, 久被東漸, 海晏波恬, 不識兜鈴.

  [8a]蠢玆卉服, 跳梁析木, 蜂蠆有毒, 要我假途, 覬覦寶區, 謂天可誣.

  嚴辭斥絶, 凛若霜雪, 吾王忠烈, 羊狠狼貪, 怒視耽耽, 薦食於南.

  邊將敗衄, 生民蕩折, 爲魚爲肉, 播遷西土, 稅駕無所, 葵忱益固.

  惟我天子, 明見萬里, 豈容封豕, 元戎推轂, 相度來飭, 天威咫尺.

  緩帶柳營, 牙門畫局, 萬馬無聲, 指揮諸將, 風霆震盪, 白羽在掌.

  領領箕城, 鐵壁如屏, 巢窟已成, 天兵躍入, 火星叢集, 腥薰幽蟄.

  勢成破竹, 進蹴松岳, 如振其簜, 兇魄褭散, 卷甲鼠竄, 夜涉江漢.

  匪疾匪遲, 亦正而奇, 處置得宜, 奠民楡塞, 洗兵炎海, [8b]功存萬代.

  繄公未至, 如某之累, 未墜於地, 妖祲旣豁, 若育之刮, 快覩天日.

  山河依古, 再造區宇, 公我父母. 優游暇息, 仰事俯育, 是誰之力.

  公勿遄歸, 使我涕洟. 東民其依. 伐石冶金, 豈盡德音. 刻在吾心.

14-4

朝鮮老攀轅軸文 권14, 8b-10b

朝鮮國平安道義州鎮耆老士庶軍民人等, 誠惶誠恐, 稽首頓首, 謹再拜,

致詞於欽差經略薊遼保定山東等處防海禦倭軍務、加一品服、兵部右侍
郎大老爺台座.

伏以威鳳先覩之快, 爭仰瑞世之儀, 泰山不足爲高, 獲見曠代之績.
[9a]鴻名可勒於鐘鼎, 盛烈宜被之管絃.

念我東土藩籬, 實爲上國保障, 二百年不知兵革, 恃天威而無虞, 十三
代恪守封疆, 荷皇恩之旣渥.

何圖匪茹之醜, 敢興無故之師. 要以假途. 此言奚爲. 而至求我割地,
兇謀莫測其端.

曾魯雞之不期, 奄楚氛之甚惡.

痛瓜分於鰈域, 擧舊都爲燼爲灰.

詠葛誕於旄丘, 非大邦誰因誰拯.

賴父母之孔邇, 命元戎而徂征.

恭惟經略老爺, 淵源聖賢, 事業經濟.

"憂國奉公, 安得如祭征虜", 蚤推廊廟之姿,

"運籌決勝, 吾不及張子房", 獨蒙[9b]聖明之眷.

文武爲萬邦之憲, 忠義居百僚之先.

學士談兵, 世稱禁中頗牧, 中丞許國, 身佩天下安危. 值屬國之阽亡,
亞本兵而受任.

帝命薄伐, 惟一二臣予同, 師出有名, 雖千萬人吾往. 固眞儒之無敵,
斯廟謨之克臧.

陰闔陽開, 鬼神莫窺涯涘, 先計後戰, 緩急咸中機權. 萬全資其便宜,

百勝在於指授.

令出而風雷動色, 威行而草木知名. 天討已施於東隅, 月捷俄飛於北闕.

掃兇徒若崩角, 盡復三百六十州之區, 救我民猶解懸, 遂活百萬億生靈之命.

九重寬東顧之念, "用勚[10a]賢於長城", 三韓蒙再造之恩, "微管吾其左袒."

自今日皆我公之賜, 雖秋毫非帝力而何.

伏念民等鴨塞遐氓, 箕封舊俗. 沐東漸之餘澤, 久知中國有聖人, 懷西歸之好音, 不啻赤子慕慈母.

袞衣於我信宿, 歌頌其誰宜爲.

詞曰:

嗟我東藩, 世受皇恩, 素著忠勤, 惟明天子, 明見萬里, 內服同視.

三陲無爲, 旣恬而憘, 狃安忘危, 島夷不恭, 敢逞厥兇, 誰遏其鋒.

長驅犬羊, 蹂躪我疆, 不義而強, 播越西城, 瀝血帝庭, 寡君之誠.

[10b]帝命六師, 如虎如豼, 電掣星馳, 桓桓元戎, 受命而東, 方叔召公.

樽俎折衝, 虜在目中, 萬甲藏胸, 猛將霧集, 謀士雲合, 勢如山壓.

旌旗所向, 莫我敢抗, 皇威遠暢, 三京汛掃, 八路得保, 邦家再造.

屯兵以守, 爲之長久, 能善其後.

請粟以繼, 捐金以濟, 是誰之惠, 拯我旣溺, 肉我旣骨, 是誰之力.

自今伊始, 以沒而齒, 皆公之賜.

刻石江濆, 紀公之勳, 少答公恩, 頌德歌功, 蹈舞惟同, 白叟黃童.

昔公之來, 春日遲遲, 我心則夷, 今公之去, 歲律雲暮, 使我心苦.

無使公歸. 公無我違. 東民其依.

辭免恩廕并陳一得疏 권14, 11a-16b

[11a]原任兵部左侍郎宋, 爲賞厚功微, 力辭恩命, 并陳一得, 以盡愚忠事.

臣自恩准回籍調理, 退伏草莽泉石間. 臣竊幸優游, 可以沒齒矣. 忽於萬曆二十二年十月十八日, 准兵部咨, 爲中外多虞, 激勸最急事. 奉聖旨, "宋應昌, 准廕一子, 與做正千戶世襲." 欽此.

臣又讀咨內, "該本部題, 爲查核東征功次等事, 奉聖旨, '宋應昌, 籌畫勞瘁, 克奏膚功, 應從首敍. 着陞都察院右都御史, 遇缺推用. 還賞銀一百兩, 大紅紵絲四[11b]表裏.' 欽此."

臣聞命自天, 汗流浹背. 臣時與臣子, 在稽留峰下冷泉亭側, 濯漱甫畢, 恭望北闕, 叩首謝恩. 外, 臣再頌溫綸, 不勝悲痛涕洟, 感激欲死.

臣伏念以孤蹇危疑之迹, 秖抱愚忠. 惟忠也, 故不恤殺身滅族之禍, 仰答明主. 惟愚也, 又不知推移遷就之術, 取媚時流.

往歲倭奴狂逞, 陷沒朝鮮, 赳期入犯. 在廷則群策畢獻, 在野則駭望章皇. 斯時也, 誰不知任者爲險, 而避者爲安乎.

臣念三朝厚恩, 位列卿貳, 奮不顧身, 當其拜命之日, 豈望生還闕下哉. 彼時, 臣妻子在京, 日不敢諫, [12a]夜持臣踵而泣, 而臣且怒蹴之也. 荷蒙聖天子, 神威遠振, 廟算玄符, 大將軍有決勝之勞, 諸部曲有血戰之慘, 是以卷甲長驅, 經權互用, 生還王子, 再造朝鮮. 誠如陛下所謂, 三戰成功, 全復與國者矣. 此乃宗社昭靈, 聖功敷格, 與諸將士以虎視石之心成之耳. 微臣何敢貪天功, 掠群美哉.

止擬一受降表, 便疏乞休, 不圖仇嫉交攻, 風波四起, 有不至殺臣之身不已者. 嗟嗟, 諸臣俱抱謀國之忠者, 豈肯爲賊報冤, 墮彼反間哉. 不過內執成心, 外局聞見云然耳. 仰賴[12b]皇恩, 生臣於衆怒必死之中, 照臣於戴盆落井之日, 省身內灼, 跼影望天. 則臣今日率妻子而躬耕南畝, 抱弱孫而徜徉北牖者, 皆陛下再生之恩也. 臣卽碎首膏原, 不足以報塞萬一. 臣縱身隣九死, 斷不敢再受國恩矣. 何者. 徒累聖明知人之哲, 與來多憎之口, 斥辱之羞耳.

臣聞忠臣去國, 義不忘君. 臣雖愚闇, 孤忠自矢矣. 臣又聞布衣之交, 一言知己, 輒以死報. 況於君父之尊乎, 受知於生死危疑之際乎.

臣節傳邸報, 伏覩本年九月初三日[13a]聖諭內有云, "善後之計, 或遣兵驅出, 若待再來, 出兵征之, 或不許貢, 但許往市三策." 又覩九月十三日聖諭內有云, "自古中國制馭外夷, 使其畏威懷德, 戰守羈縻, 不妨互用. 今倭既遣使求款, 國體自尊, 我因而撫之. 保全屬國, 無煩遠戍, 暫爾羈縻, 以待修備, 有何不可."

臣愚聞之傳曰, "聖人見微以知著." 又曰, "不言而喻者爲聖人." 臣惟倭謀狡秘, 三國安危之機, 亦云微. 夫諸臣罷封以來, 置之不言者, 亦已久矣. 而我皇上聖由天縱, 識等神明, 特布明旨, 示宣中外, 眞可以奪海外鯨鯢之狂魄, 誅域內狐[13b]鼠之雄心. 臣不勝欣忭拜舞, 以爲有君如此, 何忍負之.

矧事屬臣首尾, 安敢局常迹爲名高, 視同舟爲胡越, 不一吐露耶. 況聞者雖詳, 不及見者之略. 臣往在朝鮮善後諸疏, 已詳言之矣. 守全、慶之要地爲易, 守中國之沿海爲難. 保朝鮮於既得爲易, 攻朝鮮於再破爲難. 朝廷需然下一封號羈縻之爲易, 跨海而盡戮之爲難. 封之而果三年效順, 中國之防已密, 封疆之臣力能制其死命, 然後下廷臣而議貢, 可也.

今降表之至, 既已■[70]歲矣. 小西飛之拘留, 不下歲餘矣. 諸臣不能懸首藁街, 又不能縱還海國. 如此舉動, [14a]臣雖陋劣, 私心竊慮, 島夷有以窺陛下之淺深也.

近聞, 言者輒曰, "封之, 禍不旋踵." 臣以爲倭之犯中國也, 必假封號爲嚮導耶. 抑揚帆海上, 關市譏嚴, 必有符節, 爲之驗放耶. 受我封號, 仍復悖逆, 守土之臣殺之, 犯明律耶. 此封之不足爲害也, 明甚. 昨見朝鮮王疏, 則一封歸國, 信非臣之私言矣.

及是時不問朝鮮之所以繕關列戍者, 何如. 我之沿海不問所以練兵積餉者, 何如. 民不知兵, 兵日以驕, 不問古之所以寓兵於農者, 何如. 與屯田麗國, 而因兵於食者, 何如. 國勢日輕, 多言亂聽, 不問畫一之法, 而[14b]信守奉行者, 又何如. 聖天子在上, 片善不遺. 臣願諸臣之勉答明主, 而望陛下之力賜裁決也. 臣卽老死林泉, 有餘幸矣. 何敢更望國恩哉.

頃者, 臣聞有謂, 勿爲朝鮮代戍, 而止增兵戍我遼陽者. 夫倭有朝鮮, 所犯豈止遼陽哉. 犯遼陽, 若擊蛇尾然, 策之下者也. 謀臣何乃下策, 策倭哉. 用力多而成功鮮, 何似守全、慶之爲省且便也.

臣之所不解也. 使倭再得朝鮮, 巢穴一固, 天險可憑, 往在隋唐擧國從事, 而卒不得志於高麗者, 可鑒也. 一朝列旗幟於鴨綠江上, 晨發一師焉, 寇天津, 夕發一師[15a]焉, 犯山海, 遊兵出没於登、萊、徐、淮之間, 臣見日苦多事矣. 我無不守, 彼無不攻. 守者地廣兵分, 而爲力勞, 攻者坐策事機, 全軍角勝, 而爲力逸. 況内有震隣之恐, 外乏鎭兵之援, 京師陵寢在焉, 何能一日安枕卧也. 今之以代戍朝鮮爲非者, 不覩全局之勢, 而滯見一隅耳. 此又臣之所不解也.

有謂許封, 且將入貢矣, 必犯我中國, 中國何支. 臣也庸庸無比數, 尚能率烏合之師, 破强倭於絶域. 雄傑加臣數等者, 獨不能禦此奴於戶庭之內耶. 此尤臣之所不解也.

三五年後, 我國之兵力既盛如犇之有梟, 然便則食, 不便則[15b]止. 封之絕之剿之權之在我者也. 北虜互市, 歲以數百萬委之, 市於東而掠之西, 有志之士, 無不切齒.

今陛下且言, "許倭海市." 一策設出東征諸臣之口, 言者不知何所詆呵也. 然不知先陛下而言其便者, 有周弘祖矣. 上可益國家之賦, 下可寬東海之征. 洪武以後, 嘉靖以前, 世食其稅, 邇來八閩見行海市, 公私受利無算. 此中外臣民所共知也. 往者兵端之起, 實以日本主弱, 兩道爭貢而然, 非市舶之害也."

大哉王言, 明如燭照, 奉而行之, 可立剖已. 微臣一二之畫, 幸懸斷於千日之前, [16a]陛下乃定策於萬里之外, 臣退而結舌者, 已再時矣. 陛下遏興議而行之, 臣之快慰, 死且不朽, 更何希望哉. 榮臣之身, 何如用臣之言, 爲利之廣也. 庸臣之子孫, 何如行臣之計, 爲益之無方也. 況陛下有殊造於臣, 恩固際天極地矣, 而臣更受今日之賞, 則蹻分之福, 禍患將臨.

語曰, "服之不衷, 身之災也." 此臣所以瀕九死而不怒再受國恩者, 此也. 臣愚敬陳丹懇, 仰叩九重, 伏望聖慈, 憐臣之愚, 察臣之忠, 追寢成命, 使臣與臣子孫, 歌謠山澤, 畢命林間, 以頌太平. 其[16b]戴荷聖恩. 寧有涯涘哉. 臣無任激切. 祈禱待命之至.

15-1-1

兵部一本 後附, 1a-8b

為查核東征功次, 仰乞聖明, 酌行賞罰, 以昭國是, 以勵人心事.

　該山東巡按周維翰題前事, 奉聖旨:

　　兵部從公查議來看.

　欽此.

　為照, 東征之役, 遠隔異域, 事體難制, 朝議物議, 亦皆難之. 特緣倭犯朝鮮, 疆土陷沒, 皇上憫其告急, 赫然命將興師, 往與救援. 此興滅之至仁, 遏亂之大義也.

　方王師未集行, 酋虎踞平壤, 撤我藩籬, 妄生睥睨. 臣等竊慮平壤不下, [1b]則屬國之恢復無地, 賞格不懸, 則戰士之鼓舞無機. 故當大兵出關, 特請申令收復平壤, 從優陞賞, 荷蒙聖允, 先時宣布, 感激衆心.

　此渡江之初, 人人勇氣百倍, 思建功名之奇, 仰副優異之典. 而平壤一戰, 提督率衆先登, 偏裨分道並進, 各倭鳥驚魚爛, 遂一夕而奪其城焉. 未幾, 開城之倭, 望風投首. 兩捷獲級, 共以千數百計. 卽福建撫、按疏報, "各倭侵入高麗, 被本朝官兵殺死, 不計其數." 信斯戰之爲烈也.

若乘以破竹之勢, 益圖萬全之籌, 豈不庶幾戮鯨鯢爲京觀哉. [2a]乃以碧蹄中伏, 未免輕敵寡謀之誤, 幸諸將士, 尤能力戰潰圍, 更多斬首. 其先後勝負之跡, 按臣蓋詳言之, 未可以一肯[74]蓋前勞也. 況自義州抵開城, 不越浹旬, 而復地千里, 此一時也, 救援之名實, 允乎可稱. 諸將士戰勝攻取之功, 亦足奇矣. 皆仰仗皇上天威, 遠播宗社寵靈, 故將士效命, 致有前捷.

如照本部先行條例, 首級一百一十顆以上, 即當告廟之典, 今且未敢遽請. 惟是偏裨以下, 三戰之勞, 待賞踰時, 旣該按臣核實已明, 復奉[2b]明旨, 從公查議. 斯時何時, 斯事何事. 上有聖鑒, 下有淸議, 明有斧鑕, 幽有鬼神. 臣等即欲不公, 其何敢與. 謹按巡按周維翰叅疏等例, 斟酌次第, 而今分別定擬焉.

如中營副將楊元、左營副將李如栢、右營副將張世爵, 分兵協闖, 戮力齊驅. 平壤轉戰攘臂, 奮鷹揚之勇行, 啗落膽曳兵, 成鼠竄之風. 雖布令齊衆, 有主將之指麾, 而陷堅摧鋒, 繫偏帥之領袖內. 楊元近經重劾, 功罪是否相掩, 聽按臣勘明另議. 李如栢、張世爵, 委當優敍. 李如栢擒獲生倭, 仍當依議加賞.

遊擊[3a]等官吳惟忠十二員, 各提一旅, 共佐三軍, 或冒矢石以先登, 或摧鋒鏑而濱死, 或倚左, 或翼右, 或勁後堅中. 凡茲堂堂正正之威, 藉桓桓赳赳之武, 併當優敍, 以嘉其捷.

參將等官施朝卿等二十四員, 間關赴敵, 而約束頗號嚴明, 閱歲徂征, 而精神益加鼓舞. 或以攻戰著績, 或以策應收奇, 均當併敍, 以償其勞.

至於李有昇之陣亡, 見死綏之志, 周弘謨之客死, 見殉國之忠. 莊定國生被重傷, 足錄死因, 含憤可矜. 分別廕贈, 庶慰幽魂.

備禦等官詹鞠養等十七員名, 效勞於[3b]催督、傳宣之事, 副總兵等官佟養正等十員, 奔命於輓輸整飭之煩. 課其功能, 宜加優賚.

參軍侯[75]選策士王汝賢等八員名, 或有拮据簡牘之勤, 或有奔走幃幄之算, 應如所議, 併行賞賚.

千、把總、參軍等官張九經等一百員名, 數千里之驅馳甚苦, 匝一歲之征戍多勞, 通行重賞, 允不爲過.

其立功贖罪革職趙之牧等三十九名, 臨陣斬獲, 旣有多寡之分, 查例贖賞, 自有差等之別.

至於加銜副總兵查大受、逃軍胡桐、指揮王功, 及武壯國、辛自立、曹養惠、張道中, 並重臟鄭[4a]文彬、趙汝梅、王承恩、楊紹先, 或無功而虛冒縱恣, 或有功而貪黷奸穢. 在鄭文彬等, 旣與楊元, 奉旨勘究. 在查大受, 尤宜亟行各該巡按, 就近提問, 以肅軍紀者也.

蓋賞罰互用, 則蒙賞者益勸, 功罪並明, 則有罪者愈懲. 此固國典之攸關, 抑亦公道之所繫. 旣經具奏前來, 相應覆請.

合候命下, 將李如栢等, 陞都督同知, 張世爵, 陞都督僉事, 照舊管事, 遇大將員缺推用, 仍特加優賞. 吳惟忠、谷燧, 各陞參將, 李如梅、任自强、駱尙志、高策, 已陞參將, 各與吳惟忠、谷燧, 俱加[4b]副總兵職銜, 照舊管事. 李芳春、李寧, 俱已加副將, 各加署都督僉事. 方時輝、錢世禎, 各陞參將官. 戚金, 准原官起用, 與吳惟忠同加優賞. 施朝卿, 加副總兵職銜管事. 趙文明、王問, 各陞參將管事. 高昇, 贈參將. 祖承訓, 准授實

．．．．．．．

75 원문은 "侯"이나, 이는 "候"의 오기로 판단함.

職, 照遊擊管事. 梁心, 准實授遊擊管事.

章接、郭夢徵、張應科、張奇功, 各陞實職一級. 李如梧、葛逢夏、葉邦榮、王有翼、吳希漢、蘇國賦、周易、霍九皐、陳邦洛、胡鸞、王必迪、徐輝、李都、婁大有, 薦者以原官起用, 未附簿照例起用, 仍各加賞賚. 李有升,[76] 照舊加[5a]級, 的親兒男, 廕一輩. 莊定國, 照部功一級准賞, 仍贈副千戶.

詹鞠養等十七員名, 各加重賞. 佟養正等十員, 同加重賞. 王汝賢、吳宗道、呂永明、王春、陶良性、祖廉、王宗聖、金相, 併加重賞.

張九經、王希魯、許國忠、吳大績、王玠、韓宗功、唐堯臣、宿振化、譚宗仁、施國忠、章甫冠、戴柱、周京、鍾鳴高、李應元、曹宗周、張承恩、葉靖國、熊正東、陳申、伍應廉、胡承憲、張思忠、王憲、邵應忠、彭鳴鶴、范瑚、周九功、周邦卿、龔道行、毛承祖、郭大林、胡大勝、胡天俊、李宗、王宗禮、王錫福、葉子高、宗臣、李[5b]應世、陳雲鶴、晏武、倪炤、母承宣、黃應甲、方汝貴、宋崇繭、成李培、宋汝潔、徐大章、王祚長、和遇春、楊登雲、李舉、孫尚文、祝國泰、王一龍、劉朝輔、賂宗義、徐龍、方時新、郝浦、方銳、劉時、陶勳、談文禮、蔡元相、劉繼■、趙啓元、王仲、謝應召、段奇勳、張文倫、高雲、關欒、宋才、趙漢、盧希玉、王子先、高可仰、馬■、王愼慶、高世爵、郝有福、宋金、劉進選、李高質、谷大同、孟一雄、王汝良、曹邦漢、李文龍、王金、李有貴, 各加量賞. 已上一百三十八員名, 人衆貴輕, 一賞已足, 其間亦有督陣、造器、冒險用[6a]命, 賞未酬勞者, 例增議矣.

臣等查, 果有實效、實用, 係文職者, 咨吏部優敍, 武職者, 本部優錄, 其應咨札者, 咨各省、鎮軍門, 從宜札委, 以盡其用, 以平其情.

....

76 원문은 "升"이나, 이는 "昇"의 오기로 판단함.

趙之牧開伍贖罪, 准復副千戶. 柴登科陞授三級, 仍量准改註遼東衛所, 不許告回原籍. 王維貞、范舉, 俱准開伍, 復試百戶. 佟養正先因參論革任, 原未擬罪, 今獲功三顆, 准復舊職. 王升、何鑑, 俱准開伍, 不給冠帶, 許回原衛所閑住.

王尙文、孫守廉、徐虎, 俱照例給賞, 不准贖罪, 仍舊解伍. 張伯芹、董永吉, 原職向革, 例難贖[6b]復, 實授二級, 署職一級. 汪應召、賈志言、一元、胡國臣, 各准復原職, 止食半俸. 李棟、韓國忠、李植、張龍、張仲文、虞時昌、張國卿、夏東星、安九思、潘名、汪魚化、李在、尙朝榮、張繼武、吳東藩、王承襲、黃可賢、王臣、嚴汝慶、高尙■、郭大臣、鄭豸, 各姑准復職, 不准食俸.

胡桐行雲南, 張道中行山東, 各巡按御史, 提問究治. 將楊元、鄭文彬、趙汝梅、王承恩、楊紹先, 功罪詳加勘實, 上緊奏請定奪.

再照, 今日之所敍者, 皆王京以前之事, 按臣所謂, "訾議者千百, 而台臣必以爲功者." 是也. 然此[7a]偏裨之功耳. 經略、提督尙未敍及, 蓋緣此時釜倭未歸, 封事未罷, 廷議方滋, 姑爲緩敍.

且屢奉明旨:

經略宋應昌、提督李如松, 是功是罪, 吏、兵二部, 會議具奏.

尋准吏部咨稱:

東征功罪, 該臣部職掌, 欲俟按臣勘報至日會議. 今據按臣疏內稱:

經略、提督, 倂贊畫等官, 王京等功罪, 通候事完, 敍勘另議.

各該督、部、司、道、通判等官, 例陞. 經略、提督, 並敍.

是按臣未嘗不以爲當敍, 而特有待耳. 今朝鮮君臣王子還都, 已逾一年矣. 我之留守兵將, 已議撤回矣. 春汛已終, 封事已罷, 前[7b]局收拾, 不過如此. 以後朝鮮戰守, 似當屬之本國, 未可復爲牽制, 則前項經略、提督、贊畫, 並督、撫、部、司、通判, 及與事效勞員役, 所留兵將, 均當一體勘敍.

但王京收復之由, 有謂其逼於兵威者, 有謂其得於謀折者, 議論不一, 而各役紛紛告有贖獲首級, 眞僞未審. 若不及今行查, 明白歸結, 萬一功罪失當, 不惟輿論未厭, 倘目前再有緩急, 實難用人.

倂乞勅下, 移文遼東總督侍郎孫鑛, 查照按臣疏內事理, 卽查王京收復的係何功, 冒濫的係何罪, 經略宋應昌、提督李[8a]如松, 是功是罪, 遵旨從公據實奏敍. 其贊畫員外劉黃裳、管餉主事艾維新、通判王君榮, 及各該督、撫、司、道, 與王京效勞有名員役, 倂節次塘報續奏, 是否眞級, 俱照宋應昌與顧養謙交代揭冊. 與劉綎久戍勞績, 作何議敍, 一倂上緊具奏, 以憑覆核議擬, 上請定奪. 臣等職掌所在, 不敢不盡其愚, 恩威出自朝廷, 統惟聖明裁定.

奉聖旨:

朝廷爲島夷陷沒朝鮮, 命將興師, 三戰功成, 全復與國, 樹我藩籬, 前後斬獲首級, 一千六百[8b]餘顆, 功可嘉尙. 你部裏還當先請告廟宣捷, 以慰祖宗之靈, 着擇日來看. 待告廟後, 通行敍錄陞賞, 不必再行查勘.

15-1-2

文書房傳諭內閣 後附, 8b

該部不以朝廷信義爲重, 畏忌群小, 心持兩端. 況先旨, 先行告廟宣捷,後一併敘錄有功. 且有功自有發縱指示之人, 今首功不敘, 先敘偏裨, 豈不失信於人, 以灰將帥之心. 卿等還遵前旨, 擬票來看.

15-1-3

兵部一本 後附, 8b-11b

查核東征功次, 仰乞聖明, 酌行賞罰, 以昭國是, 以勵人心事.

　職方司案[9a]呈.

　　該山東巡按周維翰奏前事, 奉聖旨:

　　　兵部從公查議來看.

　　欽此.

　　本部覆奉聖旨:

　　　朝廷爲島夷陷沒朝鮮, 命將興師, 三戰功成, 全復與國, 樹我藩籬, 前後斬獲首級, 一千六百餘顆, 功可嘉尙. 你部裏還當先請告廟宣捷, 以慰祖宗之靈, 着擇日來看. 待告廟後, 通行敘錄陞賞, 不必再勘.

　　欽此.

　　又該兵科都給事中吳文梓等, 題爲東征功次, 敘錄當議等事, 奉聖旨:

　　　這東征功次, 着吏、兵二部, 作速從公勘議具奏.

　　欽此.

　　欽遵抄出, 送司.

　案呈到部.

爲照, 東事自[9b]倭遁釜山以來, 封事日盈几閣, 大約在明功罪, 而服人心, 愼賞罰, 以重國典. 屢屢明旨, 或令吏、兵二部, 從公會議, 或行遼東按臣, 上緊查明. 而臣等前題姑停經略諸臣之敍, 先議偏裨戰士之賞, 蓋亦權緩急, 協輿情也, 已奉明旨兪允.

近該按臣勘報三戰功次甚明, 臣等據實議覆上請. 伏蒙皇上以斬馘數多, 功可嘉尙, 特令告廟宣捷, 通行敍賞, 不必再行查勘, 仰見聖心軫念諸臣遠越異域, 跋涉經年, 勞苦居多. 敍錄獨後於賞, [10a]擬惟予之中寓鼓舞群工之術也. 已經通行咨札, 禮部擇日題請.

去後, 今據科臣吳文梓等題稱:

主帥不當與偏裨並論. 經略、提督, 會議未覆, 功罪未明. 乞要仍勅會議, 或令按臣, 據實奏聞.

誠敍功確論, 亦與臣等原題意合. 復蒙聖諭:

仍令吏、兵二部, 從公會議具奏.

臣等備查見行事例, 凡各邊一應功次, 類以按臣勘實爲據, 方行敍錄陞賞. 蓋以事關重典, 必須昭示大公, 載在令甲, 遵行已久. 卽近日寧夏事, 可爲左驗也.

今二臣之功罪, 督臣尙未具奏, 按臣尙未核[10b]勘. 臣等若不候勘明, 遽行敍錄, 卽使功擬惟輕, 敍從其薄, 而核勘未經, 終爲失典. 在經略諸臣當之, 亦必有不安於心者. 且九邊一體, 恐此風一倡, 各邊效尤, 將來勘功之典, 必且廢格. 非所以綜核邊臣, 風示天下也. 況王京以後功級, 未經驗明的數, 臣等亦難懸斷. 相應仍候督臣奏報, 巡按勘明之日, 通行勘議, 果眞勞有足敍, 罪不掩功, 論定後敍, 亦未爲晚, 且於大典有光.

伏乞皇上, 念勘功原係令甲, 俯採公論, 速頒[11a]明旨, 將三戰有功偏裨、將領、員役李如栢等, 照臣等原議等第, 先行陞賞. 其經略宋應昌、提督李如松, 是功是罪, 仍照行遼東總督侍郎孫鑛, 遵旨從公具奏. 其贊畫員外劉黃裳、管糧主事艾維新、通判王君榮, 及各該督、撫、司、道, 與王京效勞有名員役, 節次塘報續獲, 是否眞級, 劉綎久戍勞績, 作何敍錄, 一倂上緊奏聞.

奉聖旨:

這東征功次, 平壤三戰斬獲, 首級千餘, 與復疆土, 昭然明白. 又石星每每說, '例該重敍, 惟朝廷失信, 後難用人.' 今奉明旨查勘, 着令明白申[11b]說, 何又含糊反覆. 將明旨, 一毫不遵, 是何大臣. 還着遵前旨, 告廟宣捷後, 通行敍錄陞賞. 王京以後, 仍行巡按御史, 查明奏報.

15-1-4

兵部一本 後附, 11b-12a

欽奉聖諭事.

職方司案呈.

本年八月二十日, 該司禮監太監張誠, 於會極門, 傳奉聖諭:

昨者有旨, 以東征復王京, 三戰之捷, 着爾該部及禮部, 便擇日告廟宣捷, 擬敍有功人員, 如何許久不見奏來. 好生欺玩不遵, 顯然巇視不敬. 作速擇日定擬來看.

欽此.

恭捧到部.

爲照, [12a]擬敍有功人員, 係隸臣部職掌, 必於告廟宣捷之日, 方行具題, 此定例也. 其擇日事宜, 係隸禮部, 臣等奉明旨, 於七月初七日移咨.

去後, 今奉嚴旨切責, 仰見皇上軫念遠征艱苦, 激切邊臣至意. 臣等莊誦再三, 不勝悚懼, 伏祈聖恩寬宥.

除卽日移咨禮部, 作速擇日具奏, 臣等一面擬敍候題, 及補本送兵科備照外, 所有原奉聖諭一道進繳. [12b]

15-1-5

禮部一本 後附, 12b-13b

東功勘報未竣, 懇乞聖明, 酌定盛典, 以愜輿情事.

儀制司案呈.

該本部題.

准兵部咨, 爲查核東征功次等事. 該臣等行移該部, 查取獲級實數, 然後行翰林院撰文, 欽天監擇日, 使海內曉然知之. 曰[77]今所宣, 重平壤之捷也. 其王京以後功次, 未經查明者, 俱不槩及.

等因. 奉聖旨:

是. 已有旨擇日, 着作速遵行.

隨於七月二十八日, 行准兵部職方同[78]手本開稱:

平壤斬首一千六百四十七顆, 生擒六名. 開城斬首一百七[13a]

....

77 원문은 "日"로 수정한 듯한 흔적이 남아 있으며, 의미상 "目"으로 판단함.
78 원문은 "同"이나, 이는 "司"의 오기.

十八顆, 生擒一名. 碧蹄斬首一百六十七顆.

等因. 又於七月二十九日, 准欽天監手本開稱:

選擇八月二十九日寅時, 祭告郊廟, 辰時宣捷.

至日, 文武百官, 各具吉服, 恭候皇上親朝, 御前宣奏捷音. 該寺致詞, 百官行五拜三叩頭慶賀禮. 是日寅時, 先行遣官, 祭告郊廟. 所有行禮, 大臣三員, 伏乞聖明欽定. 本部仍行移翰林院撰古文, 太常寺辦祭品一體, 欽遵施行.

奉聖旨:

是. 祭告南郊, 遣公徐文璧, 北郊, 侯吳繼爵, 太[13b]廟, 駙馬侯拱辰, 各行禮.

15-1-6

兵部一本 後附, 13b-17b

查核東征功次, 仰乞聖明, 酌行賞罰, 以昭國是, 以勵人心事.

爲照, 頃者倭奴陷沒朝鮮, 皇上興師救援. 維時, 臣以先復平壤, 乃可漸復王京. 故特請頒示賞格, 昭布中外, 謂能恢復平壤城者, 文武諸臣, 從優陞賞, 所以鼓將士敢戰之心, 爲後日論功之地也.

及平壤復矣, 敍賞未行, 士卒觖望. 故臣復請姑停經略諸臣之敍, 先敍偏裨、將士之賞, 蓋以經略諸臣, 總其事者也, 必[14a]事完, 方可以議敍, 偏裨、將士, 分其任者也, 卽寸功不可以後時.

及按臣之議, 勘報平壤、開城、碧蹄斬首之功次, 臣據議上請, 乃奉綸音, "通行敍錄." 且厪先後嚴旨切責, 聖諭諄諄. 復念諸臣遠征之勞, 一體報功之典, 匪酬於既往, 且勸於將來. 仰體聖意若此, 臣敢不仰承明旨, 據賞格而敍列焉.

如原任經略兵部侍郎, 今回籍養病宋應昌、總兵李如松、管餉主事艾維新、劉黃裳, 此四臣皆奉特遣, 效勞最著, 所當首敍. 河間通判王君榮, 亦承責委, 戮力爲多, 所當[14b]併敍.

蓋倭之占據平壤, 朝鮮七道並沒, 彼國君臣, 望風先遁, 且渡江東, 寄居遼左, 而倭尙以求貢爲名, 戰款猶在兩可, 應昌、如松慨然主戰. 壁[79]畫機宜, 一切調兵馬, 催軍餉, 辦火器, 明賞罰, 皆應昌主之. 時以經略虛銜, 原爲料理海防, 未擬經略朝鮮, 與各督、撫、司、道, 皆專力備虜, 未遑備倭. 應昌督率拮据於其間, 事體難易可知, 而率成茲捷, 少舒東顧. 其勞最著, 首應從優陞賞也. 如松統領官軍, 鼓勇奮勵, 分道登城, 誓死決勝, 馬中彈仆, 易馬復戰, 一夕奪城, 倭之落魄驚遁, [15a]實由如松. 其勞最著, 並從優陞賞也.

劉黃裳元參帷幄之議, 未與鋒鏑之任, 能相機決策, 同如松, 戰捷平壤. 其勞亦著, 所當併加陞賞. 艾維新轉輸速迅, 三軍感若投醪, 令計周詳, 萬錦明如觀火. 通判王君榮出納不爽錙銖, 幹理備嘗辛苦. 均當量加陞賞, 以酬其勞. 如副將李如栢等應陞應賞, 趙之牧等應准開贖有罪, 查大受等應行提問, 已該臣等前疏議擬, 今無容議.

合無恭候命下, 將宋應昌從優陞賞, 李如松同優陞賞, 劉黃裳併加陞賞, 艾維新、王君榮各量加[15b]陞賞. 李如栢等之有功, 查大受等之有罪,

....

79 원문에는 획이 마멸되어 "壁"과 유사하나, 『明神宗實錄』卷277, 萬曆 22년 9월 1일(병자)에는 "擘"로 표기함.

仍乞俯照臣原議等第, 一體陞賞究處. 報捷舍人顧可教、劉學詩, 各照例
陞授職級.

　併乞勅下遼東總督孫鑛, 查照先今題議事理, 卽將王京效勞員役續獲
首功, 各該督、撫、司、道, 與劉綎久戍勞績, 作何議處, 一併具奏. 以憑遵
旨覆行巡按, 查看議擬, 上請定奪.

　再照, 今之所議平壤之功, 按臣所謂, “訾議者千百其口, 而臣必以爲
功者, 此也.” 至若王京雖復, 實許以封貢, 而不申戰功, 倭奴雖退, 尙爾
迯住釜山, 況未經督臣奏敍, [16a]按臣看核, 功罪未明, 難以懸斷. 臣所
以執征平壤題准之賞格, 議克平壤獲功之將吏如此. 固不敢不敍, 致沒諸
臣之勞, 不敢妄敍, 以濫賞功之典. 但恩威出自朝廷, 臣未敢擅便, 伏乞
聖裁.

　奉聖旨:

　東征連戰奏捷, 恢復朝鮮, 倭奴遠遁, 文武將吏, 勳勞可嘉. 這敍
列平壤功次, 旣經巡按查勘明白, 合行陞賞, 以彰激勸.

　宋應昌籌畫勞瘁, 克奏膚功, 應從首敍. 着陞都察院右都御史, 遇
缺推用, 還賞銀一百兩、大紅紵絲四表裏. 李如松[16b]力戰取勝, 忠
勇超群, 加太子太保於世襲伯爵, 加給祿米一百石, 賞銀一百兩、大紅
紵絲四表裏. 還待東事完結另敍.

　劉黃裳着陞邊方兵備副使, 賞銀三十兩、紵絲二疋. 艾維新陞兵備
僉事, 賞銀二十兩. 王君榮陞邊方同知, 賞銀十兩. 李如栢陞都督同
知, 張世爵陞都督僉事, 俱照舊管事, 遇大將員缺推用, 各賞銀八十
兩、紵絲二表裏. 李如栢擒獲生倭, 還加賞銀三十兩、紵絲二疋.

　吳惟忠、谷燧, 陞參將. 李如梅、任自强、駱尙志、高策, 與惟忠等,

各加副總兵銜, 照舊管事. [17a]李芳春、李寧, 加署都督僉事. 方時暉、錢世楨, 陞參將. 戚金以原官起用, 與惟忠等, 各賞銀六十兩.

施朝卿加副總兵銜. 王問陞參將. 高升贈參將. 祖承訓准復實級. 梁心加參將. 章接、郭夢徵、張應种、方時春、張奇功, 各陞實職一級. 李如梧、葛逢夏、葉邦榮、王有翼、吳希漢、蘇國賦、周易、霍九皐、陳邦哲、胡鸞、王必迪、徐輝、李都、婁大有, 俱准附簿敍用, 與施朝卿等, 各賞銀五十兩.

李有升[80]贈參將. 周弘謨陞實職二級, 加署職一級, 廕親兒男一輩. 莊定國贈副千戶.

詹鞠養等十七[17b]員名, 各賞銀二十兩. 佟養正等十員名, 各賞銀十二兩. 王汝賢等八員名, 各賞銀十兩. 張九經等一百三員名, 各賞銀八兩. 餘依擬.

報捷人役, 各照例陞授職級. 王京以後功次, 並效勞員役, 及各該督、撫、司、道官, 與劉綖久戍勞績, 着行總督、巡按衙門, 勘議定奪. 石星居中調度, 勞苦功高, 賞銀八十兩、大紅蟒衣一襲. 該司郎中賞銀二十兩. 楊俊民賞銀三十兩、紵絲二表裏.

15-1-7

兵部尙書石星一本 後附, 17b-24b

爲中外多虞, 激勸最急, 懇乞[18a]聖明, 俯免無功之賞, 以明臣節, 倂議

....

80 원문은 "升"이나, 이는 "昇"의 오기로 판단함.

未盡之典, 以勵人心, 仍賜罷斥不職, 以完東征事.

帝王所以鼓舞豪傑, 奔走禦侮者, 賞罰當而已矣. 所以議賞罰, 彰勸懲者, 功罪明而已矣. 其予奪出於朝廷, 其可否咨於輔臣, 其是非定於公論, 其議擬由於本兵, 自有戰伐以來, 未之或易者也. 故無功之賞, 敝袴亦所當惜, 而有功不賞, 唐虞亦不能化天下. 古有明徵, 今尤最要.

臣至不肖, 多至物議, 豈宜曉曉置論, 復招口吻, 而蹈危機. 顧[18b]受皇上股肱之託, 當效捐糜之報. 而又西有入犯之套虜, 東有窺伺之倭夷, 川、貴有議處之播酋, 薊、遼有內訌之諸賊, 衆目皆觀聽於朝廷之擧動. 而乃有不職者濫於賞, 有功者靳於施, 恐勸懲機阻, 無以責膚功之奏也.

敢因東事之賞, 而竟其辭. 臣於八月二十九日題、奏二疏, 一爲查核東征功次等事, 奉聖旨:

> 宋應昌着陞都察院右都御史, 遇缺推用, 還賞銀一百兩, 大紅紵絲四表裏. 李如松加太子[19a]太保於世襲伯爵, 加給祿米一百石, 賞銀一百兩, 大紅紵絲四表裏. 還待東事完結另敍. 石星居中調度, 勞苦功高, 賞銀八十兩, 大紅蟒衣一襲.

欽此.

又爲任重材疎, 久干物議等事, 奉聖旨:

> 卿任軍國重務, 今東倭事, 尙未完結, 豈可自便求去, 有負倚託.

宜卽出料理邊計. 不准辭. 吏部知道.

欽此.

除臣伏枕叩首外, 竊照, 東征之役, 一切調度, 惟臣是委, 乃不能督策文武, 掃淨妖氛. 而仍留釜山之遺倭, 貽憂君父, 啓盈庭之重議, 致煩[19b]聖明, 如斯不職, 免譴是幸.

茲蟒衣之賜, 乃極品之至榮. 兼金之施, 豈敝袴之可比. 況臣前已奉旨, 准免敍及, 傳示中外, 信難容渝. 又玆役也, 內閣諸臣之密勿籌畫, 兵科諸臣之參決機宜, 本部侍郞之協恭戮力, 勞苦比臣不啻倍蓰.[81] 東事未結, 不敢槩敍, 乃今出格之賞, 獨私於臣, 心愧神悚, 萬無敢當.

若宋應昌、李如松之功賞, 則尤有當議者, 沈惟敬等之枉狀, 則有當明. 與已往征討之臣, 如尙書鄭洛、魏學曾, 著有功績, 事久論定, 又臣管事年內所備歷者, 當時失於力持, 至[20a]今輿論未愜. 臣若不及今一議, 恐無以酬往勸來, 實爲負國也.

蓋當倭奴擧六十六島之衆, 當哱賊倡亂之秋, 陷據朝鮮, 聲勢甚大. 我方專力西討, 未遑東征, 久之. 宋應昌、李如松, 始率各鎭殘弱之卒, 僅滿三萬, 仰仗皇上神威, 一戰而克平壤, 再戰而下開城. 雖碧蹄得失相當, 而倭奴畏威請貢, 實始於此.

言者謂平壤之戰, 首級多僞, 欲按其罪. 東師聞之, 各有搖心. 又二三月後, 朝鮮雨潦不時, 弓矢皆懈, 軍多枵腹, 馬多饑斃. 於斯之際, 而望盡滅倭奴, 勢[20b]誠未能也. 此中外之所未悉, 臣星之所備知也.

故於時應昌等, 復遣沈惟敬同周弘謨, 與行長往訂前約. 應昌仍假便宜, 復遣謝用梓、徐一貫, 往見關白, 遂讓還王京, 送回王子、陪臣. 朝鮮王因攜其臣僕, 復居王京, 獲修朝貢, 彼之無國而有國, 非諸臣之功, 不可. 且自王京復後, 天津召募南兵七千餘, 皆罷遣計處, 省銀二十餘萬. 況斬首二千餘級, 降倭二百餘名, 皆散置各邊, 未入功數, 此自劉江望海堝數戰以後未有者也.

然應昌、如松所以不免衆議, 緣應昌巡撫山東, [21a]擧動任情, 如松家門滿盛, 仍多負氣. 又封貢之議, 爲時所未與, 而封拜之約, 爲人所最

....

81 원문은 "莊"이나, 이는 "蓰"의 오기로 판단함.

忌. 以茲之故, 爭者盈庭, 二臣惴惴未保, 寧復他望. 故臣於昨題覆前事, 止據平壤從優陞賞之格, 第議大略, 實未明言, 一以恩典出自朝廷, 不敢擅擬, 一以衆議方在相持, 未可過與也.

伏蒙皇上, 略其細過, 錄其微功, 應昌陞職起用, 如松加祿進銜, 隆恩自天, 已爲過分. 顧臣則念如松東西力戰, 功固云高, 累承恩廕, 賞已不薄. 彼方盈[21b]是懼, 寧宜增所未安. 惟應昌則區畫雖有未盡, 而勞瘁則有足矜.

查得, 近如十九年延綏檮巢, 斬首五百有餘, 而督臣得廕錦衣千戶世襲. 遠如漢武帝海西之戰, 李廣利罪大功細, 仍貸罪敍功, 載在史冊. 故如應昌者, 似宜少加文武一廕, 以酬其勞, 始足信功擬惟重之與. 臣非爲應昌, 爲戰功計也.

至於鄭洛昔年之往征火酋, 當時亦議其未及殲, 臣時亦薄其功, 謂未足奇也. 然自罷兵以來, 甘肅今爲樂境. 而東虜順義, 以火酋爲仰華寺, 無端借口以迎佛, 套虜卜失■,[82] [22a]亦以水泉之戰, 失其行李甚多爲恨. 又當寧夏哱賊作變, 曾用金幣賂順義, 許予以寧夏, 要其助逆, 而順義先以鄭洛疏計復款, 前約遂定, 竟不助逆, 哱賊之黨遂孤, 寧夏得以蚤定. 此皆機之間不容髮, 功之著在社稷, 臣與總督蕭大亨之所獨知者. 故如洛者, 似且於彼前廕錦衣衛百戶上, 許之世襲, 始足酬其勞也.

魏學曾當變之初起, 議者謂速往處之, 或不致猖獗也, 時臣亦以爲然. 顧當久不用兵, 未易速集. 稽緩之罪, 固無可原, 然資其所招[22b]之兵, 所用之將, 所畫之計, 卒用以殲哱賊, 而復西夏. 議者謂學曾卽不易置, 少遲月餘, 亦可奏凱. 於時臣失於主持, 至今每爲噬臍之悔. 故如學曾者,

82 원문 글자는 마멸되어 있으나, 인명은 "兔"임.

似當於原廳錦衣衛副千戶上, 加級世襲, 令得與葉夢熊等均賞而議報, 庶乎平物情, 而彰皇上無我之度也.

若沈惟敬, 乃市井之徒, 得蒙加銜任使, 已爲世所不予矣, 而議者又以和親之說, 固謂必有, 且以三尺繩之, 又誰與議功乎. 言者又謂爲臣所遣, 併以■■■■■■彼白[23a]其枉乎. 顧臣則心知其冤, 心知其功, 而又良心之不容昧也. 臣若不爲一言, 惟或至罪誅, 臣之禍當移於身家, 殃當流於子孫矣.

蓋當倭據平壤, 意欲西犯, 彼實緩之. 其下王京, 送王子、陪臣, 彼實說之. 其和親之說, 彼實無與. 乃一時共事者, 或陰忌其功, 或欲敗其事, 而朝鮮君臣, 又冀我之爲彼盡誅倭賊, 而不欲我之許以封貢, 故假是說以壞之. 此皆臣所已辯於前三次疏內, 毫無欺僞, 以誑皇上, 而故拂衆論也. 願[23b]皇上始終憐察, 卽不遽與其賞, 亦不遽加之罪, 而仍令督臣、按臣, 虛心查敍, 無令微勞啣怨, 而且貽聖朝以不美之議也.

臣今已排物議, 咸爲切齒, 豈可復爲前議. 但臣職掌, 原爲議功罪, 明賞罰也, 而功罪若定, 賞罰若明, 將何憂乎東倭, 何慮乎西虜. 而播酋不足慮, 薊、遼諸虜不足驅滅也. 故寧甘衆議, 決不敢謂有功爲無功, 寧甘罷斥, 決不敢謂無罪爲有罪. 不然則古有揮淚斬故人者, 臣亦能之, 何獨爲此. 知臣罪臣, 惟在斯耳.

若[24a]臣則疾已深矣, 威望已損矣. 明旨固責臣, 以完結東事, 夫以庸懦如臣, 何足付託. 在位一日, 必誤一日之事. 故惟行臣之言, 定其功罪, 明其賞罰, 而後東事可以完結, 是卽所以報皇上也.

伏乞皇上, 俯納臣言, 若以爲可, 卽將宋應昌量與文武一廳, 鄭洛量於原廳百戶世襲. 其沈惟敬事情, 仍勅總督、按臣, 虛心查敍. 臣蟒衣、銀兩之賞, 俯准[24b]辭免, 乃容休致, 以爲將來有功者之勸, 不職者之懲, 則邊功可振, 臣分獲安. 臣無任悚慄顒望之至.

奉聖旨:

宋應昌准廕一子, 與做正千戶世襲. 鄭洛原廕百戶, 准世襲. 魏學曾已復原官, 了罷. 其餘的, 着待事完之日再議. 卿不居功, 姑從薄賚, 所辭不允. 該部知道.

15-1-8

朝鮮國王李昖一本 後附, 24b-29a

賊情事.

本年三月初八日, 該海蓋道副使白士霖飛報.

據所撫府吏金變虎供稱:

本府住賊, 分據各處, 時遣兵船, 往少來[25a]多, 以示添兵之狀. 聲言等待沈參將回話, 以決進退.

等因.

本月十五日, 據陪臣慶尙右道水軍節度使元均馳啓.

聽得衆賊說稱:

'天使若來, 我們當斂衆渡海, 若不來, 當大勢添兵, 水陸順搶.

等因.

四月十五日, 據被擄軍人宋昌洗告稱:

留賊築城蓋屋, 不少休息. 俱說:

大明參將奉皇命來, 我們一時罷歸.

等因.

本月初十日, 據陪臣諸道都巡察使權慄馳啓.

　各道諸賊, 於金海、巨濟、熊川等處, 如前分據, 而搶掠之患, 比前稀罕. [25b]熊川住賊, 於密陽府三郎江上, 打造房屋, 說稱:

　　待候天將出來時, 將魚、酒、米、豆以饋撥軍.

　左道諸賊, 自慶州敗還之後, 亦皆分守各寨, 斂衆不動.

　等因.

本月初八日, 據陪臣諸道權慄馳啓.

　據降倭時古、松若等說稱:

　　俱係關白親弟葉柴下軍人, 留在林郎浦屯裏, 聽得關白分付諸酋,

　　　封貢不成, 你們決不可還.

　　以此各屯上官, 並懷煩惱.

　等因.

五月二十八日, 據走回軍人黃必金供稱:

　萬曆二十一年二月內, 被賊搶去, 前到日本國無應仇地面. 本年三月內, 回到郎古耶地方. [26a]聽得有大上官, 號稱大告司馬, 來往本島, 專管一應兵務. 以各酋於平壤、全羅前後失利, 深懷怪恨, 聚船運糧, 添調强兵, 要於本年七月間, 分作二起, 一起自濟忻直犯全羅, 一起自慶尙直到京畿, 東西焚掠, 仍合勢西搶.

又該慶州府尹朴毅長飛報:

　五月三十日, 有降倭山只之等供稱: '係林郎浦屯倭. 在本屯時, 聽得大衆去留, 決在大明國許款與否. 各屯日望沈參將回話.' 等情.

　其啓, 到臣.

臣竊照, 賊兵尙在臣境土, 但係聲勢緊緩, 理宜節續馳奏. 除已於上年十一月[26b]內, 將六月以上賊情具本, 付謝恩陪臣金晬[83]等奏聞外, 今該前因, 又是本年正月以後, 各該守邊陪臣所招. 走回人供稱, 及搵探人告說, 雖詳略不同, 虛的難委, 而旣係各報賊情, 不得不上聞, 以備朝廷裁處.

臣謹查, 上年十一月內, 欽奉宣諭勅旨, 卽該,

大兵且撤, 王自今還國而治之. 猝有他變, 朕不能爲王謀. 已用是預申告戒, 以古人臥薪嘗膽之義相勉.

欽此.

恩詔丁寧, 指臣以再生之道. 臣不勝感激, 鏤心銘骨, 奉以周旋.

伏惟[27a]臣之地方, 雖已殘破, 萬一兵火暫息, 邊境稍靖, 臣庶幾奉成命, 殫竭駑鈍, 收拾餘燼, 圖補桑梓, 仰報聖天子大恩於萬一. 奈此賊猶壓土, 相守經年, 猶然不已, 小邦人心, 日夜洶駭, 荷擔以立, 奔命不暇, 息肩無期, 而財已竭, 力已殫矣. 以臣無狀, 雖欲刻意砥礪, 粗效區區, 其路無由矣.

抑臣又有所憂. 倭賊自前年晉州一搶之後, 分巡營寨, 聲言等待天朝許款. 臣慮其假許款之說, 延至汛時, 賊必再肆爲恐. 今經半年, 未見動靜, 若此[27b]情形, 委難料測. 或以爲倭奴求款, 參將沈惟敬往來許約, 接受降表, 且爲期日而去, 都司譚宗仁駐營, 戒勿搶掠, 使待報至, 賊因此少戢凶鋒. 又據邊賊中傳聞之說, 亦往往如此, 而今期亦逝矣. 賊以所圖未遂, 恐或蓄憾益深, 而決裂之禍, 更急於朝夕, 臣尤懼焉.

往年賊由慶尙道, 歷忠淸古道, 直犯臣都城, 所經沿路千數百里, 蕭

....

83 원문은 "晬"이나, 이는 "晬"의 오기로 판단함.

然一空, 只有榛莽耳. 鋒焰弘被, 他路皆然, 全羅一帶數十道, 粗免焚掠, 小邦經費軍餉, 皆所倚辦, 賊兵垂涎在此. 今惟無動, 動則必犯全羅, 而 [28a]出於忠淸之右, 蹂躪殺掠, 公私餘蓄, 以爲食用, 收回海船, 水陸俱 進, 無論全羅、忠靖,[84] 雖黃海、平安, 亦將次第瓦解. 此又今日危迫之勢 也. 今臣之見迫於賊, 甚矣. 喪亂以來, 困心衡慮, 與國內臣民, 百方圖維 所以自保者, 已無餘慮矣, 而以戰以守, 無一可恃, 徘徊四顧, 不知所出, 臣之計亦窮矣.

伏惟天朝之恩, 至矣. 臣之受恩於天朝, 極矣. 收臣七路, 復臣之都, 使臣生還故國, 大造生成, 蔑以加矣. 海壖遊魂之賊, 臣尤可以自力剿除, 不可每煩於天朝, 而疲劣不振, 一[28b]面向闕號籲, 望恩無已, 使皇上東 顧之憂, 未嘗弛於宵旰之中, 臣罪尤大矣. 然赤子無知, 墮於水火, 疾痛 宛轉, 惟父母之是呼. 其所解脫之方, 則赤子未能自言, 而在父母所處. 今臣無知, 無異赤子, 而天朝之愛臣, 逾於父母. 臣安敢以煩瀆之故, 而 輒其疾痛之呼, 以自阻於拯濟之仁乎.

夫振之以威, 以創其頑, 縻之以款, 以弭其禍, 斯二者, 莫非古帝王馭 夷之大權, 而同歸於禁止兇暴, 保全生靈. 因時審勢, 惟天朝所擇耳, 臣 愚之所不及也. 伏願[29a]天朝, 洞察賊情之所在, 哀臣國勢之已急, 命下 訏謨之地, 亟以此時, 從長議處, 免貽兇賊私肆之患, 以綿臣朝夕垂絶之 緒, 不勝幸甚.

奉聖旨:“兵部看議來說.”

....
84 원문은 "靖"이나, 이는 "淸"의 오기.

一本 後附, 29a-30b

東征將官勞績事.

萬曆二十二年六月十八日, 據謝恩陪臣金晔[85]等回還啓稱:

前在京師, 聽得征倭諸將官, 以東事未了, 並未揭功次.

得此.

查照, 先該本年四月內, 據議政府狀啓:

該漢城府判尹洪進、平安道觀察使李原[86]翼等各呈.

漢城、平壤等處父老、軍民等, 追感天將除兇救[29b]死之功, 相
與勸帥, 爭出錢力治碑, 而各畫像以祠, 願效香火之虔, 永世不忘.
等情.

爲照, 本國得至今日, 實荷皇靈, 而亦係諸大人各有勤勞. 所據漢
城、平壤等處父老、軍民人等所願惟聽, 合無行令禮官, 及著詞臣, 撰
出刊刻篇章, 分畀各處相應.

等因, 具啓. 據此.

除已准行, 去後, 今該前因. 臣切思, 有國不能守, 遇賊不能禦, 以厪
聖上東顧之憂. 非惟不棄絕之, 而數千里出大兵, 救臣於水火之中, 存臣
宗社於丘墟之餘. 臣仰惟天地父母, 何詞可以喻恩, 何方可以圖報.

獨[30a]區區切感者, 各官上奉明見萬里之神授, 下遵專制閫外之成
算, 蒙風雨不辭, 冒鋒刃不避. 平壤之捷, 快絕前聞, 餘威所震, 諸屯賊屏

....

85 원문은 "晔"이나, 이는 "晔"의 오기로 판단함.
86 원문은 "原"이나, 이는 "元"의 오기로 판단함.

於海壖, 臣得還於故京, 而臣二息亦脫虎口. 其著見之功, 於斯爲盛, 假曰逋寇尙在小邦, 賊犯之勢未必可保, 而官軍所莅, 旣建之績, 不可沒也.

臣計經略大臣, 已具功實上聞, 非臣所得名狀, 所懼在於泯滅, 所望在於表白, 蓋出臣與邦人銘鏤之懷, 不容已也. 否則小邦從事於勒碑、肖像, 其再生之惠則有之, 竊恐各官立功異域之美, [30b]無以彰示於天下後世也.

奉聖旨: "兵部知道."

15-1-10
傳內閣聖諭 後附, 30b

朕覽文書, 見朝鮮國王二本, 一本言東征將吏勞苦功績, 一本言欲定許其款貢, 以保彼國社稷. 可見前者阻撓東事的, 專爲一己之私, 壞亂國家大事, 好生不忠. 卿等可將本票了來看. 還作一諭, 切責兵部. 畏難群小, 全無主張, 有失畏威來遠之意, 致彼國有懼暴之奏請. 失中國馭夷威德之策. 諭卿等知.

15-1-11
兵部接出聖諭 後附, 31a-31b

[31a]朕覽文書, 見朝鮮國王奏本, 欲定許倭夷款貢, 以保彼國社稷, 情甚

危迫. 朕思, 自古中國制馭外夷, 使其畏威懷德, 戰守羈縻, 不妨互用. 今
倭既遣使求款, 國體自尊. 我因而撫之, 保全屬國, 無煩遠戍, 暫爾羈縻,
以待修備, 有何不可. 該部受軍國重寄, 但當計國家利害, 如何只計一身
毀譽, 玩延推諉, 謾無主張. 若致悞天下大事, 責亦難諉. 着籌度機宜, 作
速明白具奏, 毋更含糊兩可, 務全天朝馭夷之體, 毋孤彼國籲望之[31b]
意. 欽此. 故諭.

15-1-12

又接出聖諭 後附, 31b

朕思, 東事阻撓壞亂, 皆群小朋謀, 指使附和, 以故失策. 此皆河南道御
史, 今刑部山西司主事郭實首爲倡, 階阻撓大事, 以致群小結黨附和, 妄
議煩興, 造言惑衆, 好生不忠可惡. 本當拏問, 從重究治, 姑且革了職爲
民, 不許朦朧推用. 其餘兩京條議東倭事情的, 兵部通查, 寫職銜、名字
來議. 內有阻封貢, 造言惑衆的, 開寫來說. 該部知道.

15-1-13

兵部一本 後附, 32a-35b

[32a]欽奉聖諭事.

帝王制馭夷狄, 惟在威信之兩全, 人臣圖事揆策, 當酌內外之緩急. 論
當事者, 權諸此而已矣. 方倭之陷朝鮮, 迹涉匪茹, 當利用威時也. 我皇

上赫然興師, 致成克捷, 而大威已震於殊域. 及倭之退還王京, 送回王子, 當利用信時也. 我皇上慨然許封, 數布詔旨, 而大信已著於遐方. 則爲今之計者, 以封而退倭奴, 亦以封而保朝鮮, 以封而息外患, 亦以封而修內備, 是可一言而解.

[32b]臣星奉嚴旨切責, 更勿含糊兩可. 而猶不自斷, 題行督、撫勘報者, 固以事在彼中, 難以懸斷, 亦以責在閫外, 難於越俎也.

今據督、撫孫鑛等題稱: "倭之造船運餉, 若將爲狂逞之圖, 然築城掘濠, 似止爲窮守之計." 而倭情已料其候封矣. 候封, 亦已無他矣.

又稱: "卽使暫示羈縻, 亦當預行整飭. 仍乞勅下本部, 酌議施行."者, 亦已知其當予, 方且遣人偵查矣.

夫向奉許封明旨, 臣星固當仰承, 近據當事勘報, 臣星尤當共爲. 今計似當一面卽許小西飛進京, 確示予封[33a]之信, 一面諭令行長速退, 恭候冊使之臨如約, 固善矣. 卽使行長之不敢遽歸, 許令待冊使而後返, 亦無不可.

蓋我之欲封不封者久, 已失信, 而彼之請封未封者久, 已懷疑. 故惟, 封後而勒令盡歸, 宜無不得, 封前而數爲責備, 似難必行. 何者. 釜山之待, 原非城下之盟, 而督臣顧養謙謂, "一倭不留而後封." 臣始信爲必然, 而今則知不必然也. 非苟且以完事也, 勢固爾也. 至於館待事宜, 本部前已題, 而冊封儀典, 則屬禮部掌行耳.

或者謂, "倭素狡詐, 旣封而仍圖朝鮮, 未可[33b]知也." 臣則以爲, 事關外夷, 固難保終之不變. 然旣予封, 則必無侵朝鮮而後, 盟可定, 亦盟定而後, 使可往, 是在當事之訂之耳. 況彼方久羈朝鮮, 欲借此爲歸計, 我亦久勞征役, 欲借此爲結局. 事屬兩便, 可否不昭然乎. 卽如封矣, 當必三五年之安, 而朝鮮秉之, 以自爲戰守, 我亦因之, 以自爲備. 且以後或有他虞, 亦不至決裂如今日也, 而又不昭然乎. 此猶外夷言耳.

　　至若遼左, 以東征之役, 居民貧於轉輸, 士馬斃於鋒鏑, 虜知虛實, 無時不犯. 近復率衆數萬, 深搶廣寧, 山海[34a]以外, 白骨徧野, 千里無烟. 唇亡齒寒, 當在頃刻. 若復設難成之約, 滯冊封之典, 則行長必不敢見關白, 關白必不令行長歸. 春汛將臨, 全羅必失, 遼左敗殘之區, 虜攻其內, 倭攻其外. 無朝鮮, 是無遼左, 無遼左, 是無薊鎮, 則神京將安依, 宗社將安保乎. 於時皇上當必責臣曰, “向勑, ‘若誤天下大計, 責亦難辭.’ 而今果何如乎.” 而議者必以三尺繩. 其後卽斬臣之首, 亦不足贖誤國之罪矣. 然此猶爲一方言耳.

　　今天象告譴, 兵端屢興. 套虜入搶固原, 驅[34b]殺男女, 不知其數, 火落赤方結連, 入犯甘肅. 薊鎮, 長昂數掠寧前, 潛遁陵京, 而播酋負固, 勘討未結, 雲南緬賊, 每歲屯聚, 天下無一處無患, 所在兵疲餉竭, 無一堪將. 嗚呼, 此正所謂危急存亡之秋, 憂不在顓臾, 在蕭牆之內也.

　　今乃不爲中國, 而爲屬國, 不憂內虜, 而憂外夷, 不救腹心, 而救四肢. 臣亦自悔向之爲虞, 寧堪付託, 所不致再請罷斥者, 以向蒙明旨, 責以東事未完也. 故及未塡溝壑, 邀廟謨, 據勘議, 而盡布其愚, 以[35a]皇上之恩信, 東事當無不完. 卽有反覆, 臣星請輟部事, 以身往莅, 不濟則治臣之罪, 臣所甘心.

　　倘東事完結, 仍乞予臣骸骨, 全臣終始, 而孫鑛亦待封事稍定, 回鎮備虜, 庶不顧此失彼, 而遼左且得息肩. 臣身在負荷, 熟察機宜, 似未有便於此. 但事關重大, 臣星未敢擅便. 伏乞聖明, 裁定施行.

　　奉聖旨:

　　倭夷久住釜山, 請封甚切, 夷使久到, 未見處分, 殊失制禦機宜.

朕前屢發諭旨, 仍恐耽延悮事. 你部裏既這等說, 便着他進來, 准與他封, 不[35b]去, 興師明正其罪, 一意驅剿. 還行督、撫官知道, 及時修備愼防, 毋致懈怠.

15-1-14

兵部等衙門題 後附, 35b-38a

爲仰奉明旨, 以定東封事.

職方清吏司案呈.

本月初七日, 該本部題前事內稱:

倭使小西飛等抵京. 遵照禮部題奉欽依事理, 合詣鴻臚寺, 習禮三日畢, 於十三日赴闕朝見. 伏乞皇上, 於是日御門賜見. 群臣俱吉服侍班. 禮畢, 容臣等比照會議事例, 集府、部、九卿、科道及本部司官於東闕, 面諭倭使, 明[36a]皇上威德, 因與盟約束, 諭譯. 畢會, 倭使於公所, 候閣臣參見諭審.

等因, 奉聖旨:

知道了.

欽此.

隨於本月十三, 該內閣傳奉聖諭:

卿等與該部, 以乞封倭使, 請朕御門, 朕以兪允. 又以動火, 而煩熱及咽啞, 諭卿等知矣. 昨因朝聖母, 又感風寒, 頭目眩疼, 體發熱, 身軟, 御門且暫免. 其倭使小西飛, 着照該部題請, 卿與本兵及文武官面譯, 審其情形眞僞, 詳議來說. 朝見另擇日行, 卿等可安心, 毋自疑惑. 朕非假疾. 若有借此肆言的, 朕定行重治不饒.

卿等可[36b]傳與該部及該科知道. 諭卿等知.

欽此.

欽遵, 臣等於倭使朝畢, 會同後府國公徐文璧等、吏部尚書孫不揚等、吏科左給事中耿隨龍等、浙江道御史崔景榮等, 俱赴東闕, 宣諭倭使小西飛, 并示以皇上恩威, 訂以許封約束. 恐倭夷語言不通, 將三事, 開立簡明條件, 給以筆札, 令其逐款登答.

一件,

釜山倭衆, 盡數退歸.

小西飛親筆書云,

謹答. 若得准封, 一人不敢留住朝鮮, 亦不留對馬島, 速回國.

一件,

一封之外, 不許別求貢市.

小西飛[37a]書云,

任憑分付, 並無他求.

一件,

修好朝鮮, 共爲屬國, 不得輕肆侵犯.

小西飛書云,

朝鮮代我日本請封, 豈肯再犯他國.

又一件,

爾國原有國王否.

小西飛書云,

十六年前, 有關白信長, 戕了日本國王.

三事盡以聽從, 情詞備極恭順. 隨該閣於公所回諭云,爾這次來請封, 我舉朝文武官, 議論都不許, 還要用兵征討. 這是皇上天地好生之心, 見爾懇求歸順, 特恩許, 爾們知道否.

小西飛書云,

天恩萬萬歲.

閣內臣復部,

要約三事, 諭令一一, 都要遵守.

書云,

任憑分[37b]付, 准封並無他求.

其輸誠效順, 與前審無異.

先該督、撫孫鑛, 遣人訐問行長, 據送到回稟, '具已聽命.' 臣等未敢盡言. 今復會集多官於闕廷, 朝會之間, 眾目昭彰之地, 開款譯審, 俱小西飛親筆登答, 毫無假借. 眞僞俱已畢見, 許封事在不疑. 小西飛筆跡, 已封送司禮監查驗. 除朝見日期, 遵奉勅旨另擇, 表文隨令倭使, 頂送禮部, 聽候恭進外, 謹將前項譯審情形, 據實奏聞. 所有冊封及遣官事, 宜容禮部及臣等, 詳議題請, 次第舉行.

奉[38a]聖旨: "已有旨了."

15-1-15

兵部等衙門一本 後附, 38a-43a

欽奉聖諭事.

萬曆二十二年十二月十七日, 該司禮監太監張誠等, 於會極門傳奉聖

諭:

　　朕覽卿等所開條款, 譯審倭使之言, 及倭使回稱之說, 猶未詳確.
遠夷請封, 必須盡得其情. 平秀吉爲何以兵侵掠朝鮮. 及至戰敗, 尙拒
釜山不退, 今又差使上表乞封, 豈可輕率, 不細加詳審誠僞. 着該部詳
議封名, 先遣二官, 一諭彼行長, 不許留住釜山, 倭夷盡數退還本國,
一人[38b]不許留住, 巢穴房屋, 盡行燒燬. 一諭朝鮮, 待彼退回奏來.
卿等可與內閣, 將小西飛, 環在左闕門, 會同文武及科道等官, 令通曉
夷語通事, 當面嚴加詰問, 譯審情誠訂盟, 永無他變, 來說.

欽此.

恭捧到司, 案呈, 到部.

除原奉聖諭, 已經進繳外, 臣等欽遵, 於本月二十日, 會集內閣大學士
趙志皋等、後府掌府事國公徐文璧等、吏部尙書孫丕揚等、吏科等科左給
事中耿隨龍等、浙江等道御史崔景榮等於左闕, 將倭使小西飛, 請封始末
情由, 備細開款, 研加詳[39a]審, 令其逐一登答.

　　一問,

　　　朝鮮是天朝屬國, 你關白上年何故侵犯.

　　答,

　　　日本求封, 曾敎朝鮮代請, 朝鮮隱情, 騙了三年, 又騙日本人殺了.
因此舉兵.

　　二問,

　　　旣有此意, 只合通好朝鮮, 令之轉奏, 如何舉兵相犯.

　　不答.

　　三問,

　　　朝鮮告急, 天兵救援, 只合歸順, 如何抗拒, 有平壤、開城、碧蹄之敗.

答,

　　日本原住平壤, 無有接應, 及八月二十九日, 行長與沈遊擊, 相會
於乾麓山, 相約退讓平壤. 不期天朝老爺不信, 去年正月初九日, 進
兵攻城, 殺傷行長兵甚多. 碧蹄亦是天兵追殺, 死傷日[39b]本兵亦多,
退還王京.

四問,

　　後來因何退還王京, 送還王子、陪臣.

答,

　　是沈遊擊准封言語, 又說天兵七十萬以到, 因此星夜退兵, 送還王
子、陪臣, 并將七道送還.

五問,

　　說退還王京, 送還王子、陪臣, 以求封, 如何又犯晉州.

答,

　　原是朝鮮人去日本, 相遇清正、吉長兵馬殺了, 因此相殺. 後見天
朝兵, 卽便退去.

六問,

　　原約三事盡從, 方許爾封. 爾當傳行長等, 卽令倭戶盡去, 房屋盡
燬, 不復犯朝鮮, 不求別貢市. 爾能保行長盡從否.

答,

　　前日行長有稟帖, 上孫老爺去, "一一聽命, 不敢[40a]有違天命."
此係大事, 秀吉有命行長, 行長有書小的, 方敢如此對答. 定無反覆.

七問,

　　原來兵二枝, 一行長、一清正, 今獨行長請封. 倘清正不肯輸服,
如何.

不答.

八問,

　　爾等雖一時遵約, 至於日久, 能保永無他變否. 爾當對此訂盟立

誓, 方與請封.

答,

　　天朝老爺問的言語, 小西飛彈守藤原如俺答的說話. 封後不敢求

貢, 朝鮮不敢再犯, 撤兵盡數歸國. 如有一字虛說, 關白平秀吉, 并行

長、小西飛, 俱各不得善終, 子孫不得昌盛. 蒼天在上, 鑒之鑒之.

九問,

　　你既保永無他變, 爾當[40b]對此訂盟立誓, 方與請封.

不答.

十問,

　　爾國在我成祖文皇帝時, 曾賜玉帶、金印, 封源進義道爲日本國

王. 今有子孫否. 其金印安在.

答,

　　日本稱王甚多, 姓源、姓橘、姓平、姓秦. 十六年前, 爲信長所殺國

王, 乃秦姓. 子孫、金印, 俱未之聞.

十一問,

　　爾前去, "朝鮮既爲請封, 豈肯侵犯他國." 但平秀吉受知信長, 尚

且篡奪, 朝鮮一時代奏, 彼豈不再犯.

答,

　　信長者, 篡國王不好, 因爲部將明智所殺. 見今關白秀吉, 率行長

諸將, 興義兵, 誅明智, 歸併六十六州. 若無秀吉平定諸州, 日本百

姓, 至[41a]今不安. 信長殺國王, 信長爲明智所殺, 秀吉今誅明智, 俱

十六年前事.

十二間,[87]

　平秀吉既平了六十六州, 便可自立爲王, 如何又來天朝求封.

答,

　秀吉因是殺了明智, 又見朝鮮有天朝封號, 人心安服, 故特來請封.

十三問,

　爾國既稱天皇, 如何又稱國王. 不知, 天皇卽是國王否.

答,

　天皇卽國王, 以爲信長所殺.

十四問,

　爾國既有天皇, 今若立關白爲王, 將國王置之何地.

不答.

十五問,

　既如此, 當奏皇上, 請封爾. 爾當寫書差倭, 去報行長速歸, 令關
[41b]白整備冊使船隻、館舍, 及一應恭候禮儀. 一有不虔, 封仍不許.

答,

　守候已久, 件件不敢有違. 天朝原命沈遊擊, 到釜山, 兵馬卽過海
回家, 行長守候天使, 到日卽退.

十六問,

　既來請封, 爲何釜山運糧、造房. 必有他意.

答,

　原以封貢相求, 因天朝不肯, 關白、行長未信. 這是求封好事, 又運

87　원문은 "間"이나, 이는 "問"의 오기.

糧、蓋房, 俱各守候天使, 並無他意. 天使一到, 盡皆燒燬.

爲照, 東倭封事, 自始議迄今, 臣星任其事, 頗悉梗槩, 而在廷諸臣, 聞見尙未詳盡. 今該臣等遵奉[42a]聖諭, 自從起兵根因, 以及三戰退遁, 請封誓, 與詰彼國王存亡未悉, 凡十一款, 其條對一一, 皆有源委. 卽一月一日, 一事一時, 親筆直書, 衆目所擊, 不容毫有支吾轉換者.

謂夷性多狡黠, 未可以一封之後, 永保無事. 然考昔年俺答乞封, 內外主持, 止期五七年之安, 外示羈縻, 內修戰守. 乃今二十餘年, 封事三襲, 邊患稍寧, 此亦旣往明驗. 而今倭夷當簒奪之餘, 關白以義旅收復六十六州之衆, 將以統一全國, 非徼我聖朝寵靈, 則不能長守境土, 享有富貴, 所以懇乞封[42b]號者, 有由然也.

據云, 朝鮮詒悞, 以致興兵. 而自平壤摧殘之後, 令退王京, 送還王子, 且守候經年, 未聞動擾, 以三事, 俛首遵奉, 乞封委眞, 與封有名. 況奉明旨許封, 又遣取伴倭使來朝, 遠近傳聞, 事難中止. 誠予一封, 足以昭皇上懷遠之至仁, 以全天朝馭夷之大信. 在薊、遼, 得以休暇, 無征調之煩, 在朝鮮, 得以生息, 無傾覆之患, 一封而數美得焉. 計未有便於此者, 又何疑於今日之封乎.

伏乞[43a]皇上, 特賜宸斷, 勅下禮部, 將表文齎進, 議封議名. 兵部卽擬冊使, 同小西飛, 前去遼陽暫住, 一面遣官, 宣諭行長, 封已予矣, 卽將釜山倭衆, 盡數退歸, 房柵盡行燒燬, 伺朝鮮王奏到而後, 冊使渡江以往. 此熙朝之盛事, 大聖人之作爲, 天下幸甚, 臣等幸甚.

奉聖旨:

這倭使, 旣譯審的確. 封名、冊使等項, 着詳議具奏. 你部裏, 先差官前去, 宣諭倭將, 率衆盡數回巢, 待朝鮮王奏到之日, 遣使往封.

15-1-16

兵部一本 後附, 43a-46b

欽奉[43b]聖諭事.

職方司案呈.

照得, 本部題前事內:

禮部擬封, 上請遣使, 與<u>小西飛</u>等, 於正月內, 刻日起行. 二事
旣畢, 卽遣官諭令倭衆悉歸. 朝鮮王奏到, 冊使自<u>遼陽渡江</u>往封.

等因. 奉聖旨:

是.

欽此.

卷查, 本年十一月內, 准禮部咨:

該本部題爲仰奉明旨, 再陳未盡事宜, 以定東封事內:

一議, 國初遣使外夷, 原無定銜. 其後外夷襲封, 如朝鮮則
遣行人, 琉球則遣科臣及行人. 蓋屬國賓服已久, 使臣不難銜
命, 而示之以信也. 今倭夷雖云乞[44a]封, 然夷性未馴, 禮文
未習, 宜得武臣有威望者, 以攝服之.

容臣等移咨兵部, 選擇武臣儀觀雄偉, 智識明辯者一員, 齎
勅前往, 或徑赴彼國宣賜, 或就令於境上迎接, 臨期取旨奉行.
務令宣示德意, 相度機宜, 足爲制馭長策, 毋致失悞使指, 虧損
國威, 以辱君命. 庶外夷知朝廷之有人, 而禦侮亦有賴矣.

等因. 題奉欽依, 部咨.

送司, 案呈.

到部.

爲照, 冊勅外國, 例有使臣, 俱禮部題, 差文臣二員. 今該部以創始之封, 欲選差武臣儀觀雄偉, 識智明辯者以往, 且令相機[44b]制馭, 期以不辱君命, 誠爲有見.

臣等查得, 臨淮侯衝[88]衛李宗城, 丰儀端整, 智識圓融, 武足荷戈臨戎, 文能敦詩悅禮, 堪充正使. 應加府衛. 五軍營右副將都督僉事楊方亨, 儀度修偉, 而將略素閑, 才識精明, 而事機立辯, 堪充副使. 俱應量加服色, 以光使命.

若倭夷乞封, 往來講拆者, 遊擊沈惟敬也. 倭之情形, 事之始末, 本官能知其詳, 仍應責成. 本官偕使前往, 俾之始終其事. 及照, 近奉明旨:

差官前去, 宣諭倭將, 率衆盡數回巢, 仍待朝[45a]鮮王奏到, 使臣往封.

亦應差沈惟敬, 齎勅一道, 前抵釜山, 宣諭倭將, 令盡數退歸, 柵房燒燬, 一面卽順便齎文, 諭令朝鮮國王, 遵旨奏報而後, 使臣往封. 於凡約束三事, 和好兩國, 悉責料理. 事完倂敍前功, 如有踈失, 倂治其罪. 及照, 本官效勞已多, 未經一敍. 今復責成封事, 干係重大, 亦應塡註職銜, 庶便行事, 相應題請.

合候命下, 將李宗城, 量授署都督僉事, 添註後軍都督府僉事, 充正使. 楊方亨, 以原官充副使. 各賜武官一品服色, 內府頒給. 沈惟敬, 添註神機三[45b]營遊擊將軍, 俸薪、軍伴, 照見任關支.

本部仍將二臣出使應行事宜, 及沈惟敬宣諭料理各項事務, 議擬數目, 假以便宜, 請勅二道給付, 欽遵行事. 合用箱櫃、人役等項, 行各該衙門,

....

88 글자 모양은 "衝"이나, 이는 "勳"의 오기로 판단함. 『明神宗實錄』 권280, 만력 22년 12월 30일(계유) 참조.

照例撥給, 所有各官隨從員役, 並天文、醫生、畫工等項, 聽隨宜奏帶. 應用犒賞、衣裝、廩糧, 本部酌量處給, 事完造冊奏繳.

再照, 文臣出使琉球, 還日俱陞, 應得京堂, 以酬其勞, 載在令甲, 遵行已久. 惟武臣出使, 未有定例. 今倭封創始, 比之琉球久稱屬國者, 難易不同, 由朝鮮以抵日本, ■[89][46a]水路險遠, 與琉球更甚.

仰體皇上威德遐宣, 福澤遠被, 必能完事遄歸. 諸臣豈敢貪天爲功, 別有希冀. 惟是文武一體, 出使一事. 若銜命而往, 忠恪將士, 能使到島夷賓服, 屬藩抵定, 上寬聖主東顧之憂, 下解中外騷擾之苦, 則一紙之書, 眞賢於十萬之師, 一介之使, 足抵六師之衆. 所有酬勞之典, 容臣等分別從優擬請, 以示激勵其餘. <u>李宗城</u>員缺, 另行推補.

奉聖旨:

　　<u>李宗城</u>授署都督僉事, 充正使. <u>楊方亨</u>以原[46b]官, 充副使. 各賜一品武官服色. <u>沈惟敬</u>也着他去, 都寫勅與他.

15-1-17

禮部一本 後附, 46b-47b

欽奉聖諭事.

　　儀制司案呈.

　　奉本部送:

....
89　원문은 보이지 않으나 남아 있는 자획과 문맥상 "其"로 판단함.

准兵部咨前事：

奉聖旨：

依擬行.

欽此.

欽遵, 案候在卷.

今該前因通查.

案呈, 到部.

看得, 倭夷乞封, 兵部題請, 不啻詳矣. 旣議封其主, 並議封其妻, 且欲刻期遣使, 限以正月內起行, 無非欲遣使夷之歸國, 以慰遠人之望. 除遣官一節, 已經本部題奉欽依, 選擇武臣前往, 移咨兵部, 徑自題請外, 所有豊臣[47a]平秀吉, 相應議擬上請.

及查, 兵部題: "據小西飛供稱, 日本已無國王." 似應封以日本國王號. 但秀吉旣乞恩請封, 果如兵部所稱誠心向化, 則其歸順, 亦自可嘉. 先該本部題請另議二字, 如順義之類, 以封之. 今或卽以平秀吉, 封爲順化王, 則名號所加, 亦足風示外國, 而顧名思義, 未必非招携之一端也.

至於有夷主則有夷婦, 兵部復因小西飛禀揭. 輒因朝廷不吝封爵, 以■[90]向化之夷, 亦不靳妃封, 以邃夷使請乞之心. 要在俯順夷情耳. 及查, 平秀吉表內, 原未有乞封其[47b]妻字樣. 雖朝鮮傳襲舊制, 妻封亦與國王並封, 其在俺酋等夷, 原無比例. 該科參詳, 則舊例信有, 難槩擾者. 惟是平秀吉錫封, 原係特典, 名器出自朝廷, 臣等未敢擅便, 恭候聖明裁定. 其國王該用冠、服、印、誥等件, 容臣等另行題請, 行令各衙門, 一體遵奉施行.

....

90 원문은 글씨가 불분명하지만, "畀"로 판단함.

奉聖旨：“是. 平秀吉, 准封日本國王.”

15-1-18

小西飛稟帖 後附, 47b-49b

稟兵部尙書石.

　日本國差來小西飛彈守滕原如安, 謹稟天朝兵部尙書太保石爺臺下. 小的日本求封, [48a]蒙老爺天高地厚之恩, 感當何如. 昨見四位閣下老爺、禮部范老爺盛心, 大事已就. 今在議封之時, 特將本國一應人員姓名開報. 伏乞老爺, 照例開後緣由施行, 舉國得安, 萬代頂恩. 謹稟.

　計開：

　冊封勅書, 並各項儀制, 務求老爺留神要好, 不致貽笑朝鮮、琉球海外諸國. 至禱.

　一. 日本國王無有, 舉國臣民, 乞封關白豊臣秀吉爲日本國王. 妻豊臣氏爲妃, 嫡子爲神童世子, 養子秀政爲都督, 仍爲關白.

　[48b]一. 豊臣行長、豊臣三成、豊臣長成、豊臣吉繼、豊臣秀嘉

　以上五員, 乞封大都督. 獨行長加世西海道, 永與天朝治海藩籬, 與朝鮮世世修好.

　一. 釋玄蘇, 封日本禪師.

　一. 豊臣家康、豊臣利家、豊臣秀保、豊臣秀俊、豊臣氏卿、豊臣輝元、平國保、豊臣隆景、豊臣晴信、豊臣義智

　[49a]以上十員, 乞封亞都督.

　一. 釋宗逸, 封日本一道禪師.

一. 豊臣玄次、豊臣吉長、豊臣正家、豊臣行成、豊臣全宗、豊臣調信、豊臣吉隆、豊臣正信、源家次、平行親、平末卿

以上十一員, 乞封都督指揮.

一. 豊臣義弘、豊臣鎭信、金平豊長、源鈍玄、源重政、平信

以上六員, 乞封亞都督指揮.

[49b]一. 平山五衙門兵衛、安宅甚藏、平田四都、西山久助、吉下申我、吉田善[91]右衙門、西川與節、十昌九次、十瀬少吉、松井久丈夫

以上十名, 勞苦三年, 均乞封爵.

直有未盡應封人員, 乞老爺給賜大都督劄付十五張、亞都督劄付二十張、都督指揮劄付三十張、亞指揮劄付五十張. 臨時頒賞, 使日本大小臣僚, 俱叩受天朝爵秩, 遵天朝命令.

15-1-19

兵部一本 後附, 50a

[50a]欽奉聖諭事.

奉聖旨:

豊臣行長, 准授都督指揮使, 賞紅綠紵絲四疋. 滕原如安, 授都督指揮使, 賞紅綠紵絲二疋、銀二十兩. 各給與冠帶、衣服. 其餘俱依擬.

經略朝鮮薊遼保定山東等處兵部左侍郎都察院右都御史宋公行狀

寓林集 卷十七 黃汝亨

左司馬經略桐崗宋公, 平東事歸十年, 以萬曆丙午二月卒. 公長公子守一, 走長安, 伏闕上書, 白父功, 而衷經過汝亨邸舍, 持門人羅大冠譜公行事, 據地泣曰, "以狀累吾子."

某謝不敢, 則長公揮涕言, "守一不卽死, 不廬次, 所以數千里來, 非徼死父, 幸榮其身, 爲子孫謀. 念湮[92]滅父功, 負上恩, 墮忠臣之心, 無以爲人臣子, 與亡子等, 守一罪當死. 論功於[93]朝, 徵行自鄉, 微吾子狀, 焉徵于是."

某不敢辭.

按譜, 公諱應昌, 字思文, 別號桐崗. 其先會稽郡人, 始祖先元, 占籍杭之仁和里. 數傳而爲曾大父義. 義生富, 富生四子, 長曰儒, 號虎山公, 配何太淑人, 生二子. 長應期, 次卽公也.

公方面紫髯, 目閃閃如巇下電. 生時有赤光異香之祥, 兩[94]足下有七大痣脣, 內一痣如珠, 識者知其不凡云.

六歲就外傳, 十三受易于馬、翁二先生, 研太極、河、洛之旨. 道逢胡僧曰, "是兒電目雀步, 殆麟閣中人." 進揖之, 不顧而去.

．．．．．．．

92 원문은 "湮"이나, 『寓林集』에는 "堙"로 표기함.
93 원문은 "於"이나, 『寓林集』에는 "于"로 표기함.
94 원문은 "兩"이나, 『寓林集』에는 "雨"로 표기함.

十九娶顧淑人, 而何太淑人卒, 公哭盡哀. 二十三爲督學松坡畢公所賞識, 補邑博士弟子員. 時郡有唐先生者, 善言易, 爲折角受業. 披易玩圖, 餐臥俱廢, 家故貧, 蔬食布衣, 晏如也.

嘉靖甲子, 薦鄉書十三人. 會長公爲功曹坐侵, 繫于理. 公卽出坊金償官, 出■.[95]

乙丑, 第二甲進士. 以念虎山公, 展太淑人墓, 假歸, 已奉虎山公謁選部. 或爲公計擇官, 公不屑.

授絳州守. 絳西鄙, 地稱瘠, 悍難治, 公悉心撫字. 例有四門稅金參百, 悉罷不受. 豪宗有擾民者, 廉治其左右一二人, 衆爲斂手. 絳旱, 公齋戒, 拜禱于馬首山之神, 雨淋淋, 隨拜下. 是秋大有鏡冤雪枉, 每有異政, 兩臺交章薦公, 特委查寧、化等關月餉. 公因洞見邊情, 登埤浩嘆曰, "邊備如此, 而恃無恐乎." 聞者悚然, 卽卜負安攘之略矣.

守絳之三年, 擢刑部員外郎. 晉中諸公, 相扼腕嘆曰, "宋公志略如彼, 而冷白雲司, 何耶." 頃之, 改戶科給事中, ■[96]數也. 會新鄭起互市議, 公疏陳撫賞不便者三事, 又陳防守六事, 柄事者不能用.

尋轉刑科右給事中. 有久任邊臣, 推廣仁德, 及隆聖德, 以答天眷等疏.

壬申, 轉禮科左給事中. 會虎山公歿, 公執禮盡哀如喪太淑人. 服闋, 復除禮科左給事中, 奉勅巡視京營. 時江陵相當國, 氣灼灼撲人, 奏事者, 必先上副封, 公獨斥不用. 邊報一夕十數至, 江陵掩對亡有, 公撫膺嘆曰, "欺至此." 輒據僄以聞, 直陳防虜七事. 江陵怒謂, "是夫乃獨齕我." 出公

....

95 원문은 판독이 어려우나, 『寓林集』에는 "之"로 표기함.
96 원문은 판독이 어려우나, 『寓林集』에는 "異"로 표기함.

爲濟南守. 公夷然就道, 無幾微不平色.

　濟爲南北孔道, 盤錯特芒. 公釐奸剔蠹, 不遺餘力. 問民所疾苦, 而務平停之. 如賦委收解, 役分九則, 東省至今規焉. 他寬仁善政, 所全活, 不可勝數, 民謳誦, 至今不絶. 前後最書凡七, 上三年, 入覲考卓異第一人, 賜宴東序.

　六年, 擢山西按察司副使, 備兵河東. 時蒲州河堤決水, 嚙城就圮. 會守道以齎捧行. 公馳入蒲, 爲文禱于黃河之神. 文投, 水落三尺. 公仍胼胝爲築提, 三月堤成, 蒲以永賴. 民謹呼, 祠祀公, 比于南海之祠昌黎焉. 公究心民艱. 值苦旱不雨, 用春秋繁露禱雨法, 檄所司行之, 輒應. 秋七月甲子, 有龍見于猗氏壇井中, 鱗角森具, 龍乘風上. 是夕雨, 民咸神之.

　亡何, 陞河南布政司左參政, 兼督糧儲. 河南漕糧, 歲報大戶糴兌, 而積猾包攬爲奸. 公條九議, 禁革奸利, 軍民稱便, 兩河漕運, 至今賴之. 時亦苦旱, 夏六月, 公爲壇西郊, 有五色蛇, 見於甕中, 踰日失所在, 雨乃降. 秋七月, 復爲壇於大梁西郊, 不應. 稍移而北, 俱用繁露禱雨法, 而變通之, 不終日, 亦雨.

　是月, 陞山東按察使. 東人故德公, 聞公至, 踴躍飛舞, 如嬰兒之復獲慈母云.

　亡何, 轉江西布政司右布政, 行淸軍事. 公洞見軍冊在官積書, 緣爲奸上下, 源委悉據冊互參, 芟複除絶, 官民可相告驗, 一洗向來株連之累. 而以餘間,[97] 與陳■[98]叔左使登樓賦詩. 詩成, 溜澆麗爽, 人咸服公胸中饒有勝情, 非但宏濟世具也. 然忌公者, 亦卽翁訕公, 公遂上乞休疏. 冢宰

....

97　원문은 "間"이나, 『寓林集』에는 "閒"으로 표기함.
98　원문은 보이지 않으나, 『寓林集』에는 "玉"으로 표기함.

二山楊公, 深知公, 獨奏留之.

轉福建布政司左布政使, 疏辭不獲. 尋陞都察院右副都御史, 巡撫山東. 山東, 兩都之三輔, 南北咽喉處也. 西三郡困於漕輓、馳傳, 東三郡困於徭役、軍操. 人疲奔命, 饑寒載途, 流亡者未復, 奸宄不息, 俗化益舛. 公嘆曰, "事不師古, 法不宜民, 救頭濡尾, 何以爲治."

于是, 疏陳三事, 一按古鄉約法, 一按古保甲法, 一倣古常平豫備, 意爲保赤倉法. 下所司, 設誠行之. 于時, 有編審之役, 公又定爲積累權變二法, 以授有司. 以此陞擦饒乏, 役無偏苦, 東人安利者累年歲.

而公綢繆東土未已也. 念, "山以東, 北衛神京, 而青、登、萊, 則屏翰東海. 國初, 沿海設有營衛巡司, 法制頗詳, 而承平日久, 當事者置不問. 有如世廟時, 登、海間中, 倭何以待耶." 於是, 巡視三府, 壹意整飭, 乃題海防事宜五事. 一設專官以備責成, 二加職銜以資彈壓, 三增營房以恤士卒, 四撤防海以俾實用, 五復海汛以消姦宄.

又題海防要略, 大意謂, "倭奴情形已著, 春汛可虞." 進選將、練兵、積粟三策. 仍親歷海口, 修險隘, 築營堡, 督造軍器、火藥, 分撥沿海官兵, 畫策設防. 衆猶謂公迂遠, 闊情事. 亡何, 陞大理卿, 而倭奴攻陷朝鮮之報至矣.

當東事初起時, 會我兵方事西討, 而倭奴舉六十六島之衆, 突入朝鮮, 國王李昖, 走竄義州. 虜王子臨海君肆、順和君珏,[99] 發靖康[100]、恭僖二王墓. 八道、三韓, 殘破幾盡, 聲言內犯, 京師戒嚴. 某官祖承訓, 奉命往援朝鮮, 全軍俱覆, 僅以身免, 中外洶洶, 計畫無所出.

....
99 실제 인명은 "珏".
100 실제 시호는 "康靖".

朝廷懸賞格, 有能復朝鮮者, 賞銀萬兩, 封伯爵世襲, 朝臣擧股戰, 舌擧觿觿, 無應者. 乃稽首推公往, 詔拜公兵部右侍郎, 經略薊、遼、山東、保定等處防海禦倭軍務. 有旨:

> 宋某忠勇任事, 又經特遣, 這事權都專責任他. 督撫毋得阻撓, 將領以下聽節制. 違者以軍法從事.

時有郭侍御, 論公不可任者七事, 上震怒, 謫之. 公上疏力救, 且辭, 上任公旨益切, 不得已拜命. 有中使數輩來, 凝視公, 良久去, 俄而持尙方賜出:

> 賜經略宋某白金百兩、大紅紵絲四表裏.

公叩首謝, 驚喜俱集. 中使耳語曰, "上命視先生福器如何, 我輩還報, 先生風姿雄偉, 鬚眉面目, 英英逼人. 聖情欣悅, 特有此賜." 公感極泣下, 誓以身報國, 卽仗鉞出都門, 蓋壬辰秋九月杪也.

然是時, 經略創設, 部署未定, 一切甲兵、糗糧、軍器, 倉卒未備. 公從空中劈畫, 事事皆辦. 奏以大將軍李如松爲提督, 移檄四鎮, 修墩堡, 益戍兵, 督造軍火、器械, 分布海口. 又奏添協守副總[101]兵二員、遊擊若干員、守備若干員, 募南、北兵一萬五千, 添北兵一萬二千, 加南兵二千, 各相地要害, 分駐南北, 控扼節制有差. 延袤三千里, 首尾絡應, 有身臂指使之勢.

署旣定, 以副將楊元將中軍, 李如柏[102]將左軍, 張世爵將右軍, 參、遊而下, 分撥標下, 統率出關, 一軍肅然. 觀者皆斂手驚嘆曰, "宋公行兵整而暇, 大而不疎, 眞經略也."

....

101 원문은 "總"이나, 『寓林集』에는 "撼"으로 표기함.
102 원문은 "柏"이나 『寓林集』에는 "栢"으로 표기함.

然是時, 倭奴以三十萬衆, 雄據朝鮮, 我兵調集, 僅三萬五千, 而大將軍尙羈寧夏, 未至. 石大司馬, 又計且緩師, 俟西事定, 遣沈惟敬, 以封貢議往, 有旨:

惟敬以遊擊職銜, 著經略軍前聽用.

至是, 道謁公. 公呼惟敬前曰, "倭求封貢, 第宜卑辭向闕, 全軍退釜山聽命. 何敢蹂朝鮮要我, 而計緩我. 我奉命討賊, 有戰而已. 汝毋以身嘗法." 惟敬縮舌去.

時我寡敵衆, 軍心惶惶, 公指顧詳. 暇偶有能練神兵符術進者, 幕[103]客相顧, 笑以爲誣妄. 公曰, "姑試之, 借以安吾軍." 公所秘造火箭明火、毒火, 皆精入神. 將士試之, 輒奇驗, 軍心始安.

臘月, 大將軍李始抵遼, 謁見公. 公曰, "倭衆而悍, 覦我中國, 我兵糧足器精. 滅此而後朝食, 責在大將軍." 李將軍避席起曰, "謹受命." 相與誓師度江. 會惟敬至自倭營, 執款議如初. 公瞋目大怒曰, "天兵來如泰山壓卵, 賊亡無日, 尙敢以謾辭侮我. 汝怯辱國, 罪當斬." 命力士縛惟敬軍中, 而議討賊益急, 頒示軍律三十二條. 會欽賞銀十萬兩, 公宣上德意, 衆益感奮, 歡聲徹天.

至期, 禡牙於庭, 乃奉觴進大將軍, 次及三副將曰, "破倭復屬國, 勉樹鴻伐, 以報主恩." 又進諸將士曰, "封賞在前, 軍律在後, 其各戮力." 俱叩頭謝去.

癸巳春正月, 特旨加公一品服, 賚麒麟衣一襲, 至鴨綠江上. 公北向拜賜訖, 整兵薄平壤. 倭將平行長, 雍[104]衆十萬, 集城下, 築飛樓, 鑿牆

....

103 원문은 "幕"이나, 『寅林集』에는 "募"로 표기함.
104 원문은 "雍"이나, 『寅林集』에는 "擁"으로 표기함.

穴. 守牡丹峰爲犄角, 穿小孔, 銃從孔中出, 勢如峒虎, 莫敢仰攖者. 公指
授方略, 圍其西、南、北三門, 外布鐵蒺藜數重, 暗設虎蹲[105]等炮, 列兵守
之. 火箭火箭[106]齊發, 毒煙蔽空, 倭衆昏督嘔仆. 我兵各含解藥, 蟻附而
上, 諸門盡破, 賊大敗走. 斬首一千六百四十七級, 焚溺死者, 不可勝計.
追之開城轉戰, 又斬首一百七十八級. 諸路賊望風奔潰, 行長卷營, 趨遞
至京.

　是時, 倭勢尙盛, 又懲敗而憤. 大將軍狃其屢見敗, 僅以三千人自隨,
往探地形, 于是有碧蹄之圍. 大將軍殊死戰, 我兵無不以一當百, 斬金甲
倭墜馬, 而楊元、張世爵援兵復至, 倭潰圍散.

　然公披圖熟計謂, "北山高逼王京, 依山頻攻, 可一鼓而下." 又度, "原
調三大枝兵, 當應時集. 我兵刻期進擊于陸, 而令朝鮮, 以水兵截于海,
倭卽百萬, 可隨手盡." 而本兵密令惟敬議款, 忌公轉戰, 所調兵, 悉令支
解. 李承勛兵留山東, 陳璘兵奪薊鎭, 沈茂兵中途遣還浙. 公拊膺嘆曰,
"令我以疲卒當銳師, 抑徒手殺賊耶."

　公又念, "倭不退王京, 則朝鮮必不可復, 而王京城南, 有龍山倉, 朝鮮
所積二百年糧食, 資以飽倭, 則倭必不退." 乃夜令死士, 以明火箭, 燒龍
山倉十三座. 糧盡, 倭大窘, 乃棄王京去.

　公復計, "南原係朝鮮南鄙要害地, 倭必從此度兵." 屢檄提督、劉綎守
之. 至是, 遣兵追及晉州, 與淸正夜戰, 大破之. 賊相顧驚曰, "天兵幾何
而所至, 策應何神也." 自是悉衆遞歸釜山舊巢, 又復遠遞熊州、[107]西生
浦, 送王子、陪臣, 及宮眷百餘人還.

　⋯⋯

105 원문 및 『寅林集』에는 "蹲"이나, 원래 대포 이름은 "蹲".
106 원문에는 "火箭"이 한 번 더 들어가 있어 衍字로 판단함. 『寅林集』에는 해당 글자가 없음.
107 원문은 "州"이나, 이는 "川" 오기로 판단함.

公欲乘此時轉戰, 驅倭渡海, 而兵力不繼, 師老矣. 于是, 咨國王, 選壯士萬人, 衣甲悉同南兵, 卽同南兵訓練守之, 俟練成, 移南兵回. 而惟敬輒乘間, 率倭使, 以封貢請. 公乃具「防守善後議」聞上, 而大司馬遂有撤兵議.

公奮髯力爭曰, "吾官可去, 兵必不可撤." 因上「慎留撤、酌經權疏」. 大意謂:

> 臣以, 兵力倦, 而姑聽封貢, 權也. 守朝鮮全、慶, 以備倭, 俾不敢生心窺我, 經也. 臣能逐倭於朝鮮之境內, 不能逐倭于釜山之海外. 倭今日以畏威遁, 他日必以撤兵來. 且夷心狂狡, 未可據封貢爲信.

疏上不聽, 而撤兵之議, 從部下矣.

公旣提軍入異國, 餐風臥雪, 勞苦日久, 中復憤懣, 不自得. 忽中風仆, 半日乃甦. 喟然嘆曰, "長揖歸田廬, 有以也." 遂上書, 乞骸骨. 奉旨:

> 宋某東征勞苦, 旣有疾, 著還朝調理.

尋以某官顧養謙代.

于是, 公候代廣寧考績, 贈大父及父如其官, 大母及母贈淑人, 妻封淑人. 廕一子守一, 准送監讀書. 是月, 轉本部左侍郎, 得代入關. 朝鮮上自國王, 下逮父老, 號泣攀援, 先後數百里不絶, 建祠繪像, 卽平壤而尸祝焉. 嗟乎, 是可以虛聲得哉. 而物議噂沓不已.

公乞生還, 疏凡三上, 俱奉旨勉留. 公遂稱疾篤, 不能還朝. 疏四上, 始得旨:

> 宋某准回籍調理. 東征勞績, 待事定論敍.

公奏繳支存馬價, 併欽賞冊籍. 計用兵僅十六月, 所費僅二十一萬五千, 而讒者有謂, 公以二十萬金媚倭, 可嘆也.

蓋東征之役, 自上特簡, 當公陛辭, 中使熟視還報, 時卽荷尙方之賜.

既東, 恩賞洊至, 上不可謂不眷公. 而公於是役, 歸王子、陪臣, 斬倭首二千三十級, 克復平壤、開城、王京, 總還故地二千五百里. 勞苦功高, 亦可謂不負上.

敍功覆疏, 歷歷有旨. 八月, 告廟宣捷, 承聖旨:

宋某籌畫勞瘁, 克奏膚功, 應從首敍. 著陞都察院右都御史, 遇缺推用, 還賞銀一百兩、大紅紵絲四表裏.

又部引十九年延綏擣巢, 斬首五百級, 督臣得廕錦衣千戶世襲例, 奉聖旨:

宋某准廕一子, 與做正千戶, 世襲.

公拜表懇辭, 不獲. 臣主之間, 可謂兩無負矣.

而議者猶以請封撤防爲公罪. 不知公受命經略, 在二十年九月, 而遣沈惟敬, 始封議入倭, 在二十年七月, 繼定封在二十三年秋, 而公歸田在二十二年春, 則公於封事, 始終不涉, 而部下撤防之議, 自公得代後. 公所留劉綎兵萬六千, 守全、慶, 而爭言兵不可撤, 疏具在, 則安得移而訾公. 嗟乎, 中山、交阯之謗, 古今同慨, 奈何當明主時, 而猶紛紛哉.

藉令李承勛、陳璘、沈茂等調兵繼至, 長驅絕海, 則公功當益高. 又藉令倭奴據開城、王京不退, 王子不生還, 朝鮮不再造, 又當何如罪公也. 曾不記倭陷朝鮮之日, 懸萬金、世伯爵之賞, 而朝臣覿覿相盼, 無一敢出聲應者乎.

竊謂, 公東征功, 卽不得與寇萊之澶淵、裴晉之淮西, 相上下, 豈不足比劉江望海堝之捷. 不然, 亦何至出延綏擣巢斬級者下哉. 此忠臣志士所以扼腕而嘆, 孝子所以泣血而訴也, 於公何損焉.

公壯年筮仕, 出典方州, 歘歷瑣闥、郡守、藩、臬, 所至有聲績. 逮躋卿貳, 秉鉞東征. 乞身歸閭門, 養重絕口不言伐. 孤山菟裘, 梅崔爲友, 或客至浩歌, 或僧來清話. 喜讀書, 尤深於書、易, 柝太極、河、洛之旨. 蓋自其少年師傅, 而歷閱世變, 融通心地, 每有獨得, 學者罕得而窺焉. 所著有道器圖說、心逕茅鋤、窺測陳荃等書, 門人奉爲司南云.

公生自嘉靖丙申十月初三日申時, 而卒以萬曆丙午二月十日巳時, 得年七十一. 元配顧淑人, 某官某公女. 生二子, 守一, 官生, 有道骨醇行, 精通內外典, 卽今泣血詣闕上書者也. 娶廣西桂林府經歷五亭金公病女. 次守敬, 太學生, 娶徽州府知府純庵沈公女, 再娶太學生芝麓許公女, 再娶許公女.[108] 俱顧淑人出. 側室丁氏, 生子一, 守心, 女一, 俱幼. 孫男三, 長楚望, 仁和庠生, 娶孝廉國蕃錢公女. 次夷望, 聘太學生仲宣金公女. 次虞望, 未聘. 孫女二, 一適太學生江之渙, 俱守一出. 一許字南直隸提督學御史淇園楊公子, 守敬出. 曾孫一, 曾孫女一, 俱楚望出. 某年某月某日, 將奉葬於山之麓.

某辱公知眷, 知公特詳, 其生平懿行, 不具論, 論其大者, 列爲狀, 以備鉅公先生采擇. 以昭信當代, 不朽來世, 俾忠臣孝子, 不至悶悶飮泣, 垂示編錄. 謹狀.

15-3

明兵部左侍郎經略桐岡宋公配顧淑人墓誌銘

寓林集 卷十五 黃汝亨

....

108 "再娶許公女"는 원문 및 『寓林集』의 衍字인지, 아니면 세 번째 부인에 대한 설명인지 불분명하다.

左司馬經略桐岡宋公歿五年, 而元配顧淑人歿. 歿又十二年所而長公
子守一與季公子守敬, 手撫母懿行, 過不佞亨, 泣而請曰,

"傷哉. 母夫人之未及志以葬也, 以先經略公之尚在淺土也. 先經略公
有大勳于國, 例得予祭葬. 而會有扤之者, 未遂請也. 母夫人臨歿而呼不
孝輩曰, '爾父功不白, 吾目不瞑.' 母先及我逡巡久之. 顧念先經略之功,
紀在司勳, 終必不泯, 母夫人懿行在閨闥之內, 及今不圖所以誌者, 將泯
泯矣. 敢以累吾子."

某謝不文, 而于長公兄弟誼至篤, 向業已狀經略公, 而何忍於淑人. 謹
受而志之.

淑人顧姓, 父曰武略將軍柳塘公, 母沈宜人. 未生時, 有靑烏家過顧氏
墓者, 指曰, "是當出貴女." 亡何, 淑人生. 生有奇表, 稍長靜婉. 授孝經、
內則諸書, 輒能解. 柳塘公喜曰, "是女所爲, 貴徵者乎. 吾不與凡兒." 而
以贈左司馬虎山公與最善, 因見經略公, 亦有奇表. 語所知曰, "此兒足當
吾女." 虎山公請委禽焉.

越明年, 姑何太夫人病劇, 甚念得一見賢新婦而瞑. 淑人乃歸, 年
十八, 作止凜凜無愆儀. 太夫人見而喜曰, "兒有婦矣." 遂瞑. 隨執太夫人
喪, 朝夕哭甚哀, 而從中經紀, 其事如禮.

虎山公故豪爽, 不問家人産. 經略公束脯之入不贍, 而爲文日有聲, 所
過從, 皆名士. 淑人拮据女紅, 治甘脆, 承舅歡, 佐經略公讀, 而餘以給客
醵. 不足則脫簪珥, 幾盡, 無慍色也. 時姒氏秉家政, 淑人嚴事之如姑, 姒
亦愛之, 無幾微間.

甲子, 經略公舉于鄉. 兄梧岡公爲郡公曹, 坐侵繫於理. 公願捐坊金贖
伯氏, 而虎山公顧難之曰, "而不念而婦脫簪珥盡乎." 淑人聞之, 起對曰,
"金與兄孰重." 伯氏竟以是得出, 而親黨嘖嘖稱經略公友, 于歸賢淑人云.

乙丑, 經略公成進士, 念虎山公, 請假歸. 踰年應謁選人, 復不忍離, 奉而北. 忽梧岡公卒于家, 虎山公不勝西河之慟, 至隕明. 服食起居, 微人扶掖之, 必躓, 而淑人相周旋益謹. 虎山公喜而語人曰, "俾予老人既盲而視者, 吾媳也." 經略公謁選, 得山西絳州守. 鞅掌刺州事, 無遑問室人, 而淑人悉飭門以內, 清澄如水. 以是政成, 晉秋官郎行.

壬申, 經略公改戶科給事中, 尋轉禮, 而虎山公忽逝, 公哀毀不勝喪. 淑人朝夕從之, 哭如哭姑, 而佐一切含襚、酬應, 亦如禮, 不以戚妨.

易服闋, 經略公謁補, 仍禮垣. 淑人以覃恩封孺人, 制詞比于「羔羊」、「采蘋」之詠, 殆無媿焉. 未幾, 經略奉命視京營. 所條上邊事, 與柄相左, 遂出守濟南郡. 經略意慨然拂衣, 淑人慰解之曰, "君薄濟南耶. 聞之, '海內政平訟理, 無歎息愁恨之聲者, 惟良二千石也.'" 公於是夷然就道.

抵濟南, 厲意郡事, 濟南大治, 而淑人悉飭門以內, 如居絳州時. 公奏最爲天下第一, 淑人晉封恭人. 俄而經略公晉山西按察司副使, 嗣歷河南參政、山東按察使, 遷江西右布政使, 轉福建左布政, 所至著績. 而淑人暫憩於家, 逮拜開府三齊之命, 仍偕行. 經略公風厲文武吏, 撫循百姓, 牧豎嬉於野, 士卒肅於伍, 東人安利者, 累年歲. 淑人笑以語公曰, "君往者薄濟南, 而乃今見休盡東土也."

壬辰, 召公入, 爲大理. 公語淑人曰, "吾一介貧士, 躋位九列, 不負而翁氷鑑. 願足矣, 其偕鹿門隱乎." 淑人頷之. 方草乞身疏, 而會倭陷朝鮮, 京師戒嚴, 中外震動. 廷議經略難其人, 朝臣左顧右盼, 無敢前者, 共相推轂公, 敦趨百端. 公奮然曰, "事不避難, 臣之職也." 遂叱馭行. 由廷尉三遷爲少司馬, 神廟獨倚注公, 授鉞東征, 語具經略狀中.

淑人卽以是冬季月還抵家, 朝夕焚香祝禱曰, "婦人不能執干戈, 以衛社稷, 仗佛之慈, 願夫君功成報主耳." 癸巳, 破平壤, 露布聞而淑人喜,可知也.

甲午, 經略公振旅還, 朝議且虛中樞席以待, 而會與當事者論左, 亟欲賦「遂初」. 淑人亦遣次公之京, 語公曰, "功成名遂, 身退其時也. 願無忘壬辰之志." 公遂拂衣歸, 絶口不譚東事, 日與二三門人故舊, 嘯咏講論不輟. 淑人庀酒漿、鮮肥之供, 不告罍恥. 而公宴然林泉之適, 若物外人也. 時率長公, 從雲棲師法席, 證無生之旨, 作流水長者. 因而淑人齋居事佛, 亦時時歡喜助之. 人稱淑人, "非惟貴匹, 亦道侶也." 是歲, 經略公以三品考滿, 贈三代如制, 母是以封淑人. 歲餘, 神廟念經略公勞苦功高, 晉都察院右都御史, 與世廕.

壬寅, 長公以謁選入都. 長公生無媚骨, 居歲餘, 垂橐無能行媚, 即故交在事者, 秦越視之, 竟寢不行. 淑人以手書招之曰, "盍歸乎來. 命也. 姑俟之." 長公趣歸.

越三年, 而經略公辭世, 淑人哭之哀. 長公以訃聞神廟, 下其疏吏、禮二部, 議所以恤勞臣. 司勳朱公某條議如例, 幾得請, 而會有故爲公撫東時屬吏脩卻者, 忽從它曹郎出訐, 參疏至再, 長公亦疏辯者三三. 得旨報可, 而參疏留中不下, 然事亦竟寢.

長公時對人揮涕言, "先經略手奪六千里殘破之屬國, 歸之朝廷. 以視今之遼山遼水, 覆軍殺將, 殘兵耗餉而不可收, 功罪如何哉. 而孤獨不能白父功, 承至恩, 稱人乎." 遂絶意仕進, 與次公奉淑人膝下, 茹蔬甘于鼎食, 衣布榮于錦綺. 淑人顧而樂之, 亦融融如, 而奈何其奄然逝耶. 臨歿, 無它語, 惓惓以白經略功爲囑, 已而起坐, 盥手喃喃稱, "西方號." 而暝.

嗟乎. 淑人之所種者, 深矣. 蓋淑人生平孝慈, 豈惟事姑若舅, 生死盡志. 其母沈宜人病, 而湯藥殀, 而喪葬身任之, 期無憾. 親屬若女兄弟、若兄、若兄之子、若孫, 眷焉賙恤, 推而之里嫗, 以迨臧獲, 勿忍遺也. 生平儉素, 諸子孫婦, 不敢以華腴■.[109] 至施予作善事, 老而彌篤. 饑者食, 寒者衣, 病者■,[110] ■[111]者棺, 無虛月. 冬之湯, 夏之水, 無虛歲. 而飯僧以千計, 治津梁、道路以十、百計, 活魚鳥以百萬計, 不可勝紀也.

趾不踰戶, 而明達曉事, 人莫能欺. 佐經略公敭歷中外三十餘年, 內政井井, 而出處大事, 公每與折衷, 尤婦人所[112]矣.

長公又稱淑人精誠, 通天人之應. 長公在襁中, 偶爲被所蒙, 咽不能出聲, 幾殆. 淑人方理絃, 忽聞空中有語以兒急者, 趣視之, 乃解. 乙丑, 經略公上公車, 得寒疾, 幾不得入闈. 淑人聞之, 爲日夜哀禱, 而經略公於病中, 恍見天神有捉刀斬魔者, 驚悸汗下, 病遂已. 居京師, 嘗念其母, 南向涕淚. 卜之神, 得笅有"直待錦衣公子至"語. 初不解所謂, 已而淑人以虎山公喪, 歸踰年, 值母病歿, 得竭力大事, 語始驗. 其精應往往如是. 故淑人信心脩持, 歸依淨業, 垂五十年一日也.

然則淑人自女而婦、而母、而王母, 淳備聖善, 非它尋常閨闥之秀可比倫者. 以經略公之勳, 勒諸旂常, 而有淑人之賢, 載之彤管. 耦德媲美, 昭垂百世, 不亦宜乎. 淑人生於嘉靖丁酉六月三十日, 歿於萬曆辛亥七月初四日, 得年七十有五. 長公某將以某年月日, 祔經略公, 葬于某山之陽. 國有常典, 襃恤勞臣, 以及淑人, 幾幾望焉. 子孫婚嫁不具詳, 詳在經略公志. 爰系以銘.

銘曰,

......

109 원문은 글자가 보이지 않으나, 『寅林集』에는 "見"으로 표기함.
110 원문은 글자가 보이지 않으나, 『寅林集』에는 "藥"으로 표기함.
111 원문은 글자가 보이지 않으나, 『寅林集』에는 "僵"으로 표기함.
112 원문은 "所矣"이나, 『寅林集』에는 "所難矣"로 표기함.

惟臣從王, 內安外攘, 勳名孔揚.

惟婦從夫, 爾恭爾淑, 相得而章.

生慧以莊, 長壽且康, 逝也吉祥.

帝念勞臣, 或薦之俎, 載錫之壤.

一德合體, 于焉偕饗, 于焉偕藏.

坤厚無疆, 慶延世世, 子孫其昌.

15-4

跋

國俗不尙外競. 唐劉仁軌白江四戰, 海水爲丹, 而史俌, "顯慶後, 恩賞殆絕, 及破百濟、平壤功者, 皆不甄敍." 蓋幅員恢廣, 卽域外小小勝利, 無足矜重. 劉仁願勒碑百濟, 新、舊唐書皆無傳, 廑坿于仁軌傳中, 以此也.

明宋思文, 以儒者摠師, 千聲字小之誼, 陵嚴寒, 越遼海, 取燼餘之三韓、八道, 奠之衽席. 平壤之捷, 威震海東, 而明史亦不爲立傳. 使在它國, 其宣寫震耀, 奚若哉.

是書, 千頃堂書目作六卷, 蓋在明季, 已不甚顯. 至滿淸, 誤以'復國'二字禁之, 傳本尤尠. 甲午以來, 言東事者, 莫之迻也. 盋山圖書館, 支藏有年, 某領事曾乞迻錄, 而邦人不爲搜討. 其勛略使湮霾蟫蠹間, 視仁軌故實猶磊磊金石苑者, 益可唏矣. 霜霰彌天, 艮維多故, 循省圖錄, 爲之慨然.

繆生贊虞, 旣爲提要, 並採黃氏行狀, 補史之闕. 爰迻所懷, 以諗國族, 使知明當嘉靖以還, 積苦倭患, 而命世之才, 初不爲覆車所餒, 赫然建樹

若是, 則今日明恥勵俗, 故宜一滌前習, 不徒以簫勺腹裏爲國功也已. 己
巳十二月, <u>柳詒徵</u>.

송응창의 《경략복국요편》 역주
명나라의 임진전쟁 5 교감·표점본

2021년 10월 25일 초판 1쇄 인쇄
2021년 10월 30일 초판 1쇄 발행

지은이 　 송응창
교감·표점 　구범진·김슬기·김창수·박민수·서은혜·이재경·정동훈·薛戈

총괄 　 장상훈(국립진주박물관장)
북디자인 　김진운

발행 　 국립진주박물관
　　　　경상남도 진주시 남강로 626-35
　　　　055-742-5952
출판 　 ㈜사회평론아카데미
　　　　서울특별시 마포구 월드컵북로6길 56
　　　　02-326-1545
ISBN 　 979-11-6707-030-2 94910 / 979-11-89946-81-4(세트)